日本書紀（下）

井上光貞監訳
笹山晴生訳

中央公論新社

目次

巻第十七　男大迹天皇　継体天皇　9
巻第十八　広国押武金日天皇　安閑天皇　41
武小広国押盾天皇　宣化天皇　50
巻第十九　天国排開広庭天皇　欽明天皇　53
巻第二十　渟中倉太珠敷天皇　敏達天皇　117
巻第二十一　橘豊日天皇　用明天皇　137
泊瀬部天皇　崇峻天皇　145
巻第二十二　豊御食炊屋姫天皇　推古天皇　157
巻第二十三　息長足日広額天皇　舒明天皇　201
巻第二十四　天豊財重日足姫天皇　皇極天皇　221

巻第二十五　天万豊日天皇　孝徳天皇　253
巻第二十六　天豊財重日足姫天皇　斉明天皇　317
巻第二十七　天命開別天皇　天智天皇　347
巻第二十八　天渟中原瀛真人天皇上　天武天皇　379
巻第二十九　天渟中原瀛真人天皇下　天武天皇　405
巻第三十　高天原広野姫天皇　持統天皇　477

解題　527
年表　534
『日本書紀』と史実とのあいだ　大津透　557

凡例

一、本書は、中公クラシックス版『日本書紀』ⅠⅡⅢ（井上光貞監訳、二〇〇三年刊）を底本とし、三巻を上下二巻としたものの下巻にあたる。

一、現代語訳の表記は、原則として新字体・現代仮名遣いによるが、歌謡類および漢字を用いて語句の読みを示しているものの振り仮名は歴史的仮名遣いとした。

一、本書の性質にかんがみ、二、三の異体字・訛字を通行の正字に改め統一を図ったほかは、「屎（尿）」、「菖（蒭）」などの特殊なものもすべて底本に従った。

一、原書の分注は〔　〕に入れ、本文より小さい字を用いた。ただし、長文にわたる異説や本文補説は、行を改め、本文と同じ大きさの字を用いたが、本文より一字下げて組み、次項の場合と区別した。

一、分注ではないが、異説を併記したものは、本文の流れを把握しやすくするため、適宜〔　〕に入れた。語句の読みを示すものもこれに準ずる。

一、訳者による簡単な注釈や補足は（　）に入れ、小字を用いた。

一、ゴシック体の小見出しは、内容の要約として訳者が便宜的に付したものである。

一、本巻所収部分の現代語訳および注釈は、笹山晴生が担当した。

日本書紀（下）

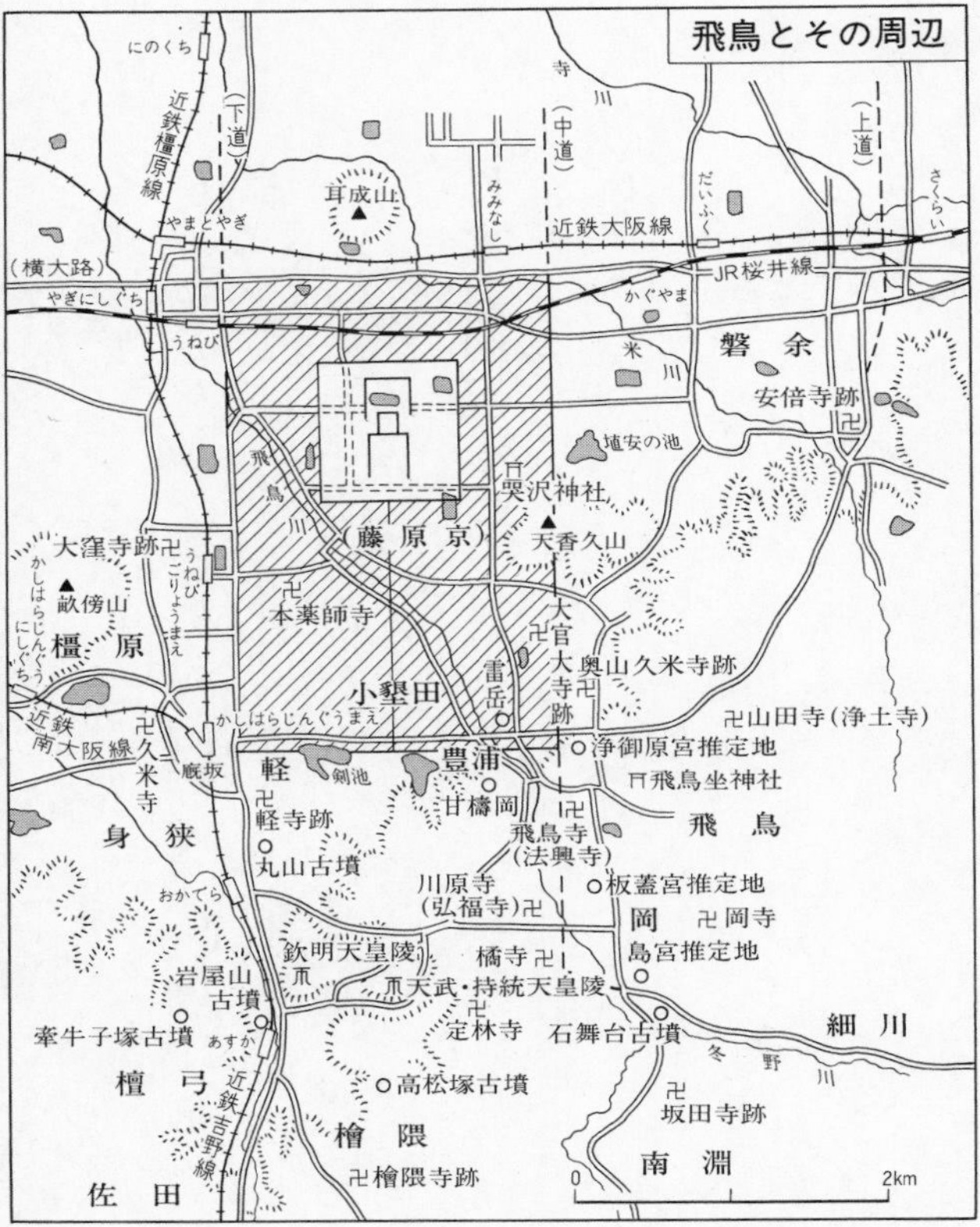
にのくち
近鉄橿原線
(下道)
寺川
(中道)
(上道)
耳成山
みみなし
だいふく
さくらい
やまとやぎ
近鉄大阪線
(横大路)
JR桜井線
やぎにしぐち
かぐやま
うねび
米川
磐余
安倍寺跡
埴安の池
飛鳥川
畝沢神社
(藤原京)
天香久山
大窪寺跡
うねびごりょうまえ
かしはらじんぐうにしぐち
畝傍山
本薬師寺
大官大寺跡
橿原
奥山久米寺跡
雷岳
小墾田
かしはらじんぐうまえ
山田寺(浄土寺)
近鉄南大阪線
久米寺
厩坂
軽
剣池
豊浦
浄御原宮推定地
飛鳥坐神社
甘樫岡
軽寺跡
飛鳥寺(法興寺)
飛鳥
身狭
丸山古墳
川原寺(弘福寺)
板蓋宮推定地
おかでら
岡
岡寺
欽明天皇陵
橘寺
島宮推定地
岩屋山古墳
天武・持統天皇陵
牽牛子塚古墳
あすか
定林寺
石舞台古墳
細川
冬野川
檜弓
近鉄吉野線
高松塚古墳
坂田寺跡
檜隈
南淵
檜隈寺跡
佐田
0
2km

飛鳥とその周辺

日本書紀巻第十七

男大迹天皇《おほどのすめらみこと》　継体《けいたい》天皇

継体天皇の擁立

男大迹天皇(1)〔更《また》の名《みな》は彦太尊《ひこふとのみこと》〕は、誉田天皇《ほむたのすめらみこと》（応神天皇）の五世の孫で、彦主人王《ひこうしのおおきみ》(2)の子《みこ》である。御母を振媛《ふるひめ》と申しあげる。振媛は活目《いくめ》天皇（垂仁天皇）の七世の孫である。天皇の御父（彦主人王）は、振媛の容貌が端正で美しいということを聞き、近江国高嶋《おうみのくにたかしまの》郡《こおり》の三尾《みお》（滋賀県高島市）の別邸から使を遣わし、三国《みくに》の坂中井《さかない》（福井県坂井市三国町）〔中、これを那《な》という〕に迎えて妃《みめ》となさった。媛は天皇を産んだが、天皇がまだ幼少のときに、父の王《おおきみ》はおなくなりになった。振媛は歎いて、

「私は今遠く故郷を離れていて、父母に孝養をつくせない。高向《たかむこ》（福井県坂井市丸岡町付近）に帰って親のめんどうをみながら〔高向は越前国《こしのみちのくちのくに》の邑《さと》の名である〕、天皇を御養育いたしましょう」と言った。成人された天皇は、士を愛し、賢人をうやまい、寛大な御心

をおもちであった。御年五十七歳の八年（武烈天皇八年）冬十二月の己亥《つちのとのい》（八日）に、小泊瀬天皇《おはつせのすめらみこと》（武烈天皇）がお崩れになった。天皇（武烈天皇）にはもともと皇子女がなく、継嗣《みつぎ》が絶えようとした。壬子《みずのえね》（二十一日）に、大伴金村大連《おおとものかなむらのおおむらじ》は、

「(3)今やまったく継嗣がない。天下の人々はどこに心をよせたらよいのであろう。古来、災禍はいつも継嗣のことからおこっている。今思うに、足仲彦天皇《たらしなかつひこのすめらみこと》（仲哀天皇）の五世の孫の倭彦王《やまとひこのおおきみ》が、丹波国桑田郡《たにわのくにくわたのこおり》（京都府亀岡市など）におられる。試みに兵備を整えて乗輿の周囲を固め、お迎えして人主《きみ》にお立てしてはどうだろうか」

とはかった。大臣《おおおみ》（許勢臣男人《こせのおみおひと》）・大連《おおむらじ》（物部連麁鹿火《もののべのむらじあらかい》）らはみなこの意見に従い、計略どおりにお迎えした。ところが倭彦王は、お迎えの軍兵を遠くに見てびっくりして色を失い、山中に逃げ入って行くえをくらましてしまった。

元年の春正月の辛酉《かのとのとり》の朔《ついたち》甲子《きのえね》（四日）に、大伴金村大連はまた、

「男大迹王は、めぐみ深く、孝養の念あつい御性格で、皇位をおつぎになるのにふさわしい方である。心をこめてお勧めし、皇統の栄えをはかろうではないか」

と相談した。物部麁鹿火大連・許勢男人大臣らは、みな、

「御皇孫のなかで、賢者はまさしく男大迹王だけだ」

と言ったので、丙寅《ひのえとら》（六日）に臣・連らを遣わし、節《せつ》を持ち乗輿を整えて王を三国《みくに》にお迎えした。お使が兵備を固め威儀を整え、先払いを立てて突然に到着すると、男大迹天皇は

平然と胡床《あぐら》（床几）に坐し、侍臣を整列させて、すでに帝王のようなお姿であった。節を持った使たちは、これを見てつつしみかしこまり、心命を傾け、王を天皇にあおいで忠誠を尽くしたいとお願いした。けれども天皇は、心中になお疑念をいだかれ、なかなか御承知なさらなかった。たまたま河内馬飼首荒籠《こうちのうまかいのおびとあらこ》を知っておられたので、荒籠はひそかに天皇に使をたてまつり、大臣・大連らが天皇をお迎えしようとする真意をくわしく申しあげた。留まること二日三夜して、ついに天皇は御出発になった。そして、

「よかった、馬飼首よ。お前が使を送って知らせてくれなかったら、私は天下の笑いものとなるところであった。『人の貴賤を論じてはいけない。その心がけをこそ重んじるべきだ』と世にいうのは、荒籠のような者をさすのであろう」

と歎ぜられ、践祚《せんそ》されるに及んで手厚く荒籠を遇せられた。甲申《きのえさる》（十二日）に、天皇は樟葉宮《くすはのみや》（大阪府枚方市）にお着きになった。

二月の辛卯《かのとのう》の朔甲午《きのえうま》（四日）に、大伴金村大連は、(4)ひざまずいて天子の璽符《みしるし》としての鏡・剣をたてまつり、拝礼した。男大迹天皇は、

「民を子とし国を治めるというのは、重大なことである。自分は才がなく、天子たるの資格がない。どうかもう一度考え直し、賢者を択んでほしい。自分はその任ではない」

といって辞退された。大伴大連は地に伏してなおもお願いをし、男大迹天皇も、西に向かって三度、南に向かって再度、辞譲の礼をくり返された（ここは中国の儀礼にもとづく文飾）。

大伴大連らは口をそろえて、

「つつしんで考えまするに、大王《おおきみ》（男大迹天皇）は民を子とし国を治めるのにもっともふさわしいかたであられます。私どもは、決していいかげんな気持で国家のためのはかりごとを立てたのではございません。なにとぞ人々の願いをお聞きとどけくださいますように」

と申しあげた。すると男大迹天皇は、

「大臣・大連・将相《まえつきみ》（大夫。国政に関与する有力者）・諸臣がみな自分を推すのであれば、自分はそれに反することはできない」

と言われ、璽符をお受けになった。この日、天皇は即位され、今までどおり、大伴金村大連を大連、許勢男人大臣を大臣、物部麁鹿火大連を大連とし、大臣・大連らはその職位についた。庚子《かのえね》（十日）に、大伴大連が、

「古来、国王の治世にあたっては、たしかな皇太子がなければ天下をよく治めることができず、むつまじい皇妃がなければよい子孫を得ることができないと聞いております。そのとおり、白髪天皇《しらかのすめらみこと》（清寧天皇）は、皇嗣が無かったために、私の祖父の大伴大連室屋《むろや》を遣わし、州《くに》ごとに三種の白髪部《しらかべ》〔三種というのは、一つには白髪部舎人《しらかべのとねり》、二つには白髪部供膳《かしわで》、三つには白髪部靫負《ゆけい》である〕(5)を置いて、後世に天皇の名を残そうとなさいました。いたましいことではございませんか。どうか手白香皇女《たしらかのひめみこ》（仁賢天皇の皇女）を皇后にお立てになり、

神祇伯《かんつかさのかみ》(6)らを遣わして神々に御子息の生誕を祈念し、民の望みにお答えいただきますように」

と奏請したところ、天皇は、

「よろしい」

と言われた。

三月の庚申《かのえさる》の朔に、詔して、

「神々を祭るには神主がなくてはならず、天下を治めるには君主がなくてはならない。天は人民を生み、元首を立ててそれを助け養わせ、その本性と天命とを全くさせている。大連（大伴金村）は、自分に子息のないことを心配し、国家のために世々忠誠を尽くしている。決して自分の世だけのことではない。よろしく礼儀を整え、手白香皇女をお迎えするように」

と言われた。甲子《きのえね》（五日）に、皇后手白香皇女を立て、後宮のことを修めさせられた。皇后はやがて一人の男子をお生みになった。これを天国排開広庭尊《あめくにおしはらきひろにわのみこと》（欽明天皇）と申しあげる〔開、これを波羅企《はらき》という〕。尊は嫡子《むかいめばらのみこ》ではあるが年幼く、二人の兄《いろねのきみ》の治世のあとで、天下をお治めになった〔二人の兄とは、広国排武金日尊《ひろくにおしたけかなひのみこと》（安閑天皇）と武小広国押《たけおひろくにおし》盾尊《たてのみこと》（宣化天皇）とである。下の文に見える〕。戊辰《つちのえたつ》（九日）に詔して、

「男が耕作をしないと、その年には天下が飢饉におちいることがあり、女が糸をつむがな

いと、その年には天下が寒さにふるえることがある。(7)それゆえ、帝王はみずから耕作を行なって人々に農業を勧め、后妃はみずから養蚕を行なって人々にそれを勉《つと》めさせると聞いている。まして官人や人民までがみな農業や紡織をやめてしまっては、どうして国が富み栄えようか。官人は全国に布告して、自分の気持を人々に知らせるように」と言われた。

癸酉《みずのとのとり》（十四日）に、八人の妃《みめ》をお召しになった〔八人の妃をお召しになったことには先後があるが、ここに癸酉にお召しになったと記すのは、即位されてから吉日を占《うらな》いえらんで初めて後宮のことをお命じになったためである。他の場合もみなこれに倣《なら》うように〕。以前からの妃で、尾張連草香《おはりのむらじくさか》の女《むすめ》を、目子媛《めのこひめ》という〔またの名は色部《しこぶ》〕。この妃は二人の皇子を生み、二人とも天下をお治めになった。その一人を勾大兄皇子《まがりのおおえのみこ》といい、(8)これを広国排武金日尊（安閑天皇）と申しあげる。二人目を檜隈高田皇子《ひのくまのたかたのみこ》といい、これを武小広国排盾尊《たけおひろくにおしたてのみこと》（宣化天皇）と申しあげる。次の妃、三尾角折君《みおのつのおりのきみ》の妹《いろど》を稚子媛《わかこひめ》といい、大郎皇子《おおいらつこのみこ》と出雲皇《いずものひめ》女《みこ》とを生んだ。次に坂田大跨王《さかたのおおまたのおおきみ》の女を広媛《ひろひめ》といい、三女を生んだ。長《あね》を神前皇女《かんさきのひめみこ》、仲《なかち》を茨田皇女《まんたのひめみこ》、少《すなき》を馬来田皇女《うまぐたのひめみこ》と申しあげる。次に息長真手王《おきながのまてのおおきみ》の女を麻績娘子《おみのいらつめ》といい、荳角皇女《さきげのひめみこ》を生んだ〔荳角、これを娑佐礙《ささげ》という〕。この皇女は、伊勢大神《いせのおおみかみ》の祭祀に奉仕された。(9)次に茨田連小望《まんたのむらじおもち》の女〔あるいは妹という〕を関媛《せきひめ》といい、三女を生んだ。長《あね》を茨田大《まんたのおお》娘皇女《いらつめのみこ》、仲《なかち》を白坂活日姫皇女《しらさかいくひひめのみこ》、少を小野稚郎皇女《おののわかいらつめのひめみこ》〔またの名は長石姫《ながいわひめ》〕と申しあげる。次に三尾君堅楲《みおのきみかたひ》の女を倭媛《やまとひめ》といい、二男二女を生んだ。その第一を大娘子皇女《おおいらつめのひめみこ》と申しあげる。その第二を椀子皇子《まろこのみこ》と申しあげる。これは三国公《みくにのきみ》の先祖である。その第三を耳皇子《みみのみこ》、第四を赤姫皇女《あかひめのひめみこ》と申しあげる。次に和珥臣河内《わにのおみこうち》の女を荑媛《はえひめ》といい、一男二女を生んだ。その第一を稚綾姫皇女《わかやひめのひめみこ》、第二を円娘皇女《つぶらのいらつめのひめみこ》、第三を厚皇子《あつのみこ》と申しあげる。次に根王《ねのおおきみ》の女を広媛《ひろひめ》といい、二男を生んだ。長を兎皇子《うさぎのみこ》と申しあげる。これは酒人公《さかひとのきみ》の先祖である。少《おとと》を中皇子《なかつみこ》と申しあげる。これは坂田公《さかたのきみ》の先祖である。この年の太歳[10]は丁亥《ひのとのい》。

二年の冬十月の辛亥《かのとのい》の朔癸丑《みずのとのうし》（三日）に、小泊瀬稚鷦鷯天皇《おはつせのわかさざきのすめらみこと》（武烈天皇）を傍丘《かたおかの》磐杯丘陵《いわつきのおかのみささぎ》（奈良県北葛城郡）に葬った。

十二月に、南の海のかなたの耽羅《たんら》[11]（済州島《チェジュド》）の人が、初めて百済国《くだらのくに》に使を送った。

三年の春二月に、使を百済に遣わした〔『百済本記《くだらほんき》』[12]に久羅麻致支弥《くらまちきみ》が日本から来たとあるが、いまだ詳らかでない〕。任那《みまな》の日本の村々に住む百済の人々のなかで、本貫の地から浮浪・逃亡して来た者を三、四世にまでさかのぼって調べあげ、百済に送りかえして戸籍につけた。

五年の冬十月に、都を山背《やましろ》の筒城《つつき》（京都府綴喜郡）に移した。

任那四県の割譲

六年の夏四月の辛酉《かのとのとり》の朔丙寅《ひのえとら》（六日）に、穂積臣押山《ほづみのおみおしやま》を百済に使させた。そのため、筑紫国《つくしのくに》の馬四十匹を賜わった。

冬十二月に、百済は使を遣わして調《みつき》をたてまつり、別に上表して任那国の上哆唎《おこしたり》・下《あるし》哆唎《たり》・娑陀《さだ》・牟婁《むろ》の四県を賜わることをこうた[13]。哆唎国守《たりのくにのみこともち》穂積臣押山は、「この四県は百済に近接し、日本からは遠く隔たっております。哆唎と百済とは朝夕に通いやすく、鶏や犬の声も、どちらの国のものか区別がつかないくらいです。今百済に賜わって同じ国としたなら、この地を保つための政策としてこれに過ぎるものはありません。百済に賜わって国を合わせても、後世には危ういことがあるかも知れませんが、このまま切り離しておいたのでは、なおのこと、とても何年とは守りきれますまい」と申しあげた。大伴大連金村もこの意見に同調して奏上し、物部大連麁鹿火を勅を宣する使にあてた。物部大連が難波《なにわ》の館《むろつみ》（外国使臣のための客舎）に出かけ、百済の客に勅を宣しようとすると、その妻は大連に、

「住吉大神《すみのえのおおかみ》は、海のかなたの金銀の国、高麗《こま》（高句麗）・百済・新羅《しらき》・任那などを、胎中の誉田天皇《ほむたのすめらみこと》（応神天皇）にお授けになりました。そこで、大后《おおきさき》の息長足姫尊《おきながたらしひめのみこと》（神功皇后）と大臣《おおおみ》の武内宿禰《たけしうちのすくね》とが、国ごとに初めて官家《みやけ》を置き、長らく海表《わたのほか》の蕃屛《まがき》（海外の属

国）としてきたのです。それを削って他国に賜われば、元来の区域と違ってしまいます。そうしたら後世まで、人々に非難されることになりましょう」

と言っていさめた。大連が、

「もっともだが、天皇の勅命に背くのが恐れ多い」

と答えると、妻はいっそうきびしく諫言して、

「それなら、病気だといって、勅命を宣するのをおやめなさい」

と言ったので、大連は妻のいさめに従った。このため、使人を改めて勅命を宣《の》べさせ、賜物と制旨（勅命の書）とを百済の使にさずけ、上表どおり任那の四県を賜わった。大兄皇子《おおえのみこ》（勾大兄皇子。のちの安閑天皇）は、事情があって国を賜うことに関与せず、あとで宣勅のあったことを知り、驚き残念がってこれを改めようとし、

「胎中之帝《ほむたのすめらみこと》（応神天皇）以来官家《みやけ》

を置いていた国を、蕃国《となりのくに》の乞うままに軽々しく賜うということがあってはならぬ」と言われ、日鷹吉士《ひたかのきし》を遣わして百済の使に命令を改め伝えた。すると使者は、

「父君の天皇が事情をお考えになり、勅命によって賜わったものです。その子である皇子が、天皇の勅命に違《たが》い、命令を改め発するということがありましょうか。これはきっと虚《いつわりごと》でありましょう。たとえ本当のことだとしても、杖の太いほうの頭《はし》で打つのと、細いほうの頭で打つのと、どちらが痛いでしょうか（天皇の勅は重く、皇子の命令は軽いことのたとえ）」

と答え、帰ってしまった。世間では、

「大伴大連《おおとものおおむらじ》（金村）と哆唎国守《たりのくにのみこともち》穂積臣押山《ほづみのおみおしやま》とは、百済の賄賂を受けたのだ」

という流言があった。

己汶・帯沙をめぐる争い

七年の夏六月に、百済は、姐弥文貴《さみもんき》将軍・州利即爾《つりそに》将軍を遣わし、穂積臣押山（『百済本記』には、委《やまと》の意斯移麻岐弥《おしやまきみ》とある）に従わせて、五経博士《ごきょうはかせ》[14]段楊爾《だんように》をたてまつった。また別に上奏して、

「伴跛国《はへのくに》（任那北部の一国）が、わが国の己汶《こもん》の地（蟾津江《ソムジンガン》流域の地）を略奪しました[15]。どうか御判断いただき、本来の領有者にお返しください」

と言った。

秋八月の癸未《みずのとのひつじ》の朔戊申《つちのえさる》（二十六日）に、百済の太子淳陀《じゅんだ》が薨《こう》じた。

九月に、勾大兄皇子は、親しく春日皇女《かすがのひめみこ》（仁賢天皇の皇女）を聘《つまど》われた。月の美しい夜、語りあって、いつしか夜は明けてしまった。思いはたちまちに言葉となり、皇子は口ずからお唄《うた》いになった。(16)

八島国《やしまくに》　妻枕《つまま》きかねて　春日《はるひ》の　春日《かすが》の国に　麗《くは》し女《め》を　有りと聞きて　宜《よろ》し女《め》を　有りと聞きて　真木《まき》さく　檜《ひ》の板戸《いたと》を　押し開き　我入《われい》り坐《ま》し　脚取《あしと》り　端取《つまどり》して　枕《まくら》取《と》り　端取して　妹《いも》が手を　我《われ》に纏《ま》かしめ　我《わ》が手をば　妹《いも》に纏かしめ　真柝葛《まさきづら》　たたき交《あざ》はり　鹿《しし》くしろ　熟睡寝《うまいね》し間《と》に　庭つ鳥　鶏《かけ》は鳴くなり　野つ鳥　雉《きぎし》は響《とよ》む　愛《は》しけくも　いまだ言はずて　明けにけり我妹《わぎも》（八島の国で妻をえることができず、春日の国に美しいひとがいると聞いて、すばらしい檜の板戸を押し開いてはいり、足の方から、頭の方からと着物の端をとって、妻の手を自分にまきつかせ、自分の手を妻にまきつかせて、抱きあい、交わってぐっすりと眠っているあいだに、鶏は鳴き、雉も鳴き立てる。かわいい、とも言わないうちに夜が明けてしまった。妻よ）

妃《みめ》（春日皇女）はこれに和して、

隠国《こもりく》の　泊瀬《はつせ》の川ゆ　流れ来る　竹の　い組竹節竹《くみだけよだけ》　本辺《もとへ》をば　琴に作り　末辺《すゑへ》をば　笛に作り　吹き鳴《な》す　御諸《みもろ》が上《うへ》に　登り立ち　我《わ》が見《み》せば　つのさはふ　磐余《いはれ》の池の

水下《みなした》ふ　魚《うを》も上《うへ》に出て歎《なげ》く　やすみしし　我が大君の　帯《お》ばせる　細紋《ささら》の御帯《みおび》の　結び垂れ　誰《たれ》やし人も　上に出て歎く（泊瀬川を流れてくる竹の、組みあわさった竹、節々の立派な竹の、根もとの太いところを琴に作り、先の細いところを笛に作って、それを吹き鳴らす御諸の山の上に登り立って見ると、磐余の池のなかの魚も水面に出て歎いています。わが大君の締めておいでの細かい模様の御帯を結び垂れ、誰もが悲しみをあらわして歎いています）

とお唄いになった。(17)

冬十一月の辛亥《かのとのい》の朔　乙卯《きのとのう》（五日）に、朝廷に百済の姐弥文貴《さみもんき》将軍、斯羅《しらき》（新羅）の汶得至《もんとくち》、安羅《あら》（任那の一国）の辛已奚《しんいけい》及び賁巴委佐《ほんはわさ》、伴跛《はへ》の既殿奚《こでんけい》及び竹汶至《ちくもんち》らを召集し、勅を宣して、己汶《こもん》・帯沙《たさ》（蟾津江河口の地）を百済国に賜わった。(18)

この月に、伴跛国は、戢支《しゅうき》を遣わして珍宝を献上し、己汶の地を乞うたが、賜わらなかった。

十二月の辛巳《かのとのみ》の朔　戊子《つちのえね》（八日）に、詔して、

「自分は皇位をつぎ、国家のことをゆだねられて、いつも恐れあやうんでいる。このところ国内は穏やかで豊年が続き、国は富んでいる。摩呂古《まろこ》（愛称。皇子のこと）よ、わが心を八方の人々に示すのはなんと喜ばしいことか。また勾大兄《まがりのおおえ》よ、わが徳化を万国に及ぼすのはなんと晴れがましいことか。今日本《やまとのくに》は平和で、わが名声は天下に聞こえ、秋津（日本）の勢いはさかんで、わが栄誉は王畿《うちつくに》（国内）に重んじられている。賢人を宝とし、

善をなすを楽しみとすれば、天皇の徳化は遠くに及び、その功業は長く伝えられる。これらはみな、おまえの力にまたねばならない。皇太子として自分を助けて仁政を行ない、至らないところを補うように」

と言われた。

八年の春正月に、太子《ひつぎのみこ》（勾大兄皇子）の妃《みめ》の春日皇女が、朝なかなか起きてこず、いつもと様子がちがっていた。不審に思った太子が御殿に入って御覧になると、妃は床に泣き伏し、どうしようもなくもだえ苦しんでいた。太子が不思議に思って、

「そんなに泣いて、なにか恨めしいことでもあるのか」

とおたずねになると、妃は、

「ほかの事ではございません。空を飛ぶ鳥も、わが子を養うためには木のいただきに巣を作り、地をはう虫も、わが子を護るためには土の中に穴を掘ります。その愛護の気持は、深く、また厚いのです。人として、どうして考えないでいられましょう。私は太子が恨めしい。あとつぎがないために自分の名まで絶えてしまう。それが私には悲しいのです」

と申しあげた。太子は心を痛め、天皇にこのことを奏上した。天皇は、詔して、

「わが子麻呂古《まろこ》よ、おまえの妃の言葉は、まことに理にかなっている。つまらないことだといって慰めずにほうっておいてはいけない。匝布屯倉《さほのみやけ》(19)（奈良市内にあった屯倉）を賜い、妃の名を万代までも伝えるように」

と言われた。

三月に、伴跛《はへ》は城を子呑《しとん》と帯沙《たさ》とに築いて満奚《まんけい》と結び、烽候（敵襲を急報するためにのろしをあげる施設）・邸閣（武器庫）を置いて日本に備えた。また城を爾列比《にれひ》と麻須比《ますひ》とに築いて麻且奚《ましょけい》・推封《すいふ》と結び、軍兵や兵器を集めて新羅を圧迫した。男女を捕え、村々を掠奪し、襲われたところはほとんど生存者がいなかった。その暴虐、奢侈《しゃし》、人々を悩まし苦しめ、多くを殺害したさまは、詳しく記すことができないほどである。

九年の春二月の甲戌《きのえいぬ》の朔丁丑《ひのとのうし》（四日）に、百済の使者文貴《もんき》将軍《しょうぐん》らが帰国したいとこうたので、勅して物部連《もののべのむらじ》〔名は伝わらない〕を使者に副《そ》えて遣わした〔『百済本記』には物《ものの》部至至連《べのちちのむらじ》とある〕。この月に沙都嶋《さとのせま》（巨済島《コジェド》）に着いたところ、伴跛の人が恨みをいだき、強さをたのんで暴虐のかぎりを尽くしているという噂を聞いた。そこで物部連は、水軍五百をひきいて直ちに帯沙江《たさのえ》（蟾津江の河口）に到達し、文貴将軍は新羅を経由して百済に入った。

夏四月に、物部連が帯沙江に停泊して六日たって、伴跛は軍勢をおこして攻めかけてきた。衣服をはぎ、所持品を掠奪し、帷幕《きぬまく》（露営用の天幕）をことごとく焼いた。物部連らは恐れて逃げ、命からがら汶慕羅《もんもら》〔汶慕羅は嶋の名である〕（蟾津江河口外の一島か）に停泊した。

十年の夏五月に、百済は前部《ぜんほう》[20]木刕不麻甲背《もくらふまこうはい》を遣わし、物部連らを己汶に迎えてねぎらい、先導して国に入った。百済では群臣が、おのおの衣裳・斧鉄《おのかね》・帛布《きぬ》を出し、国物《くにつもの》（国からの賜物《たまいもの》）とともに朝廷に積みあげ、物部連らをねんごろに慰問し、例にまさる賞禄をおくった。

秋九月に、百済は州利即次《つりそし》将軍を遣わし、物部連に従わせて来朝し、己汶の地を賜わったことを感謝した。また別に五経博士漢高安茂《あやのこうあんも》をたてまつり、博士段楊爾《だんように》に代えたいと願ったので、願いのままに交代させた。戊寅《つちのえとら》（十四日）に、百済は、灼莫古《やくまくこ》将軍、日本の斯那奴阿比多《しなのあひた》（日本系の百済人か）を遣わし、高麗《こま》（高句麗）の使安定らにつきそわせて来朝し、修好した。

十二年の春三月の丙辰《ひのえたつ》の朔甲子《きのえね》（九日）に、弟国《おとくに》（京都府乙訓郡）に遷都した。

十七年の夏五月に、百済の王武寧《こきしむねい》が薨じた[21]。

十八年の春正月に、百済の太子明《こんせしんめい》（聖王＝聖明王）が王位についた。

二十年の秋九月の丁酉《ひのとのとり》の朔己酉《つちのとのとり》（十三日）に、磐余《いわれ》の玉穂《たまほ》（奈良県桜井市）に遷都した〔一本には七年とある〕。

磐井の反乱

二十一年の夏六月の壬辰《みずのえたつ》の朔甲午《きのえうま》（三日）に、近江毛野臣《おうみのけなのおみ》が六万の軍兵をひきいて任那におもむき、新羅に破られた南加羅《ありひしのから》・喙己呑《とくことん》（いずれも任那の国名）を再興して任那に合わせようとした。筑紫国造《つくしのくにのみやつこ》磐井《いわい》は、かねて叛逆を企て、事が失敗するのを恐れてためらいつつもすきをうかがっていたが、新羅はこれを知ってひそかに賄賂を磐井におくり、毛野臣の軍を防ぐようにと勧めた。そこで磐井は、火《ひのくに》（佐賀県・長崎県・熊本県）・豊《とよのくに》（福岡県東部・大分県）の二国にも勢いを張って朝廷の命をうけず、海路を遮断して高麗《こま》（高句麗）・百済・新羅・任那などの国の毎年の朝貢の船をあざむき奪い、任那に派遣する毛野臣の軍を抑えて、

「今は使者だなどと言っているが、昔はおれの同輩で肩肘《かたひじ》触れあわせ、ひとつ食器で食事をしたものだ。急に使者になったからといって、そうおめおめと従うものか」

と豪語し、交戦して従わず、気勢がさかんであった。このため毛野臣は前進をはばまれ、中途に滞留した。天皇は、大伴大連金村《おおとものおおむらじかなむら》・物部大連麁鹿火《もののべのおおむらじあらかい》・許勢大臣男人《こせのおおおみおひと》らに詔して、

「筑紫の磐井が反乱し、西辺の地を占領している。だれを将軍としたらよかろう」

と言われた。大伴大連らがみな、

「正直で仁慈も勇気もあり、軍事に精通しているという点で、麁鹿火の右に出る者はございません」

と申しあげたところ、天皇は、

「よろしい」

と言われた。

秋八月の辛卯《かのとのう》の朔に、詔して、

「大連よ、磐井が従おうとしない。おまえが征討せよ」

と言われた。物部麁鹿火大連は再拝して、

「磐井は西辺の奸賊《かんぞく》で、険阻な山川をたのんで反乱し、道義にそむき、おごりたかぶっております。道臣《みちのおみ》（大伴氏の祖。神武天皇に仕えたとされる）の昔から室屋《むろや》（大伴室屋。金村の祖父）にいたるまで、武将が天子を助けて征伐し、民の苦しみを救うことに変りはございません。ただ天の助けのみを、私はいつも大切に思っております。つつしんで命を拝し、征伐いたしましょう」

と申しあげた。天皇は詔して、

「名将は出陣にあたっては将士を恵み、思いやりをかける。そして川が決壊する勢いで攻め、風の吹きおこる勢いで戦うものだ」

と言われ、重ねて、

「大将は民の生命を左右する者で、国の存亡もここにかかっている。しっかりせよ。つつしんで天罰を行なうのだ」

と言われた。天皇はみずから斧鉞《おのまさかり》を取って大連に授け、(23)

「長門《ながと》（山口県）から東は自分が統治しよう。筑紫《つくし》（福岡県）から西はおまえが統治し、思いのままに賞罰を行なえ。一々奏上する必要はない」

と言われた。

二十二年の冬十一月の甲寅《きのえとら》の朔甲子《きのえね》（十一日）に、大将軍物部大連麁鹿火は、みずから賊の首領磐井と筑紫の御井郡《みいのこおり》（福岡県三井郡）で交戦した。両軍の旗や鼓《つづみ》が相《あい》対し、軍勢のかき立てる埃塵《ちり》も入りみだれた。両軍は勝機をつかもうと必死に戦ってゆずらなかったが、麁鹿火はついに磐井を斬り、反乱を完全に鎮定した。[24]

十二月に、筑紫君葛子《つくしのきみくずこ》は、父（磐井）に連坐して誅せられるのを恐れ、糟屋屯倉《かすやのみやけ》（福岡県粕屋郡）を献上して死罪を贖《あがな》う（財物を出して罪を免除される）ことをこうた。

二十三年の春三月に、百済の王は下《あるし》哆唎国守《たりのくにのみこともち》　穂積押山臣《ほづみのおしやまのおみ》に、

「日本への朝貢の使者は、嶋曲《みさき》〔海中の嶋の出入りの崎岸《さき》をいう。人々は美佐祁《みさき》という〕を避けようとしていつも風波に苦しみ、貢納の物を湿らせたり、こわしてしまったりしております。なにとぞ加羅《から》の多沙津《たさのつ》（蟾津江河口の地）を賜わり、私どもの朝貢の路としたいと存じます」

と言った。そこで押山臣は、この要請を天皇に奏上した（以上七年条参照）。

この月に、物部伊勢連父根《もののべのいせのむらじちちね》・吉士老《きしのおきな》らを遣わし、津（多沙津）を百済の王に賜わろうとした。すると加羅（大加羅＝高霊加羅）の王は勅使に、

「この津（多沙津）は、官家《みやけ》が置かれて以来、私どもが朝貢するための津渉《つわたり》としております。そうたやすく隣国に賜うということができましょうか。統治せよと定められた、最初

の領域を違えることになります」

と言った。勅使の父根らは、その場で津を百済に賜うのはむずかしいとみて、大嶋《おおしま》（南海島か）にもどり、別に録史《ふびと》（文書・記録をつかさどる下級の官人）を遣わして扶余（百済）に賜わった（以上九年条参照）。このため加羅は新羅と結び、日本を怨んだ。加羅の王は新羅の王《こきし》の女《むすめ》を娶り、こどもをもうけた。新羅は最初女を送るとき、従者百人を遣わし、各県に分散させて新羅の衣冠を着させたが、阿利斯等《ありしと》（任那の王）は衣服を変えたことをいきどおり、使を遣わしてそれらの人々をよび集め、新羅に送りかえした。新羅は大いに面目を失い、女をつれもどそうとして、

「あなたが求婚されたから、私も許したのだ。こういうことをされるのなら、王《こきし》の女《むすめ》を返してもらいたい」

と言った。すると加羅の己富利知伽《こほりちか》〔未詳〕は、

「夫婦となったものを、いまさら仲をさくことができようか。子どももあるというのに、それを棄ててどこに行けるというのだ」

と答えた。結局新羅は、道すがら刀伽《とか》・古跛《こへ》・布那牟羅《ふなむら》の三城を攻略し、また北境の五城を攻略した（二十四年九月条参照）。

近江毛野の渡海

この月に、近江毛野臣《おうみのけなのおみ》を安羅《あら》（任那の一国）に遣わし、勅して新羅に勧め、南加羅《ありひしのから》・喙己呑《とくことん》を再建させようとした。百済は将軍君尹貴《いくさのきみいんき》・麻那甲背《まなこうはい》・麻鹵《まろ》らを遣わし、安羅に赴かせて天皇の詔勅を聞かせた。新羅は蕃国《となりのくに》の官家《みやけ》（任那）を破ったことを恐れ、大人《たかきひと》（官位の高い人）を遣わさず、夫智奈麻礼《ぶちなまれ》・奚奈麻礼《けなまれ》らを遣わし、安羅に赴かせて天皇の詔勅を聞かせた。安羅は高堂《たかどの》を新たにつくって勅使をみちびき、国《くに》の主《にりん》（任那の国王）はその後について階段をのぼった。国内の大人も、一、二人が堂に昇った。百済の使の将軍君らは堂の下にあり、いく月もの間再三堂上で謀議が行なわれたのに庭に控えていなければならず、それを恨みに思った。

夏四月の壬午《みずのえうま》の朔戊子《つちのえね》（七日）に、任那の王《こきし》己能末多干岐《このまたかんき》が来朝した〔己能末多《このまた》というのは、阿利斯等のことであろう〕。王は大伴大連金村《おおとものおおむらじかなむら》に、

「海外の諸国は、胎中天皇《ほむたのすめらみこと》（応神天皇）が内官家《うちつみやけ》を置かれたとき以来、元来の国王にその土地の統治を委任されてきております。これはまことにもっともなことであります。しかるに今新羅は、最初に賜わった領域を無視し、しばしば越境し侵入してまいります。どうか天皇に、わが国を救ってくださるよう奏上していただきたい」

と言ったので、大伴大連はそのとおりに奏聞した。

この月に、使を遣わして己能末多干岐を送るとともに、任那にいる近江毛野臣に詔して、

「任那の王の奏上するところをよく問いただし、任那と新羅とが疑いあっているのを和解させるように」

と言われた。そこで毛野臣は、熊川《くまなれ》（慶尚南道昌原郡熊川面）にあって〔一本には、任那の久斯牟羅《くしむら》でとある〕、新羅・百済二国の王を召集した。新羅王佐利遅《さりじ》は久遅布礼《くじふれ》〔一本には久礼爾師知于奈師磨里《くれにしちうなしまり》とある〕を遣わし、百済は恩率《おんそつ》[25]弥騰利《みどり》を遣わして毛野臣のもとへ赴かせ、二王自身は参集しなかった。毛野臣は大いに怒って二国の使を責め、

「小さなものが大きなものに仕えるのは天の道である〔一本には、大きな木の端には大きな木を接木《つぎき》し、小さな端には小さな木を接木するものだ、とある〕。なぜ二国の王は自分自身やって来て天皇の勅を受けようとせず、軽んじて使をよこすのだ。もうおまえたちの王が勅を聞こうとやって来ても、自分は勅しない。きっと追い返してやる」

と言った。久遅布礼と恩率弥騰利とは、内心恐れをいだきつつ、それぞれ国に帰って王に召しに応じるようにと伝えた。すると新羅は、あらためて上臣《まかりだろ》伊叱夫礼智干岐《いしぶれちかんき》（異斯夫）を遣わし〔新羅では日本の大臣《おおおみ》にあたるものを上臣とする。一本には伊叱夫礼知奈末《いしぶれちなま》とある〕、三千の軍兵をひきいて来たり、勅を聞こうとした。毛野臣は、武備を整えた数千の軍兵を遠くに見て、熊川から任那の己叱己利城《こしこりのさし》（久斯牟羅）に入った。伊叱夫礼智干岐は多多羅《たたらの》原《はら》（釜山《プサン》南方の多大浦《タデポ》）にあって、帰服のさまを示すことなく三ヵ月も待ち、しきりに勅

を聞くことを要請したが、毛野臣はとうとう勅を宣しなかった。たまたま伊吐夫礼智の士卒が聚落で食物を求め、毛野臣の従者の河内馬飼首《こうちのうまかいのおびと》御狩《みかり》のもとに立ち寄った。御狩は他人の家にかくれ、士卒がとおりすぎるのを待って、こぶしを握って遠くからなぐるまねをした。士卒たちはそれを見つけ、

「謹んで三ヵ月も勅旨を聞こうと待っているのに、いっこうに宣しようとせず、勅を聞く使を苦しめている。これはだまして上臣《まかりだろ》を殺そうというつもりだったのだ」

と言い、見たままを上臣に話した。上臣は四つの村〔金官《こんかん》・背伐《へぼつ》・安多《あた》・委陀《わだ》を四村とする。一本には多多羅《たたら》・須那羅《すなら》・和多《わた》・費智《ほち》を四村とするとある〕（いずれも任那の洛東江《ナクトンガン》河口の地方か）を侵し、人々をすべて連れ去って本国に入った。

「多多羅などの四村が掠奪されたのは、毛野臣の過失だ」

と言う人があった。

秋九月に、巨勢男人大臣《こせのおひとのおおおみ》が薨じた。

二十四年の春二月の丁未《ひのとのひつじ》の朔に、詔して、

「(26)磐余彦《いわれびこ》の帝《すめらみこと》（神武天皇）や水間城《みまき》の王《きみ》（崇神天皇）以来、国の政治を行なうには、みな博識・明哲な臣下の補佐に頼っている。神日本《かんやまと》（神武天皇）は道臣《みちのおみ》（大伴氏の祖）の計略により、胆瓊殖《いにえ》（崇神天皇）は大彦《おおびこ》（四道将軍の一人、崇神十年条参照）の計略によって、ともにその隆盛をえた。皇位をうけついだ者として中興の功業を立てようとすれば、どう

しても賢哲の人の計略に頼らねばならぬ。いま小泊瀬天皇《おはつせのすめらみこと》（武烈天皇）の世にいたり、前代の聖天子以来の長い太平のなかで、人々の気風はようやく沈滞し、政治も衰えて改めることがなくなった。どうしてもしかるべき人が、それぞれの才能に応じて推挙されてくるのを待つほかはない。大きな計略をもつ人は他人の短所を問題にせず、すぐれた才能をもつ人は他人の過失をとがめない。そうして皇統を保ち、国家を危うくすることがない。それゆえ、すぐれた補佐が必要なのだ。自分が皇位をついでから二十四年、天下は安泰で土地はこえ、穀物もよくみのっている。心配なのは人々がこの太平になれ、驕《おご》りの気持をおこすことだ。ぜひ清廉で節度ある人を推挙させ、徳化をひろめねばならない。能力ある人を官に任ずることは古来むずかしいとされているゆえ、慎重に行なわねばならぬ」

と言われた。

近江毛野の死

秋九月に、任那の使が、

「毛野臣《けなのおみ》（近江毛野）は久斯牟羅《くしむら》に家をかまえて二歳（満二年間）〔一本に三歳とあるのは、往復の歳をあわせたものである〕も滞留し、政務を怠っています。日本人と任那の人との間によく子供が生まれ、その帰属をめぐる訴訟が決しがたい時に、毛野臣はすぐ誓湯《うけいゆ》(27)を置き、『本当のことを言う者は爛《ただ》れない。うそを言う者はきっと爛れる』というので、熱湯に身を入れて爛れ死ぬ者がたくさんいます。また、吉備韓子那多利《きびのからこなたり》・斯布利《しふり》〔大日本《おおやまと》の人が、蕃国（朝鮮諸国）の女を娶って生んだ子が韓子である〕を殺し、常に人民を苦しめて宥和《ゆうわ》の心がありません」

と奏上した。天皇は毛野臣の行状を聞き、人を遣わしてよびもどそうとされたが、毛野臣は来ようとせず、ひそかに河内《こうちの》母樹《おものきの》馬飼《うまかいの》首《おびと》御狩《みかり》を都に送り、天皇に、

「勅命を果たさずに帰還したら、労をねぎらわれて赴きながらむなしく帰ることになり、面目がありません。どうか陛下、自分が大命を果たして朝廷に参入し、謝罪いたすのをお待ちください」

と奏上した。使を送りだしたあと、毛野臣はまたひとり考えて、

「調吉士《つきのきし》（毛野を召喚するための使か）は朝廷の使だ。自分より先に帰ってありのままに報告したら、自分の罪はきっと重くなるだろう」

と言い、調吉士に軍兵をひきいさせ、伊斯枳牟羅城《いしきむらのさし》を守らせた。阿利斯等《ありしと》（任那の王）は、毛野臣が細事にのみかかわって約束（任那の復興）を履行しないのを知り、しきりに帰朝を勧めたが聞き入れなかった。毛野臣の行状のすべてを知った阿利斯等は、離反の気持をおこし、久礼斯己母《くれしこも》を新羅に遣わして軍兵をこい、奴須久利《ぬすくり》を百済に遣わして軍兵をこうた。毛野臣は百済の兵が来ると聞き、背評《へこおり》〔背評は地名である。またの名は能備己富利《のびこほり》〕（背《へ》伐《ぼっ》と同じか）に迎えうって、半数が死傷した。百済は奴須久利をとらえて杻《あしかせ》・械《てかせ》・枷《くびかせ》・

鏁《かなつながり》（鉄のくさりで身体をしばる）し、新羅とともに城を囲み、阿利斯等を責め罵って、

「毛野臣を出せ」

と言ったが、毛野臣が城を固めていたので、捕虜にすることはできなかった。そこで二国は、便宜の地を占めて一ヵ月滞留し、城を築いて帰還した。その城を久礼牟羅城《くれむらのさし》と号する。帰還の道すがら、騰利枳牟羅《とりきむら》・布那牟羅《ふなむら》・牟雌枳牟羅《むしきむら》・阿夫羅《あぶら》・久知波多枳《くちはたき》の五城を攻略した（二十三年三月条の任那北境の五城にあたるか）。

冬十月に、調吉士は任那から帰り、

「毛野臣は傲慢な性格で、政治に熟達せず、有和の心がなく加羅《から》を混乱におとしいれています。ほしいままにふるまい、憂慮される事態を防ごうとしておりません」

応神天皇―舒明天皇間の皇室系図
（数字は『日本書紀』による皇位継承の順序）

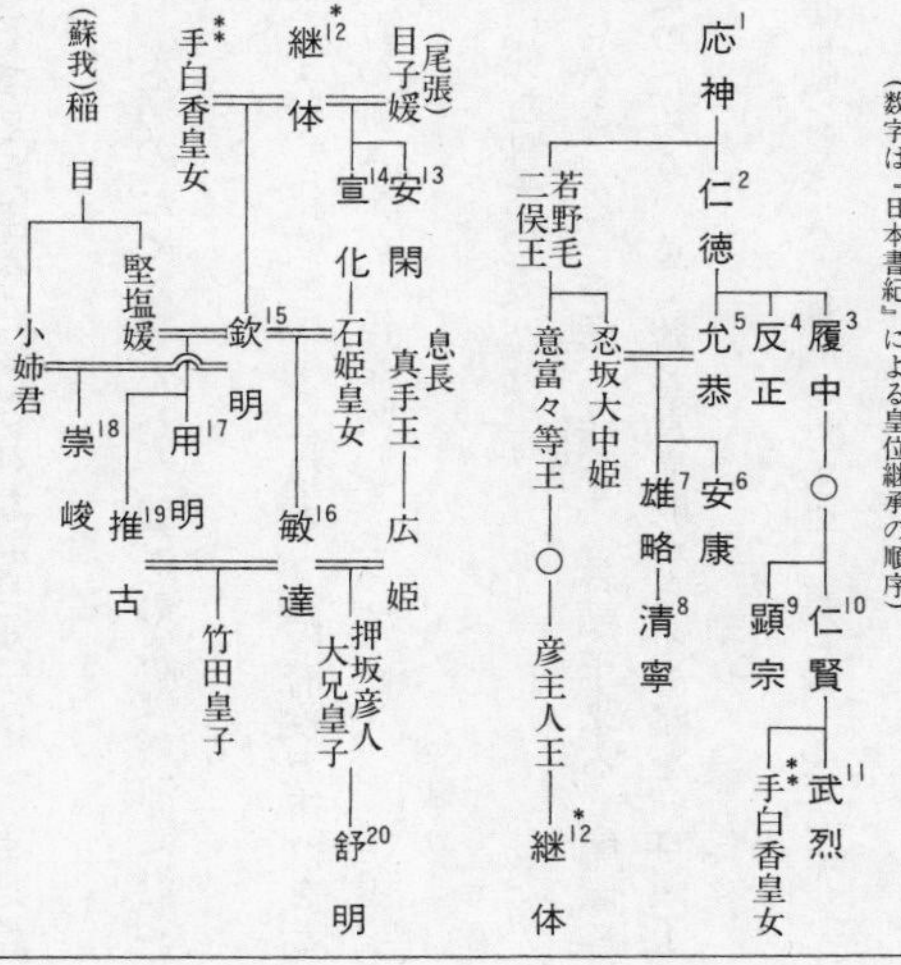

と奏上した。そこで天皇は、目頰子《めづらこ》を遣わして毛野臣を召喚された〔目頰子は、いまだ詳らかでない〕。

この歳、毛野臣は召喚され、対馬にいたって病のために死んだ。葬送の舟は、河に沿って近江に入った。その時毛野の妻は、

枚方《ひらかた》ゆ　笛《ふえ》吹《ふ》き上《のぼ》る　近江《あふみ》のや　毛野《けな》の若子《わくご》い　笛吹き上る（枚方〔大阪府枚方市〕をとおり、笛を吹いて舟が上っていく。近江の毛野の若さまが、笛を吹いて上っていく）

と歌った。

目頰子がはじめ任那に着いたとき、任那に住む日本の人々は、

韓国《からくに》を　如何《いか》に言《ふ》ことそ　目頰子来《きた》る　むかさくる　壱岐《いき》の渡《わたり》を　目頰子来る（韓国にどのようなことを言おうとして目頰子は来たのだろう。遠く離れた壱岐からの海路を、目頰子がやって来た）

という歌を贈った（目頰子の任那への赴任を現地の日本人が批判したものと見られる）。

継体天皇の崩御

二十五年の春二月に、天皇は病が重くなられ、丁未《ひのとのひつじ》（七日）に磐余玉穂宮《いわれのたまほのみや》にお崩《かく》れになった。時に御年八十二(28)。

冬十二月の丙申《ひのえさる》の朔庚子《かのえね》（五日）に、藍野陵《あいののみささぎ》(29)に葬りたてまつった。

〔ある本には、天皇が二十八年歳次甲寅《きのえとら》にお崩れになったとある。それなのにここに二十五年歳次辛亥《かのとのい》にお崩れになったとするのは、『百済本記』によって文をなしたものである。その文には、「太歳辛亥の三月に、百済の軍は進んで安羅《あら》（任那の一国）に至り、乞乇城《こつとくのさし》を築いた。この月に、高麗《こま》（高句麗）ではその王安《あん》（安蔵王）が殺された。また聞くところによると、日本では天皇《すめらみこと》及び太子《ひつぎのみこ》・皇子《みこ》がそろってなくなったということである」とある。これによると、辛亥の歳は二十五年にあたる。後世考究する人が、いずれが正しいかを知ることであろう。[30]〕

（1）『古事記』『日本書紀』はともに五世とだけ書いて、応神天皇から継体天皇にいたる中間の系譜を省いている。『釈日本紀』に載せる『上宮記』逸文には、この間の系譜を、

凡牟都和希王（応神天皇）――若野毛二俣王――大郎子（一名意富々等王）――乎非王
　　　　　　　　　　　　　　　　　　　　　├践坂大中比彌王
　　　　　　　　　　　　　　　　　　　　　├田宮中比彌
　　　　　　　　　　　　　　　　　　　　　└布遅波良己等布斯郎女
――汙斯王（彦主人王）――伊波礼宮治天下乎富等大公王（継体天皇）

と記している。この逸文は、用字法からみて、七世紀前半の頃に書かれたと推定されている。

（2）同じく『上宮記』逸文に、垂仁天皇から振媛にいたる系譜を、

伊久牟尼利比古大王（垂仁天皇）―偉波都久和希―偉波智和希―伊波己里和気―麻和加介―阿加波智君―乎波智君―都奴牟斯君
乎波智君―布利比彌命（振媛）

と記している。

（3）以下は『漢書』成帝紀による文飾。

（4）以下「この日、天皇は即位され」までは、ほぼ『漢書』文帝紀による文飾。

（5）清寧二年二月条に設置のことが見える。舎人は天皇に近侍し、宿衛・雑使にあたる者。供膳（膳夫）は天皇の食膳に奉仕する者。靫負は靫《ゆき》（矢を納める道具）を負って天皇を警固する者。白髪は清寧天皇の名で、白髪部は皇族の資養のために設定された人民であるいわゆる名代《なしろ》の部の一種。白髪部舎人・供膳・靫負は、それぞれ白髪部の資養をうけて宮廷に奉仕する舎人・供膳・靫負をさす。

（6）令制では神祇官の長官。ここは令制による文飾で、宮廷の神職をさす。

（7）『芸文類聚』帝王部引用の『呂氏春秋』の文による。この前後の詔勅には、『芸文類聚』所収の文による修飾が多い。

（8）これ以後七世紀前半にかけて、皇子の名に「大兄」の称が付せられることが多い。これらは皇后・正妃もしくはそれに準じる者それぞれの生んだ第一の皇子であり、皇位継承の有資格者を示す称であったかと考えられる。

（9）いわゆる伊勢の斎王。未婚の皇女がその役に奉仕する。斎王の派遣が恒常化するのは天武朝以後である。
（10）木星のこと。木星は十二年で天を一周するので、そのめぐる順序によって干支に配当し、年を数えた。『日本書紀』では、天皇即位の年ごとに、その年の太歳のやどる干支を記す。
（11）日本からみて耽羅（済州島）を南の海のかなたと記すのはおかしい。ここは百済の記録によった記事か。
（12）『百済記』『百済新撰』と並んで『日本書紀』編纂に用いられた百済側の史料。継体紀・欽明紀の各所に引用される。
（13）いわゆる任那四県の割譲。上哆唎以下の四県は、朝鮮半島の南西端、全羅南道のほぼ全域にあたると考えられる。百済はこの頃南進してこの地域を支配し、その領有をめぐって任那に勢力をもつ日本と交渉を行なったのであろう。
（14）五経は易経・書経・詩経・春秋・礼。五経博士は儒教を教授する学者で、この後百済からは交代制で貢上された。
（15）任那北部の伴跛が、百済の領有した己汶の地を襲ったもの。十一月に、百済・新羅・安羅・伴跛の代表を集めた上で、己汶・滞沙（帯沙）を百済に賜わったとある。己汶・滞沙は前記の上哆唎等四県の東、蟾津江の中・下流域をそれぞれ占める。
（16）「八島国　妻枕きかねて」の歌は、『古事記』上の「八千矛の　神の命は　……」の歌とよく似ており、『万葉集』巻十三の「隠口の　泊瀬の国に　……」の歌とも類似している。妻問いの儀礼に歌われたものであろう。
（17）「隠国の　泊瀬の川ゆ」の歌は、元来は泊瀬を舞台とした葬送歌であろう。

(18) 注（15）参照。

(19) 屯倉は大和政権の直轄支配地。大阪平野などの農業経営の要地や吉備・筑紫などの軍事・交通上の拠点に設定され、武器・稲穀が蓄積された。また農民を田部《たべ》として耕作させた。六世紀になると、服属した地方豪族の支配する領域の一部を献上せしめ、屯倉とする例が増加する。

(20) 百済の貴族組織である五部のひとつ。『周書』によると、五部は上部・前部・中部・下部・後部からなる。

(21)『三国史記』百済武寧王二十三年（五二三、この年）条に、五月に王が薨じ、諡《おくりな》して武寧といったとある。公州武寧王陵発見の墓誌銘には、癸卯年（五二三）五月丙戌朔七日壬辰に、寧東大将軍百済斯麻王（武寧王）が崩じ、乙巳年（五二五）八月十二日に葬ったとある。

(22) 以下の詔と麁鹿火のことばとは、すべて『芸文類聚』武部に収める文章をもとにつくりあげたもの。また麁鹿火のことばに、大伴氏の祖先の功業を述べているのも、物部氏の人のことばとしてふさわしくない。

(23) 中国では天子が征伐の将軍に斧と鉞とを授け、誅殺を専らにすることのしるしとした。ここは将軍に任じて全権を委任したことの漢文的修辞。

(24) 磐井の反乱については、『古事記』にも記述がある。また『釈日本紀』に引く『筑後国風土記』逸文には、磐井の墓についての記述があり、福岡県八女市の岩戸山古墳が、石人・石馬を有することなどから、風土記の伝える磐井の墓にあたると考えられている。

(25) 百済の官位。百済の十六品の官位制がいつ制定されたかははっきりしないが、『周書』に見える官位名と『日本書紀』に見える官位名とを対照させると、左表のとおりである。

(26) 以下の詔には、『芸文類聚』治政部の文章による修飾がある。

(27) 盟神探湯《くかたち》。神明に誓い、熱湯に手を入れさせ、やけただれるか否かによって事の正邪を判断する。毛野臣は、この日本風の神判を任那にもちこんだため、任那人の不満をかった。

(28) 『古事記』は四十三とし、丁未の年（継体二十一年）四月九日に崩じたとある。

(29) 『延喜式』では摂津国嶋上郡にあるとする。現在大阪府茨木市の茶臼山古墳が継体陵の扱いをうけているが、同高槻市の今城塚が継体陵であるとする説が有力。

(30) 『日本書紀』の本文は、『百済本記』によって継体天皇の崩年を二十五年（五三一年）とするが、そうすると次の安閑天皇の即位までに、二年の空位期間が生じる。「ある本」の二十八年崩御説に立てば、継体天皇の崩年と安閑天皇の即位年とは一致することになる。この『百済本記』の記事や、欽明天皇の治世が継体二十五年に始まるとする『法王帝説』などの史料のあることから、継体天皇の死後、皇室内である事件がおこり、欽明朝と安閑・宣化朝との二朝が並立する事態が生じたとする説もある。

百済の官位

	周書	日本書紀
1	左平	＊佐平
2	達率	達率
3	恩率	恩率
4	徳率	徳率
5	扞率	杆率
6	奈率	奈率（那率）
7	将徳	将徳
8	施徳	施徳
9	固徳	固徳
10	季徳	季徳
11	対徳	対徳
12	文督	＊＊? 修徳
13	武督	都徳
14	佐軍	護徳
15	振武	
16	克虞	

＊『周書』には左平の員数は五人とあり、『日本書紀』には内佐平・大佐平・上佐平・中佐平・下佐平などが見える。

＊＊修徳・都徳・護徳については、十六品のどの階に比定すべきかはっきりしない。

日本書紀巻第十八

広国押武金日天皇　安閑天皇
武小広国押盾天皇　宣化天皇

広国押武金日天皇《ひろくにおしたけかなひのすめらみこと》　安閑《あんかん》天皇

安閑天皇の即位

勾大兄《まがりのおおえ》広国押武金日天皇《ひろくにおしたけかなひのすめらみこと》は、男大迹天皇《おおどのすめらみこと》（継体天皇）の長子《えみこ》（最年長の皇子）である。御母を目子媛《めのこひめ》と申しあげる。この天皇は、幼少のときから器量が人にすぐれてはかり知れず、武威にすぐれ、しかも寛大で人君としての資質がおありになった。二十五年（継体天皇）の春二月の辛丑《かのとのうし》の朔(1)丁未《ひのとのひつじ》（七日）に、男大迹天皇は大兄《おおえ》（勾大兄皇子＝安閑天皇）を天皇にお立てになり、その日にお崩《かく》れになった。

この月に、もとどおり大伴大連《おおとものおおむらじ》（金村）を大連とし、物部麁鹿火大連《もののべのあらかいのおおむらじ》を大連とした。

元年の春正月に、都を大倭国《やまとのくに》の勾金橋《まがりのかなはし》（奈良県橿原市曲川町）に遷し、地名によって宮号とした。

三月の癸未《みずのとのひつじ》の朔戊子《つちのえね》（六日）に、官人たちは天皇のために、億計天皇《おけのすめらみこと》（仁賢天皇）の女《むすめ》の春日山田皇女《かすがのやまだのひめみこ》を迎えて皇后とした〔またの名《みな》は山田赤見皇女《やまだのあかみのひめみこ》〕。また別に三人の妃《みめ》、すなわち許勢男人大臣《こせのおひとのおおおみ》の女紗手媛《さてひめ》、紗手媛の弟《いろど》（妹）の香香有媛《かかりひめ》、物部木蓮子《もののべのいたび》〔木蓮子、これを伊陀寐《いたび》という〕大連《おおむらじ》の女宅媛《やかひめ》を立てた。

屯倉の設置

夏四月の癸丑《みずのとのうし》の朔に、内膳卿《かしわでのつかさのきみ》（天皇の食膳のことにあたる官司の長官。のちの令制風の修飾）膳臣大麻呂《かしわでのおみおおまろ》は、勅命をうけて使を遣わし、伊甚《いじみ》（上総国夷灊郡。現在の千葉県夷隅郡・勝浦市）に珠（真珠）を求めさせた。伊甚国造《いじみのくにのみやつこ》らはなかなか都へ来ず、定められた時までにたてまつらなかった。膳臣大麻呂は大いに怒り、国造らを捕えて縛り、理由をただした。国造の稚子直《わくごのあたい》らは、おびえて後宮の寝殿に逃げかくれた。なにも知らない春日皇后《かすがのきさき》は、驚いて倒れ、とてもはずかしい思いをされた。稚子直らは闌入《らんにゅう》の罪（みだりに宮中に入った罪）にも坐し、重い罪科に処せられることになった。そこで謹んで皇后のために伊甚屯倉《いじみのみやけ》を献上し、闌入の罪を贖《あがな》う（財物を出して罪を免除される）ことをこうたので、伊甚屯倉を定めた。[2] 今はそれを分かって郡（夷灊郡）とし、上総国《かみつふさのくに》に属せしめている。

五月に、百済が下部《かほう》[3]修徳[4]嫡徳孫《ちゃくとくそん》・上部《しょうほう》[5]都徳[6]己州己婁《こっこる》らを遣わして来朝し、常例の調《みつき》をたてまつり、また上表文をもたてまつった。

秋七月の辛巳《かのとのみ》の朔に、詔して、

「皇后は、その身分は天皇と同じでも、宮廷の内にあって外にはその名が知られていない。それゆえ屯倉の地を皇后にあて、その名を後の代まで伝えさせるように」

と言われ、勅使を遣わして良田をお選ばせになった。勅使は命を奉じて、大河内直味張《おおしこうちのあたいあじはり》〔またの名は黒梭《くろひ》〕に、

「地味の肥えた雌雉田《きじた》をたてまつるように」

と言ったが、味張はたてまつるのを惜しみ、勅使をだまして、

「この田は、日照りには水が引けないし、少しの雨ですぐ水びたしになります。いくら労力をかけても、わずかな収穫しかありません」

と答えた。そこで勅使は、味張の言ったとおりを天皇に報告した（閏十二月条参照）。

冬十月の庚戌《かのえいぬ》の朔甲子《きのえね》（十五日）に、天皇は大伴大連金村《おおとものおおむらじかなむら》に勅して、

「自分は四人の妻を召したが、いまだに皇嗣がない。いく年もの後にはわが名は絶えてしまうだろう。大伴の伯父《おきな》（金村）よ、どうしたらよかろう。自分はいつもこのことが心配なのだ」

と言われた。大伴大連金村が、

「それは私の心配しているところでもございます。わが国で天下に王《きみ》とまします方は、皇嗣の有無にかかわらず、必ず物によって御名を残されます。どうか皇后《きさき》や妃《みめ》のために屯倉の地を定め、それを後の世に伝えることによって御事蹟を顕彰するようになさいませ」

と申しあげると、天皇は詔して、

「よかろう。早速に設置するように」

と言われた。大伴大連金村が、

「小墾田屯倉《おはりだのみやけ》（大和国高市郡）と諸国の田部《たべ》（屯倉の耕作にあたる農民）とを紗手媛《さてひめ》に、桜《さくら》井屯倉《いのみやけ》（河内国河内郡、いま大阪府東大阪市）〔一本には茅渟山屯倉《ちぬのやまのみやけ》（大阪府泉佐野市付近）を加えて賜わったとある〕と諸国の田部とを香香有媛《かかりひめ》に、難波屯倉《なにわのみやけ》（大阪市）と諸郡の钁丁《くわよほろ》（田部と同性質の農民）とを宅媛《やかひめ》にそれぞれ賜い、後代の人に昔の姿を示すことにしたいと思います」

と申しあげると、天皇は詔して、

「奏上のとおり施行せよ」

と言われた。

大河内味張の謝罪

閏十二月の己卯《つちのとのう》の朔壬午《みずのえうま》（四日）に、三嶋（大阪府三島郡・高槻市）に行幸され、大伴大連金村が従った。天皇は大伴大連を使とし、良田を県主《あがたぬし》（三嶋県主）飯粒《いいぼ》にお求めになった。県主飯粒は大変よろこんで真心をつくし、上御野《かみのみの》・下御野《しものみの》・上桑原《かみのくわはら》・下桑原《しものくわはら》、あわせて竹村《たかふ》の地計四十町をたてまつった。大伴大連は勅命を奉じて、

「(7)天下の地はあまねく王《きみ》の支配するところである。それゆえ先の天皇《すめらみこと》（継体天皇）は、御名を世にあらわし、天地日月にも匹敵する大きさと輝きとをもって、はるか遠方の民をもいつくしみ、国内を照らして無辺の地にみちみち、あまねく徳を及ぼし、人々を救い、礼儀を定めてその功のなったことを天に告げ、音楽を作って政治の安定を世にあきらかにした。天もそれにこたえ、往昔のそれに符合する祥瑞をくだしている。おまえ味張《あじはり》（大河内直味張）は、天皇の支配する国土の数にもならぬ百姓《おおみたから》であるのに、王の地をたてまつるのを惜しみ、勅使の命を軽んじ、それに背いた（七月条参照）。味張は今後郡司《こおりのみやつこ》（在地を統治する官職。ここは令の制度による修飾）になってはならぬ」

と命じた。そこで県主飯粒は喜びかつかしこまり、子の鳥樹《とりき》を大連（大伴金村）にたてまつってその僮竪《しとべわらわ》（少年の従者）とした。一方大河内直味張《おおしこうちのあたいあじはり》は、恐れかつくやみ、地に伏して汗を流した。そして大連に、

「愚かな百姓である私の罪は、万死に価《あたい》します。どうか郡ごとに钁丁を、春に五百丁、秋に五百丁天皇に献上し、子孫にいたるまで絶やさぬようにいたしたい。これによって命をお助けいただき、のちのちまでの戒めとしたいと思います」

と言い、別に狭井田《さいた》六町を大伴大連への賂《まいない》とした。三嶋竹村屯倉《みしまたかふのみやけ》で河内県《こうちのあがた》（大河内直の本拠地）の部曲《うじやつこ》（豪族の私有民）を田部とすることは、このときに始まるのであろう。

この月に、盧城部連枳莒喩《いおきべのむらじきこゆ》の女の幡媛《はたひめ》が、物部大連尾輿《おこし》の瓔珞《くびたま》（首飾り）を盗み、春日皇后に献上した。事件が発覚すると、枳莒喩は女幡媛を采女丁《うねめのよほろ》（采女の従者）として献上し〔これが春日部采女《かすがべのうねめ》である〕、さらに安芸国《あぎのくに》の過戸《あまるべ》(8)の盧城部屯倉《いおきべのみやけ》（安芸国佐伯郡。いまの広島県廿日市市・大竹市など）を献上して女の罪を贖《あがな》った。物部大連尾輿も、自分が事件にかかわったことを不安に思い、十市部《とおちべ》、伊勢国（三重県）の来狭狭《くささ》〔摂津国のあやまりか。大阪府豊能郡能勢町〕・登伊《とい》〔来狭狭・登伊は二つの邑《さと》の名である〕の贄土師部《にえのはじべ》（天皇のための食器を作る土器生産者の部）、筑紫国の胆狭山部《いさやまべ》を献上した。

武蔵国造の争い

また武蔵国造《むざしのくにのみやつこ》の笠原直使主《かさはらのあたいおみ》と同族の小杵《おき》とは、国造の地位を争って〔使主・小杵はいずれも名である〕いく年も決着がつかなかった。小杵は人にさからう性格で高慢であり、ひそかに上毛野君小熊《かみつけののきみおくま》（群馬県地方の大豪族）のもとにおもむいて救援を求め、使主を殺そうとした。使主はそれに気づいて国をのがれ、京《みやこ》にのぼって事情を報告した。朝廷は裁断をくだして使主を国造とし、小杵を誅殺した。国造の使主はかしこみかつ喜んで、その気持をあらわそうと、謹んで天皇のために横渟《よこぬ》・橘花《たちばな》・多氷《おおひ》・倉樔《くらす》、計四処の屯倉を設置した。

この年の太歳は甲寅《きのえとら》。

二年の春正月の戊申《つちのえさる》の朔壬子《みずのえね》（五日）に、詔して、

「このところ毎年豊作で、辺境にも心配ごとがない。人々はその生業を楽しみ、飢饉をまぬかれている。天子の仁慈は国内に広まり、天子をたたえる声は天地にみちている。内外とも静かで、国家は富み栄えている。自分は大変うれしい。人々に酒を賜わって五日間盛大な宴をもよおし、天下こぞって喜びあうこととしよう」

と言われた。

夏四月の丁丑《ひのとのうし》の朔に、勾舎人部《まがりのとねりべ》・勾靫部《まがりのゆきべ》(9)を置いた。

五月の丙午《ひのえうま》の朔甲寅《きのえとら》（九日）に、筑紫（福岡県）の穂波屯倉《ほなみのみやけ》・鎌屯倉《かまのみやけ》、豊国《とよのくに》（福岡県東部・大分県）の媵碕屯倉《みさきのみやけ》・桑原屯倉《くわはらのみやけ》・肝等屯倉《かとのみやけ》〔（肝等の二字は）音読せよ〕・大技屯倉《おおぬくのみやけ》・我鹿屯倉《あかのみやけ》〔我鹿、これを阿柯《あか》という〕、火国《ひのくに》（佐賀県・長崎県・熊本県）の春日部屯倉《かすがべのみやけ》、播磨国《はりまのくに》（兵庫県西部）の越部屯倉《こしべのみやけ》・牛鹿屯倉《うしかのみやけ》、備後国《きびのみちのしりのくに》（広島県東部）の後城屯倉《しつきのみやけ》・多禰屯倉《たねのみやけ》・来履屯倉《くくつのみやけ》・葉稚屯倉《はわかのみやけ》・河音屯倉《かわとのみやけ》、婀娜国《あなのくに》（のちの備後国安那郡・深津郡。今の広島県福山市の地）の胆殖屯倉《いにえのみやけ》・胆年部屯倉《いとしべのみやけ》、阿波国（徳島県）の春日部屯倉《かすがべのみやけ》、紀国《きのくに》（和歌山県）

の経湍屯倉《ふせのみやけ》〔経湍、これを俯世《ふせ》という〕・河辺屯倉《かわへのみやけ》、丹波国《たにわのくに》（兵庫県北部）の蘇斯岐屯倉《そしきのみやけ》〔（蘇斯岐の三字は）みな音読せよ〕、近江国《おうみのくに》（滋賀県）の葦浦屯倉《あしうらのみやけ》、尾張国《おわりのくに》（愛知県西部）の間敷《ましきの》屯倉《みやけ》・入鹿屯倉《いるかのみやけ》、上毛野国《かみつけののくに》（群馬県）の緑野屯倉《みどののみやけ》、駿河国《するがのくに》（静岡県）の稚贄屯倉《わかにえのみやけ》を置いた。

秋八月の乙亥《きのとのい》の朔に、詔して国々の犬養部《いぬかいべ》（犬を飼って屯倉の守衛などにあたる部民）を置いた。

九月の甲辰《きのえたつ》の朔丙午《ひのえうま》（三日）に、桜井田部連《さくらいのたべのむらじ》・県犬養連《あがたのいぬかいのむらじ》・難波吉士《なにわのきし》らに詔して、屯倉の税《たちから》（稲穀をもって納める租税）のことを管掌させた。丙辰《ひのえたつ》（十三日）に、とくに大連（大伴金村か）に勅して、

「牛を難波《なにわ》の大隅嶋《おおすみのしま》（大阪市東淀川区か）と媛嶋松原《ひめしまのまつばら》（同西淀川区）とに放牧せよ。それによって名を後に伝えたい」

と言われた。

冬十二月の癸酉《みずのとのとり》の朔己丑《つちのとのうし》（十七日）に、天皇は勾金橋宮《まがりのかなはしのみや》にお崩《かく》れになった。時に御年七十。

この月に、天皇を河内の旧市高屋丘陵《ふるいちのたかやのおかのみささぎ》（大阪府羽曳野市古市町）に葬りたてまつった。皇后春日山田皇女、及び天皇の妹の神前皇女《かんさきのひめみこ》をこの陵に合葬した。[10]

（1）これによると継体天皇は安閑天皇を即位せしめてから崩じたことになり、継体天皇の崩年（辛

亥）と安閑天皇の元年（甲寅）との間に二年の空位期間があることと、矛盾する。三九ページ注（30）参照。

（2）以下安閑紀には、屯倉の設置、およびその由来に関する記事が多い。ことに二年五月条には、二十六にもおよぶ屯倉の設置記事がある。これらは『書紀』編者が一括して記したものである可能性がつよいが、六世紀前半のこの時期に屯倉が各地に設定されたことは認めてよい。三七ページ注（19）参照。

（3）百済の貴族組織である五部のひとつ。三八ページ注（20）参照。

（4）百済の官位。ただし『周書』などの十六階官位には見えない。三九ページの表参照。

（5）百済の貴族組織である五部のひとつ。三八ページ注（20）参照。

（6）百済の官位。修徳と同じく『周書』などには見えない。三九ページの表参照。

（7）以下の大連の言には、『詩経』小雅、および『芸文類聚』治政部、論政による修飾がある。

（8）余戸。令制では五十戸で一里を編成するが、郡のなかで里の編成にあたって生じた十―二十戸の小規模な里を余戸という。

（9）勾は安閑天皇の宮号（勾金橋宮）、舎人部・靫部はそれぞれ宮廷に奉仕する舎人・靫負の資養にあたる部。安閑天皇の名代の部である。三六ページ注（5）参照。

（10）『延喜式』では、安閑天皇陵と皇后春日山田皇女の墓とは別で、合葬となっていない。この後、宣化天皇と皇后、敏達天皇とその母など、合葬の例がしばしば見られるようになる。

武小広国押盾天皇《たけおひろくにおしたてのすめらみこと》　宣化《せんか》天皇

宣化天皇の即位

武小広国押盾天皇《たけおひろくにおしたてのすめらみこと》は、男大迹天皇《おおどのすめらみこと》（継体天皇）の第二子、勾大兄広国押武金日天皇《まがりのおおえひろくにおしたけかなひのすめらみこと》（安閑天皇）の同母弟である。二年（安閑天皇）の十二月に、勾大兄広国押武金日天皇がお崩れになったが、皇嗣がなく、群臣は剣・鏡（天子のしるし）を武小広国押盾尊にたてまつり、天皇の位におつけ申しあげた。この天皇は清らかなお人柄で、御心は明るく、才能や地位を誇って王者ぶることがなく、君子の服するところであった。

元年の春正月に、都を檜隈《ひのくま》の廬入野《いおりの》（奈良県高市郡）に遷し、地名によって宮号とした。

二月の壬申《みずのえさる》の朔に、もとどおり大伴金村大連《おおとものかなむらのおおむらじ》を大連とし、物部麁鹿火大連《もののべのあらかいのおおむらじ》を大連とした。また蘇我稲目宿禰《そがのいなめのすくね》を大臣《おおおみ》とし、阿倍大麻呂臣《あへのおおまろのおみ》を大夫《まえつきみ》（大臣・大連につぐ地位で、朝政に参議し、また天皇と臣下との間に立って奏宣の任にあたる）とした。

三月の壬寅《みずのえとら》の朔に、官人たちが皇后をお立てになるようにとお願いしたところ、己酉《つちのととり》（八日）に、詔して、

「前からの正妃《むかいめ》である、億計天皇《おけのすめらみこと》（仁賢天皇）の女《むすめ》の橘仲皇女《たちばなのなかつひめみこ》を立てて皇后としよう」

と言われた。皇后は一男三女をお生みになった。長《あね》を石姫皇女《いしひめのみこ》、次を小石姫皇女《こいしひめのみこ》、次を倉稚綾姫皇女《くらのわかやひめのみこ》、次を上殖葉皇子《かみつうえはのみこ》と申しあげる。皇子はまたの名を椀子《まろこ》といい、丹比《たじひ》公《きみ》・偉那公《いなのきみ》の二姓《ふたうじ》の先祖である。また前からの庶妃《みめ》（次妃）の大河内稚子媛《おおしこうちのわくごひめ》は、一男（一人の御子）を生んだ。これを火焔皇子《ほのおのみこ》と申しあげる。これは椎田君《しいだのきみ》の先祖である。

那津官家の整備

夏五月の辛丑《かのとのうし》の朔に、詔して、

「食は天下の本である。黄金が万貫あったところで飢《うえ》をいやすことはできず、白玉（真珠）が千箱あったところで冷《こい》（寒さにこごえること）を救うことはできない。そもそも筑紫の国は、遠近の国々が朝貢してくるところ、往来の関門とするところであり、海外の諸国は、海や天気のようすをうかがいつつここにやって来る。それゆえ、胎中之帝《ほむたのすめらみこと》（応神天皇以来、筑紫に稲穀を収め蓄え、凶作に備えるとともに、賓客への饗応の料としている。国家安泰のための方策として、これに過ぎるものはない。そこで自分も、阿蘇仍君《あそのきみ》（未詳）を遣わして河内国の茨田郡《まんたのこおり》（大阪府枚方市・大東市・寝屋川市・守口市・門真市）の屯倉《みやけ》（茨田屯倉）の穀を筑紫に運ばせよう。蘇我大臣稲目宿禰《そがのおおおみいなめのすくね》は、尾張連《おわりのむらじ》を遣わして尾張国の屯倉の穀を運ばせ、物部大連麁鹿火《もののべのおおむらじあらかい》は、新家連《にいのみのむらじ》を遣わして新家屯倉《にいのみのみやけ》（伊勢国壱志郡、今の三重県津市新家町にあった屯倉か）の穀を運ばせ、阿倍臣《あへのおみ》（大夫阿倍大麻呂）は、伊賀臣《いがのおみ》を遣わして伊賀国（三重県西部）の屯倉の穀を運ばせ、官家《みやけ》を那津《なのつ》（福岡市）のほとりに建てよ。また筑紫・肥《ひのくに》・豊《とよのくに》三国の屯倉は、各地に散在して輸送に不便であり、緊急のさいの必要に備えがたい。それゆえ諸郡に命じて屯倉の稲穀をわかち移し、那津のほとりに集めて建物を立てて非常に備え、のちのちまで民の命とするようにせよ。早く郡県に命令をくだし、自分の気持を知らせるように」

と言われた。

秋七月に、物部麁鹿火大連が薨じた。この年の太歳は丙辰《ひのえたつ》。

二年の冬十月の壬辰《みずのえたつ》の朔に、天皇は、新羅が任那を侵略したため、大伴金村大連に詔し、その子の磐《いわ》と狭手彦《さでひこ》とを遣わして任那を助けさせた。磐は筑紫に留まってその国の政治をとり、三韓《みつのからくに》（高句麗・百済・新羅）に備えた。狭手彦はかの地に赴いて任那をしずめ、また百済を救った。

四年の春二月の乙酉《きのとのとり》の朔甲午《きのえうま》（十日）に、天皇は檜隈廬入野宮《ひのくまのいおりののみや》にお崩れになった。時に御年七十三。

冬十一月の庚戌《かのえいぬ》の朔丙寅《ひのえとら》（十七日）に、天皇を大倭国《やまとのくに》の身狭《むさの》桃花鳥《つき》坂上陵《さかのうえのみささぎ》（橿原市鳥屋町。同市見瀬町の見瀬丸山古墳を宣化天皇陵とする説もある）に葬りたてまつった。皇后橘皇女《たちばなのひめみこ》（橘仲皇女）とその孺子《わくご》（幼児）とをこの陵に合葬した〔皇后のお崩れになった年は伝記に載せていない。孺子とあるのは、まだ成人しないうちに薨じたのであろうか〕。

日本書紀巻第十九

天国排開広庭天皇《あめくにおしはらきひろにわのすめらみこと》　欽明天皇《きんめいてんのう》

欽明天皇と秦大津父

天国排開広庭天皇は、男大迹天皇《おおどのすめらみこと》（継体天皇）の嫡子《むかいめばらのみこ》である。御母を手白香皇后《たしらかのきさき》（仁賢天皇皇女）と申しあげる。父の天皇は大変この皇子を愛され、いつもおそばにお置きになった。まだ幼少のおり、夢に、

「秦大津父《はだのおおつち》という者を御寵愛になると、成人されてきっと天下をお治めになることでありましょう」

と申しあげる人があった。目がさめ、使者を遣わしてくまなくさがさせたところ、山背国《やましろのくに》の紀郡《きのこおり》の深草里《ふかくさのさと》（京都市伏見区）にその人を見つけた。姓字《うじな》とも夢に見たとおりであった。大変喜ばれ、めずらしい夢だと歎ぜられて、

「何か思いあたることはないか」

とおたずねになると、

「とくにございませんが、私が伊勢に商いに行った帰り、山で二頭の狼《おおかみ》が喰いあって血まみれになっているのに出会いました。そこで馬からおり、手を洗い、口をすすいで、『あなたがたは貴い神で、荒々しい行ないを好まれます。しかしもし狩人に出会ったら、たちまち捕われてしまいましょう』と祈念し、喰いあうのをおしとどめ、血まみれの毛を洗ってから、放して命を助けてやりました」

とお答えした。天皇は、

「きっとこの行ないがむくわれたのであろう」

と言われ、おそば近くにはべらせて手厚い待遇を与えられた。大津父が大いに富をなしたので、皇位をおつぎになってからは、大蔵省《おおくらのつかさ》（朝廷の財政をあずかる大蔵の官。ここは後の令制による修辞）にお任じになった。

四年（宣化天皇）の冬十月に、武小広国押盾天皇《たけおひろくにおしたてのすめらみこと》（宣化天皇）がお崩《かく》れになった。皇《すめ》子《みこ》（継体天皇皇子）の天国排開広庭天皇は、群臣に、

「自分はまだ幼年で知識が浅く、政治にも熟達していない。山田皇后《やまだのきさき》（安閑天皇皇后の春日山田皇女）は政務に明るくあられるから、皇后に政務の決裁をお願いするように」

と言われた。山田皇后は恐れかしこまって、

「私は山や海も及ばぬほどの恩寵をこうむっております。国政の執行はむずかしいことで、

とても婦女の関与しうるところではありません。いま、皇子は、老人をうやまい、幼少の者をかわいがり、賢者を尊んで、日が高くなるまで食事もとらずに士（立派な人格者）を待っておられます。そのうえ幼時から人にぬきんでて声望をほしいままにし、寛大な御性格で、人をあわれみ許すことを務めとしておられます。どうか諸臣よ、皇子を早く皇位につけ、天下にその光を輝かせるようにしてください」

と言われた。

冬十二月の庚辰《かのえたつ》の朔甲申《きのえさる》（五日）に、天国排開広庭皇子《あめくにおしはらきひろにわのみこ》は、天皇の位におつきになった。時に御年若干《そこばく》。皇后（安閑天皇の皇后春日山田皇女）を尊んで皇太后《おおきさき》と申しあげた。もとどおり、大伴金村大連《おおとものかなむらのおおむらじ》・物部尾輿大連《もののべのおこしのおおむらじ》を大連とし、蘇我稲目宿禰大臣《そがのいなめのすくねのおおおみ》を大臣とした。

元年の春正月の庚戌《かのえいぬ》の朔甲子《きのえね》（十五日）に、官人たちが皇后をお立てになるようにとお願いしたところ、詔して、

「正妃《むかいめ》の武小広国押盾天皇の女石姫《いしひめ》を立てて皇后としよう」

と言われた。皇后は二男一女をお生みになった。長《このかみ》を箭田珠勝大兄皇子《やたのたまかつのおおえのみこ》と申しあげる。仲《なかち》を訳語田渟中倉太珠敷尊《おさたのぬなくらのふとたましきのみこと》（敏達天皇）と申しあげる。少《すなき》を笠縫皇女《かさぬいのひめみこ》と申しあげる〔またの御名は狭田毛皇女《さたけのひめみこ》〕。

二月に、百済の人己知部《こちふ》が帰化してきたので、倭国《やまとのくに》の添上郡《そうのかみのこおり》の山村《やまむら》（奈良市）に住

まわせた。今の山村の己知部の先祖である。

三月に、蝦夷《えみし》と隼人《はやひと》がともにその族を従えて帰順してきた。[1]

秋七月の丙子《ひのえね》の朔己丑《つちのとのうし》（十四日）に、都を倭国の磯城郡《しきのこおり》の磯城嶋《しきしま》（奈良県桜井市）に遷した。そこで宮号を磯城嶋金刺宮《しきしまのかなさしのみや》とした。

八月に、高麗《こま》（高句麗）・百済《くだら》・新羅《しらき》・任那《みまな》がともに使を遣わして物を献じ、朝貢した。また秦人《はだひと》・漢人《あやひと》など、諸蕃《となりのくに》（海外の国々）から帰化してきた人々を集め、各地の国郡に住まわせて戸籍に登録した。秦人の戸数は総計七千五十三戸で、大蔵掾《おおくらのふびと》（大蔵の官の一つ。令制による修辞）を秦伴造《はだのとものみやつこ》（秦人の管理者）とした。

大伴金村の失脚

九月の乙亥《きのとのい》の朔己卯《つちのとのう》（五日）に、難波祝津宮《なにわのはふりつのみや》（所在未詳）に行幸され、大伴大連《おおとものおおむらじ》金村《かなむら》・許勢臣稲持《こせのおみいなもち》・物部大連尾輿《もののべのおおむらじおこし》らがこれに従った。そのとき天皇は諸臣に、

「どれだけの軍卒があれば新羅を征討できようか」

とおたずねになった。物部大連尾輿らは、

「少しばかりの軍卒では、なかなか征討できません。かつて男大迹天皇《おおどのすめらみこと》（継体天皇）の六年に、百済が使を遣わして任那の上哆唎《おこしたり》・下哆唎《あるしたり》・娑陀《さだ》・牟婁《むろ》の四県を賜わることを求めたとき、大伴大連金村はあっさりと願い出どおり、四県を賜うことを許しました（継

体六年十二月条参照）。このことを新羅はずっと怨みに思っております。軽々しく征討すべきではありません」

と申しあげた。このため大伴大連金村は、住吉《すみのえ》（大阪市）の宅にこもり、病気だといって出仕しなかった。天皇は青海夫人勾子《あおみのおおとじまがりこ》を遣わし、懇切に慰めた。大連はかしこまって、

「私が悩んでおりますのは、ほかでもなく、任那を滅ぼしたのは私だと諸臣が申していることでございます。その恐ろしさのために出仕しないのでございます」

と申しあげ、鞍馬《かざりうま》を使に贈って鄭重に敬意をあらわした。青海夫人がありのままに奏上すると、天皇は詔して、

「長いあいだ忠誠を尽くしたのだ。人の噂を気にしなくてもよい」

と言われ、罪を科することなく、いっそう手厚く待遇された。この年の太歳は庚申《かのえさる》。

二年の春三月に、五人の妃《みめ》をお召しになった。前からの妃で皇后の弟《いろど》（妹）にあたる方を、稚綾姫皇女《わかやひめのみこ》（宣化天皇の皇女。小石姫皇女の誤りか）と申しあげる。この方は石上皇子《いそのかみのみこ》（上皇子《かみつみこ》の誤りか）をお生みになった。次に皇后の弟（妹）にあたる方があり、日影皇女《ひかげのひめみこ》と申しあげる〔ここに皇后の弟とあるから、明らかに檜隈高田天皇《ひのくまのたかたのすめらみこと》（宣化天皇）の女である。しかし后妃でありながら、母の妃の姓や皇女の名字《みな》が見えない。どのような書から出たことなのかわからない。後世考究する人が知るであろう〕。この方は倉皇子《くらのみこ》をお生みになった。次に蘇我大臣稲目宿禰《そがのおおおみいなめのすくね》の女を堅塩媛《きたしひめ》といい〔堅塩、これを岐拖志《きたし》という〕、七男六女を生んだ。

第一を大兄皇子《おおえのみこ》と申しあげる。この方が 橘 豊日尊《たちばなのとよひのみこと》（用明天皇）である。第二を磐隈皇女《いわくまのひめみこ》と申しあげる〔またの御名は夢皇女《いめのひめみこ》〕。伊勢大神《いせのおおみかみ》に侍し、祭祀にあたられたが、後に皇子茨城《うまらき》に姧《おか》されたため、その任を解かれた。第三を臘嘴鳥皇子《あとりのみこ》、第四を豊御食炊屋姫尊《とよみけかしきやひめのみこと》（推古天皇）、第五を椀子皇子《まろこのみこ》、第六を大宅皇女《おおやけのひめみこ》、第七を石上部皇子《いそのかみべのみこ》、第八を山背皇子《やましろのみこ》、第九を大伴皇女《おおとものひめみこ》、第十を桜井皇子《さくらいのみこ》、第十一を肩野皇女《かたののひめみこ》、第十二を 橘 本稚皇子《たちばなのもとのわかみこ》、第十三を舎人皇女《とねりのひめみこ》と申しあげる。次に堅塩媛の同母弟《いろど》（妹）を小姉君《おあねのきみ》といい、四男一女を生んだ。第一を茨城皇子《うまらきのみこ》、第二を葛城皇子《かずらきのみこ》、第三を埿部穴穂部皇女《はしひとのあなほべのひめみこ》（用明天皇の皇后・聖徳太子の母）・第四を埿部穴穂部皇子《はしひとのあなほべのみこ》〔またの御名は天香子皇子《あまつかこのみこ》。一書にはまたの御名は住迹皇子《すみとのみこ》とある〕、第五を泊瀬部皇子《はつせべのみこ》（崇峻天皇）と申しあげる。〔一書には、第一を茨城皇子、第二を埿部穴穂部皇女、第三を埿部穴穂部皇子、またの御名は住迹皇子、第四を葛城皇子、第五を泊瀬部皇子と申しあげるとある。また別の一書には、第一を茨城皇子、第二を住迹皇子、第三を埿部穴穂部皇女、第四を埿部穴穂部皇子、またの御名は天香子、第五を泊瀬部皇子と申しあげるとある。『帝王本紀』（歴代天皇の系譜を記した書）にある多くの古い伝えは、[2]撰集にあたる人がかわったり、後人が習い読むときにかってに改めたり、いくども伝写されているうちに錯乱を来たしたりして、前後の順序が失われ、兄弟がくいちがってしまっている。いま古今を考究し、真実の姿にもどした。判断しがたいものについてはかりに一方を選び、他方を註することとした。他の場合もみなこれにならう〕。次に春日日抓臣《かすがのひのめのおみ》の女を糠子《あらこ》といい、春日山田皇女《かすがのやまだのひめみこ》と 橘 麻呂《たちばなのまろ》皇子《みこ》とを生んだ。[3]

聖明王、任那の復興を協議

夏四月に、安羅《あら》（任那の一国。以下同じ）の次旱岐夷呑奚《しかんきいとんけい》・大不孫《だいふそん》・久取柔利《くすぬり》、加羅《から》（高霊加羅）の上首位古殿奚《おこししゅいこでんけい》、卒麻《そつま》の旱岐《かんき》（王）、散半奚《さんはんげ》の旱岐の子、多羅《たら》の下旱岐夷他《あるしかんきいた》、斯《し》二岐《にき》の旱岐の子、子他《した》の旱岐などと、任那の日本府《やまとのみこともち》[4]の吉備臣《きびのおみ》〔名は伝わらない〕とが、百済におもむき、ともに天皇の詔書をうけたまわった。百済の聖明王《せいめいおう》は任那の旱岐らに、

「日本《やまと》の天皇《すめらみこと》は、任那を復興せよと言われる（新羅に滅ぼされた南加羅・喙己呑《とくことん》・卓淳等の国を回復することをさす）。どのような方策を用いたらよかろう。おのおの忠誠をつくして御心を安んじなければならぬ」

と言った。任那の旱岐らは、

「いままで再三新羅に申し入れましたが、返答はありません。ここでまたこちらの意図を告げても、応じようとはしないでしょう。ともに使を遣わして天皇に奏上いたしましょう。任那を復興しようという大王《きみ》（聖明王）のお考えに異論はございませんが、任那は新羅と境を接しておりますので、卓淳《とくじゅん》等の禍《わざわ》いをうけることが心配でございます」〔等とは喙己呑・加羅《から》（南加羅）をいう。卓淳等のように滅亡の災禍をうけるという意味である〕

と答えた。

聖明王は、

「昔、自分の先祖の速古王《そくこおう》（近肖古王）・貴首王《くいすおう》（近仇首王）の世に、安羅・加羅・卓淳の旱岐らは、初めて使を遣わして相《あい》通い、親交を結んで子弟となり、のちのちまで栄えることを願った。しかるに今新羅にあざむかれ、天皇の怒りを買い、任那を恨ませるようになったのは、まったく自分のあやまちである。自分は深くこれをくやみ、下部中佐平《かほうしそさへい》(5)麻鹵《まろ》、城方甲背昧奴《じょうほうこうはいまな》らを遣わして加羅（任那）に赴かせ、任那の日本府に会して盟約した（継体二十三年三月条参照）。それ以後、任那復興のことが念頭からはなれたことはない。今、天皇が詔して『すみやかに任那を復興せよ』と言われるので、自分はおまえたちとともにはかり、任那等の国をうち立てようとしている。よくくわだてを練ってほしい。任那との境に新羅を召し、こちらの申し入れを受けいれるのかどうかを問いただし、ともに使を遣わして天皇に奏上し、その指示をうけたまわろう。もし使人が帰ってこないうちに、新羅がすきをみて任那に侵攻したら、自分が救援におもむこう。心配することはない。ただ十分に守備を固め、警戒を怠らないことだ。

先ほどおまえたちは、卓淳《とくじゅん》等の禍いをうけることが心配だと言ったが、それは新羅自体の勢いが強かったせいではない。喙己呑《とくことん》は加羅と新羅との境界にあって毎年進攻をうけ、任那の救援も十分でなかったために滅ぼされたのだ。南加羅《ありひしのから》は国土が狭くて危急に備えることができず、頼れるところがなかったために滅ぼされたのだ。また卓淳は君臣の心が離れ離れで、国主がみずから新羅に服従しようとして内応したために滅ぼされたのだ。こう考えると、三つの国の敗れたのはもっともである。昔新羅は高麗《こま》（高句麗）に援軍をこい、任那と百済とを攻撃したが勝つことはできなかった(6)。新羅がどうして独力で任那を滅ぼすことができよう。今、自分がおまえたちと力と心とをあわせ、天皇の霊威に頼れば、任那はきっと復興できる」

と言い、それぞれに物を贈ったので、旱岐らは喜んで帰った。

聖明王、新羅の謀略をいましめる

秋七月に、百済は、安羅《あら》の日本府《やまとのみこともち》と新羅とが通謀していると聞き、前部《ぜんほう》(7) 奈率《なそつ》(8) 鼻利《びり》莫古《まくこ》・奈率《なそつ》宣文《せんもん》・中部《ちゅうほう》(9) 奈率《なそつ》木刕眯淳《もくらまいじゅん》・紀臣《きのおみ》奈率《なそつ》弥麻沙《みまさ》らを遣わし〔紀臣奈率は、紀臣が韓《から》の婦人を娶って生んだ者で、百済に留まって奈率となった者であろう。その父はいまだ詳らかでない。他の場合もみなこれにならう〕、安羅に使して、新羅に赴いた任那の執事〔旱岐〔国王〕の下の官人〕を召し、任那復興のことを協議させた。また別に、安羅の日本府の河内《こうちの》直《あたい》が新羅に通謀したことをきびしく責め罵った〔『百済本記』には加不至費直《かふちのあたい》・阿賢移那《あけえな》斯《し》・佐魯麻都《さろまつ》らとあるが、いまだ詳らかでない〕。そして任那に対し、

「昔、わが先祖の速古王・貴首王と当時の旱岐とが、はじめて和親を結び、兄弟となった。それゆえ自分はおまえを子とも弟ともし、おまえも自分を父とも兄ともし、ともに天皇に

つかえて強敵を防ぎ、国家を安全に保って今日に至っている。わが先祖と当時の旱岐との和親のことばを思いうかべると、それは輝く日のようである。以後隣国としての友好が続き、骨肉以上の愛情がかよって、最後までこのようでありたいと、自分はいつも念願していた。それなのに、なぜ軽々しいうわべだけの言葉で、わずかの年の間に情なくもその志を失ってしまったのだろう。古《いにしえ》の人が『後から悔いてももう間に合わない』と言ったのはこのことだ。このうえは天地の神に誓ってあやまちを昔にもどし、かくすことなく至誠を神霊に通じさせ、深くみずからを責めなければならぬ。あとをつぐ者は、先祖の功業をにない、それを盛んにして完成させるのが貴いことだと聞いている。それゆえ今自分は、先代の和親のよしみをたっとび、つつしんで天皇の詔勅のむねに従い、新羅が奪った南加羅・喙己呑などを奪い返して任那に返附し、のちのちまで父とも兄とも仰いで日本におつかえしようと考えている。これこそいつも心から離れないことで、自分が後悔しました自戒して心を労していることだ。

新羅が甘いことばでだまそうとするのは周知のことなのに、おまえたちはそれをみだりに信じて謀略におちいってしまった。任那は新羅と境を接しているのだから、常によく備え、警戒を怠ってはならない。自分はおまえたちが欺きの網にかかり、穴に陥って国家を滅ぼし、人の捕虜となってしまうのが心配でならない。

内々聞くところによると、任那と新羅とが策謀を行なった席に、蜂蛇《はちおろち》の怪が現われたとのことだ。このことは多くの人が知っている。このような妖祥《つちのわざわい》（不吉な兆候）は人の行ないを戒めるためのもので、災異は人々にその非を悟らせるために現われるものだ。これはまさに天の戒告であり、祖先の霊のお示しになったものである。災禍がおこってから後悔し、国が滅びてからそれを興そうと思ってももうおそい。おまえは自分にならい、天皇の勅をうけたまわって任那を復興すべきである。不成功に終わることを恐れてはならない。長く国土を維持し、民を治めようと思うなら、その成否は今にかかっているのだ。思慮のない行動をしてはいけない」

と言った。

聖明王は、さらに任那の日本府《やまとのみこともち》に、

「天皇は詔して、『任那が滅びたらおまえは身のよりどころがなくなろう。任那が興隆したらおまえは力づよい助けをえよう。任那を復興しておまえの助けとし、人民をいつくしむように』と言われた。自分は謹んで詔勅をうけたまわり、かしこみ恐れる気持でいっぱいである。誓って任那を興隆させ、昔日の如く、永く天皇にお仕えしたい。今後おこるであろうことに十分配慮して、はじめて安泰たりうるのだ。今、日本府が詔に従って任那を救援すれば、天皇から必ず称讃され、おまえも賞禄を得られよう。日本の卿《まえつきみ》（日本府の官人）たちは長く任那の国にあり、新羅とも境を接していたから、新羅の行状は知っているはずだ。新羅が任那を侵し、日本をはばもうとしているのは、ずっと以前からのことで、今年に限ったことではない。それなのに新羅が行動をおこそうとしないのは、近くは百済を警戒し、遠くは天皇を恐れてのことで、たくみに朝廷にとり入り、任那と和親のそぶりを見せているのだ。新羅が任那の日本府にとり入っているのは、まだ任那を手中におさめる力がないために、いつわって服従のさまを示しているのだ。自分は今この間隙をうかがい、兵備の整わないすきをついて、兵を挙げて打ち取ろうと思っている。天皇が詔勅で南加羅・喙己呑を再興せよとお勧めになってから数十年もたつのに、新羅が少しもその命に従おうとしないことはよく知っていよう。心から天皇を敬い、任那を復興しようとするのに、このままでよいことはない。甘言やいつわりごとを軽々しく真にうけ、任那国《みまなのくに》を滅ぼして天皇をはずかしめ奉ることのないように、十分慎み、欺かれることのないようにしてほしい」

と言った。

秋七月（三年か）に、百済は紀臣奈率弥麻沙・中部奈率己連《これん》を遣わして来朝し、下韓《あるしからくに》（南加羅か）や任那の問題について奏上し、表をたてまつった。

四年の夏四月に、百済の紀臣奈率弥麻沙らが帰途についた。

秋九月に、百済の聖明王は、前部奈率真牟貴文《しんむきもん》・護徳《ことく》(10)己州己婁《こつこる》と物部施徳《もののべのせとく》(11)麻奇牟《まがむ》らとを遣わして来朝させ、扶南《ふなん》（インドシナ半島にあったクメール族の国）の財物と奴《やつこ》二口とを献上した。

天皇、任那復興をうながす

冬十一月の丁亥《ひのとのい》の朔甲午《きのえうま》（八日）に、津守連《つもりのむらじ》を遣わして百済に詔して、

「任那の下韓に駐在している百済の郡令《こおりのつかさ》・城主《きのつかさ》は、日本府に属させるように」

と言われ、また詔書を持たせて、

「王が上表して任那を復興しようと言いだしてから十余年になるが、いっこうに成功しない。任那は百済の国の棟《むね》・梁《うつはり》である。棟梁が折れたら家屋はなり立たない。早く任那を復興せよ。王が早く任那を復興したら、河内直《こうちのあたい》など〔河内直のことはすでに上文に見える〕（二年七月条参照）は黙っていてもその行動を中止しよう。心配する必要はない」

と言われた。この日、聖明王は勅を聞き終わって、三人の佐平《さへい》(12)・内頭《ないず》〔内頭佐平。庫蔵のことを掌る職〕および諸臣一人一人に、

「天皇の詔勅はこのようなものだ。どうしたらよいであろう」

とたずねた。三人の佐平らは、

「下韓に駐在しているわが郡令・城主を引きあげてはなりません。任那復興のことについては、早速に天皇の勅に従われるべきです」

と言った。

十二月に、百済の聖明王は、またこの詔をあまねく群臣に示し、

「天皇の詔勅はこのようなものである。どうしたらよいであろう」

とたずねた。上佐平《そくさへい》の沙宅己妻《さたくこる》、中佐平《しそさへい》の木刕麻那《もくらまな》、下佐平《おとさへい》の木尹貴《もくいんき》、徳率《とくそつ》[13] 鼻利莫古《びりまくこ》・徳率東城道天《とうじょうどうてん》・徳率木刕眯淳《もくらまいじゅん》・徳率国雖多《こくすいた》・奈率燕比善那《えんひぜんな》らはあいはかり、

「私どもは愚かで、智略に欠けております。任那を復興せよとの詔については、早速勅命に従うこととし、任那の執事、国々の旱岐（王）らを召集してともに計略をつくり、上表してその考えを申しあげましょう。また河内直・移那斯《えなし》（阿賢移那斯）・麻都《まつ》（佐魯麻都。以上いずれも日本府の親新羅派官人）らが安羅にとどまっていては、任那の復興は困難でありましょうから、あわせて上表し、本国に帰らせるようにお願いいたしましょう」

と言った。聖明王は、

「群臣の議はまことに自分の気持にかなっている」

と言った。

この月に、百済は施徳高分《せとくこうぶん》を遣わして、任那の執事と日本府の執事とを召集した。彼らはともに、

「正月の一日を過ごしてからうかがい、勅命をうけたまわりましょう」

と言った。

五年の春正月に、百済国《くだらのくに》は使を遣わして、任那の執事と日本府の執事とを召集した。彼らはともに、

「神を祭る時節がやってまいりましたので、祭りがすんでからうかがいましょう」と言った。

この月に、百済はまた使を遣わし、任那の執事と日本府の執事とを召集した。しかし日本府と任那とはともに執事を派遣せず、身分の低い者を派遣した。このため百済は、任那国の復興を協議することができなかった。

二月に、百済は施徳馬武《めむ》・施徳高分屋《こうぶんおく》・施徳斯那奴次酒《しなのししゅ》らを任那に使として派遣し、日本府と任那の旱岐らとに、

「自分は、紀臣奈率弥麻沙・奈率己連・物部連《もののべのむらじ》奈率用奇多《ようがた》を遣わして天皇に拝謁させた（二年七月条参照）。弥麻沙らは日本から帰り、詔書を宣して、『おまえたちは日本府とともに早くよい計略を立て、わが望みをかなえよ。警戒し、他に欺かれるな』と言った。また津守連が日本から来て（『百済本記』には津守連己麻奴跪《こまなこ》とあるが、語が訛《なま》って正しくなく、いまだ詳らかでない）詔勅を宣し、任那復興の方策を問うた（四年十一月条参照）。それゆえ、日本府・任那の執事とともに任那復興の方策を協議決定し、天皇に御報告しようとして三回も召集の使を派遣したのに、いまだに到着せず、そのために任那復興の策を論議し計画して天皇に申しあげることができないでいる。今、津守連には逗留《とうりゅう》をこい、別に急使を派遣して実情を天皇に申しあげようと思う。三月十日に使を日本に発遣する。この使が日本に到着したら、天皇はきっとおまえたちを詰問されることだろう。それゆえおまえたち

日本府の卿《かみ》と任那の旱岐らとは、おのおの使を発遣し、わが使人とともにこちらに出向いて天皇の宣せられる詔をうけたまわるように」

と言った。またこれとは別に、河内直〔『百済本記』には河内直・移那斯・麻都とあるが、語が訛っていずれが正しいか詳らかでない〕に対しては、

「以前からおまえについては悪事ばかりを聞いている。おまえの先祖たち〔『百済本記』には、おまえの先祖の那干陀甲背《なかんだこうはい》・加猟直岐甲背《かろうじきこうはい》とある。また那奇陀甲背《ながだこうはい》・鷹奇岐弥《ようがきみ》ともある。語が訛っていて詳らかでない〕はみなよこしまな心を懐いて人をあざむき、為哥可君《いかかのきみ》〔『百済本記』には為哥岐弥《いかきみ》、名は有非岐《うひき》とある〕もその言葉を信じて、国の災難を心にかけず、わが心にそむいて暴虐をほしいままにし、このために放逐された。おまえたちは任那にやって来て、善からぬことばかりを行なっている。任那が日一日と損なわれていくのは、すべておまえのためである。おまえは身分の低い者だが、わずかな火が山野を焼き、村里にもえ広がるように、おまえの悪事によって任那は滅亡し、ついには海西《わたのにし》の諸国の官家《みやけ》〔朝鮮の諸国〕が永遠に天皇にお仕えすることをできなくしてしまうであろう。自分はいま、天皇に使者を発遣し、おまえたちを本国に帰らせるようにお願いするつもりだ。それゆえおまえもまたこちらに出向き、天皇の詔をうけたまわるように」

と言った。またさらに日本府の卿、任那の旱岐らに、

「任那の国の復興は、天皇の勢威をかりることなしには、だれにもできるものではない。

それゆえ自分は、天皇に将士《いくさ》の派遣をお願いして、任那の国を助けたいと思う。将士の軍《ぐん》粮《りょう》は自分が運ぶが、将士の数は不確定であり、軍粮を運ぶべき所も定めがたい。一つところに集まってともに可否を論じ、最善の方策をえらび定めて天皇に奏上しようと思い、しきりに召集の使を遣わすのだが、おまえたちがやって来ないので、協議することができないのだ」

と言った。これに対して日本府は、

「任那の執事が召集したのに赴かないのは、自分が遣わさないからです。天皇への奏上の使が帰ってきて言うには、『自分（天皇）は、印奇臣《いがのおみ》〔語が訛って詳らかでない〕を新羅に遣わし、津守連を百済に遣わすことにしている。おまえは勅命を聞くまで待て。新羅・百済にわざわざ出かけていく必要はない』とのことでありました。このような勅をうけたまわっていたところ、ちょうど印奇臣が新羅に使となって来たことを聞き、よびよせて天皇の御命令をたずねました。すると詔して、『日本《やまと》の臣《まえつきみ》（日本府の官人）と任那の執事とが新羅におもむき、天皇の勅をうけたまわるように』と言われました。百済におもむいて勅命をうけたまわれとは言われなかったのです。そのあとで津守連がこの地に立ち寄ったとき、津守連は、『今自分が百済に遣わされるのは、下韓《あるしからくに》に駐在している百済の郡令・城主を引きあげさせるためだ』と言いました（四年十一月条参照）。ただそれだけで、任那と日本府とが百済に会し、天皇の勅命をうけたまわれとは聞きませんでした。そのようなわけで赴かないのです。任那の意志ではありません」と答えた。また任那の旱岐らは、「使の召集に応じて参上しようとするのですが、日本府の卿《かみ》が発遣を許さないので赴けません。大王（聖明王）が任那復興のお気持をこまごまとお示しくださったことを、言いようもなく嬉しく存じております」と言った。

百済、日本府官人の退去を要請

三月に、百済は、奈率阿《あ》乇得文《とくとくもん》・許勢《こせの》奈率《な》奇《そつ》麻《がま》・物部《もののべの》奈《な》率《そつ》奇非《がひ》らを遣わして上表し、「奈率弥麻沙《みまさ》・奈率己連《これん》らが帰国して（二年七月条参照）詔書を伝え、『おまえたちは日本府とともに協議してよい計略を立て、早く任那を復興せよ。警戒し、他に欺かれるな』と言いました（五年二月条参照）。また津守連《つもりのむらじ》らがわが国にやって来て勅書を伝え、任那復興の方策を問いました（同上）。自分はつつしんで勅命をうけたまわり、早速に協議をしようと考え、使を遣わして日本府〔『百済本記』には烏胡跛臣《うごはのおみ》を召集したとある。おそらく的臣《いくはのおみ》のことである〕と任那とを召集いたしました。ところが両者は、『新年が来たので、それが過ぎてから参上したい』といって、なかなかやってまいりません。また使を遣わして召集したところ、『祭りの時が来たので、それが過ぎてから参上したい』といって、なかなかやってまいりません。さらに使を遣わして召集したところ、身分の低い者を遣わしてきましたので、協議して計略を立てることができませんでした。任那が召集に応じなかったのは、任那の意志ではなく、阿賢移那斯《あけえなし》・佐魯麻都《さろまつ》〔二人の名。すでに上文に見える〕（日本府の親新羅派官人）のよこしまな策謀のせいであります。そもそも任那は安羅《あら》（日本府の所在地）をもって兄とし、安羅の人は日本府を父と仰ぎ、ひたすらその意志に従います〔『百済本記』には、安羅をもって父とし、日本府をもって本とするとある〕。今、的臣《いくはのおみ》・吉備臣《きびのおみ》（弟君）・河内直《こうちのあたい》（いずれも日本府の官人）たちは、みな移那斯や麻都の指示に従っているのです。移那斯や麻都は家柄も低く、取るに足らない者でありながら、日本府の政務を思いのままにし、任那を抑えて使の発遣をさまたげました。このためともに計略を立てて天皇にお答え申しあげることができません。そこで己麻奴跪《こまなこ》〔おそらく津守連のことである〕を留めて別に飛ぶ鳥のように早い急使を遣わして天皇に御報告いたす次第です。

ところで、もしこの二人〔二人とは移那斯と麻都とである〕が安羅にあってよこしまなことを行なうなら、任那の復興は困難であり、海西《わたのにし》の諸国《くにぐに》も天皇にお仕えすることができなくなりましょう。そこで私は、この二人を本国に退去させ、日本府と任那とにさとして任那復興の計画をお立ていただくようにとお願いして、奈率弥麻沙・奈率己連らを遣わし、己麻奴跪に従わせて上表いたしました（二年七月条参照）。そのとき天皇は詔して、自分の『的臣等〔等とは吉備弟君臣《きびのおときみのおみ》・河内直らのことである〕が新羅に往き来したのは、命じたことではない。しかしかつて印支弥《いきみ》（未詳）と阿鹵旱岐《あろのかんき》とが在任のおり、新羅に圧迫されて農耕ができなかったことがあり、百済は遠路で危急を救いえず、的臣らが新羅に往き来してやっと農耕することができたと聞いている。任那の復興がなれば移那斯・麻都は黙っていても引退しよう。心配する必要はない』と言われました（四年十一月条参照）。つつしんでこの詔をうけたまわって、深く喜び、また恐れ多く思っております。そして新羅が朝廷をあざむくこと（新羅と日本府官人との通謀）が、天皇の勅命によるのではないことがわかりました。

新羅は春（喙淳滅亡の年の春）に喙淳《とくじゅん》（卓淳国）を奪い取り（二年四月条参照）、わが久礼山《くれむれ》（久礼牟羅城。継体二十四年九月条参照）の守備兵を追い出して占領いたしました。その後、安羅に近いところは安羅が、久礼山に近いところは斯羅《しらき》（新羅）がそれぞれ耕作し、お互いに侵略しあわずにおりましたところ、移那斯と麻都とは、その領界をこえて耕作したうえ、六月に逃げ去ってしまいました。印支弥《いきみ》の後に赴任してきた許勢臣《こせのおみ》の時には『百済本記』には、自分が印支弥を留めた後にやって来た既洒臣《こせのおみ》の時には、とある。みないまだ詳らかでない」、新羅が他国との境を侵すことはもうありません。安羅が新羅に圧迫されて農耕ができないなどと告げてきたことはないのです。私はかつて、新羅が春秋ごとに多くの武器を集め、安羅と荷山《のむれ》（慶尚北道高霊郡《コリョン》の地）とを襲おうとしていると聞き、また加羅（高霊加羅）を襲おうとしていると聞いたこともございますので、書信をえるとすぐに将士を遣わして任那を擁護することを怠らず、精鋭の軍兵を発して時に応じて救援に赴きました。ために任那では順調に農耕が行なわれ、新羅もあえて侵略してこようとはいたしませんでした。それなのに、『百済は遠路で危急を救いえず、的臣らが新羅に往き来してやっと農耕することができた』などと言うのは、天皇をあざむきたてまつり、いよいよよこしまな行ないをなすものであります。これほど明白なことで天皇をあざむきたてまつっているのですから、これ以外のことにもうそいつわりごとが数多くありましょう。的臣らがこれからも安羅にとどまるなら、任那の国の復興はおそらく困難でありましょう。どうか早くおしりぞけください。

　大変恥ずかしいことに、佐魯麻都《さろまつ》は韓腹《からくにのうまれ》（朝鮮の人を母とする者の意か）でありながら大連《おおむらじ》（日本府の官か）の位にあり、日本の執事に伍して栄達いたしました。それなのに今は、逆に新羅の奈麻礼《なまれ》(14)の冠を着けております。身心がどちらに帰しているのかはたから見ても明白で、いっこうにかしこみおそれるようすがありません。それゆえ、以前にその悪行をありのままに記録して奏上いたしましたが、その後も他国の服を着けて毎日のように新羅におもむき、公私にわたる往復をまったく気にかけておりません。㖨国《とくのくに》（㖨己呑）が滅びたのも、ほかでもなく、㖨国の函跛旱岐《かんへかんき》が加羅国《からのくに》（任那）に二心をいだいて新羅に内応し、加羅軍が㖨国の外から新羅軍とあい戦うことになったためです。もし函跛旱岐が内応しなかったら、㖨国は小国でもけっして滅びることはなかったでありましょう。

卓淳《とくじゅん》の場合も同様で、卓淳国の主が新羅《にりん》に内応して外敵を招くことをしなかったら、滅亡には至らなかったでありましょう。諸国滅亡の災禍を一つ一つ考えてみますと、みな内応し二心ある人が原因となっております。いま麻都らは新羅に通じ、その服を着て朝夕に往復し、ひそかによこしまな心を抱いております。私は、任那がこれが原因で永久に滅びてしまうことが心配でなりません。任那が滅びればわが国は孤立し、危機にさらされます。朝貢しようにもどうしてできましょう。どうか天皇《すめらみこと》よ。はるかにお察しいただき、佐魯麻都らを早く本国に移し、任那を安泰にしていただきたい」

と申しあげた。


冬十月に、百済の使人奈率得文・奈率奇麻らは帰国の途についた〔『百済本記』には、冬十月に奈率得文・奈率奇麻らが日本《やまと》から帰り、奏上した河内直・移那斯・麻都らのことについては返報の勅がなかった、と言ったとある〕。

任那復興の計画

十一月に、百済は使を遣わして日本府の臣《まえつきみ》と任那の執事とを召集し、

「天皇のもとに遣わした奈率得文・許勢奈率奇麻《こせのなそつがま》・物部奈率奇非《もののべのなそつがひ》らが日本から帰国した。日本府の臣と任那国の執事とは、来て勅命をうけたまわり、任那のことを協議せよ」

と言った。そこで日本の吉備臣《きびのおみ》、安羅《あら》の下旱岐《あるしかんき》大不孫《だいふそん》・久取柔利《くすぬり》、加羅の上首位《おこししゅい》古殿奚《こでんけい》、

卒麻君《そつまのきし》、斯二岐君《しにきのきし》、散半奚君《さんはんげのきし》の子、多羅の二首位訖乾智《にしゅいこつげんち》、子他《した》の旱岐、久嵯《こさ》の旱岐が百済に赴いた。百済の王聖明《せいめい》は、詔書の大要を示し、

「自分が奈率弥麻佐《みまさ》・奈率己連《これん》・奈率用奇多《ようがた》らを日本に遣わしたとき（二年七月条参照）、天皇は詔して『早く任那を復興せよ』と言われた（五年二月・三月条参照）。また津守連《つもりのむらじ》が勅を奉じて、任那復興のことを問うた（四年十一月条参照）。それゆえ使を遣わして召集したのである。どのようにしたら任那の復興ができようか。それぞれ計略を述べてほしい」

と言った。吉備臣と任那の旱岐らは、

「任那国の復興は、大王《きみ》（聖明王）の御力にかかっております。王に従ってともに天皇に奏上し、勅命をうけたまわりましょう」

と言った。聖明王は、

「任那の国とわが百済とは、古来子たり弟たることを約している。近年になって、日本府の印岐弥《いきみ》〔任那にいた日本の臣の名である〕が新羅を討ち、また百済をも討とうとした。またこのんで新羅のうそいつわりの語を聞いた。印岐弥が任那に遣わされたのは、その国を侵害しようとしてのことではあるまい〔未詳〕。古から今まで新羅は無道で、前言にたがい、信義にそむき、卓淳を滅ぼした。新羅を信頼しうる国として友好を結んでも、かえって後悔するだけである。それゆえ自分は使を遣わしておまえたちを召集し、ともに天皇の恩詔をうけたまわって任那の国を復興し、以前のように永遠の兄弟の関係でありたいと願うも

のだ。

聞くところによると、新羅・安羅両国の境には大きな川（洛東江《ナクトンガン》）があって、要害の地であるという。自分はここに拠って、六城を造営しようと思う。謹んで天皇に三千の兵士の派遣を要請し、城ごとに五百人とわが百済の兵士とをあてよう。こうして田を耕作させないようにして苦しめたら、久礼山《くれむれ》の五城は何をせずとも武器を捨てて投降し、卓淳の国も復興するであろう。派遣を要請する兵士には、自分が衣粮を供給しよう。これが天皇に申しあげようと思う計略の第一である。

次に百済が南韓《ありひしのから》（下韓）に郡令《こおりのつかさ》・城主《きのつかさ》を置いているのは（四年十一月条参照）、天皇にそむいて貢調の通路を遮断しようとしてのものではない。災難を救い、強敵をうちつくすためである。かの凶党（新羅）はきっと誰かにすがろうとするだろう。ところが北敵《きたのあた》（高句麗）は強大で、わが国は弱い。南韓に郡領・城主を置いて城をつくりまもりを固めなければ、とてもこの強敵を防げず、また新羅を抑えることもできない。それゆえこれを置いて、新羅を攻め、任那を維持する。そうしなければおそらく百済は滅亡し、朝貢もできなくなってしまうだろう。これが天皇に申しあげようと思う計略の第二である。

次に吉備臣（的臣か）・河内直《こうちのあたい》・移那斯《えなし》（阿賢移那斯）・麻都（佐魯麻都）が今後も任那国にいるのでは、天皇がいくら任那を復興せよと詔されても、それは不可能である。この四人を任那からしりぞけ、それぞれの本国に送還しよう。これが天皇に申しあげようと思う計略の第三である。日本の臣と任那の旱岐らとは、ともに使を遣わして天皇に奏上し、恩詔をうけたまわりたいと願い出るように」

と言った。そこで吉備臣と旱岐らとは、

「大王の明らかにされた三つの計略は、私どもの気持にもかなうものでございます。帰ってつつしんで日本の大臣《まえつきみ》〔任那にある日本府の大臣である〕（日本府の最高官人か）・安羅の王《こきし》・加羅の王《こきし》におはかりし、ともに使を遣わして天皇に奏上いたしましょう。これはまさしく千年に一度の機会であります。思慮をめぐらして計略を練らねばなりません」

と言った。

十二月に、越国《こしのくに》（北陸地方の古称）が、

「佐渡嶋《さどのしま》の北の御名部《みなべ》の海岸に、粛慎人《みしはせのひと》（沿海州のツングース族とも、蝦夷の一部ともいう）が一隻の船に乗って漂着し、春夏の間魚を捕えて食べ物としておりました。嶋人は、人ではない、鬼魅《おに》であるといって近づこうとしませんでした。ところが嶋の東の禹武邑《うむのさと》の人が、椎の実を拾って煎《い》って食べようとし、灰のなかにおいて炮《い》ったところ、その皮が二人の人になって火の上に一尺以上もとびあがり、しばらく闘いあっていました。村人がたいそう不思議に思い、取りあげて庭に置いたところ、前と同じようにとびあがり、いつまでも闘いあっていました。ある人が占ったところ、『この村の人は、きっと魅鬼《おに》のためにかどわかされるだろう』ということでしたが、それからいくらもたたないうちに、本当にそれにさらわれました。この後粛慎人は、瀬波河浦《せなかわのうら》に移り住みました。そこは浦の神の霊威がはげしく、近づく人もないところで、彼らはのどが渇いてそこの水を飲み、半数近くが死んで、その骨が岩穴に積まれるほどでした。土地の人は、そこを粛慎隈《みしはせのくま》と呼んでおります」

と報告した。

六年の春三月に、膳臣巴提便《かしわでのおみはすひ》を使として百済に遣わした。

夏五月に、百済は奈率其悛《ごりょう》・奈率用奇多《ようがた》（物部連）・施徳次酒《ししゅ》（斯那奴次酒）らを遣わして上表した。

秋九月に、百済は中部護徳菩提《ちゅうほうことくぼだい》らを使として任那に遣わし、呉《くれ》（中国江南地方）の財物を日本府の臣《まえつきみ》や旱岐《かんき》（任那諸国の王）らにそれぞれ贈った。

この月に、百済は丈六の仏像を造り、願文を製して、

「丈六の仏を造れば功徳は甚大であると聞き、今つつしんで造りたてまつる。この功徳によって天皇がすぐれた徳をえられ、天皇のお治めになる弥移居《みやけ》の国（百済・任那）がともに福を蒙《こうむ》るように。また天下の一切の衆生がみな解脱《げだつ》を蒙るように。それを願ってこの仏を造りたてまつる」

と述べた。

冬十一月に、膳臣巴提便が百済から帰り、

「私は使に遣わされ、妻子とともに日本を発《た》ちました。百済の浜〔浜は海の浜である〕に着き、日が暮れたので野宿をしたところ、子供が急にいなくなり、どこへ行ったかわからなくなりました。その夜は大雪で、夜が明けてからさがしてみると、虎のあしあとが続いていました。私は刀をはき甲《よろい》をつけ、虎のいる岩穴をつきとめ、刀を抜いて、『つつしんで天皇の御命令を受け、風に髪をくしけずり、雨に湯あみし、草を枕にし、いばらを敷物にするような苦労を陸や海に重ねるのも、かわいい子に父の業をつがせたいためなのだ。威《かしこ》き神であるおまえも、子を愛することにおいては同じであろう。今夜わが子がいなくなり、そのあとを追い、探し求めてここにやって来た。命を失うことなどこわくはない。おまえに報復するためにやって来たのだ』と言いました。虎が向かって来て、口を開けてのもうとしたので、巴提便は左手をさっとのばして虎の舌をつかみ、右手で刺し殺し、皮を剝《は》ぎ取って帰って来ました」

と報告した。

この年、高麗《こま》（高句麗）が大いに乱れ、たくさんの人が殺された〔『百済本記』には、十二月の甲午《きのえうま》に、高麗国《こまのくに》の細群《さいぐん》と麁群《そぐん》（七年是歳条参照）とが宮門で戦い、鼓《つづみ》を打って戦闘した。細群が敗れてから三日間軍兵を解散させず、細群の子孫をことごとく捕えて殺した。戊戌《つちのえいぬ》に、狛国《こまのくに》（高句麗）の香岡上王《ぬたのすおりこけ》（安原王）が薨じたとある〕。

七年の春正月の甲辰《きのえたつ》の朔丙午《ひのえうま》（三月）に、百済の使人中部奈率己連《これん》（六年五月条の其悛と同一人か）らが帰途についたので、良馬七十四・船十隻を賜わった。
夏六月の壬申《みずのえさる》の朔 癸 未《つちのとのひつじ》（十二日）に、百済は、中部奈率掠葉礼《けいしょうらい》らを遣わして調《みつき》をたてまつった。

秋七月に、倭国《やまとのくに》の今来郡《いまきのこおり》（のちの高市郡）が、「五年の春に、川原民 直宮《かわらのたみのあたいみや》〔宮は名である〕が高い建物に登って見わたしていたところ、良馬を見つけました〔紀伊国《きのくに》の漁夫の贄《にえ》（貢納の海産物）を負わせていた牝馬の子である〕⒂。馬は影を見て高くいなき、軽々と母の背をとびこえました。宮はこの馬を買い取り、養って年を重ねました。馬は成長すると鴻《おおとり》のようにおどりあがり、竜のように高くとんで、大《おお》仲間をはるかに越えていました。乗れば心のままに動き、馳せても調子を乱しません。大内丘《うちのおか》（奈良県高市郡明日香村野口）の谷を十八丈（約五四メートル）もとびこえました。川原民直宮は、檜隈邑《ひのくまのさと》（高市郡明日香村）の人であります」と報告した。

この歳、高麗が大いに乱れ、戦死した者が二千余人にものぼった〔『百済本記』には、高麗では正月の丙午《ひのえうま》に、中夫人《くのおりくく》の子を立てて王《おりこけ》（陽原王）とした。年八歳である。狛王《こくおりこけ》（安原王）には三人の夫人《おりくく》があったが、正夫人《まかりおりくく》には子が無く、中夫人が世子《まかりよも》（あとつぎの子）を生んだ。その舅氏《よも》（外戚）は麁群である。小夫人《しそおりくく》も子を生み、その舅氏は細群であった。狛王の病が重くなるに及んで、細群と麁群とはそれぞれその夫人の子を立てようとした。このため、細群は二千余人の死者を出した、とある」。

百済、救援を要請

八年の夏四月に、百済は前部徳率真慕宣文《ぜんほうとくそつしんもせんもん》・奈率奇麻《がま》（許勢奇麻）らを遣わし、救援軍の派遣をこうた。そのために下部東城子言《かほうとうじょうしごん》をたてまつり（人質）、徳率汶休麻那《もんくまな》と交代させた。

九年の春正月の癸巳《みずのとのみ》の朔乙未《きのとのひつじ》（三日）に、百済の使人前部徳率真慕宣文らが帰途につきたいと願い出たので、詔して、

「要請のあった救援軍は必ず派遣する。早く王に報告せよ」

と言われた。

夏四月の壬戌《みずのえいぬ》の朔甲子《きのえね》（三日）に、百済は中部杆率《かんそつ》[16]掠葉礼《けいしょうらい》らを遣わし、

「徳率宣文らが勅をうけたまわって帰国し、『要請のあった救援軍は、すぐに送る』と伝えました。つつしんでめぐみ深い詔をうけたまわり、たとえようもなく喜んでおります。ところが、馬津城《ましんのさし》の戦で〔正月の辛丑《かのとのうし》に、高麗（高句麗）が軍兵をひきいて馬津城を囲んだ〕[17]捕虜が言うには、『安羅国《あらのくに》（任那の一国）と日本府とが高麗をよびよせ、馬津城を攻略させたのだ』とのことであります。事情を考えますと、いかにもありそうなことであります。しかも捕虜のことばをはっきりさせるために三度も召喚したのですが、どちらも（安羅も

日本府も）やってまいりません。それゆえ大変心配しております。どうか可畏天皇《かしこきすめらみこと》よ〔西の蕃《となりのくに》（朝鮮）では、みな日本の天皇を称して可畏天皇と申しあげている〕、まずこのことを御調査ください。その間一時救援軍の派遣をおとどめいただき、私がお知らせするまでお待ちくださいますように」

と奏上した。そこで天皇は、詔して、

「使人の上奏を聞き、心配していることがよくわかった。日本府と安羅とが隣国の災難を救わなかったことについては、自分も心苦しく思っている。しかし高麗に密使を送ったということについては、信用できない。自分が命令すれば当然遣わすだろうが、自分が命じもしないのにどうしてそのようなことができよう。王よ、襟を開き帯を緩め、安心し、疑い恐れるな。任那とともに前勅により、力をつくしてともに北敵を防ぎ、それぞれの領域を守れ。自分はただちに若干の人を送り、安羅の人々が逃亡して空白となった地の防備にあてることとしよう」

と言われた。

六月の辛酉《かのとのとり》の朔壬戌《みずのえいぬ》（二日）に、使を遣わして百済に詔して、

「徳率宣文の帰国後、そちらの情勢はどうか。聞けばあなたの国が狛《こま》（高句麗）の賊の侵略をうけたとのことだが、任那とともに策謀をめぐらし、今までどおり敵を防ぐように」

と言われた。

閏七月の庚申《かのえさる》の朔辛未《かのとのひつじ》（十二日）に、百済の使人掠葉礼らが帰国の途についた。

冬十月に、三百七十人を百済に遣わし、城を得爾辛《とくにし》に築くのを助けさせた。

十年の夏六月の乙酉《きのとのとり》の朔辛卯《かのとのう》（七日）に、将徳《しょうとく》(18)久貴《こんき》・固徳《ことく》(19)馬次文《めしもん》らが帰途につきたいと願い出たので（来朝年時不明）、詔して、

「延那斯《えなし》（阿賢移那斯）・麻都《まつ》（佐魯麻都）がひそかに使を高麗に遣わしたということについては、虚実を問いただすための使を遣わそう。救援の軍については、願い出に従って停止する」

と言われた。

十一年の春二月の辛巳《かのとのみ》の朔庚寅《かのえとら》（十日）に、使を遣わして百済に詔し（『百済本記』には、三月十二日辛酉《かのとのとり》に、日本の使人阿比多《あひた》が、三つの舟を従えて都下に到着したとある）、

「施徳久貴・固徳馬進文《めしんもん》らの上表の趣意に従い、一々掌中を見るように教え示そう。気持をつぶさに述べ、心中をうちあけたい。大市頭《だいしず》（未詳）が帰ってのち別に変事はないが、ここに使を遣わすのは、よりこまかに返答しようと思ってのことである。奈率馬武《めむ》は、王の股肱《ここう》の臣で、上奏下達のことにあたり、大変王の心にかない、王の佐《たすけ》となっている人であると聞いている。もし国家の無事を願い、長く官家《みやけ》として天皇に仕えようと思うのなら、馬武を大使として朝廷に派遣してくるように」

と言われ、重ねて詔して、

「北敵《きたのあた》（高句麗）が強暴だとのことであるから、矢三十具《つがえ》（一具は日本では五十本）を賜う。しっかり防衛するように」

と言われた。

夏四月の庚辰《かのえたつ》の朔に、百済に滞在していた日本の王人《みつかい》（使者）が帰還しようとした〔『百済本記』には、四月一日庚辰に、日本の阿比多が国に帰ったとある〕。百済の王聖明は、王人に、

「任那のことについては、勅のとおりしっかりと守りましょう。延那斯・麻都のことについては、お問いただしになってもならなくても、ただ勅命に従いましょう」

と言い、高麗の奴《やっこ》六口を献上し、別に王人にも奴一口を贈った〔みな爾林《にりん》（忠清南道大興《テフン》か）を攻めて獲《え》た奴《やっこ》である〕。乙未《きのとのひつじ》（十六日）に、百済は中部奈率皮久斤《ひこんこん》・下部施徳灼干《やくかん》那《な》らを遣わし、狛（高句麗）の捕虜十口を献上した。[20]

十二年の春三月に、麦の種一千斛を百済の王に賜わった。

この歳、百済の聖明王は、みずから軍兵と二国の兵〔二国とは新羅・任那である〕とをひきい、進んで高麗を討って漢城《かんじょう》（京畿道広州《クァンジュ》）の地をえ、さらに軍を進めて平壌《へいじょう》（南平壌。今のソウル）を討ち、六郡の地をえて旧領を回復した。

十三年の夏四月に、箭田珠勝大兄皇子《やたのたまかつのおおえのみこ》が薨じた。

五月の戊辰《つちのえたつ》の朔乙亥《きのとのい》（八日）に、百済・加羅（高霊加羅）・安羅は、中部徳率木刕今《もくらこん》敦《とん》・河内部阿斯比多《こうちべのあしひた》らを遣わし、

「高麗と新羅とが結んで勢いをあわせ、私どもの国と任那とを滅ぼそうと謀っております。つつしんで救援の軍兵を要請し、先制して敵の不意をつこうと思います。軍兵の多少は、天皇の勅に従います」

と奏上した。天皇は詔して、

「百済の王・安羅の王・加羅の王と日本府の臣《まえつきみ》たちとがあいともに使を遣わし、上奏してきた事情は承知した。任那と心と力とを一つにせよ。そうするなら、きっと上天の擁護をうけ、また可畏天皇《かしこきすめらみこと》の霊《みたまのふゆ》（霊威）に頼ることができるであろう」

と言われた。

仏教公伝

冬十月に、百済の聖明王（またの名は聖王）は、西部《せいほう》(21)姫氏《きし》達率《たつそつ》(22)怒唎斯致契《ぬりしちけい》らを遣わし、釈迦仏の金銅の像一軀、幡蓋《はたきぬがさ》若干、経論若干巻をたてまつった。(23)別に上表して仏法を流《る》通《ずう》し礼拝することの功徳を讃え、

「(24)この法《みのり》は、多くの法のうちで最も勝《すぐ》れているものであります。周公・孔子も知ることのできないほど、理解しがたく、また入りがたいものでありますが、限りない幸福や果報をもたらし、人々を無上の菩提《ぼだい》（悟りの境地）に導くことができます。この妙法《たえなるみのり》の宝は、物ごとが思いのままになる宝珠のようなもので、願いごとはすべてかない、不自由するこ

とがございません。遠く天竺《てんじく》（インド）から三韓《みつのからくに》（朝鮮）にいたるまで、仏法の教えに従ってそれを護持し、尊びうやまっていない国はございません。それゆえ、百済王のわたくし明は、つつしんで侍臣の怒唎斯致契を遣わし、日本にこの法をお伝えし流通させて、仏が、自分の法はやがて東に伝わるだろう、とおしるしになっていることを果たそうと思うのでございます」

と申しあげた。この日、天皇は、これをお聞き終わりになっておどりあがらんばかりに喜ばれ、使者に詔して、

「これほどすばらしい法は聞いたことがない。しかし自分ではどちらとも決めかねる」

と言われ、群臣ひとりひとりに、

「西蕃《にしのとなりのくに》のたてまつった仏の相貌はおごそかで、今までにまったくなかったものだ。礼拝すべきか否か」

とおたずねになった。蘇我大臣稲目宿禰《そがのおおおみいなめのすくね》は、

「西蕃の諸国がみな礼拝しております。豊秋日本《とよあきづやまと》だけがそれに背くべきではありますまい」

と申しあげた。物部大連《もののべのおおむらじ》尾輿《おこし》と中臣連鎌子《なかとみのむらじかまこ》とは、ともに、

「わが国家を統治される王《きみ》は、つねに天地社稷《あまつやしろくにつやしろ》の百八十神《ももあまりやそかみ》を春夏秋冬にお祭りになることをそのつとめとしておられます。今それを改めて蕃神《あたしくにのかみ》（仏）を礼拝されるならば、

おそらくは国神《くにつかみ》の怒りをまねかれましょう」

と申しあげた。天皇は、

「礼拝を願っている稲目宿禰にさずけ、試みに礼拝させてみることにしよう」

と言われた。大臣《おおおみ》（稲目）はひざまずいてそれを受け、大変喜んで小墾田《おはりだ》の家に安置し、一心に悟りのための修行をし、また向原《むくはら》の家を喜捨して寺とした。ところがその後、疫病が流行して人民がつぎつぎに死に、治療ができなかった。そこで物部大連尾輿と中臣連鎌子とは、ともに、

「あのときに私どもの方策をおとりあげにならなかったから、このような病死がおこったのです。今ならまだ遅くない。もとにもどしたらきっとよいことがありましょう。早く仏を投げ棄て、後の幸福を求めるべきです」

と申しあげた。天皇が、

「申し出のとおりにせよ」

と言われたので、官人らは仏像を難波《なにわ》の堀江《ほりえ》に流し棄て、また伽藍《がらん》に火をつけて焼きつくした。すると天に風も雲もないのに、にわかに大殿《おおとの》（磯城嶋金刺宮の宮殿）から出火した。

この歳、百済は漢城と平壌（南平壌）とを放棄し、新羅が漢城に入った(25)。今の新羅の牛頭方《ずほう》・尼弥方《にみほう》である〔地名である。いまだ詳らかでない〕。

十四年の春正月の甲子《きのえね》の朔乙亥《きのとのい》（十二日）に、百済が上部《しょうほう》徳率科野次酒《しなのししゅ》・杆率礼塞《らいそく》

敦《とん》らを遣わして軍兵を乞うた。戊寅《つちのえとら》（十三日）に、百済の使人中部杆率木刕今敦《もくらこんとん》・河内《こうち》部阿斯比多《べのあしひた》らが帰国の途についた（十三年五月来朝）。

夏五月の戊辰《つちのえたつ》の朔に、河内国から、

「泉郡《いずみのこおり》の茅渟海《ちぬのうみ》（大阪湾）の中から梵音《のりのおと》（仏の音楽）が聞こえ、その響きは雷鳴のよう、また美しい光の照り輝くさまは日光のようであります」

との報告があった。天皇は不思議に思われ、溝辺直《いけへのあたい》〔ここに直とだけいって名字《な》を書いていないのは、伝写のさいに誤り失ったものであろうか〕を遣わして、海に舟を出してさがし求めさせた。このとき、溝辺直は、海に舟を出し、とうとう樟木《くすのき》が海に浮かんで照り輝いているのを見つけ、引きあげて天皇に献上した。天皇は画工《えたくみ》に命じ、仏像二軀をお造らせになった。いま吉野寺《よしののてら》（比蘇寺）にある、光を放つ樟の像がこれである。[26]

六月に、内臣《うちのおみ》〔名は伝わらない〕を使として百済に遣わし、良馬二匹・同船《もろきふね》（諸木船、多くの木材を接合して造った船）二隻・弓五十張・箭《や》五十具《つがえ》（一具は五十本）を賜わった。そして勅して、

「要請のあった軍兵は、王の意のままに用いよ」

と言われ、また別に勅して、

「医博士《くすしのはかせ》・易博士《やくのはかせ》（陰陽道の博士か）・暦博士《こよみのはかせ》等は、交替で勤仕するようにせよ。上記の人々はちょうど交代の年月に当たっているから、帰還する使につけて交代させせよ。また、

卜書《うらのふみ》（易占の書か）・暦本《こよみのためし》・各種の薬物も送るように」

と言われた。

秋七月の辛酉《かのとのとり》の朔甲子《きのえね》（四日）に、樟勾宮《くすのまがりのみや》（未詳）に行幸された。蘇我大臣稲目宿禰は、勅命をうけたまわり、王辰爾《おうじんに》を遣わして船の賦《みつき》（船に関する税）を数え記録させた。そこで王辰爾を船長《ふねのつかさ》とし、姓を賜わって船史《ふねのふびと》といった。今の船連《ふねのむらじ》の先祖である。

八月の辛卯《かのとのう》の朔丁酉《ひのとのとり》（七日）に、百済は上部奈率科野新羅《しなのしらき》・下部固徳汶休帯山《もんきゅうたいせん》らを遣わし、上表して、

「去年私どもは、協議のうえ内臣徳率次酒《ししゅ》・任那の大夫《まえつきみ》らを遣わし、海表《わたのほか》のもろもろの弥《み》移居《やけ》（百済・任那諸国）のことについて上奏し（十四年正月条参照）、春の草の甘雨《あまきあめ》を仰ぐように、つつしんで恩詔の下るのをお待ちしております。ところが今年になって、にわかに、新羅と狛国《こまのくに》（高句麗）とが通謀し、『百済と任那との使がしきりに日本に赴いているのは、軍兵の派遣を要請してわれわれの国を討とうというのではあるまいか。事実なら、われわれの国はたちまちに滅亡してしまおう。日本の軍兵が出発しないうちにまず安羅《あら》を討ちとり、日本からの路を断とう』と言っていると聞きました。私どもはこのような謀略を知って大変心配し、早速急使を軽快な船で派遣し、上表申しあげる次第です。どうか急いで前軍・後軍を遣わして次々と来援され、秋の時節には海表の弥移居を固めたいと思います。遅れますと、それこそ臍《ほぞ》をかんでも間に合いません。派遣の軍衆が百済の国に到着

しましたなら、衣粮の費用は私が調達し支給いたしましょう。任那に到着しましたときも、同様にいたします。任那が供給できないときは、自分（百済王）が必ず援助し補充して、不足のないようにいたします。なお、的臣《いくはのおみ》（日本府の官人）は、天皇の勅命をうけて渡来し、私どもの国を治めました。日夜精励して政務につとめ、海表の諸国はみなその善政をたたえました。万歳《よろずよ》まで海表を鎮撫するものと思っておりましたのに、不幸にもなくなりました。深く追悼する次第でございます。今後任那の政務は誰がとったらよろしいのでしょうか。どうか速やかに代りの人を遣わし、任那をお鎮めください。また海表の諸国は大変弓馬に乏しく、古来天皇からそれを賜わって強敵を防いでまいりました。どうか多量の弓馬を賜わりますように」

と申しあげた。

冬十月の庚寅《かのえとら》の朔　己酉《つちのとのとり》（二十日）に、百済の王子余昌《せしん》〔明王の子、威徳王である〕は、国内の兵をことごとく発して高麗国《こまのくに》（高句麗）に向かい、百合野塞《ゆりののそこ》（黄海道蒜山《サンサン》の地か）を築き、軍士と寝食をともにしていた。この日の夕、見わたすと、肥沃な平原には人の姿はまれで、犬の声も聞こえなかったが、にわかに鼓吹《つづみふえ》の音が聞こえた。余昌は驚いて、鼓を打ってそれに応じ、夜どおし守りを固めた。明けがたに起きて見わたすと、広野を青山のように覆って軍旗が充満していた。会明《あけぼの》に、頸鎧《あかのへのよろい》（頸部を護る鎧状の防具）を着けた者一騎、鐃《くすび》を挿《さ》した者〔鐃の字義は未詳である〕（軍用の小さな銅鑼《どら》）二騎、豹《なかつかみ》の尾をさした者二騎、あわせて五騎が轡《くつわ》をそろえて到着し、「少児《わらわ》たち（自分の部下をさすか）が、『わが野の中に客人がおられる』と言うので、どうしてもお迎えの挨拶をしたい。私と礼儀をもって問答なさる人の姓名《うじな》年位《としくらい》を早く知りたい」

とたずねた。余昌は、

「姓は同姓（高句麗王と同じ扶余氏）、位は杆率《かんそつ》、年は二十九」

と答え、百済の方からも同じように問答して、互いに軍旗を立てて戦った。百済は鉾《ほこ》で高麗の勇士を馬から刺し落とし、首を斬って鉾の先に高々と刺し、陣営に帰還してこれを軍衆に示した。高麗の軍将は激怒し、百済の歓声は天地も裂けるほどであった。また百済の副将は鼓を打ち鳴らして激しく闘い、高麗王を東聖山《とうじょうせん》（平壌《ピョンヤン》東北の大聖山《テソンサン》か）の上に追いはらった。

十五年の春正月の戊子《つちのえね》の朔甲午《きのえうま》（七日）に、皇子の渟中倉太珠敷尊《ぬなくらのふとたましきのみこと》を立てて皇太子《ひつぎのみこ》とした（のちの敏達天皇）。丙申《ひのえさる》（九日）に、百済は、中部木劦施徳文次《もくらもんし》・前部施徳曰佐《おさ》分屋《ぶんおく》らを筑紫に遣わし、内臣《うちのおみ》（十四年六月条参照）・佐伯連《さえきのむらじ》らに、「徳率次酒・杆率塞敦《そくとん》らが去年の閏月《のちのつき》（閏十一月）四日に到着して、『臣等《まえつきみたち》（臣等とは内臣のことである）は来年正月に到着するだろう』と伝えました。本当に来られるのでしょうか。また軍兵の数はどれほどでしょうか。それをうけたまわって、あらかじめ軍営を造っておきたいと思います」

と言った　またこれとは別に
「可畏天皇《かしこきすめらみこと》の詔をうけたまわると、筑紫に来て、天皇の賜わった軍兵の出発を見送れとのことでございました。これをうけたまわって、たとえようもなく嬉しく存じております。今年の戦は、以前より大変危うい状態にあります。どうか正月までに、賜わった軍兵をお遣わしくださいますように」

と言った。そこで内臣は、勅命をうけたまわって、

「救援軍一千・馬一百匹・船四十隻を遣わそう」

と返答した。


二月に、百済は、下部杆率将軍三貴・上部奈率物部烏《もののべのかく》らを遣わして救援の軍兵をこうた。これとともに、徳率東城子莫古《とうじょうしまくこ》をたてまつって以前の奈率東城子言《とうじょうしごん》の代りとし（八年四月条参照）、五経博士《ごきょうはかせ》（継体七年六月条参照）王柳貴《おうりゅうき》を固徳馬丁安《めちょうあん》の代りとし、僧曇《どん》慧《え》ら九人を僧道深《どうじん》ら七人の代りとした。このほか勅命に従って（十四年六月条参照）、易博士施徳王道良《おうどうりょう》・暦博士固徳王保孫《おうほうそん》・医博士奈率王有㥄陀《おううりょうだ》、採薬師《くすりかりはかせ》施徳潘量豊《はんりょうぶ》・固徳丁有陀《ちょううだ》、楽人《うたまいのひと》施徳三斤《さんこん》・季徳己麻次《こまし》(27)・季徳進奴《しんぬ》・対徳進陀《しんだ》(28)をたてまつった。みな百済の申し出によって交代させるものである。

三月の丁亥《ひのとのい》の朔に、百済の使人中部木刕施徳文次らが帰国の途についた。

夏五月の丙戌《ひのえいぬ》の朔戊子《つちのえね》（三日）に、内臣は軍船をひきいて百済に向かった。

冬十二月に、百済は、下部杆率汶斯干奴《もんしかんぬ》を遣わして上表し、

「百済王臣明《めい》（聖明王）、および安羅《あら》の倭臣《やまとのまえつきみ》たち、任那諸国の旱岐《かんき》（王）らが申しあげます。斯羅《しらき》は無道で天皇を恐れず、狛《こま》（高句麗）と結んで海北《わたのきた》の弥移居《みやけ》（百済・任那などの朝鮮諸国）を滅ぼしつくそうとしております。私どもがあいはかり、有至臣《うちのおみ》（内臣。十四年正月条の科野次酒か）らを遣わして、斯羅を征伐するための軍士の派遣をお願いしましたところ、天皇のお遣わしになった有至臣が、軍兵をひきいて六月に到着いたしました。私どもは大変喜び、十二月九日に、斯羅を攻めに遣わしました。[29]自分（聖明王）はまず東《とう》方領《ほうのあずかり》[30]物部莫奇武連《もののべのまがむのむらじ》を遣わし、その方（東方）の軍士をひきいて函山城《かんむれのさし》（管山城。忠清北道沃川《オクチョン》の地か）を攻めさせました。有至臣が日本からひきいてきた竹斯物部莫奇委《つくしのもののべのまがわ》沙奇《さか》は、火箭《ひのや》（放火用の矢）を射るのがうまく、天皇の霊威によって、この月の九日の酉《とりの》時《とき》（午後六時）に、城を焼いて陥落させました。それゆえ、単使《ひとえづかい》（副使のいない簡単な使）を早船で遣わし、御報告いたします」

と申しあげ、さらに、

「もし斯羅だけならば、有至臣がひきいてきた軍士だけで足りますが、今、狛と斯羅とは心を同じくし、力を合わせております。とても勝利は無理かと思います。どうか早く竹斯《つくしの》嶋《しま》（九州）付近の軍士たちを遣わされ、わが国と任那とを御救援ください。そうすれば事

は成功するでありましょう」

と申しあげた。また、

「自分（聖明王）は別に軍士一万人を派遣して任那を救援いたしますので、あわせて奏上いたします。今はまさに危急の事態でありますので、単船《ひとえふね》（一隻の船だけの使）を遣わして申しあげます。上質の錦二匹《むら》・毾㲪《おりかも》（獣毛製の敷物）一領・斧三百口、および捕虜にした城の民、男二人・女五人をたてまつります。少ないもので返す返す恐縮に存じます」

と申しあげた。

聖明王の死

余昌（聖明王の子）が新羅を討つことを計画したので、耆老《おきなども》（百済の重臣たち）は、

「天はまだわが国に与《くみ》しておりません。きっと災難を受けましょう」

と言って諫めた。しかし余昌は、

「老人どもはなんと臆病なのだ。自分は大国《やまと》（日本）にお仕えしているのだ。なんの恐れることがあろう」

と言い、新羅国に進んで久陀牟羅塞《くだむらのそこ》（位置未詳）を築いた。父の明王（聖明王）は、余昌が長いあいだ戦場で苦労し、寝食を忘れていることを心配して、このままでは父の慈愛に欠け、子の孝行も成らないと考え、みずから戦場に赴いて慰労した。すると新羅は、明王

がみずからやって来たと聞いて、国内の軍兵をことごとく発し、行路を遮断し王を撃破した。このとき新羅の王は、佐知村《さちすき》の飼馬奴《うまかいやつこ》の苦都《こつ》〔またの名は谷智《こくち》〕に、「苦都は賤しい奴《やつこ》で、明王は有名な主《こきし》だ。いま賤しい奴であるおまえに、有名な主を殺させよう。後の世まで人の口に伝わり、忘れることのないようにしてやろう」と言った。苦都が明王を捕え、再拝して、

「王《こきし》の首を斬らせていただきたい」

と言うと、明王は、

「王の頭は、奴の手を受けるべきものではない」

と答えた。苦都は、

「わが国（新羅）の法では、盟約に違背すれば、国王といえども奴の手を受けるべきものとされております」

と言った〔一本には、明王は胡床《あぐら》（床几）に腰をかけ、はずした佩刀《はいとう》を谷智に授けて斬らせたとある〕。明王は天を仰いでなげき、涙を流して、

「自分はそれを思うたびに、骨髄に入るほど心が痛むのだ。顧みると、とても生きていられるものではない」

と言い、苦都の申し出を許し、首をさし出して刀を受けた。苦都は首を斬って殺し、穴を掘って埋めた〔一本には、新羅は明王の頭骨をとどめ、残りの骨は国王の礼をもって百済に送

った。いま新羅の王は、明王の骨を北庁《きたのまつりごとどの》（政庁）の階段の下に埋め、この庁を都堂《とどう》と名づけている、とある」。一方余昌は包囲を脱出できず、士卒はあわてふためいてなすすべを知らなかった。ところが弓の名手で筑紫国造《つくしのくにのみやつこ》という人があり、前進して弓をひき、新羅の騎兵のもっとも勇武な者をねらって射落とした。その放つ矢の鋭さは、馬の鞍の前後の橋《くらぼね》を射通して甲《よろい》の領会《くび》にまで達するほどで、続けざまに雨のように矢を放ち、ついに包囲の軍を退却させ、余昌と将軍たちとは間道をつたって逃げ帰ることができた。余昌は、国造が包囲の軍を射て退却させたことを讃え、鞍橋君《くらじのきみ》と尊称させた〔鞍橋、これを矩羅膩《くらじ》という〕。新羅の将軍たちは、百済が疲れきったのを知り、百済をあとかたなく滅ぼしてしまおうとした。しかし一人の将軍が、

「それはよくない。日本《やまと》の天皇《すめらみこと》は、任那のことについてしばしばわが国をお責めになっている。今また百済の官家《みやけ》をも滅ぼそうとしたら、きっと後の災難を招くだろう」

と言ったので、それを中止した。

十六年の春二月に、百済の王子余昌は、王子恵《けい》〔王子恵は、威徳王（余昌）の弟である〕を遣わして、

「聖明王が賊のために殺されました」

と奏上した〔十五年に新羅のために殺されたので、今奏上するのである〕。天皇はお聞きになってたいそう悲しまれ、使者を遣わして、王子を津（難波の津か）に迎えて慰問させた。

許勢臣《こせのおみ》が、

「日本に留まろうとされるか。それとも本国にお帰りになるか」

とたずねると、恵は、

「天皇の御勢威に頼り、父の王のあだを報いたいと思います。もし哀れみを垂れて多くの武器を下賜されれば、恥をそそぎ、あだを報いたいというのが私の願いです。日本に留まるかどうかは、すべて御命令に従います」

と答えた。また蘇我臣（稲目か）が、

「聖王は天地の道理に通じ、その名は四方に知られていた。長く平和を保ち、海西《わたのにし》の蕃国《となりのくに》（百済）を統治して、千年万年も天皇にお仕えするであろうと思われたのに、図らずもにわかに世を去り、行く水のように帰ることなく、玄室《くらきや》にしずまってしまわれた。悲しいことだ。人間たるもの、哀悼しない者はないであろう。そもそもどのような咎《とが》があってこの災禍をまねいたと思うか。また今後どのような方策で国家を鎮めようと思うか」

とたずねると、恵は、

「自分は愚か者で、大きな計略を知りません。まして、災禍の由来や、国家の存亡のことなどはわかりません」

と答えた。蘇我卿《そがのまえつきみ》は、そこで、

「昔、天皇大泊瀬《すめらみことおおはつせ》（雄略天皇）の御世に、おまえの国は高麗《こま》に侵略され、累卵の危うきに到ったことがあった（雄略二十年条参照）。その時天皇は、神祇伯《かんつかさのかみ》（朝廷の祭官。令制の用語による修飾）に命じて、つつしんでその方策を神々からお受けになった。祝者《はふり》が神託として、『邦《くに》を建てた神（日本の建国の神）をお招きし、滅びようとしている主《にりん》の救援に赴くならば、必ず国家は鎮まり、人々も安らぐであろう』と告げたので、天皇は神をお招きして救援し、国家の安寧をえることができた。そもそもをたずねると、邦を建てた神とは、天と地とが割き分かれ、草木がまだものを言っているような時に、天から降《くだ》って来て国家をお造りになった神である。聞くところによると、近頃おまえの国では祭祀をやめてしまっているというではないか。今後いままでの過失を悔い改め、神の宮を修理し、神の霊をお祭りすれば、国家は栄えよう。忘れないようにせよ」

と言った。

秋七月の己卯《つちのとのう》の朔壬午《みずのえうま》（四日）に、蘇我大臣稲目宿禰・穂積磐弓臣《ほづみのいわゆみのおみ》らを遣わして、吉備の五つの郡に白猪屯倉《しらいのみやけ》を置かせた(31)。

八月に、百済の余昌が、諸臣に、

「父の王のために出家して仏道を修めたい」

と語ったところ、諸臣や百姓は、

「出家して仏道を修めたいというお気持はわかりますが、思慮のない行動で大きな災禍をまねいたのは、そもそもどなたの過失だったのでしょうか（余昌が耆老の諫言を聞かずに新羅に進攻し、聖明王の死をまねいたことをさす。十五年十二月条参照）。百済国は、開国以来ずっと、高麗・新羅がきそって滅ぼそうとしている国であります。出家をされて、いったい今この国の祭祀をどこの国に授けようとなさるのか、あるべき道理をはっきりとお示しください。あのとき耆老《おきな》の言に従っておられたら、このようなことにはならなかったのです。どうか過去のあやまちを改め、出家なさらないでください。父君の冥福を祈るという願いを果たそうとのお考えであるならば、国民を得度させるようになさいませ」

と言った。余昌は、

「もっともである」

と答え、臣下にはかった。臣下は協議して百人を得度させ、多くの幡《はた》や蓋《きぬがさ》を造って種々の功徳《のりのわざ》（法会などの仏教の行事）を行なったという。

十七年の春正月に、百済の王子恵が帰国を願い出た。そこで多くの武器・良馬を賜わり、また人々の讃歎するような多くの禄物を賜わった。そして阿倍臣《あへのおみ》・佐伯連《さえきのむらじ》・播磨直《はりまのあたい》を遣わし、筑紫国の軍船を率い、護衛して国に送りとどけさせた。またこれとは別に、筑紫火《つくしのひの》君《きみ》〔『百済本記』には筑紫君《つくしのきみ》の児、火中君《ひのなかのきみ》の弟《いろど》とある〕を遣わし、勇士一千を率い、護衛して弥氏《みて》〔弥氏は津（船着場）の名である〕まで送らせ、航路の要害の地を守らせた。

秋七月の甲戌《きのえいぬ》の朔 己卯《つちのとのう》（六日）に、蘇我大臣稲目宿禰らを備 前《きびのみちのくち》の児嶋 郡《こじまのこおり》（岡山県の児島半島）に遣わして屯倉《みやけ》を置かせ（児島屯倉。十六年七月条に見える白猪屯倉と関連する屯倉か)、葛城山田直瑞子《かずらきのやまだのあたいみつこ》を田令《たつかい》(田地経営のための監督者)〔田令、これを陀豆歌毗《たつかひ》という〕とした。

冬十月に、蘇我大臣稲目宿禰らを倭国《やまとのくに》の高市郡《たけちのこおり》に遣わして、韓人大身狭屯倉《からひとのおおむさのみやけ》〔この韓人とは百済の人の意味である〕・高麗人小身狭屯倉《こまびとのおむさのみやけ》を置かせ(身狭は地名。今の奈良県橿原市見瀬)、また紀国《きのくに》に海部屯倉《あまのみやけ》を置いた〔一本には、各地にいる韓人を大身狭屯倉の田部《たべ》(屯倉の地を耕作する農民)とし、高麗人を小身狭屯倉の田部とした。韓人・高麗人を田部としたので、屯倉をこのように名づけたのだ、とある〕。

十八年の春三月の庚子《かのえね》の朔に、百済の王子余昌が立って王位をついだ。これが威徳王である(32)。

任那の滅亡

二十一年の秋九月に、新羅は弥至己知奈末《みちこちなま》(33)を遣わして調賦をたてまつった。饗応し禄物を賜うことが常例を過ぎていたので、奈末は喜んで国に帰り、「調賦の使者は国家にとって大切なものなのに、私のことがらとしては軽んじられます。王の使人には百姓の運命がかかっているのに、使人に選ばれると人から卑しめられます。王の行なう政治の弊は、すべてこれにかかっております。どうか良家の子を使者とし、卑賤の者を使者となさいませんように」

と言った[34]。

二十二年に、新羅は、久礼叱《くれし》及伐干《きゅうばつかん》[35]を遣わして調賦をたてまつった。司賓《まろうどのつかさ》（外客の接待にあたる官人）の饗応などの待遇が常例より劣っていたので、及伐干は恨んで帰国した。

この歳、新羅はまた奴氐大舎《ぬてださ》[36]を遣わし、前の調賦をたてまつった（久礼叱は調賦を献上せずに帰国したか）。難波大郡《なにわのおおごおり》（外客接待のための庁舎）で諸蕃の客を列したとき、掌客《おさむるつかさ》（外客接待にあたる官人）額田部連《ぬかたべのむらじ》・葛城直《かずらきのあたい》らは新羅を百済の下に列せしめて引率したので、大舎は怒って帰り、館舎《むろつみ》（難波の館。外客の宿泊施設）に入らずに船に乗って穴門《あなと》（山口県）まで帰ってきた。穴門館《あなとのむろつみ》（関門海峡にあった外客接待の施設）を修理していたので、大舎が、

「どこの客のために工事をしているのか」

とたずねると、工匠《たくみ》の河内馬飼首押勝《こうちのうまかいのおびとおしかつ》は、わざと、

「西方の無礼な国を問いただすために遣わされる使者の宿泊するところです」

と答えた。大舎が帰国してそのことばを告げたので、新羅は城を阿羅波斯山《あらはしむれ》に築き、日本に備えた。

二十三年の春正月に、新羅は任那の官家《みやけ》を打ち滅ぼした[37]［一本には、二十一年に任那が滅びたとある。総称して任那といい、個別には、加羅国《からのくに》・安羅国《あらのくに》・斯二岐国《しにきのくに》・多羅国《たらのくに》・卒麻国《そつまのくに》・古《こ》嵯国《さのくに》・子他国《したのくに》・散半下国《さんはんげのくに》・乞飡国《こつさんのくに》・稔礼国《にんれのくに》という。合わせて十国である］。

㊳夏六月に、詔して、

「新羅は西方の小さく醜い国で、天に逆らって無道である。恩義に違背してわが官家《みやけ》を破り、人民や郡県を侵害した。わが気長足姫尊《おきながたらしひめのみこと》（神功皇后）は、聡明で、天下をめぐっては人々をいたわり、万民をお養いになった。新羅の窮状を哀れみ、新羅王が斬られようとしていたその首を救い、新羅に要害の地を授け、格別の栄誉をお与えになった。わが気長足姫尊が、新羅を軽んじられたことがあろうか。わが百姓《おおみたから》が、新羅に怨みをいだいていることがあろうか。それなのに新羅は、長い戟《ほこ》や強い弩《ゆみ》（機械仕掛けの大弓）をもって任那を侵略し、鋭利な牙《き》や爪《つめ》で人々を殺害している。肝《きも》をさき、足を切るだけではなおあき足らず、骨を曝《さら》し屍《かばね》を焚《や》き、残酷な行ないを意に介しない。任那のあらゆる人々を、刀や俎《まないた》を使って殺し、膾《なます》にしている。国中の王臣たるもの、人の禾《あわ》を食べ、人の水を飲みながら、このことをもれ聞いていたむ心をおこさない者があろうか。いわんや太子《ひつぎのみこ》・大臣《まえつきみ》は、わが後裔《こうえい》として血に泣き怨みをともにする縁故があり、あるいは国家の蕃屏《はんぺい》としてこの上ない恩義をもつ者である。前朝の勢威をうけ、それを後代に伝えるべき地位にある者である。胆《い》や腸を抜きしたたらせるような気持で真心をつくし、あいともに悪逆の者を殺して天地の痛みをそそぎ、君父のあたに報いることができなかったら、死んでも臣子の道の成らなかったことを恨むことになろう」

と言われた。

この月に、ある者が馬飼首歌依《うまかいのおびとうたより》を讒言し、

「歌依の妻逢臣讃岐《おうのおみさぬき》の鞍の韉《したぐら》（鞍の下にかける覆い）はどうもおかしい。よく見ると皇后の御鞍だ」

と言ったので、歌依を捕えて廷尉《ひとやづかさ》（刑罰担当の官人）に送り、きびしく糾問した。すると馬飼首歌依は、揚言《ことあげ》して、

「うそだ。そんなことはない。疑うならきっと天の災いを受けようぞ」

と誓い、とうとう拷問にあって地に倒れ、死んでしまった。するといくばくもなく、にわかに殿舎から出火した。そこで廷尉は、歌依の子の守石《もりし》と名瀬氷《なせひ》と〔守石・名瀬氷はみな名である〕を捕縛し、火の中に投げ入れようとした〔火に投げ入れて処刑するのは、おそらく古の制であろう〕。廷尉は、

「これは自分の手で投げ入れるのではない。祝《はふり》（神職）の手で投げ入れるのだ」

と呪文をとなえ、となえ終わって投げ入れようとしたが、守石の母が、

「子どもを火の中に投げ入れたら、きっと天災がおこりましょう。どうか祝人《はふりべ》に従わせ、神奴《かんやっこ》（神社に隷属する賤民）にしていただきたい」

と懇願したので、母の願いどおり、許して神奴とした。

秋七月の己《つちのとの》巳《み》の朔に、新羅が使を遣わして調賦をたてまつった。その使人は、新羅が任那を滅ぼしたことを知っていたので、日本の恩にそむいたことを恥じて帰国を願い出

ようとせず、日本に留まって本国に帰らず、わが国の百姓と同列に扱われた。今、河内国の更荒郡《さらのこおり》（大阪府北東部。四條畷市付近の地）の鸕鷀野邑《うののさと》の新羅人の先祖である。

大葉子の悲哀

この月に、大将軍紀男麻呂宿禰《きのおまろのすくね》を遣わし、軍兵をひきいて哆唎《たり》（全羅南道の栄山江《ヨンサンガン》東岸の地方か）から出発させた。副将河辺臣瓊缶《かわべのおみにへ》は居曽山《こそむれ》（位置未詳）から出発し、新羅が任那を攻めたことを問責しようとした。そして任那に到り、薦集部首登弭《こもつめべのおびととみ》を百済に遣わして作戦の計略を結んだが、登弭が妻の家に泊まる途中で印書《しるしのふみ》（封印をした機密の書信）や弓矢を落としたので、新羅はくわしく作戦の計略を知り、急に大軍を動員し、しかもわざと敗北を重ねて、降伏したいとこうた。紀男麻呂宿禰は、戦に勝って軍をかえし、百済の陣営に入った。そして軍中に命令して、

「勝利(39)にあっても敗北を忘れず、安泰な時にも危急に備えるというのが、古《いにしえ》の善き教えである。今われわれがいるところは、凶悪な敵と相接している。それを軽んじて変事に備えないのはよくない。たとえ平安の世でも、刀剣を身から離してはいけない。君子は武備を怠ってはならないのだ。十分警戒して、この命令を守るように」

と言い、士卒はみな心服した。一方河辺臣瓊缶は、ひとり進んで戦い、目ざすところをみな陥れた。すると新羅はまた白旗をかかげ（降伏のしるし）、武器を投げ捨てて降伏した。

河辺臣瓊缶はもともと兵法にくらく、こちらも白旗をかかげて武器を持たずにひとり進んだ。すると新羅の闘将は、

「将軍の河辺臣が投降しようとしているぞ」

と言って、軍を進めて迎えうち、精鋭を投じてすばやく改めて撃破した。前鋒の被害が大変多かった。倭国造手彦《やまとのくにのみやつこてひこ》は、助からないと知って戦場を離れて逃げたが、新羅の闘将は鉤戟《ほこ》をとって追いかけ、城の堀のところで戟《ほこ》でうちかかった。手彦は駿馬に乗って城の堀をおどりこえ、命からがら逃れたので、闘将は城の堀のふちに立ってくやしがり、

「久須尼自利《くすにじり》」〔これは新羅のことばで、意味はわからない〕

と言った。

河辺臣は、ついに軍兵を引きあげて退却し、野営をした。しかし士卒はみな将軍の命《めい》を軽んじ、従おうとしなかった。新羅の闘将は、みずから軍営の中に入って来て、河辺臣瓊缶らと随っていた婦人とをことごとく捕虜にした。父子・夫婦がお互いに言葉を交わすこともかなわなかった。闘将が河辺臣に、

「命と婦人と、どちらが大事か」

とたずねると、河辺臣は、

「どうして一人の女を愛することで災禍をこうむろうか。何といっても命より大事なものはない」

と答え、妾とすることを許した。闘将は露《あら》わなところでその婦女《たおやめ》を奸《おか》した。婦女が後にもどって来たので、河辺臣は親しみを交わそうとした。婦女は大変恨んで、

「あのときあなたは、あっさりと私の身をお売りになりました。今いったい何の面目あって会おうとなさるのでしょう」

と言い、これに従わなかった。この婦人は坂本臣《さかもとのおみ》の女《むすめ》で、甘美媛《うましひめ》といった。

同じ時に捕虜になった調吉士《つきのきし》伊企儺《いきな》は、勇猛な性格で降伏しようとしなかった。新羅の闘将は刀を抜いて斬ろうとし、むりやり褌《はかま》を脱がせ、尻を日本に向けさせて、

「日本の将よ、わが尻を食らえ」

と大声で号叫《さけ》ばせた〔叫は眺《さけ》ぶことである〕(40)。しかし伊企儺は、

「新羅の王《こきし》よ、わが尻を食らえ」

と号叫《さけ》び、いくら責めさいなまれてもやめず、ついに殺された。その子舅子《おじこ》も、父を抱いてともに死んだ。伊企儺が言辞を守りとおすことはこのとおりで、将師たちはみなその死を惜しんだ。その妻大葉子《おおばこ》も捕虜になり、悲しんで、

韓国《からくに》の　城《き》の上《へ》に立ちて　大葉子《おおばこ》は　領巾《ひれ》振らすも　日本《やまと》へ向きて(41)〔朝鮮の城の上に立って大葉子は領巾をお振りになる。日本に向かって〕

と歌った。ある人がこれに唱和して、

韓国の　城の上に立たし　大葉子は　領巾振らすも見ゆ　難波《なには》へ向きて〔朝鮮の城の上に

立たれて、大葉子が難波に向かって領巾を振っていらっしゃるのが見える〕

と歌った。

八月に、天皇は、大将軍大伴連《おおとものむらじ》狭手彦《さでひこ》を遣わし、兵数万をひきいて高麗《こま》（高句麗）をお討たせになった。(42) 狭手彦は百済の計略を用い、高麗を打ち破った。王は垣を越えて逃げ、狭手彦は勝に乗じて宮中に入り、珍しい宝や七織帳《ななえのおりもののとばり》（七色の糸で織った錦帳か）・鉄屋《くろがねのいえ》を残らず奪って帰って来た〔古い本には、鉄屋は高麗の西の高楼《たかどの》の上にあり、織帳は高麗の王の内寝《おおとの》（奥まった部屋）にかかっていたとある〕。狭手彦は、七織帳を天皇にたてまつり、甲《よろい》二領・金飾《こがねづくり》の刀《たち》二口・銅鏤鍾《あかがねのえりたるかね》（彫刻を施した青銅製の鐘か）三口・五色の幡《はた》二竿・美女媛《おみなひめ》〔媛は名である〕とその従女《まかだち》吾田子《あたこ》とを蘇我稲目宿禰大臣《そがのいなめのすくねのおおおみ》に送った。大臣はこの二人の女を召し、妻として軽《かる》の曲殿《まがりどの》に住まわせた。〔鉄屋は長安寺にあるというが、この寺がどこの国にあるのかは判らない。(43) 一本には、十一年に大伴《おおとも》狭手彦連《さでひこのむらじ》が、百済国とともに高麗王陽香《ようこう》（陽原王陽崗）を比津留都《ひしるつ》（未詳）に追いしりぞけたとある〕

冬十一月に、新羅が使を遣わして物をたてまつり、また調賦をたてまつった。使人はみな、新羅が任那を滅ぼしたことを天皇が憤っておられるのを知り、帰国を願い出ようとせず、刑罰に処せられることを恐れて本国に帰らず、百姓《おおみたから》と同列に扱われた。今の摂津国《つのくに》の三嶋郡《みしまのこおり》の埴廬《はにいお》の新羅人の先祖である。

二十六年の夏五月に、高麗《こま》の人頭霧唎耶陛《ひとずむりやへ》らが筑紫に帰化して来たので、山背国《やましろのくに》に住まわせた。今の畝原《うねはら》（未詳）・奈羅《なら》（京都府綴喜郡）・山村《やまむら》（同相楽郡か）の高麗人の先祖である。

二十八年に、(44)諸国に大水があり、飢饉があった。人が食いあうような事態であったので、近傍の郡の穀を輸送して救わせた。

白猪屯倉と田部

三十年の春正月の辛卯《かのとのう》の朔に、詔して、

「田部《たべ》を設置してから長いことたち、年齢が十余歳になっているのに籍に記載されず、課役を免れている者が多い。胆津《いつ》〔胆津は王辰爾《おうじんに》の甥である〕を遣わして白猪田部《しらいのたべ》（白猪屯倉の田部。十六年七月条参照）の丁籍《よほろのふみた》（課役賦課の対象となる男子を記した籍）を調査し確定させよ」

と言われた。

夏四月に、胆津は白猪田部の丁を検閲し、詔に従って籍をつくり、田戸《たへ》を編成した。そこで天皇は、胆津の籍を定めた功をほめ、姓を賜わって白猪史《しらいのふびと》とし、田令《たつかい》に任じて瑞子《みつこ》の副官とした〔瑞子は上文に見えている〕（葛城山田直端子。十七年七月条参照）。

三十一年の春三月の甲申《きのえさる》の朔に、蘇我大臣稲目宿禰が薨じた。(45)

夏四月の甲申《きのえさる》の朔乙酉《きのとのとり》（二日）に、泊瀬柴籬宮《はつせのしばかきのみや》（奈良県桜井市初瀬）に行幸された。

そのとき越《こし》（北陸地方の古称）の人江渟臣裙代《えぬのおみもしろ》が京にいたり、

「高麗の使人が風波にあって着くべき泊《とまり》を失い、海岸に漂着しましたが、郡司《こおりのみやつこ》（後出の道君をさす）がそのことをかくしておりますので、私が御報告にまいりました」

と奏上した。そこで天皇は、詔して、

「自分が皇位をついでから幾年もたつが、(46)高麗が海路に迷ってはじめて越の海岸に到着した。漂流に苦しんだが、生命を全うしている。これはわが政治が広く世をおおい、徳がさかんに、恵みある教化が行なわれ、広大な恩が遠くまで行きわたっていることを示すものではないか。官人は山背国《やましろのくに》の相楽郡《さがらかのこおり》に館《むろつみ》（宿泊施設）を建てて掃い清め、使人をてあつくもてなすように」

と言われた。

この月に、天皇は泊瀬柴籬宮からおもどりになり、東漢氏直糠児《やまとのあやのうじのあたいあらこ》(47)・葛城直難波《かずらきのあたいなにわ》を遣わして高麗の使人をお呼びよせになった。

五月に、膳臣傾子《かしわでのおみかたぶこ》を越《こし》に遣わして高麗の使に饗応させた（傾子、これを舸拕部古《かたぶこ》という）。高麗の大使は、膳臣が天皇の使であることを悟り、道君に、

「おまえは天皇ではあるまいと疑っていたが、やっぱりだ。おまえが膳臣を伏し拝んだから、百姓《おおみたから》であることがはっきりした。それなのにおまえは私をだまし、調《みつき》を奪って着服してしまった。さあ、あれこれ言わずに、早く返せ」

と言った。膳臣はこれを聞き、人をやってその調を探しあてて使に返し、京に帰って報告した。

秋七月の壬子《みずのえね》の朔に、高麗の使は近江に到着した。

この月に、許勢臣猿《こせのおみさる》と吉士赤鳩《きしのあかはと》とを遣わし、難波津《なにわのつ》から出発して船を狭々波山《ささなみやま》（滋賀県大津市の逢坂山）に引き上げ、飾船《かざりぶね》に仕立てて近江の北の山（琵琶湖の北岸か）で高麗の使を迎えさせた。そして山背《やましろ》の高槭館《こまひのむろつみ》（相楽館）に入らせ、東漢坂上直子麻呂《やまとのあやのさかのうえのあたいこまろ》・錦部首大石《にしこりのおびとおおいし》を遣わして警護にあたらせた。また高麗の使者を相楽館《さがらかのむろつみ》で饗応した。

三十二年の春三月の戊申《つちのえさる》の朔壬子《みずのえね》（五日）に、坂田耳子郎君《さかたのみみこのいらつきみ》を使として新羅に遣わし、任那の滅びた理由について問責させた。

この月に、高麗の献物を呈上し表文を奏上することができず、数十日の間、占いによって良い日を待った。

欽明天皇の崩御

夏四月の戊寅《つちのえとら》の朔壬辰《みずのえたつ》（十五日）[48]に、天皇は病におかかりになった。皇太子が外出して不在であったので、駅馬で召して寝室にまねき入れ、その手をとって、詔して、

「自分の病は重い。後のことはおまえにゆだねる。新羅を討って任那を建てるのだ。そしてかつてのごとく、夫婦のように相和《あい》するならば、自分は死んでもなにも恨むことはな

い」と言われた。

この月に、天皇は大殿でお崩《かく》れになった。時に御年は若干《そこばく》。

五月に、河内の古市《ふるいち》（大阪府羽曳野市）に殯《もがり》（埋葬までの間、遺体を安置して種々の儀礼を行なうこと）した。

秋八月の丙子《ひのえね》の朔に、新羅は弔使未叱子失消《みししししょう》らを遣わし、殯に挙哀《こあい》の礼（人の死にあたり、声を発して悲しみを表わす礼）をささげた。

この月に、未叱子失消らが帰国の途についた。

九月に、檜隈坂合陵《ひのくまのさかいのみささぎ》（奈良県高市郡明日香村）に葬りたてまつった。

（1）天皇の徳化を示すいみで治世のはじめに置かれた修飾的記事か。八月条の朝鮮四国朝貢の記事も同じ。

（2）以下は、顔師古注の『漢書』叙例による文。

（3）仁賢元年二月条に、和珥臣《わにのおみ》（春日臣と同族）日爪の女糠君娘が春日山田皇女を生んだとあり、ここは誤伝か。橘麻呂皇子も、上文堅塩媛の生んだ椀子皇子の誤伝であろう。

（4）任那に勢力をもつ倭人を統率し、任那諸国や百済・新羅との外交交渉にもあたる大和政権の出先機関。この頃は安羅にあった。継体朝から欽明朝にかけて、大和政権の朝鮮に対する圧力は衰え、日本府の官人の間にも親百済・親新羅両派の対立が生じ、統制力が失われた。継体朝の終りごろから、新羅の任那進出が著しく、百済の聖明王は、任那諸国や日本府の勢力を糾合し、新羅に当たろうとしたが、欽明十五年（五五四）の聖明王の死後は、任那情勢の指導権は完全に新羅の手に握られた。
(5) 佐平は百済の官位の第一。四年十一月条には「三佐平」とあり、同十二月条に上佐平・中佐平・下佐平が見える。三九ページの表参照。
(6) 高句麗の広開土王碑には、永楽九年（三九九）、百済が倭と通じ、倭が新羅を攻めたため、新羅が高句麗に救援を求めたことが見える。そのことをさすか。
(7) 百済の貴族組織である五部のひとつ。三八ページ注（20）参照。
(8) 百済の官位。三九ページの表参照。
(9) 百済の貴族組織である五部のひとつ。三八ページ注（20）参照。
(10) 百済の官位十六階第九の固徳か。三九ページの表参照。
(11) 百済の官位。三九ページの表参照。
(12) 十二月条に見える上佐平・中佐平・下佐平か。注（5）参照。
(13) 百済の官位。三九ページの表参照。
(14) 新羅の官位十七階の第十一の奈麻に同じか。一一四ページの表参照。
(15) 以下は『文選』「赫白馬賦《しゃはくばふ》」とその序によって書かれた文。
(16) 百済の官位。三九ページの表参照。
(17) 『三国史記』百済聖王二十六年（欽明九年）正月条によると、このとき高句麗の陽原王は、濊《わい》と共謀して百済の独山城（馬津城）を攻め、百済の聖王は新羅に救援を求めた。新羅王は将軍朱珍に命じ、三千の兵を授けて救援に赴かしめ、朱珍は独山城下で高句麗兵と戦ってこれを大破したという。
(18)(19) 百済の官位。三九ページの表参照。
(20)『三国史記』百済聖王二十八年（欽明十一年）条によると、この年正月、聖王は将軍達巳に兵一万をひきいさせ、高句麗の道薩城を攻め取った。三月には高句麗兵が金峴城を囲んだが、同書新羅真興王十一年条によると、新羅の真興王は、高句麗・百済二国の兵が疲労したのに乗じ、異斯夫に命じて出撃させ、二城を奪って増築し、甲士一千を留めて守衛させた。道薩城・金峴城の位置は未詳。
(21)『三国史記』によると、百済の貴族組織である五部のひとつ。
(22) 百済の官位。三九ページの表参照。
(23) 仏教の公伝を、『法王帝説』は欽明天皇の戊午の年、『元興寺縁起』は欽明天皇七年戊午の年のこととする。戊午（五三八年）は『日本書紀』では欽明朝でなく、宣化天皇の三年にあたる。
(24) 以下の上表文は、唐の義浄が長安三年（七〇三）に訳した『金光明最勝王経』の文を用いて構成したもので、『日本書紀』編者の修飾。
(25)『三国史記』は翌欽明十四年のこととする。
(26) 以上の話は、『日本霊異記』にも見え、敏達朝でのこととする。
(27)(28) 百済の官位。三九ページの表参照。
(29)『三国史記』新羅真興王十五年条によると、この年七月、百済王（聖王）は加良（任那）とともに新羅の管山城に来攻した。新羅の新州軍主金武力が救援に赴き、裨将（副将）の高干都が百済王を殺し、勝に乗じて百済の佐平四人、士卒二万九千六百人を斬ったとある。また同百済聖王三十二年条にも、七月に王が新羅を襲うため歩騎五十をひきいて狗川に至ったところ、新羅の伏兵にあって害されたとあり、いずれもこの年の戦闘を七月に係《か》けている。

(30)百済は都城以外の地を中・東・南・西・北の五方にわけ、方ごとに軍事指揮官を置いていた。『周書』百済伝によると、東方は得安城といい、各方には方領一人・郡将三人があり、一千二百人以下七百人以上の兵を統べていたという。

(31)以下欽明紀から敏達紀にかけて、この屯倉に関する一連の記事がある。白猪史氏の家記によったとみられる部分があり、蘇我氏が設定に関与していること、田令が中央から派遣され、田部の丁籍が作製され、田戸の編成が行なわれるなど、新しい屯倉経営の方式が見られることが注目される。三八ページ注(19)参照。

(32)『三国史記』は威徳王の即位を欽明十五年のこととしている。

(33)新羅の官位。新羅の官位は、京位(中央官の位)と外位(地方官の位)とにわかれるが、ここでは京位について、『三国史記』に見えるものと『日本書紀』に見えるものとの対照表を掲げる(下)。

(34)『魏志』衛覬伝によった文。

(35)(36)新羅の官位。下表参照。

(37)任那諸国のうち、南加羅・卓

新羅の官位(京位)

三国史記	日本書紀
1 伊伐飡	
2 伊尺飡	翳飡
3 迊　飡	蘇判
4 波珍飡	波珍飡
5 大阿飡	大阿飡・韓阿飡
6 阿　飡	阿飡
7 一吉飡	一吉飡
8 沙　飡	沙飡・薩飡
9 級伐飡	及伐干・及飡・汲飡・級飡・級伐飡
10 大奈麻	韓奈末・大那末・大奈麻
11 奈　麻	奈末・奈麻礼
12 大　舎	大舎
13 小　舎	
14 吉　士	
15 大　烏	
16 小　烏	
17 造　位	

淳・喙己呑などは五三二年頃までに新羅に併合され、下の分注に記す加羅以下の十国がその後まで残っていたが、しだいに併合され、最後のものがこの年に滅亡したというのであろう。『三国史記』新羅真興王二十三年（欽明二十三年。この年）条によれば、九月に加耶（加羅）が反したので、王は異斯夫に命じて討たせ、副将の斯多含が先駆して城内に入り、異斯夫の軍が到着するとともに降伏したという。
(38) 以下は『梁書』王僧弁伝による文。
(39) 以下の紀男麻呂の言は、『呉志』孫権伝による文。
(40) この分注、あるいは後人の攙入か。
(41) この歌は、大葉子以外の者が歌ったとみるほうが自然である。
(42) この年の征討は朝鮮の情勢からみて疑問。分注の一本に十一年とあるのが正しいか。十一年四月条および注（20）参照。
(43)『扶桑略記』欽明十三年条には、近江国栗太郡の多他郎寺がこれであるとする。
(44) 以下は『漢書』元帝紀による文。
(45)『元興寺縁起』には己丑年に薨じたとある。己丑年は『日本書紀』の欽明三十年で、一年ずれる。
(46) 原文は「若干年」、北野本等には「若干十年」とある。『日本書紀』編者が欽明朝の紀年を確定した上で数字を入れようとして、そのままになったものか。
(47)「氏直」は「民直」の誤りか。
(48) 以下天皇崩御にいたるまでの記述には、皇太子の召喚、皇太子への遺詔の部分を含めて、『魏志』明帝紀の文による修飾が加えられている。

日本書紀巻第二十

渟中倉太珠敷天皇《ぬなくらのふとたましきのすめらみこと》　敏達《びだつ》天皇

鳥羽の表

渟中倉太珠敷天皇は、天国排開広庭天皇《あめくにおしはらきひろにわのすめらみこと》（欽明天皇）の第二子である。母を石姫《いしひめの》皇后《きさき》と申しあげる〔石姫皇后は、武小広国押盾天皇《たけおひろくにおしたてのすめらみこと》（宣化天皇）の女《むすめ》である〕。天皇は仏法をお信じにならず、文章や歴史を愛された。二十九年（欽明天皇）に皇太子にお立ちになった。三十二年の四月に、天国排開広庭天皇がお崩《かく》れになった。

元年の夏四月の壬申《みずのえさる》の朔甲戌《きのえいぬ》（三日）に、皇太子は天皇の位におつきになった。皇后《きさき》（欽明天皇の皇后石姫）を尊んで皇太后《おおきさき》と申しあげた。

この月に、百済大井《くだらのおおい》（大阪府河内長野市太井とする説と、奈良県北葛城郡広陵町百済とする説とがある）に宮を造った。物部弓削守屋大連《もののべのゆげのもりやのおおむらじ》をもとどおり大連とし、また蘇我馬子宿禰《そがのうまこのすくね》を大臣《おおおみ》とした。

五月の壬寅《みずのえとら》の朔に、天皇は、皇子《みこ》（彦人大兄皇子か）と大臣とに、

「高麗《こま》（高句麗）の使人は今どこにいるのか」

とおたずねになった。大臣が、

「相楽《さがらか》の館《むろつみ》におります」

とお答えすると、天皇はたいそう気の毒がられ、

「悲しいことだ。この使人たちは、その名をすでになき父の天皇に申しあげているというのに」

と歎かれた。そこで群臣を相楽の館に遣わし、たてまつった調《みつき》の物を調査記録して京へお送らせになった。丙辰《ひのえたつ》（十五日）に、天皇は高麗の上表文をとって大臣にお授けになり、史《ふびと》（文筆のことにあたる人々）たちを召集して解読させたが、三日かかっても誰も読むことができなかった。ところが船史《ふねのふびと》の祖王辰爾《おうじんに》が読み解いてたてまつったので、天皇は大臣とともに辰爾をほめ、

「よくやった、辰爾。もしおまえが学問に親しんでいなかったら、誰も解読できないところだった。これからは殿中に近侍するように」

と言われた。そして東西の史《やまとこうちふびと》たち（文直《ふみのあたい》・文首《ふみのおびと》をそれぞれ中心とする、文筆のことにあたる大和・河内の渡来氏族の集団）に詔して、

「おまえたちは日ごろ文筆を業《わざ》としていながら、どうして成就しないのだ。おまえたちは

数は多いが、辰爾にしく者はいない」と言われた。この高麗の上表文は、烏《からす》の羽根に書かれており、羽根が黒いために文字を判読できなかった。辰爾は羽根を飯気《いいのけ》（御飯をたくときの湯気）で蒸し、帛《ねりきぬ》（柔らかくした上質の絹布）を羽根に押しつけてすっかりその文字を写しとったので、朝廷の人々は一様に驚いた。

六月に、高麗の大使は、副使たちに、

「磯城嶋天皇《しきしまのすめらみこと》（欽明天皇）の時に、おまえたちは私の意見に従わず、だまされてかってに国の調《みつき》を分かち、身分の低い者に与えてしまった（欽明三十一年四月条・五月条参照）。これはおまえたちの過失だ。わが国王がお聞きになったらきっとおまえたちをおとがめになろう」

と言った。副使たちは、

「われわれが帰国して、大使がわれわれの過失をうちあけてしまったら、まずいことになる。こっそり殺して話が広がらないようにしよう」

と相談した。その日の夕に、はかりごとがもれ、大使はこのことを知って、衣服をあらため、一人でこっそりとぬけ出した。館の中庭で、どうしたものかと思っていると、賊が一人、杖をもって出て来て、大使の頭をなぐっていった。次にまた賊が一人現われ、大使にまっすぐ向かって来て、頭と手とを打っていった。大使がなお黙って立ち、顔の血をぬぐっていると、また賊が一人現われ、刀をもって突きかかり、大使の腹を刺していった。大使が恐れ、地に伏して拝むと、あとから賊が一人現われ、殺して立ち去った。翌朝、領客《まろうどのつかさ》（外国使臣の接待役）東漢坂上直《やまとのあやのさかのうえのあたい》子麻呂《こまろ》らが事情を問いただすと、副使たちはいつわって、

「天皇は妻を大使に賜わりましたが、大使は勅命にそむいてそれを受けませんでした。まことに無礼なことなので、私どもが天皇のおんために殺しました」

と言った。そこで官人たちは、礼をつくして埋葬した。

秋七月に、高麗の使人が帰国の途についた。この歳の太歳は壬辰《みずのえたつ》。

吉備海部難波の処刑

二年の夏五月の丙寅《ひのえとら》の朔戊辰《つちのえたつ》（三日）に、高麗の使人が越海《こしのうみ》（北陸地方の日本海）の海岸に着いた。船がこわれ、溺死した者が多かった。朝廷は、高麗がしきりに海路に迷って漂着することを疑い、饗応しないで送り返すこととし、吉備海部直難波《きびのあまのあたいなにわ》に勅して、高麗の使を送らせた。

秋七月の乙丑《きのとのうし》の朔に、越海の海岸で難波（吉備海部直難波）と高麗の使らとが協議し、送使難波の船の人大嶋首磐日《おおしまのおびといわひ》・狭丘首間瀬《さおかのおびとませ》を高麗の使人の船に乗せ、高麗の二人を送使の船に乗せ、このように互いに乗船させて、悪事をたくらむことへの用意とした。二船

が同時に出発し、数里ほど進んだとき、送使難波は、波浪におびえ、高麗の二人をつかまえて海にほうりこんだ。

八月の甲午《きのえうま》の朔丁未《ひのとのひつじ》（十四日）に、送使難波は帰還して報告し、「海中に大きな鯨《くじら》がいて、船と檝櫂《かじさお》（かい）とを喰いました。難波らは、魚《いお》（鯨）が船を呑みこもうとするのでこわくなり、海にこぎ出せませんでした」と申しあげた。これを聞かれた天皇は、それがいつわりであることを知り、官司で使役して国（吉備国）に帰らせなかった。

三年の夏五月の庚申《かのえさる》の朔甲子《きのえね》（五日）に、高麗の使人が越海の海岸に着いた。

秋七月の己未《つちのとのひつじ》の朔戊寅《つちのえとら》（二十日）に、高麗の使人は入京し、「私どもは、去年送使（吉備海部直難波）とともに帰国いたしました。私どもの方が先に着き、わが国では使人の礼をもって大嶋首磐日らを接待し、饗応いたしました。高麗国王は、格別の厚い待遇をなさいました。ところが送使の船はいまだ到着いたしません。そこで謹んで使人と磐日らとを遣わし、私どもの使（送使の船に乗った二人の高麗の使人）がなぜ来ないのかをおたずねしたいと存じます」と奏上した。天皇はこれをお聞きになり、難波の罪を数えあげて、「第一に朝廷をあざむいたこと、第二に隣国の使人を溺死させたこと、この大罪を犯したのだから、許して国に帰すわけにはいかぬ」

と言われ、刑罰に処した。

冬十月の戊子《つちのえね》の朔丙申《ひのえさる》（九日）に、蘇我馬子大臣を吉備国に遣わし、白猪屯倉《しらいのみやけ》と田部《たべ》とを増設させた（欽明十六年七月条・同三十年正月条参照）。そして田部の名籍《なのふみた》を白猪史《しらいのふびと》胆《い》津《つ》に授けた。戊戌《つちのえいぬ》（十一日）に、船史王辰爾の弟牛《うし》に詔し、姓を賜わって津史《つのふびと》とした。

十一月に、新羅が使を遣わして調《みつき》をたてまつった。

四年の春正月の丙辰《ひのえたつ》の朔甲子《きのえね》（九日）に、息長真手王《おきながのまてのおおきみ》の女広姫《ひろひめ》を立てて皇后とした。皇后は一男二女をお生みになった。その第一を押坂彦人大兄皇子《おしさかのひこひとのおおえのみこ》〔またの名は麻呂古皇《まろこのみ》子《こ》〕（舒明天皇の父）、第二を逆登皇女《さかのぼりのひめみこ》、第三を菟道磯津貝皇女《うじのしつかいのひめみこ》と申しあげる。

この月に、一人の夫人《みめ》を立てた。春日臣仲君《かすがのおみなかつきみ》の女を老女子夫人《おみなごのおおとじ》〔またの名は薬君娘《くすりこのいらつめ》〕といい、三男一女を生んだ。その第一を難波皇子《なにわのみこ》、第二を春日皇子《かすがのみこ》、第三を桑田皇女《くわたのひめみこ》、第四を大派皇子《おおまたのみこ》という。また采女《うねめ》の、伊勢大鹿首小熊《いせのおおかのおびとおぐま》の女を菟名子夫人《うなこのおおとじ》といい、太姫皇《ふとひめのみ》女《こ》〔またの名は桜井皇女《さくらいのひめみこ》〕と糠手姫皇女《あらてひめのひめみこ》〔またの名は田村皇女《たむらのひめみこ》〕（舒明天皇の母）とを生んだ。

二月の壬辰《みずのえたつ》の朔に、馬子宿禰大臣《うまこのすくねのおおおみ》が帰京し、屯倉のこと（三年十月条参照）について報告した。乙丑《きのとのうし》（三月十一日か）に、百済が使を遣わして調をたてまつった。その調はいつもの年よりも大変多かった。天皇は、新羅がまだ任那を復興しないので、皇子と大臣とに詔して、

「任那復興のことを怠ってはならない」

と言われた。

夏四月の乙酉《きのとのとり》の朔庚寅《かのえとら》（六日）に、吉士金子《きしのかね》を新羅に、吉士木蓮子《いたび》を任那に、吉士訳語彦《おさひこ》を百済に、使としてそれぞれ遣わした。

六月に、新羅は使を遣わして調をたてまつった。その調はいつもより大変多かった。またこれとは別に、多々羅《たたら》・須奈羅《すなら》・和陀《わだ》・発鬼《ほっき》の四つの邑《むら》の調(1)（いわゆる任那の調）をたてまつった。

この歳、卜者《うらべ》に命じて、海部王《あまのおおきみ》の家地と絲井王《いといのおおきみ》の家地とを占《うらな》わせたところ、卜占の結果が良かったので、宮を訳語田《おさた》（奈良県桜井市戒重の地か）に造営した。これを幸玉宮《さきたまのみや》という。

冬十一月に、皇后広姫が薨じた。

五年の春三月の己卯《つちのとのう》の朔戊子《つちのえね》（十日）に、官人たちは皇后を立てることを願い出た。そこで詔して、豊御食炊屋姫尊《とよみけかしきやひめのみこと》を立てて皇后とした（のちの推古天皇。敏達天皇の異母妹）。皇后は二男五女をお生みになった。その第一を菟道貝鮹皇女《うじのかいだこのひめみこ》〔またの名は菟道磯津貝皇《うじのしつかいひめ》女《みこ》〕と申しあげる。この皇女は東宮聖徳（聖徳太子）に嫁された。その第二を竹田皇子《たけだのみこ》、第三を小墾田皇女《おはりだのひめみこ》と申しあげる。この皇女は彦人大兄皇子《ひこひとのおおえのみこ》（押坂彦人大兄皇子）に嫁された。その第四を鸕鷀《う》守皇女《もりのひめみこ》〔またの名は軽守皇女《かるのもりのひめみこ》〕、第五を尾張皇子《おわりのみこ》、第六を田眼皇女《ためのひめみこ》と申しあげる。この皇女は息長足日広額天皇《おきながたらしひひろぬかのすめらみこと》（舒明天皇）に嫁された。その第七を桜《さくら》井弓張皇女《いのゆみはりのひめみこ》と申しあげる。

六年の春二月の甲辰《きのえたつ》の朔に、詔して日祀部《ひのまつりべ》と私部《きさいちべ》とを置いた。(2)

夏五月の癸酉《みずのととり》の朔丁丑《ひのとのうし》（五日）に、大別王《おおわけのおおきみ》と小黒吉士《おぐろのきし》とを遣わし、百済国への宰《みこともち》とした〔王人（日本の官人）が天皇の命をうけて三韓への使となったときに、宰と自称する。韓《からくに》への宰としたとあるのは、古《いにしえ》の典《のり》によったものであろうか。今は使という。他の場合もみなこれにならう。大別王の出自は未詳である〕。

冬十一月の庚午《かのえうま》の朔に、百済国の王《こきし》（威徳王）は、帰国する使の大別王らに付して、経論若干巻、ならびに律師（戒律に明るい僧）・禅師《ぜんじ》（禅定《ぜんじょう》をよくする僧）・比丘尼《びくに》（尼）・呪禁師《じゅごんのはかせ》（仏教の呪文をとなえ、災厄をはらう人）・造仏工《ほとけつくるたくみ》・造寺工《てらつくるたくみ》の六人をたてまつった。そこで難波の大別王の寺に安置させた。

七年の春三月の戊辰《つちのえたつ》の朔壬申《みずのえさる》（五日）に、菟道皇女《うじのひめみこ》を伊勢の祠《まつり》（神宮）に仕えさせたが、池辺皇子《いけへのみこ》に奸《おか》され、ことが明るみに出て解任された。

八年の冬十月に、新羅は枳叱政奈末《きしさなま》を遣わして調をたてまつり、また仏像をたてまつった。

九年の夏六月に、新羅は安刀《あと》奈末・失消《ししょう》奈末を遣わして調をたてまつったが、天皇はこれを納めずにお返しになった（十一年十月条と同文）。

十年の春閏二月に、蝦夷《えみし》数千が辺境で反したので、その魁帥《ひとごのかみ》（首領）の綾糟《あやかす》らを召し

〔魁帥とは大毛人《おおえみし》である〕、詔して、

「そもそもおまえたち蝦夷を、大足彦天皇《おおたらしひこのすめらみこと》（景行天皇）の御世に、殺すべき者は斬り、許すべき者は許した。今自分は、その前例に従って元悪《もはらあしきもの》（首謀者）を殺そうと思う」

と言われた。綾糟らは恐れかしこんで、泊瀬川《はつせがわ》の流れにはいり、三諸岳《みもろのおか》（三輪山）に向かい、水をすすって、

「私ども蝦夷は、今後子々孫々にいたるまで〔古語に生児八十綿連《うみのこのやそつづき》という〕、清く明らかな心をもって朝廷にお仕えいたします。もしこの盟約にたがったら、天地の神々と天皇の霊《みたま》とが、私どもの種族を絶滅させることでありましょう」

と誓盟した。

十一年の冬十月に、新羅は安刀奈末・失消奈末を遣わして調をたてまつったが、天皇はこれを納めずにお返しになった（九年六月条と同文）。

日羅の進言

十二年の秋七月の丁酉《ひのとのとり》の朔に、詔して、

「なき父君の天皇《すめらみこと》（欽明天皇）の御世に、新羅は内官家《うちつみやけ》の国（任那諸国）を滅ぼした〔天国排開広庭天皇《あめくにおしはらきひろにわのすめらみこと》（欽明天皇）の二十三年に、任那が新羅のために滅ぼされたので、新羅がわが内官家を滅ぼしたというのである〕。父君の天皇は、任那の復興をはかりながら、それ

を果たさずにお崩《かく》れになり、その志を成就なさらなかった。それゆえ自分は、その尊い計画をお助けし、任那を復興しようと思う。今百済にいる火葦北国造《ひのあしきたのくにのみやつこ》（熊本県芦北郡地方の豪族）阿利斯登《ありしと》の子達率日羅《たつそつにちら》(3)は、賢くまた勇気ある者である。自分はその人と計略を立てたい」

と言われ、紀国造《きのくにのみやつこ》押勝《おしかつ》と吉備海部直《きびのあまのあたい》羽嶋《はしま》とを遣わし、百済からお召しになった。


　冬十月に、紀国造押勝らは百済から帰還し、天皇に、

「百済国の主《にりん》（威徳王）は、日羅を惜しみ、たてまつることを承知しませんでした」

と報告した。


　この歳、また吉備海部直羽嶋を遣わして、日羅を百済からお召しになった。羽嶋は百済におもむき、まずひそかに日羅を見ようと思って、自分一人で日羅の家の門前に来た。すると家の中から韓人の婦人が出て来て、韓語で、

「あなたの根を、私の根のなかに入れなさい」

といって、家に入ってしまった。羽嶋はその意味をさとって、後について入った。すると日羅が迎え出て、手をとって席にすわらせ、こっそりと、

「ひそかに聞くところによると、百済国の主は朝廷を疑い、私をたてまつったあと日本に留めてお返しにならないのではないかと考えて、進めたてまつることを惜しみためらっているとのことです。それゆえ、勅を宣する時には、きびしい態度を示し、早速にお召しな

さいませ」

と告げた。羽嶋がその計略に従って日羅を召すと、百済国の主は朝廷を恐れて勅命にそむかず、日羅・恩率《おんそつ》・徳爾《とくに》（人名。以下同じ）・余怒《よぬ》・奇奴知《がぬち》・参官《さんかん》・柂師徳率次干徳《かじとりとくそつしかんとく》・水手《かこ》（水夫）ら若干の人々をたてまつった。日羅らは吉備児島屯倉《きびのこじまのみやけ》に到着し、朝廷は大伴糠手《おおとものあらて》子連《このむらじ》を遣わして慰労した。また大夫《まえつきみ》たちを難波の館《むろつみ》（外国使臣接待のための施設）に遣わして、日羅をねぎらわせた。このとき日羅は、甲《よろい》を着け、馬に乗って門前に到り、庁舎の前に進んでひざまずき、歎き恨みつつ、

「檜隈宮御寓天皇《ひのくまのみやにあめのしたしらしめすすめらみこと》（宣化天皇）の御世に、我が君大伴金村大連《おおとものかなむらのおおむらじ》が天皇のおんために海表《わたのほか》（朝鮮）に遣わされた、火葦北国造刑部靫部《おさかべのゆけい》(4)阿利斯登《ありしと》の子、臣達率日羅、天皇が召されるとお聞きしてつつしんで来朝いたしました」

と申しあげ、甲《よろい》を脱いで天皇にたてまつった。そこで館《むろつみ》を阿斗桑市《あとのくわのいち》（河内国渋川郡。現大阪府八尾市）に造営して日羅を住まわせ、願いのままに必要な物を支給した。そして阿《あ》倍目臣《へのめのおみ》・物部贄子連《もののべのにえこのむらじ》・大伴糠手子連を遣わし、国政のことを日羅にたずねた。日羅は答えて、

「天皇が天下のために行なわれる政治は、人民を護り養うことが肝要でございます。にわかに軍兵を発し、ために民を失い滅ぼすのは得策ではございません。それゆえ今国政を議する者は、朝廷に奉仕する臣・連二つの造《みやつこ》〔二つの造とは、国造《くにのみやつこ》(5)と伴造《とものみやつこ》(6)とである〕

から下は百姓《おおみたから》にいたるまでが、ことごとく富みにぎわい、物の足らないということのないようにすべきであります。三年間このようにして、食料や武器を十分に用意し、民を喜んで奉仕させるようにすれば、民は水火をも恐れず、進んで国難を救おうとするでありましょう。そうした後、数多くの船舶を造って津（船着場）ごとに並べおき、客人《となりのまろうど》に見せて恐れの心をおこさせ、その上で有能な使を百済に遣わして国王をお召しなさいませ。もし来ないようでしたら、大佐平《だいさへい》（最高の執政官）・王子らを召して来させるようになさいませ。そうすればおのずと、天皇の命に服従する気持をおこすでありましょうから、そのあとで罪（任那の旧地を新羅から奪って自領を拡大し、任那復興に協力的でない百済の罪）をお問いになるのがよろしいでしょう」

と申しあげた。また、

「百済の人々は、船三百をもって筑紫《つくし》（九州）に領土を要求しようと謀っております。もし実際に要求してきましたら、わざと賜わるふりをなさいませ。百済が新しく国を造ろうとする時には、必ずまず女子どもを船に載せてやってまいります。その時をねらって、壱《い》伎《き》・対馬《つしま》にたくさんの伏兵を置き、待ちかまえて殺してしまうようになさいませ。逆にあざむかれるようなことがあってはなりません。要害の個所には必ず堅固な塁塞《そこ》（防禦施設）を築かれますように」

と申しあげた。

恩率・参官は、帰国するにあたって〔旧本に、恩率・参官をそれぞれ一人としている〕、ひそかに徳爾《とくに》らに、

「われわれが筑紫を離れるころを見はからって、おまえたちはこっそり日羅を殺せ。そうしたら、自分は王にくわしく事情を申しあげ、高い爵位を賜わるようにしてやろう。一身ばかりか妻子までも、後世にその栄誉が伝わるようにしてやろう」

と言った。徳爾・余奴《よぬ》はこれを承知した。参官らが血鹿《ちか》（長崎県の五島列島）に出発すると、日羅は桑市村《くわのいちのむら》（阿斗桑市の館）から難波《なにわ》の館《むろつみ》に移った。徳爾らは日夜殺害の機会をうかがったが、そのとき日羅の身は火焔のように光りかがやいたので、恐れて殺すことができなかった。しかしとうとう、十二月の晦《つごもり》に、光が失われた機会をねらって殺害した。日羅は蘇生して、

「これは自分の召使の奴《やっこ》どものやったことだ。新羅のやったことではない」

と言い、言いおわって死んだ〔このとき新羅の使が来ていたので、このように言ったのである〕。天皇は、贄子大連《にえこのおおむらじ》・糠手子連《あらてこのむらじ》に詔して、小郡《おごおり》（難波小郡。朝廷の迎賓施設）の西の丘の先端に収め葬らせ、その妻子・水手《かこ》らを石川（大阪府南河内郡・富田林市・河内長野市の石川の流域）に住まわせたが、大伴糠手子連が、

「一個所に集めておくと、変事がおこる恐れがございます」

と建議したので、妻子を石川百済村《いしかわのくだらのむら》に、水手らを石川大伴村《いしかわのおおとものむら》に住まわせることにした。

さらに徳爾らを捕え、縛って、下百済河田村《しもつくだらのかわたのむら》（大阪府富田林市の地か）におき、いく人かの大夫を遣わして日羅殺害のことを問いただした。徳爾らはその罪を認め、「そのとおりでございます。これは恩率・参官が命令してさせたことで、私どもは部下としてそれに背くことができなかったのでございます」と申しあげた。そこで獄舎に下して朝廷に報告し、また使を葦北《あしきた》（熊本県芦北郡）に遣わして日羅の同族をみな召集し、徳爾らを賜わって思いのままに処罰させた。葦北君《あしきたのきみ》らは、徳爾らの身柄を受け取ってみな殺し、弥売嶋《みめしま》に棄てた〔弥売嶋は姫嶋《ひめしま》（淀川河口にあった島。今の大阪市西淀川区姫島町）であろう〕。また日羅を葦北に移葬した。後に海辺の人の話では、「恩率の船は風にあって海に沈み、参官の船は津嶋《つしま》（対馬）に漂着したのち、やっと帰ることができた」とのことであった。

蘇我馬子の崇仏

十三年の春二月の癸巳《みずのとのみ》の朔庚子《かのえね》（八日）に、難波吉士木蓮子《なにわのきしいたび》を使として新羅に遣わした。木蓮子は新羅から任那に赴いた。

秋九月に、百済から、鹿深臣《かふかのおみ》〔名は伝わらない〕が弥勒《みろく》の石像一軀を将来した。また佐伯連《さえきのむらじ》〔名は伝わらない〕も仏像一軀を将来した。(7)この歳に、蘇我馬子宿禰《そがのうまこのすくね》は、その仏像二軀を迎え、鞍部村主《くらつくりのすぐり》司馬達等《しめたつと》・池辺直《いけべのあたい》氷田《ひた》を遣わして各地から修行者を求めさせた。ようやく播磨国で、僧の還俗《げんぞく》した者で高麗《こま》の恵便《えべん》という名の者をさがしあて、大臣《おおおみ》（馬子）はこれを師とした。また司馬達等の女嶋《しま》を得度させ、善信尼《ぜんしんのあま》といった〔年十一歳〕。さらに善信尼の弟子二人を得度させた。その第一は漢人夜菩《あやひとやぼ》の女豊女《とよめ》で、名づけて禅蔵尼《ぜんぞうのあま》といい、第二は錦織壺《にしこりのつふ》の女石女《いしめ》で、名づけて恵善尼《えぜんのあま》といった〔壺、これを都符《つふ》という〕。馬子は仏の法のままに三人の尼をうやまい、三人の尼を氷田直と達等とに託して衣食を供給させた。また仏殿を邸宅の東の方に営み、弥勒《みろく》の石像を安置し、三人の尼を迎えて大会《だいえ》の設斎《おがみ》（法会を行なって食を供える）を行なった。このとき達等は、仏の舎利を斎食《いもい》（仏に供える食を盛った椀）の上に見つけ、舎利を馬子宿禰にたてまつった。馬子宿禰がためしに舎利を鉄の質《あて》（かなとこ）の上に置き、鉄の鎚をふるって打ったところ、質と鎚とはことごとく砕けたが、舎利を砕くことはできなかった[8]。また舎利を水に投げこんだところ、舎利は心の願いのままに水に浮いたり沈んだりした。このため、馬子宿禰・池辺氷田・司馬達等は、深く仏法を信じて修行を怠らなかった。馬子宿禰は、また石川（奈良県橿原市石川町）の邸宅に仏殿を造った。仏法の初めはこれからおこったのである。

十四年の春二月の戊子《つちのえね》の朔壬寅《みずのえとら》（十五日）に、蘇我大臣馬子宿禰は、塔を大野丘《おおののおか》（橿原市和田町の地か）の北に立てて大会の設斎をし、達等が以前に感得した舎利を塔の柱頭に収めた。辛亥《かのとのい》（二十四日）に、蘇我大臣が病にかかり、卜者《うらべ》にたずねたところ、卜者は、

「父君（稲目）の時に祭られた仏神《ほとけ》の御心の祟りであります」

と答えたので、大臣は子弟を遣わしてその占状《うらかた》（亀甲や鹿骨を焼いて生じた亀裂によって神の意志を判断する、そのかたち）を奏上した。天皇が詔して、

「卜者の言葉どおりに、父の神（稲目があがめた神、すなわち仏）を祭れ」

と言われたので、馬子は詔に従って石像（弥勒の石像）を礼拝し、寿命の延びることをこうた。すると国に疫病がおこり、民の死ぬ者が多かった。

物部守屋らの破仏

三月の丁巳《ひのとのみ》の朔に、(9)物部弓削守屋大連《もののべのゆげのもりやのおおむらじ》と中臣勝海大夫《なかとみのかつみのまえつきみ》とが、

「どうして私どもの申しあげたことをおとりあげにならないのです。なきお父上の天皇《すめらみこと》（欽明天皇）から陛下の御代にいたるまで、疫病が流行して国民が死に絶えてしまおうとしているのは、ひとえに蘇我臣《そがのおみ》が仏法を広めているからに違いありません」

と奏上した。天皇は詔して、

「明白なことなので、仏法を禁断せよ」

と言われた。丙戌《ひのえいぬ》（三十日）に、物部弓削守屋大連は、みずから寺にいたり、胡床《あぐら》（床几）に坐し、塔を切り倒して火を放ち、仏像・仏殿をも焼いて、焼け残りの仏像を難波の堀江に棄てさせた。この日、雲がないのに風雨があった。大連は雨衣《あまきぬ》（油をひいた衣か）を着け、

馬子宿禰とそれに従う修行者との罪を責め、恥辱を与えようと考えた。そして佐伯造御室《さえきのみやつこみむろ》〔またの名は於閭礙《おろげ》〕を遣わして、馬子宿禰が世話をしている善信らの尼を召喚した。このため馬子宿禰は、あえてその命にそむかず、泣き悲しみながら尼たちをよび出し、御室に引き渡した。官人はすぐさま尼たちの法衣をはぎとり、その身を縛って、海石榴市《つばきいち》（奈良県桜井市金屋にあった市）の亭《うまやたち》（駅舎）で鞭うった。

その後、天皇が任那復興のために坂田耳子王《さかたのみみこのおおきみ》を使とされたとき、天皇と大連とがにわかに瘡《かさ》（疱瘡）を病み、使を送り出すことができなかった。天皇は橘豊日皇子《たちばなのとよひのみこ》（のちの用明天皇）に詔して、

「なき父上の天皇《すめらみこと》（欽明天皇）の勅に違背せず、任那復興に勤めるように」

と言われた。瘡ができて死ぬ者が国中にあふれ、瘡をわずらう者は、

「身体が焼かれ、打たれ、砕かれてしまうようだ」

と言って、泣きながら死んでいった。老人も少年も、ひそかに、

「きっと仏像を焼いた罪だ」

と語りあった。

夏六月に、馬子宿禰は、

「私の病はまだ平癒いたしません。仏法の力に頼らなければ、治癒することは難しゅうございます」

と奏上した。そこで天皇は、馬子宿禰に詔して、

「おまえ一人だけは仏法を修めてよろしい。他の人々については禁断する」

と言われ、三人の尼を馬子宿禰にお返しになった。馬子宿禰はこれを受けて大変喜び、未曽有のことだと嘆じて三人の尼を礼拝し、新しく寺を造営し、迎え入れて供養した。

〔ある本には、物部弓削守屋大連・大三輪逆君《おおみわのさかうのきみ》・中臣磐余連《なかとみのいわれのむらじ》が仏法を滅ぼそうと共謀し、寺塔を焼き、仏像を棄てようとしたが、馬子宿禰はこれと言い争い、従わなかった、とある。〕

秋八月の乙酉《きのとのとり》の朔己亥《つちのとのい》（十五日）に、天皇は病重く、大殿にお崩《かく》れになった。よって殯宮《もがりのみや》（埋葬まで遺体を安置する宮）を広瀬（奈良県北葛城郡広陵町付近）に造った。馬子宿禰大臣が刀《たち》をつけて誄《しのびごと》（死者を慕い、その霊に向かってことばを述べる）をすると、物部弓削守屋大連はこれをあざわらい、

「まるで猟箭《ししや》（イノシシやシカなどを射るための大きな矢）で射られた雀《すずみ》のようだ」

と言った（小柄な身体に大刀を帯びた馬子の不恰好さをたとえたもの）。次に弓削守屋大連が、手足をふるわせながら誄すると〔揺震とは、戦《ふる》い慄《わなな》くことである〕、馬子宿禰大臣は笑って、

「鈴をつけたらよい」

と言った。このため、二人の臣はしだいに怨恨をいだくようになった。この時三輪君逆《みわのきみさかう》（大三輪逆君）は、隼人《はやと》に命じて殯の場所を守衛させた。また穴穂部皇子《あなほべのみこ》（欽明天皇の皇子）

は、皇位につこうとし、憤然として、

「どうして死んでしまった王《きみ》のもとに奉仕して、生きている王のもとに仕えようとしないのか」

と高言した。

(1) 多々羅以下の四邑は、もと任那の地で新羅の領有に帰したところ。釜山《プサン》・金海《キメ》およびその周辺の地と考えられる。日本はこれ以後、新羅からこの地の産物を任那の調として納めさせた。

(2) 日祀部は日奉部とも書き、日神の祭祀に奉仕する品部《ともべ》かと思われる。私部は后妃の地位に付属する部。

(3) 火葦北国造の子だが、百済に生まれ、百済の朝廷に仕えた。領土拡大をはかる当時の百済の政策に反して日本に接近したため、刺客の難にあったと考えられる。『聖徳太子伝暦』などには、日羅が来朝のおり、幼少の太子を見てその神人であることを察し、清談したという説話があり、のちに弥勒の化身として尊崇された。

(4) 刑部は允恭天皇の皇后忍坂大中姫の名代の部。刑部靫部は刑部によって資養される靫負で、刑部の管理者である火葦北国造の子弟が、靫負として奉仕していたのであろう。三六ページ注(5)参照。

(5) 地方の豪族で大和政権に服属し、その地域の土地・人民の支配を委ねられた者。多くは直《あたい》の姓《かばね》をもつ。

(6) 品部や名代の部をひきいて朝廷のさまざまな職務を分掌する者。多くは造《みやつこ》の姓をもつ。

(7) 以下の蘇我馬子の崇仏の記事、『元興寺縁起』は癸卯（敏達十二年）に係《か》けている。
(8) 舎利を鉄鎚で砕こうとする話は、『高僧伝』康僧会伝に見える。
(9) 以下の破仏の記事は、欽明十三年十月条と同一説話の反覆か。『元興寺縁起』では乙巳年（敏達十四年。この年）条の二月末日に破仏が行なわれたとし、敏達天皇の発意によるとしている。

日本書紀巻第二十一

橘豊日天皇　用明天皇
泊瀬部天皇　崇峻天皇

橘豊日天皇《たちばなのとよひのすめらみこと》　用明《ようめい》天皇

用明天皇の即位

橘豊日天皇は、天国排開広庭天皇《あめくにおしはらきひろにわのすめらみこと》（欽明天皇）の第四子である。母を堅塩媛《きたしひめ》と申しあげる。天皇は仏法を信じ、神道を尊ばれた。十四年の秋八月に、渟中倉太珠敷天皇《ぬなくらのふとたましきのすめらみこと》（敏達天皇）がお崩《かく》れになった。

九月（敏達天皇十四年）の甲寅《きのえとら》の朔戊午《つちのえうま》（五日）に、天皇は皇位におつきになった。磐余《いわれ》（奈良県桜井市）に宮をつくった。これを池辺双槻宮《いけのべのなみつきのみや》という。もとどおり蘇我馬子《そがのうまこの》宿禰《すくね》を大臣《おおおみ》とし、物部弓削守屋連《もののべのゆげのもりやのむらじ》を大連《おおむらじ》とした。

壬申《みずのえさる》（十九日）に、詔して云々《しかじか》といい、酢香手姫皇女《すかてひめのみこ》を伊勢神宮にたてまつり、日神《ひのかみ》（天照大神）の祭祀に奉仕させた〔この皇女は、この天皇の御時から炊屋姫天皇《かしきやひめのすめらみこと》（推古天皇）の御世まで日神の祭祀に奉仕し、のちみずから葛城《かずらき》（奈良県御所市）に引退して薨じた。そのことは炊屋姫天皇の紀に見える。(1)ある本には、三十七年間日神の祭祀に奉仕し、のちみずから引退して薨じたとある〕。

元年の春正月の壬子《みずのえね》の朔に、穴穂部間人皇女《あなほべのはしひとのひめみこ》（欽明天皇の皇女、用明天皇の異母妹）を立てて皇后とした。皇后は四人の男子をお生みになった。その第一を厩戸皇子《うまやとのみこ》と申しあげる〔またの名を豊耳聡聖徳《とよみみとしょうとく》という。或いは豊聡耳法大王《とよとみみののりのおおきみ》と名づけ、或いは法主王《のりのうしのおおきみ》と申しあげる〕。この皇子は、初め上宮《かみつみや》（池辺宮の南の上殿《かみつみや》）にお住まいになり、後に斑鳩《いかるが》（奈良県生駒郡）にお移りになった。豊御食炊屋姫天皇《とよみけかしきやひめのすめらみこと》（推古天皇）の御世に、東宮の地位にあってすべての政務を天皇に代わって行なわれた。そのことは豊御食炊屋姫天皇の紀に見える。第二を来目皇子《くめのみこ》、第三を殖栗皇子《えくりのみこ》、第四を茨田皇子《まんたのみこ》と申しあげる。また蘇我大臣《そがのおおおみ》稲目宿禰《いなめのすくね》の女《むすめ》石寸名《いしきな》を立てて嬪《みめ》とした。この嬪は田目皇子《ためのみこ》〔またの名は豊浦皇子《とゆらのみこ》〕を生んだ。また葛城直磐村《かずらきのあたいいわむら》の女広子《ひろこ》は一男一女を生んだ。男を麻呂子皇子《まろこのみこ》と申しあげる。この皇子は当麻公《たぎまのきみ》の先祖である。女を酢香手姫皇女と申しあげる。この皇女は、三代（用明・崇峻・推古三天皇）を通じて日神に奉仕された。

三輪逆の死

夏五月に、穴穂部皇子《あなほべのみこ》（欽明天皇の皇子）は、炊屋姫皇后《かしきやひめのきさき》（敏達天皇の皇后、のちの推古天皇）を奸《おか》そうとして、むりやり殯宮《もがりのみや》に入ろうとした。寵臣の三輪君逆《みわのきみさかう》は、兵衛《つわものとねり》を召集して宮門をとざし、守りを固めて入れなかった。穴穂部皇子が、

「ここにいるのは誰か」

とたずねると、兵衛が、

「三輪君逆である」

と答えた。皇子は七回も、

「門を開け」

と呼ばわったが、とうとう入れようとしなかった。そこで穴穂部皇子は、大臣《おおおみ》（蘇我馬子）と大連《おおむらじ》（物部守屋）とに、

「逆には無礼のふるまいが多い。殯宮で誄《しのびごと》して、『朝廷を荒らさず、鏡の面のように浄らかに保って、自分は奉仕いたすでありましょう』と言った。これは無礼である。今、天皇の子弟は数多くおられ、二人の大臣《おおまえつきみ》（大臣・大連）もいるというのに、ずうずうしくも、自分一人が奉仕するようなことを言ってよいのであろうか。また私が殯宮のなかを見ようとしたら、守りを固めて入れようとしなかった。自分で『門を開けろ』と呼ばわった

のに、七回呼ばわっても応じなかった。あいつを斬ってしまいたい」

と語った。二人の大臣は、

「まことにごもっともです」

と言った。穴穂部皇子は、ひそかに皇位につくことをねらい、逆君を殺すことを口実に、物部守屋大連とともに軍兵をひきいて磐余の池辺（皇居の地）を囲んだ。逆君はこれを察して三諸《みもろ》の岳《おか》（三輪山）に隠れ、その日の夜半、ひそかに山を出て後宮《きさきのみや》〔炊屋姫皇后の別業《なりどころ》（別荘）で、海石榴市宮《つばきいちのみや》（奈良県桜井市金屋）という〕に隠れた。逆の同族の白堤《しらつつみ》と横山《よこやま》とが逆君の居場所を密告したので、穴穂部皇子は守屋大連を遣わし〔ある本には、穴穂部皇子と泊瀬部皇子《はつせべのみこ》（穴穂部皇子の同母弟、のちの崇峻天皇）とが相談して守屋大連を遣わしたとある〕、

「おまえが行って、逆君とその二人の子とを討滅せよ」

と命じた。大連は軍兵をひきいて向かった。蘇我馬子宿禰はこの計略をもれ聞き、皇子のもとにかけつけると、門前〔皇子の家の門をいう〕で皇子に出会った。皇子が大連のところに行こうとしていたので、

「王《きみ》たる人は刑人《つみびと》（刑罰を受けた人）を近づけぬと申します。[2]御自身でおいでになってはいけません」

といさめたが、皇子はこれを聞かずに出かけた。馬子宿禰は皇子に随って磐余に至り〔池《いけ》

辺《のべ》まで行ったのである」、さらに強くいさめたので、皇子も諫言に従い、その場所で胡床《あぐら》（床几）に坐して大連を待った。しばらくして大連が軍衆をひきいて至り、「逆らを斬ってまいりました」と報告した〔ある本には、穴穂部皇子が自分で行って射殺したとある〕。馬子宿禰は悲しみ、「天下の乱れるのも遠くはあるまい」と歎じた。大連はこれを聞いて、「おまえのような小臣《こまえつきみ》の知るところではない」と答えた〔この三輪君逆は、訳語田《おさだの》天皇《すめらみこと》（敏達天皇）に寵愛され、天皇は内外の事をことごとく委ねておられた。この事のため、炊屋姫皇后と馬子宿禰とは、ともに穴穂部皇子を恨むようになった〕。この年の太歳は丙午《ひのえうま》。

天皇病む

二年の夏四月の乙巳《きのとのみ》の朔丙午《ひのえうま》（二日）に、磐余の河上《かわかみ》で新嘗《にいなえ》の儀(3)を行なわれた。この日天皇は病にかかって宮にお帰りになり、群臣がこれに侍した。天皇は群臣に詔して、「自分は仏法に帰依《きえ》したい。おまえたちはこのことを議するように」と言われた。群臣は朝廷に入ってこのことを議した。物部守屋大連と中臣勝海連《なかとみのかつみのむらじ》とは、詔の議にたがい、

「国神《くにつかみ》に背いて他神を敬うということがあろうか。このようなことは今まで聞いたことがない」

と言った。これに対し蘇我馬子宿禰大臣は、

「詔に随って天皇をお助けすべきだ。誰がそれ以外の計略を考えよう」

と言った。そのとき、皇弟皇子《すめいろどのみこ》〔皇弟皇子とは穴穂部皇子、すなわち天皇の庶弟である〕が、豊国法師《とよくにのほうし》〔名は伝わらない〕を従えて内裏《おおうち》に入った。物部守屋大連はこれを横目でにらみつけ、大いに怒った。すると押坂部史毛屎《おしさかべのふびとけくそ》が急いでやって来て、大連に耳うちし、

「今、群臣があなたをおとしいれようとしています。あなたの退路を断ってしまおうとしています」

と言った。大連はこれを聞くや、すぐに阿都《あと》〔河内国渋川郡跡部郷、現在の大阪府八尾市〕に退いて〔阿都は大連の別業《なりどころ》のあった地の名である〕人を集めた。中臣勝海連も自分の家に軍衆を集め、大連を助けようとして、太子彦人皇子《ひつぎのみこひこひとのみこ》〔敏達天皇の皇子押坂彦人大兄皇子〕の像と竹田皇子《たけだのみこ》〔敏達天皇の皇子〕の像とを作って厭《まじな》った〔像を傷つけてその死を祈る〕が、ややあって事の成功しがたいことをさとり、彦人皇子に帰順して水派宮《みまたのみや》〔奈良県北葛城郡広陵町にあった宮か〕におもむいた〔水派、これを美麻多《みまた》という〕。舎人《とねり》〔彦人皇子の舎人〕の迹見赤檮《とみのいちい》は、勝海連が彦人皇子のもとから退出する機をうかがい、刀を抜いて殺してしまった〔迹見は姓、赤檮は名である。赤檮、これを伊知毗《いちひ》という〕。大連は、阿都の家から、物《もの》

部八坂《べのやさか》・大市造《おおちのみやつこ》小坂《おさか》・漆部造《ぬりべのみやつこ》兄《あに》を使とし、馬子大臣に、

「自分は、群臣が自分をおとしいれようと謀っていると聞いた。だから退いたのだ」

と告げた。馬子大臣が土師八嶋連《はじのやしまのむらじ》を大伴毗羅夫連《おおとものひらぶのむらじ》のもとに遣わし、大連のことばをそのまま伝えると、毗羅夫連は弓箭《ゆみや》と皮楯《かわたて》とを手にとって槻曲《つきくま》の家（所在未詳）にかけつけ、昼も夜もつきっきりで大臣を守護した（槻曲の家は、大臣の家である）。

天皇の疱瘡がいよいよ重く、お崩《かく》れになろうとしたとき、鞍作《くらつくりの》多須奈《たすな》（司馬達等《しめたつと》の子である）は進み出て、

「私は天皇のおんために出家して仏道を修めたく思います。また丈六の仏像と寺とをお造りいたします」

と奏上した。天皇はこれを聞いてたいそう悲しまれ、心を動かされた。今南淵《みなぶち》（奈良県高市郡明日香村）の坂田寺《さかたでら》にある、木の丈六の仏像と挟侍《きょうじ》の菩薩《ぼさつ》とがこれである。癸丑《みずのとうし》（九日）に、天皇は大殿でお崩れになった。

秋七月の甲戌《きのえいぬ》の朔甲午《きのえうま》（二十一日）に、磐余池上陵《いわれのいけのえのみささぎ》に葬りたてまつった。

（1）現在の『日本書紀』には該当記事がない。

（2）『春秋公羊《くよう》伝』襄公二十九年条、『礼記《らいき》』曲礼などに見える思想。

（3）新嘗は、十一月の中の卯の日、天皇がその年の新穀を神々に供え、みずからも食する儀式。こ

こは天皇践祚《せんそ》にあたって行なわれる大嘗祭か。四月に行なわれるのは異例。

泊瀬部天皇《はつせべのすめらみこと》　崇峻《すしゅん》天皇

穴穂部皇子の死

泊瀬部天皇は、天国排開広庭天皇《あめくにおしはらきひろにわのすめらみこと》（欽明天皇）の第十二子である。母を小姉君《おあねのきみ》と申しあげる（稲目宿禰《いなめのすくね》の女である。すでに上文（欽明二年三月条）に見えている）。二年の夏四月に、橘豊日天皇《たちばなのとよひのすめらみこと》（用明天皇）がお崩《かく》れになった。

五月（用明天皇二年）に、物部大連《もののべのおおむらじ》（守屋）の軍衆は、三度動きをおこした。大連はもともと他の皇子たちを無視して穴穂部皇子《あなほべのみこ》を立てて天皇にしようとしていたが、遊猟にことよせて擁立することをはかり、ひそかに人を穴穂部皇子のもとに遣わして、

「皇子と淡路《あわじ》で狩猟をしたいと思います」

と申しあげた（皇子を河内の守屋の家に迎えようとしたか）。しかし、この陰謀はもれた。

六月の甲辰《きのえたつ》の朔庚戌《かのえいぬ》（七日）に、蘇我馬子宿禰《そがのうまこのすくね》らは、炊屋姫尊《かしきやひめのみこと》（敏達天皇の皇后、のちの推古天皇）を奉じ、佐伯連丹経手《さえきのむらじにうて》・土師連磐村《はじのむらじいわむら》・的臣真嚙《いくはのおみまくい》に詔して、

「おまえたちは兵備を整えて急行し、穴穂部皇子と宅部皇子《やかべのみこ》とを殺せ」

と言った。この日の夜半、佐伯連丹経手らは穴穂部皇子の宮を囲んだ。衛士《いくさびと》（兵士）がま

ず楼《たかどの》の上に登り、穴穂部皇子の肩に斬りつけた。皇子は楼の下に落ち、そばの建物に逃げこんだが、衛士たちは灯火をかかげて殺した。辛亥《かのとのい》（八日）に、宅部皇子を殺した〔宅部皇子は、檜隈天皇《ひのくまのすめらみこと》（宣化天皇）の子、上女王《かみつひめおおきみ》の父である。しかしいまだ詳らかでない〕。穴穂部皇子と親しい仲であったので、殺されたのである。

甲子《きのえね》（二十一日）に、善信阿尼《ぜんしんのあま》たちは、大臣《おおおみ》（蘇我馬子）に、

「出家の道は、戒（戒律。仏弟子として守るべきおきて）を基本としております。百済に渡り、戒法を学び受けたいと思います」

と言った。この月に百済の調使が来朝したので、大臣は使人に、

「この尼たちをつれておまえの国に渡り、戒法を学ばせてやってほしい。学び終わったら送りかえしてほしい」

と言ったが、使人は、

「国に帰ってまず国主《くにのきみ》に申しあげましょう。それから出発させても遅くはありますまい」

と答えた。

物部守屋滅ぶ

秋七月に、蘇我馬子宿禰大臣《そがのうまこのすくねのおおおみ》は、諸皇子と群臣とによびかけ、物部守屋大連《もののべのもりやのおおむらじ》を滅ぼすことをはかった。泊瀬部皇子（崇峻天皇）・竹田皇子《たけだのみこ》（敏達天皇皇子）・厩戸皇子《うまやとのみこ》（用明天皇

皇子)・難波皇子《なにわのみこ》(敏達天皇皇子)・春日皇子《かすがのみこ》(同)・蘇我馬子宿禰大臣・紀男麻呂宿禰《きのおまろのすくね》・巨勢《こせの》臣《おみ》比良夫《ひらぶ》・膳《かしわでの》臣《おみ》賀拖夫《かたぶ》(傾子)・葛城臣烏那羅《かずらきのおみおなら》が、ともに軍勢をひきい、進んで大連を討った。大伴《おおともの》連《むらじ》囓《くい》・阿倍臣人《あへのおみひと》・平群臣神手《へぐりのおみかんて》・坂本臣糠手《さかもとのおみあらて》・春日臣《かすがのおみ》〔名は伝わらない〕は、ともに軍兵をひきい、志紀郡《しきのこおり》(大阪府南河内郡・八尾市)から渋河《しぶのかわ》(大阪府東大阪市)の家に到った。大連は自身で子弟と奴軍《やつこいくさ》をひきい、稲城《いなき》(稲を積んで作ったとりで)を築いて戦った。大連は衣揩《きぬすり》(地名)の朴《えのき》の木のまたに登り、あたりを見おろして雨のように矢を射た。その軍勢は強くさかんで、家に満ち、野にあふれた。諸皇子と群臣の軍衆はおじ気《け》づき、三度も退却した。このとき、厩戸皇子は、束髪於額《ひさごはな》をして〔古い風俗では、年少の児童は、十五、六歳の間は束髪於額《ひさごはな》[1]をし、十七、八歳の間は分けて角子《あげまき》[2]にする。ここもそのとおりである〕軍の後方に従っていたが、自分で戦況を察して、

「敗れるかもしれない。誓願しなければ、成功はおぼつかない」

と言われ、白膠木《ぬりで》(霊木の一種)を切り取ってす早く四天王の像に作り、頂髪《たきふさ》(束ねた頭髪、たぶさ)に安置して誓願を発し〔白膠木、これを農利涅《ぬりで》という〕、

「今自分を敵に勝たしていただけるなら、きっと護世四王《ごせしおう》のみために寺塔を建立するでありましょう」

と言われた。蘇我馬子大臣もまた誓願を発し、

「およそ諸天王・大神王《だいじんおう》たちよ。私を守り助け、勝利を与えてくださるなら、きっと諸天

と大神王とのみために、寺塔を建立し、仏法を広めるでありましょう」と言った。誓願し終わって武備を整え、進撃したところ、迹見首《とみのおびと》赤檮《いちい》が大連を木のまたから射落とし、大連とその子たちとを殺した。このため大連の軍はたちまち戦いをやめて敗走し、みな皁衣《くろきぬ》を着け、広瀬の勾原《まがりのはら》（奈良県北葛城郡か）で狩猟するふりをして逃げ散った。この戦のため、大連の子どもや一族は、ある者は葦原に逃げかくれて姓名を変え、ある者は逃亡して行方不明になった。当時の人々は、

「蘇我大臣の妻は物部守屋大連の妹だ。大臣はみだりに妻の計略を用いて大連を殺したのだ」

と語りあった。乱の平定後、摂津国《つのくに》に四天王寺《してんのうじ》(3)を造り、大連の奴の半分と邸宅とを分かって大寺（四天王寺）の奴と田荘《たどころ》（私有地）とにした。また田一万頃《しろ》(4)を迹見首赤檮に賜わった。蘇我大臣も、当初の誓願どおり、飛鳥の地に法興寺《ほうこうじ》(5)（飛鳥寺）を建立した。

捕鳥部万の奮戦

物部守屋大連の資人《つかいびと》（近侍者）である捕鳥部万《ととりべのよろず》（万は名である）は、一百人をひきいて難波の邸宅を守っていたが、大連が滅びたと聞いて夜馬に乗って逃げ、茅渟県《ちぬのあがた》の有真香《ありまか》邑《むら》（大阪府貝塚市）に向かい、妻の家に立ちよったのち、山にかくれた。朝廷は詮議して、

「万は反逆の心があるから山中にかくれたのだ。急いで一族を滅ぼせ。ぐずぐずするな」

と言った。万は、衣服が破れ、垢だらけで、すっかりやつれ、弓を持ち剣を帯びて、一人で自分から出て来た。官人が数百の衛士《いくさびと》を遣わして万を囲むと、万はあわてて竹やぶにかくれ、縄を竹につないで引き動かし、自分のかくれているところをわからないようにした。衛士たちがだまされて、揺れる竹を指さしてかけつけ、

「いたぞ。ここだ」

と叫ぶと、万はそれをめがけて矢を放ち、一つとして当たらないものはない有様なので、衛士たちは恐れて近づこうとしなかった。万はそこで、弓をはずして脇にさしはさみ、山に向かって逃げていった。衛士たちは川をはさんで追いかけて射たが、みなあたらなかった。たまたま一人の衛士が、馬を馳せて万に先まわりし、川のそばに伏して弓に矢をつがえ、膝に射あてた。万は矢を引き抜き、弓を張って矢を放ち、地面に伏して、

「万は天皇の御楯《みたて》となってその武勇を示そうとした。それなのに、何の推問もないままに逆にこの窮地に追いつめられた。話のできる者をよこせ。自分を殺そうとするのか、捕えようとするのか、それを聞きたいのだ」

と大声で叫んだ。衛士たちはきそって馬を馳せて万を射た。万は飛んでくる矢を払いのけてなおも三十余人を殺したのち、持った剣で弓を三つに切り落とし、さらにその剣を押し曲げて川の中に投げこみ、別の刀子《かたな》で頸《くび》を刺して死んだ。河内国司《こうちのくにのみこともち》は、万の死んだありさまを朝廷に報告した。朝廷は符《おしてふみ》（命令書）を下して、

「八段《やきた》に斬ってばらばらにし、八つの国で串ざしにせよ」

と命じた。河内国司が符の旨に従って万を斬り、串ざしにしようとすると、雷鳴があり、大雨が降った。


このとき、万の飼っていた白犬が、首を振り、悲しそうに吠えながら遺骸の側をまわっていたが、やがて万の頭をくわえると、古い墓に収めおき、自分はその側に横たわって、ついに飢えて死んだ。河内国司はその犬のふるまいを奇異に思い、朝廷に報告した。朝廷はたいそう哀れみ、符を下してたたえ、

「この犬の行為はまことに奇特で、後の世に示すべきものである。万の同族に墓を作って葬らせるように」

と命じた。そこで万の同族は、墓を有真香邑に並べて作り、万と犬とを葬った。河内国司はまた、

「餌香川原《えがのかわら》（大阪府羽曳野市、石川が大和川に合流する付近の河原）には、斬られて死んだ人の遺骸が数えると数百もあり、頭も身も腐爛して姓も名も判らず、人々はわずかに衣服の色で遺骸をひきとっております。ところが桜井田部連胆渟《さくらいのたべのむらじいぬ》の飼っていた犬は、主人の遺骸をくわえ続け、側に横たわって固く守り、遺骸を収めさせてから立ち去りました」

と報告した。


八月の癸卯《みずのとのう》の朔甲辰《きのえたつ》（二日）に、炊屋姫尊と群臣とは、天皇（泊瀬部皇子）に勧めて

皇位におつけした。蘇我馬子宿禰をもとどおり大臣とし、卿大夫《まえつきみ》の位ももとどおりとした。

この月に、倉梯《くらはし》（奈良県桜井市倉橋）に宮をつくった（倉椅柴垣宮）。

元年の春三月に、大伴糠手連《おおとものあらてのむらじ》（糠手子連）の女小手子《こてこ》を立てて妃《みめ》とした。妃は蜂子皇《はちのこのみ》子《こ》と錦代皇女《にしきてのひめみこ》とを生んだ。

法興寺の創建

この歳、百済国は、使と、僧恵総《えそう》・令斤《りょうこん》・恵寔《えしょく》らとを遣わし、仏の舎利《しゃり》を献上した。百済国は、恩率首信《おんそつすしん》・徳率蓋文《とくそつこうもん》・那率《なそつ》(6)福富味身《ふくふみしん》らを遣わして調をたてまつり、あわせて仏の舎利と、僧聆照律師《りょうしょうりつし》・令威《りょうい》・恵衆《えしゅ》（恵総と同一人か）・恵宿《えしゅく》（恵寔と同一人か）・道《どう》厳《ごん》・令開《りょうけ》（令斤と同一人か）ら、それに寺工《てらたくみ》（寺院建築の技術者）太良未太《だらみだ》・文賈古子《もんけこし》、鑪盤博士《ろばんのはかせ》（仏塔の相輪部分の鋳造技術者）将徳白昧淳《しょうとくはくまいじゅん》、瓦博士《かわらのはかせ》麻奈文奴《まなもんぬ》・陽貴文《ようきもん》・㥄貴《りょうき》文《もん》・昔麻帝弥《しゃくまたいみ》、画工白加《えかきびゃくか》を献上した。(7)蘇我馬子宿禰は、百済の僧らを請じて受戒の法をたずね、また善信尼《ぜんしんのあま》たちを百済国の使恩率首信らに託し、学問のために遣わした。そして、飛鳥衣縫造《あすかのきぬぬいのみやつこ》の祖先である樹葉《このは》の家をこわし、法興寺を創建した。この地の名を飛鳥の真神原《まかみのはら》、または飛鳥の苫田《とまた》という。この年の太歳は戊申《つちのえさる》。

二年の秋七月の壬辰《みずのえたつ》の朔に、近江臣満《おうみのおみみつ》を東山道《やまのみち》の使に遣わし、蝦夷《えみし》の国との境を視察させた。宍人臣鴈《ししひとのおみかり》を東海道《うみつみち》の使に遣わし、東方の沿海諸国の境を視察させた。また阿倍《あへの》臣《おみ》を北陸道《くるがのみち》の使に遣わし、越《こし》などの諸国の境を視察させた。

三年の春三月に、学問尼《ものならいのあま》善信らが百済から帰り、桜井寺《さくらいでら》（豊浦寺）に住した。

冬十月に、山に入って寺（法興寺）の用材を採った。

この歳、尼を得度させた。大伴狭手彦連《おおとものさでひこのむらじ》の女善徳、大伴狛夫人《おおとものこまのいろえ》、新羅媛《しらきひめ》善妙、百済媛妙光、また漢人《あやひと》の善聡《ぜんそう》・善通・妙徳・法定照《ほうじょうしょう》・善智聡・善智恵《ぜんちえ》・善光らである。また鞍部司馬達等《くらつくりのしめたつと》の子多須奈《たすな》も同時に出家した。その名を徳斉法師《とくさいほうし》という。

四年の夏四月の壬子《みずのえね》の朔甲子《きのえね》（十三日）に、訳語田天皇《おさだのすめらみこと》（敏達天皇）を磯長陵《しながのみささぎ》（大阪府南河内郡太子町）に葬りたてまつった。これはその母上である皇后（欽明天皇の皇后石姫）の葬られた陵である。

秋八月の庚戌《かのえいぬ》の朔に、天皇は群臣に詔して、

「自分は任那を復興したいと思うが、おまえたちはどうか」

とおたずねになった。群臣は、

「任那の官家《みやけ》を復興すべきであります。陛下の詔されますことに異議はございません」

と奏上した。

冬十一月の己卯《つちのとのう》の朔壬午《みずのえうま》（四日）に、紀男麻呂宿禰《きのおまろのすくね》・巨勢猿臣《こせのさるのおみ》・大伴囓連《おおとものくいのむらじ》・葛城烏奈良臣《かずらきのおならのおみ》を大将軍とし、臣《おみ》・連《むらじ》の氏々を裨将《つぎのいくさのきみ》（副将軍）や部隊として従えさせ、二万余の軍兵をひきいて筑紫に出向かせた。そして吉士金《きしのかね》を新羅に、吉士木蓮子《きしのいたび》を任那にそ

れぞれ遣わして、任那のことを問いただした。

天皇暗殺

五年の冬十月の癸酉《みずのととり》の朔丙子《ひのえね》（四日）に、山猪《いのしし》を献上した者があった。天皇は猪を指さして、詔して、

「いつかは、この猪の頸《くび》を斬るように、自分のきらいな男を斬ってやりたいものだ」

と言われ、いつになく多くの武器を用意された。壬午《みずのえうま》（十日）に、蘇我馬子宿禰は、天皇の詔されたことを聞き、自分が憎まれていることを恐れ、徒党を召集して天皇を弑《しい》することを謀った。

この月に、大法興寺（飛鳥寺）の仏堂（金堂）と歩廊の工を起こした。

十一月の癸卯《みずのとう》の朔乙巳《きのとのみ》（三日）に、馬子宿禰は群臣にいつわって、

「今日、東国の調《みつき》をたてまつることにする」

と言い、東漢直駒《やまとのあやのあたいこま》に命じて天皇を弑《しい》させた〔ある本には、東漢直駒は、東漢直磐井《いわい》の子であるという〕。この日、天皇を倉梯岡陵《くらはしのおかのみささぎ》（奈良県桜井市倉橋）に葬りたてまつった〔ある本には、大伴嬪小手子《おおとものみめこてこ》が、寵愛の衰えたのを恨み、人を蘇我馬子宿禰のもとに遣わして、「近ごろ山猪が献上されたとき、天皇は猪を指さして、『この猪の頭を斬るように、いつかはいやな奴を斬ってやりたいものだ』と詔されました。また内裏《おおうち》で大がかりな武器の用意をされています」

と告げたので、馬子宿禰は聞いて驚いた、とある」。丁未《ひのとのひつじ》（五日）に、駅使を筑紫の将軍（紀男麻呂ら）のもとに遣わし、「内乱のために外事を怠ってはならぬ」と告げた。

この月に、東漢直駒は、蘇我嬪河上娘《そがのみめかわかみのいらつめ》（崇峻天皇の嬪か）を奪って妻とした〔河上娘は蘇我馬子宿禰の女である〕。馬子宿禰は、河上娘が駒に奪われたことを知らず、死んだものと思っていたが、やがて駒は、嬪を汚《けが》したことが露見し、大臣に殺された。

（1）髪を額でたばねる結髪法。形が瓠《ひさご》の花に似ているのでヒサゴハナという。
（2）髪を中央から左右にふりわけ、耳の上で丸く巻いて結いあげる。
（3）推古元年九月条に、四天王寺を難波の荒陵《あらはか》で造りはじめたとある。出土瓦から推して、推古天皇の末年ごろまでには、現在の大阪市天王寺区の地に建立されたものと思われる。四天王寺は、その後のたび重なる災害のため、創建当初の遺構はほとんど残っていないが、塔と金堂とを南北に並べ、南の中門から北の講堂につらなる回廊で囲んだ、いわゆる四天王寺式の大陸伝来の伽藍配置は、今日まで踏襲されている。
（4）シロはわが国古代の、町段歩制以前の地積の単位。頃《けい》は中国の地積の単位だが、ここは語を借用したもの。
（5）飛鳥寺ともいう。蘇我氏によって建立された仏教伝来後最初の大寺院。崇峻元年に起工された。

近年の発掘調査で、塔を中心に、その北・東・西に金堂を配する特異な伽藍配置をもつことが明らかとなり、それが朝鮮半島に由来することも判明した。現在、奈良県高市郡明日香村の安居院に安置されるいわゆる飛鳥大仏は、後年の火災で原型をいたくそこなってはいるものの、仏師鞍作鳥の作と伝える丈六の銅造釈迦像そのものであり、場所も旧位置を動いていない（推古十四年四月条参照。ただし『元興寺縁起』に引く丈六光銘によれば、完成は推古十七年四月八日）。

（6）百済の官位。三九ページの表参照。

（7）この歳の条に見える百済からの二つの使は、一事についての異伝か。

日本書紀巻第二十二

豊《とよ》御《み》食《け》炊《かしき》屋《や》姫《ひめの》天皇《すめらみこと》　推古《すいこ》天皇

額田部皇女

豊御食炊屋姫天皇は、天国排開広庭天皇《あめくにおしはらきひろにわのすめらみこと》（欽明天皇）の中女《なかつみこ》、橘豊日天皇《たちばなのとよひのすめらみこと》（用明天皇）の同母妹である。幼時の名を額田部皇女《ぬかたべのひめみこ》と申し上げた。お姿は端正で、挙止にもあやまちがなかった。御年十八歳で、渟中倉太玉敷天皇《ぬなくらのふとたましきのすめらみこと》（敏達天皇）の皇后《きさき》にお立ちになった。三十四歳のとき、渟中倉太珠敷天皇はお崩《かく》れになった。三十九歳、泊瀬部《はつせべの》天皇《すめらみこと》（崇峻天皇）の五年十一月に、天皇（崇峻天皇）は、大臣馬子宿禰《おおおみうまこのすくね》に弑《しい》せられ、皇位が空になった。群臣《まえつきみたち》は、渟中倉太珠敷天皇の皇后である額田部皇女に、皇位をつがれるよう請うたが、皇后はお受けにならなかった。百寮《つかさつかさ》が上表してなおもおすすめしたので、三度目にいたってようやくこれにお従いになった。そこで百寮は、天皇の璽印《みしるし》（鏡・剣）を皇后にたてまつり、冬十二月（崇峻五年）の壬申《みずのえさる》の朔《ついたち》己卯《つちのとのう》（八日）に、皇后は豊浦宮《とゆらのみや》（奈良県明日香村）で皇位におつきになった。

元年の春正月の壬寅《みずのえとら》の朔丙辰《ひのえたつ》（十五日）に、仏《ほとけ》の舎利《しゃり》を法興寺《ほうこうじ》（飛鳥寺。崇峻前紀七月条参照）の塔の心礎のなかに安置した。丁巳《ひのとのみ》（十六日）に、塔の心柱を建てた。

聖徳太子の摂政

夏四月の庚午《かのえうま》の朔己卯《つちのとのう》（十日）に、厩戸豊聡耳皇子《うまやとのとよとみみのみこ》（聖徳太子）を皇太子《ひつぎのみこ》にお立てになって、政務を総裁させ、国政執行の権限をことごとくおまかせになった。[1] 皇子は橘豊日天皇（用明天皇）の第二子で、母の皇后を穴穂部間人皇女《あなほべのはしひとのひめみこ》と申し上げた。御出産の日、皇后は宮中をめぐって各官司を御視察になったが、馬官《うまのつかさ》までおいでになったとき、厩《うまや》の戸につき当たり、お苦しみになることもなく、急に御出産になった。皇子は、お生まれになるともうことばをお話しになり、聖人のような知恵をおもちであった。成人してからは、いちどに十人の訴えを聞いてまちがいなくそれを判別し、これからおこることを前もってお知りになることもできた。さらに、仏の教えを高麗《こま》（高句麗）の僧慧慈《ほうしえじ》に習い、儒教の経典を博士《はかせ》の覚哿《かくか》に学び、それぞれことごとくおきわめになった。そこで、父の天皇はこの皇子を愛され、宮（池辺双槻宮《いけのべのなみつきのみや》）の南の上殿《かみつみや》にお住まわせになった。そこで、皇子の名をたたえて、上宮厩戸豊聡耳太子《かみつみやのうまやとのとよとみみのひつぎのみこ》と申し上げる。

秋九月に、橘豊日天皇を河内磯長陵《こうちのしながのみささぎ》（大阪府南河内郡）に改葬した。この歳から、四《し》天王寺《てんのうじ》を難波《なにわ》の荒陵《あらはか》で造りはじめた（崇峻前紀七月条参照）。この年の太歳は癸丑《みずのとのうし》。

二年の春二月の丙寅《ひのえとら》の朔に、皇太子と大臣《おおおみ》（蘇我馬子）とに詔《みことのり》して、三宝（仏教）を興隆せしめた。すべての臣《おみ》・連《むらじ》たちは、それぞれ天皇と親の恩にむくいるため、きそって仏舎を造った。これを寺《てら》という。

三年の夏四月に、沈水《じん》（香木の一種）が淡路嶋《あわじのしま》に漂着した。その大きさは一囲《ひといだき》（周囲三尺）であった。島人が沈水ということを知らずに、薪《たきぎ》にまぜて竈《かまど》でたいたところ、煙が遠くまでよい香りをただよわせたので、不思議だとして献上した。

五月の戊午《つちのえうま》の朔丁卯《ひのとのう》（十日）に、高麗の僧慧慈が帰化し、皇太子は慧慈を師とされた。この歳にはまた、百済《くだら》の僧慧聡《えそう》も来朝した。この二人の僧は、仏の教えをひろめ、いずれも三宝の棟梁《とうりょう》（仏教界の中心人物）となった。

秋七月に、将軍たち（崇峻四年に派遣された紀男麻呂《きのおまろ》ら）が筑紫《つくし》から到着した。

四年の冬十一月に、法興寺の造営が完成したので、大臣の子の善徳臣《ぜんとこのおみ》を寺司《てらのつかさ》に任じた。またこの日から、慧慈・慧聡の二僧は、法興寺に住した。

五年の夏四月の丁丑《ひのとのうし》の朔に、百済の王（威徳王）が王子阿佐《せしんあさ》を遣わして朝貢してきた。

冬十一月の癸酉《みずのとのとり》の朔甲午《きのえうま》（二十二日）に、吉士《きし》(2)難波吉士《なにわのきし》磐金《いわかね》を新羅《しらき》に遣わした。

六年の夏四月に、難波吉士磐金は、新羅から帰って鵲《かささぎ》を二羽献上した。それを難波社《なにわのもり》に放し飼いにさせたところ、枝に巣をつくり、ひなをかえした。秋八月の己亥《つちのとのい》の朔に、新羅が孔雀《くじゃく》を一羽たてまつった。冬十月の戊戌《つちのえいぬ》の朔丁未《ひのとのひつじ》（十日）に、越国《こしのくに》（北陸地方の古称）が白い鹿一頭を献上した。

七年の夏四月の乙未《きのとのひつじ》の朔辛酉《かのとのとり》（二十七日）に、地震があり、家屋がことごとく壊れた。そこで全国に命じて、地震の神《ないのかみ》を祭らせた。秋九月の癸亥《みずのとのい》の朔に、百済が、駱駝《らくだ》一匹・驢《うさぎうま》（ロバ）一匹・羊二頭・白い雉《きじ》一羽をたてまつった。

新羅の征討

八年の春二月に、新羅と任那《みまな》とのあいだに戦がおこり、天皇は任那を救おうとお考えになった。この歳、境部臣《さかいべのおみ》を大将軍に任じ、穂積臣《ほづみのおみ》を副将軍として〔二人とも名が伝わっていない〕、万余の兵を率い、任那を助けて新羅を攻撃させた。将軍たちは、直接新羅をめざして海を渡り、新羅にいたって五城を攻略した。新羅の王は恐れかしこみ、白旗をかかげて将軍のもとにいたり、多多羅《たたら》・素奈羅《すなら》・弗知鬼《ほちき》・委陀《わだ》・南迦羅《ありひしのから》・阿羅羅《あらら》の六城（いずれも任那地方の城）を割譲して降伏を願った。(3) そこで将軍たちは、「新羅はみずからの罪をさとって降伏したのだから、あえて攻撃するのはよくあるまい」と協議し、そのむねを奏上した。天皇は、さらに難波吉士神《みわ》を新羅に遣わし、難波吉士木蓮子《いたび》を任那に遣わして、それぞれ事情を調査させた。ここに新羅・任那の二国は、使を遣わして調《みつき》をたてまつり、上表して、

「天上には神がましまし、地には天皇《すめらみこと》がいらっしゃいます。この二つの神のほかに、またなんの恐れおおいものがありましょう。今後はおたがいに戦をいたしますまい。また、船の舵《かじ》が乾く間もないほど、毎年かならず朝貢いたします」

とのべた。そこで天皇は、使を遣わして将軍を召しかえした。しかし将軍たちが新羅から帰還すると、新羅はまた任那を侵した。

九年の春二月に、皇太子（聖徳太子）は、はじめて宮殿を斑鳩《いかるが》（奈良県生駒郡）にお建てになった[4]。

三月の甲申《きのえさる》の朔戊子《つちのえね》（五日）に、大伴連囓《おおとものむらじくい》を高麗に、坂本臣糠手《さかもとのおみあらて》を百済にそれぞれ遣わし、詔して、

「急いで任那を救うように」

と言われた。

夏五月に、天皇は耳梨《みみなし》の行宮《かりみや》（奈良県橿原市）に御滞在になった。このとき、大雨《ひさめ》で川の水があふれ、行宮の庭にいっぱいになった。

秋九月の辛巳《かのとのみ》の朔戊子《つちのえね》（八日）に、新羅の間諜《うかみ》の迦摩多《かまた》が対馬《つしま》に着いたので、捕えてたてまつった。そこで迦摩多を上野《かみつけののくに》に流した。

冬十一月の庚辰《かのえたつ》の朔甲申《きのえさる》（五日）に、新羅を攻めることを議した。

十年の春二月の己酉《つちのとのとり》の朔に、来目皇子《くめのみこ》を新羅攻撃の将軍とし、神部《かんとものお》（従軍して航路

の平安、戦勝を神に祈る神職）・国造《くにのみやつこ》・伴造《とものみやつこ》など、および軍兵二万五千人を授けた。夏四月の戊申《つちのえさる》の朔に、将軍来目皇子は筑紫に到着し、進んで嶋郡《しまのこおり》（福岡県糸島市）に駐屯して船舶を集め、軍粮を運んだ。六月の丁未《ひのとのひつじ》の朔己酉《つちのとのとり》（三日）に、大伴連嚙と坂本臣糠手とが、ともに百済から帰国した。このとき、来目皇子は病にかかり、征討を果たせなかった。

冬十月に、百済の僧観勒《ほうしかんろく》が来朝し、暦《こよみ》の本、天文地理の書、それに遁甲《どんこう》（占星術）・方術（うらないの術）の書をたてまつった。そこで書生三、四人を選び、観勒について学習させた。陽胡史《やこのふびと》の祖玉陳《たまふる》は暦法を習い、大友村主高聡《おおとものすぐりこうそう》は天文・遁甲を学び、山背臣日立《やましろのおみひたて》は方術を学び、みな学業を達成した。閏十月の乙亥《きのとのい》の朔己丑《つちのとのうし》（十五日）に、高麗の僧僧隆《そうりゅう》・雲聡《うんそう》がともに来朝し、帰化した。

十一年の春二月の癸酉《みずのとのとり》の朔丙子《ひのえね》（四日）に、来目皇子が筑紫に薨《こう》じた。よって急使を発して奏上した。天皇はこれを聞いて大いに驚かれ、皇太子と蘇我大臣《そがのおおおみ》（馬子）とを召して、

「新羅征討の大将軍来目皇子が薨じました。大事に臨んでそれを遂行することができなくなりました。たいへん悲しいことです」

と言われた。周芳《すわ》の娑婆《さば》（山口県防府市）で殯《もがり》（埋葬に先立ち、遺体を安置して行なう儀礼）

をし、土師連猪手《はじのむらじいて》を遣わして殯のことにあたらせた。それゆえ、猪手連《いてのむらじ》の子孫を娑婆《さばの》連《むらじ》という。のちに河内の埴生山《はにうのやま》（大阪府羽曳野市）の岡の上に埋葬した。

夏四月の壬申《みずのえさる》の朔に、来目皇子の兄の当摩皇子《たぎまのみこ》を、代わりに新羅征討の将軍とした。

秋七月の辛丑《かのとのうし》の朔癸卯《みずのとのう》（三日）に、当摩皇子は船で難波を発《た》った。丙午《ひのえうま》（六日）に、当摩皇子が播磨《はりま》にいたったとき、従っていた妻の舎人姫王《とねりのひめおおきみ》が、赤石《あかし》で薨じた。そこで赤石の檜笠岡《ひかさのおか》の上に埋葬し、当摩皇子は引き返して、征討しなかった。

冬十月の己巳《つちのとのみ》の朔壬申《みずのえさる》（四日）に、天皇は小墾田宮《おはりだのみや》（奈良県明日香村）にお移りになった。

十一月の己亥《つちのとのい》の朔に、皇太子は大夫《まえつきみ》(5)たちに、

「私は尊い仏像をもっている。だれかこの像を得て礼拝しようとする者はないか」

と言われた。すると秦造河勝《はだのみやつこかわかつ》が進み出て、

「私が礼拝いたしましょう」

と言い、さっそく仏像をいただいて蜂岡寺《はちのおかでら》（広隆寺）を造った。この月、皇太子は天皇に請うて、大楯《おおたて》と靫《ゆき》（矢を納めて背負う武具の一種）〔靫、これを由岐《ゆき》という〕とを作り、また旗に彩色した（いずれも儀仗《ぎじょう》用のもの）。

冠位十二階の制定

十二月の戊辰《つちのえたつ》の朔壬申《みずのえさる》（五日）に、はじめて冠位を施行した。[6] 大徳《だいとく》・小徳《しょうとく》・大仁《だいにん》・小仁《しょうにん》・大礼《だいらい》・小礼《しょうらい》・大信《だいしん》・小信《しょうしん》・大義《だいぎ》・小義《しょうぎ》・大智《だいち》・小智《しょうち》のあわせて十二階で、階ごとにそれぞれきまった色の絁《きぬ》を縫いつけた。髪を頂《いただき》にまとめてくくり、嚢《ふくろ》のように包みこんで、縁どりをつけた。元日にだけは、髻花《うず》（金銀などで作った飾り）〔髻花、これを于孺《うず》という〕をさした。

十二年の春正月の戊戌《つちのえいぬ》の朔に、はじめて冠位を諸臣《まえつきみたち》にそれぞれ賜わった。

憲法十七条

夏四月の丙寅《ひのえとら》の朔戊辰《つちのえたつ》（三日）に、皇太子は、みずからはじめて憲法十七条をお作りになった。[7]

一にいう。和をたいせつにし、人といさかいをせぬようにせよ。人にはそれぞれつきあいというものがあるが、この世には理想的な人格者というものもまた少ないものだ。それゆえ、とかく君主や父に従わなかったり、身近の人々と仲違いをおこしたりする。しかし、上司と下僚とが、にこやかに睦まじく論じあえれば、おのずからことは筋道にかない、どんなことでも成就するであろう。

二にいう。あつく仏教を信仰せよ。(8) 仏教はあらゆる生きものの最後に帰するところ、すべての国々の仰ぐ究極のよりどころである。どのような時代の、どのような人々でも、この法をあがめないことがあろうか。しんそこからの悪人はまれであり、よく教えさとせばかならず従わせることができる。仏教に帰依せずして、どうしてよこしまな心を正すことができよう。

三にいう。天皇の命をうけたら、かならずそれに従え。譬《たと》えるなら君は天、臣は地。天が万物を覆い、地が万物を載せる。それによって四季は規則正しく移りゆき、万物を活動させるのだ。もし地が天を覆おうとするなら、この秩序は破壊されてしまう。そのように、君主の言には臣下はかならず承服し、上が行なえば下はそれに従うのだ。だから、天皇の命をうけたらかならずそれに従え。もし従わなければ、けっきょくは自滅するであろう。

四にいう。群卿《まえつきみたち》（大夫）や百寮《つかさつかさ》（各官司の役人）は、みな礼法をものごとの基本とせよ。民を治める肝要は、この礼法にある。上の行ないが礼法にかなわなければ、下の秩序は乱れ、下に礼法が失われれば、きっと罪を犯す者が出てくる。群臣に礼法が保たれていれば、序列も乱れず、百姓《おおみたから》に礼法が保たれていれば、国家はおのずと治まるものである。

五にいう。食をむさぼることをやめ、財物への欲望を棄てて、訴訟を公明にさばけ。そもそも百姓の訴えは、一日に千件にも及ぼう。一日でもそうなのだから、年がたてばなおさらのことだ。近ごろ、訴訟を扱う者は、私利を得るのをあたりまえと思い、賄賂を受けてからその申し立てを聞いているようだ。そこで、財産のある者の訴えは、石を水に投げこむようにかならず聞きとどけられるが、貧乏人の訴えは、水を石に投げかけるようにきびしくはねつけられてしまう。これでは貧しい民はどうしてよいかわからず、臣としての役人のなすべき道も見失われることになろう。

六にいう。悪しきを懲らし、善きを勧めるということは、古えからのよるべき教えである。それゆえ、人の善行はかくすことなく知らせ、悪事はかならずあらためさせよ。人におもねり、人をあざむく者は、国家をくつがえす利器ともなり、人民《おおみたから》を滅ぼす鋭い剣ともなるものだ。また、媚《こ》びへつらう者は、上の者にはこのんで下の者の過失をつげ口し、下の者にあえば目上の者の過失を非難する。このような人々は、みな君に対しては忠義の心がなく、民に対しては仁愛の心がない。大きな乱れのおこるもととなるものだ。

七にいう。人にはそれぞれの任務がある。おのおのの職掌をまもり、権限を濫用しないようにせよ。賢明な人が官にあれば、政治をたたえる声がたちまちにおこるが、よこしまな心をもつ者が官にあれば、政治の乱れがたちどころに頻発する。世間には、生まれながらよく物事をわきまえている、という人は少ない。よく思慮を働かせ、努力してこそ聖人となるのだ。物事は、どんな重大なこともささいなことも、適任者を得てこそなしとげられる。時の流れが急激であろうと緩やかであろうと、賢明な人にあえばおのずからゆったりとする。その結果、国家は永久で、君主の地位も安泰となるのだ。だから古えの聖王は、官のために適当な人材を求めたのであり、人のために官を設けるようなことはしなかったのだ。

八にいう。群卿《まえつきみたち》や百寮《つかさつかさ》は、早く出仕し、おそく退出するようにせよ。公務はゆるがせにできないものであり、一日かかってもすべて終えることはむずかしい。それゆえ、遅く出仕したのでは緊急の用事にまにあわないし、早く退出したのでは、事務をし残してしまう。

九にいう。信《まこと》は人の行なうべき道のみなもとである。なにごとをなすにもまごころをこめよ。事のよしあし、成否のかなめはこの信にある。群臣《まえつきみたち》がみなまごころをもって事にあたるなら、どのようなことでも成就しよう。しかしまごころがなかったら、すべてが失敗するであろう。

十にいう。心にいきどおりをいだいたり、それを顔にあらわしたりすることをやめ、人が自分と違ったことをしても、それを怒らないようにせよ。人の心はさまざまで、おたがいにあい譲れないものをもっている。相手がよいと思うことを自分はよくないと思ったり、自分がよいことだと思っても、相手がそれをよくないと思うことがあるものだ。自分が聖人で、相手が愚人だときまっているわけではない。ともに凡夫なのだ。是非の理をだれが定めることができよう。お互いに賢人でもあり、愚人でもあるのは、端のない鐶《みみかね》（リング）のようなものだ。それゆえ、相手が怒ったら、むしろ自分が過失を犯しているのではないかと反省せよ。自分ひとりが、その方が正しいと思っても、衆人の意見を尊重し、その行なうところに従うがよい。

十一にいう。官人の功績・過失をはっきりとみて、それにかなった賞罰を行なうようにせよ。近ごろは、功績によらずに賞を与えたり、罪がないのに罰を加えたりしていることがある。政務にたずさわる群卿は、賞罰を正しくはっきりと行なうようにすべきである。

十二にいう。国司《くにのみこともち》(9)や国造《くにのみやつこ》は、百姓から過重な税をとりたてぬようにせよ。国に二人の君はなく、民に二人の主《あるじ》はない。この国土のうちのすべての人々は、みな王《きみ》（天皇）をその主としているのだ。国政を委ねられている官司の人々は、みな王の臣なのである。どうして公のこと以外に、百姓から税をとりたててよいであろうか。

十三にいう。それぞれの官司に任じられた者は、みな自分の官司の職務内容を熟知せよ。病気や使のために事務をとらないことがあっても、職務についてからは、以前からそれに従事しているかのように、その職務に和していくようにせよ。そのようなことは自分は聞いていないといって、公務を妨げるようなことがあってはならない。

十四にいう。群臣《まえつきみたち》や百寮《つかさつかさ》は、人をねたみそねむことがあってはならない。自分が人をねためば、人もまた自分をねたむ。そのような嫉妬の弊害は際限がない。それゆえ、人の知識が自分よりまさるとそれを喜ばず、才能が自分よりすぐれていればそれをねたむ。こんなことでは、五百年たって一人の賢人に出会い、千年たって一人の聖人が現われるのであろうか。

を待つこともむずかしいだろう。賢人や聖人を得なくては、何によって国を治めたらよい

十五にいう。私心を去って公のことを行なうのが、臣たるの道である。およそ人に私心があれば、きっと恨みの気持がおこる。恨みの気持があれば、人々と和することができない。人々の気持がととのわないことは、私心をもって公務を妨げることであり、恨みの気持をおこせば、制度に違反し、法律を犯すことになる。第一の章で、上下の人々が相和《あい》し、協調するように、といったのも、この気持からである。

十六にいう。民《おおみたから》を使役するのに時節を考えよ、とは、古えからのよるべき教えである。それゆえ、冬の月の間（十月〜十二月）に余暇があれば、民を使役せよ。春から秋にかけては、農桑《なりわいこかい》（農耕や養蚕）の時節であるから、民を使役してはならない。農耕をしなかったら、何を食べればよいのか。養蚕をしなかったら、何を着ればよいのか。

十七にいう。ものごとは独断で行なってはならない。かならずみなと論じあうようにせよ。ささいな事はかならずしもみなにはからなくてもよいが、大事を議するばあいには、あやまった判断をするかも知れぬ。人々と検討しあえば、話しあいによって、道理にかなったやり方を見いだすことができる。

秋九月に、朝廷における拝礼の規定を改め、詔して、

「宮門を出入するときには、両手を地に押しつけ、両足をひざまずかせてしきいを越えて

から、立って歩け」

と言われた。

この月に、はじめて黄書画師《きふみのえかき》・山背画師《やましろのえかき》（いずれも渡来系技術者の集団）を定めた。

名工鞍作鳥

十三年の夏四月の辛酉《かのとのとり》の朔に、天皇は、皇太子・大臣および諸王・諸臣に詔して、ともに誓願を発し、銅《あかがね》および繍《ぬいもの》の丈六の仏像各一軀を造りはじめられた。そこで、鞍作《くらつくりの》鳥《とり》（止利仏師）に命じて、仏像を造る工《たくみ》（工事の担当者）とした。このとき、高麗国《こまのくに》の大興《だいこう》王《おう》（嬰陽王《えいようおう》）は、日本国《やまとのくに》の天皇が仏像をお造りになると聞き、黄金《こがね》三百両をたてまつった。

閏七月の己未《つちのとのひつじ》の朔に、皇太子は、諸王・諸臣に命じて褶《ひらおび》を着けさせた。

冬十月から、皇太子は斑鳩宮《いかるがのみや》にお住まいになった。

十四年の夏四月の乙酉《きのとのとり》の朔壬辰《みずのえたつ》（八日）に、銅および繍の丈六の仏像がともに完成したので、丈六の銅像を元興寺《がんごうじ》（法興寺＝飛鳥寺）の金堂に安置した。このとき、仏像が金堂《こんどう》の戸より高く、堂に納めることができなかった。工人たちは、

「金堂の戸を壊して中に入れよう」

と相談したが、さすがに鞍作鳥はすぐれた工《たくみ》で、戸を壊さずに堂に入れることができた。その日、斎会《さいえ》を設けたが、参集した人々は数えきれないほどであった。この年以後、四月

八日（灌仏会）と七月十五日（盂蘭盆会）とに、寺ごとに斎会を行なうことになった。

五月の甲寅《きのえとら》の朔戊午《つちのえうま》（五日）に、鞍作鳥に勅《みことのり》して、

「自分が仏教の興隆を願い、仏寺を建てるためにまず舎利《しゃり》を得たいと思ったとき、おまえの祖父の司馬達等《しめたつと》は、すぐに舎利を献上してくれました。また、国内に僧尼がいなかったが、おまえの父の多須那《たすな》が、橘豊日天皇（用明天皇）のために出家して、仏法を敬いました。さらにおまえの伯母の嶋女《しまめ》（善信尼）は、最初に出家をとげ、尼たちの指導者として仏道を修行しました。いままた私が丈六の仏像を造るために、すぐれた仏の図像を求めていると、おまえが献上した仏の図像が私の心にぴったりのものでした。また仏像が完成して、堂に入れることができなかったおり、工人たちは手のつけようがなく、堂の戸を壊そうとしたのに、おまえは戸を壊さずに入れることができました。これらはみなおまえのてがらです」

と言われ、大仁《だいにん》の位を賜わり、また近江国の坂田郡の水田二十町を賜わった。鳥はこの田を財源に、天皇のおんために金剛寺《こんごうじ》を造った。いまこれを、南淵《みなぶち》（奈良県明日香村）の坂《さか》田尼寺《たのあまでら》という。

秋七月に、天皇は皇太子をまねき、『勝鬘経《しょうまんぎょう》』をお講じさせになった。[10] 三日で説き終えた。

この歳、皇太子はまた、『法華経《ほけきょう》』を岡本宮（奈良県生駒郡）で講じられた。天皇は大

いに喜ばれ、播磨国の水田百町を皇太子に施されたので、太子はそれを、斑鳩寺《いかるがでら》(11)（法隆寺）にお納めになった。

十五年の春二月の庚辰《かのえたつ》の朔に、壬生部《みぶべ》（皇子・皇女の地位に付属する部）を定めた。戊子《つちのえね》（九日）に、詔して、

「古来、わが先祖の歴代の天皇は、政治を行なうにあたって、つつしんであつく神々を敬われ、山川の神々を祭って、神々の力を天地にお通わしめになった。このため、陰陽はよく開き和し、神々のしわざも順調に行なわれたと聞いています。いま自分の世においても、どうして神々の祭りを怠ることがありましょう。それゆえ、群臣《まえつきみたち》は、ともに心をこめて神々を礼拝するように」

と言われた。甲午《きのえうま》（十五日）に、皇太子と大臣は、百寮を従えて神々を祭り、礼拝した。

遣隋使の派遣

秋七月の戊申《つちのえさる》の朔庚戌《かのえいぬ》（三日）に、大礼小野臣妹子《だいらいおののおみいもこ》を大唐《もろこし》（隋《ずい》）に遣わした(12)。鞍作福利《くらつくりのふくり》を通事《おさ》（通訳）とした。

この歳の冬に、倭国《やまとのくに》に、高市池《たかちのいけ》・藤原池《ふじわらのいけ》・肩岡池《かたおかのいけ》・菅原池《すがわらのいけ》を作り、山背国では、大きな溝《うなて》（灌漑用水路）を栗隈《くるくま》（宇治市）に掘った。河内国には戸苅池《とかりのいけ》・依網池《よさみのいけ》を作った。また、国ごとに屯倉《みやけ》を置いた。

十六年の夏四月に、小野臣妹子が大唐から帰国した。唐国《もろこしのくに》では妹子臣のことを、蘇《そ》因高《いんこう》とよんだ。大唐の使人裴世清《はいせいせい》と、下客《しもべ》十二人とが、妹子臣に従って筑紫に到着した。天皇は、難波吉士雄成《なにわのきしおなり》を遣わして、大唐の客裴世清らを召し、唐《もろこし》の客のために、新しい館《むろつみ》を、難波の高麗館《こまのむろつみ》のそばに造った。

六月の壬寅《みずのえとら》の朔丙辰《ひのえたつ》（十五日）に、客人たちは難波津《なにわのつ》に着いた。この日、飾り船三十艘で客人たちを江口《えぐち》（淀川の河口）に迎え、新造の館に落ち着かせた。そこで、中臣宮《なかとみのみや》地連《どころのむらじ》烏摩呂《おまろ》・大河内直糠手《おおしこうちのあたいあらて》・船史王平《ふねのふびとおうへい》を掌客《まろうとのつかさ》（接客係）とした。このとき、妹子臣は、

「私が帰国するとき、唐の帝《きみ》（煬帝《ようだい》）は国書を私にお授けになりました。ところが、百済の国を通るあいだに、百済の人が探し出し、奪い取ってしまいましたので、たてまつることができません」[13]

と奏上した。群臣《まえつきみたち》は、

「そもそも使となった人は、たとえ死ぬめにあおうとも、その任務を果たすべきものだ。それなのにこのたびの使は、どうして大国の書を失うような怠慢をしたのだ」

と相談し、妹子を流刑に処した。しかし天皇は、勅して、

「妹子は国書を失うという罪を犯したが、軽々しく刑に処すべきではない。あの大国の客人たちの耳にそれが入ると、またやっかいなことになります」

と言われ、赦して刑に処されなかった。

秋八月の辛丑《かのとのうし》の朔　癸卯《みずのとのう》（三日）に、唐の客人は、京《みやこ》（飛鳥）に入った。この日、飾り馬七十五匹を遣わして、唐の客人を海石榴市《つばきいち》（桜井市金屋）の路上に迎え、額田部連比羅夫《ぬかたべのむらじひらぶ》が挨拶《あいさつ》のことばをのべた。壬子《みずのえね》（十二日）に、唐の客人を朝廷に召し、使の趣旨を奏上させた。阿倍鳥臣《あへのとりのおみ》・物部依網連抱《もののべのよさみのむらじいだき》の二人を、客人の案内役とした。大唐の国からの信物を庭上に置くと、使の主裴世清は、みずから国書を捧げ持ち、両度再拝（二拝を重ねて行なう）し、使の趣旨を言上して起立した。その国書には、

「皇帝から倭皇《やまとのすめらみこと》に御挨拶申し上げる。使人の長吏大礼《ちょうりだいらい》蘇因高（小野妹子）らが来て、あなたの気持をつぶさに伝えてくれた。自分は天の命をつつしみ受けて地上に君臨し、その徳をひろめて万物に及ぼそうと願っている。人々をめぐみはぐくもうとする気持には、土地の遠近はかかわりない。あなたが海の彼方の国にあって、人々をいつくしみ、国内が平和で人々の気持もよく融和し、誠意をつくしてわざわざはるばると朝貢してきたことを知って、その美しい真心を、自分はうれしく思う。時節もかなり暖かくなり、私も変りない。それゆえ、鴻臚寺《こうろじ》の掌客《しょうきゃく》（外国使臣の接待を担当する役人）裴世清らを遣わして自分の気持を伝えるとともに、別にあるとおり、信物をお送りする」

とあった。そこで、阿倍臣（鳥）が進み出てその国書を受け取り、進むと、大伴囓連《おおとものくいのむらじ》が迎え出て国書を受け、大門の前の机の上に置いて天皇に奏上し、終わって退出した。この

とき、皇子や諸王・諸臣は、みな金の髻花《うず》を頭にさし、衣服には錦・紫・繡《ぬいもの》・織《おりもの》、および五色の綾羅《あやうすはた》を用いた〔一説では、服の色には、みなそれぞれの冠の色を用いたとある〕。丙辰《ひのえたつ》（十六日）に、唐の客人たちを朝廷で饗応した。

九月の辛未《かのとのひつじ》の朔乙亥《きのとのい》（五日）に、客人たちを難波の大郡《おおごおり》（外国使臣接待用の施設）で饗応した。辛巳《かのとのみ》（十一日）に、唐の客人裴世清は帰途についた。よって再び小野妹子臣を大使とし、吉士雄成《きしのおなり》を小使《そいつかい》（副使）とし、福利（鞍作福利）を通事として、唐の客に随行させた。天皇は、唐（隋）の皇帝に挨拶のことばをおくり、

「東《ひがし》の天皇《すめらみこと》が、つつしんで西の皇帝に申し上げます。お使の鴻臚寺の掌客裴世清らがまいりまして、多年の思いがいちどに解けました。秋もようやく終り近く、涼しくなってまいりましたが、あなたさまにはいかがおすごしでしょうか。御平穏のことかと存じます。私も変りございません。いま、大礼蘇因高と、大礼乎那利《おなり》（吉士雄成）らを遣わして赴かせます。意をつくしませんが、謹んで申し上げます」

と言われた。このとき唐の国に遣わされたのは、学生の倭漢直福因《やまとのあやのあたいふくいん》・奈羅訳語恵明《ならのおさえみょう》・高向漢人玄理《たかむくのあやひとげんり》・新漢人大圀《いまきのあやひとおおくに》、および学問僧の新漢人日文《にちもん》（僧旻《みん》）・南淵漢人請安《みなぶちのあやひとしょうあん》・志賀漢人慧隠《しがのあやひとえおん》・新漢人広済《こうさい》ら、あわせて八人である。[14]

この歳、新羅人の来朝帰化する者が多かった。

十七年の夏四月の丁酉《ひのとのとり》の朔庚子《かのえね》（四日）に、筑紫大宰《つくしのおおみこともちのつかさ》（令制の大宰帥《だざいのそち》にあたる。

ここが初見）が奏上して、

「道欣《どうこん》と恵弥《えみ》とをかしらとする十人の百済の僧と、七十五人の俗人とが、肥後国《ひのみちのしりのくに》の葦《あし》北津《きたのつ》（熊本県芦北郡）に着きました」

と知らせてきた。そこで難波吉士徳摩呂《なにわのきしとこまろ》と船史竜《ふねのふびとたつ》とを遣わして、

「どうしてやって来たのか」

と尋ねさせたところ、

「百済の王の御命令で、呉国《くれのくに》（中国南部）に遣わされましたが、その国に戦乱があって入ることができず、国に帰ろうとしたところ、突然の暴風にあい、海中に漂流してしまいました。しかしたいへん幸いなことに、聖帝の国の辺境に着くことができ、うれしく思っております」

と答えた。

五月の丁卯《ひのとのう》の朔壬午《みずのえうま》（十六日）に、徳摩呂らは朝廷に帰って報告した。そこでおり返し徳摩呂と竜の二人を遣わして、百済の人たちに随《したが》わせて本国へ送りとどけた。対馬まで来たとき、道欣ら十一人(15)はみな留まることを願ったので、上表して留まることになった。そこでかれらを元興寺（法興寺＝飛鳥寺）に住せしめた。

秋九月に、小野臣妹子らが大唐《もろこし》から帰国した。ただし、通事の福利だけは帰って来なかった。

十八年の春三月に、高麗の王（嬰陽王）が、僧曇徴《どんちょう》と法定《ほうじょう》とをたてまつった。曇徴は五経を解し、彩色《しみのものいろ》（絵具）や紙・墨を作ることもでき、また碾磑《みずうす》（水力を利用した臼）を造った。碾磑を造ることは、おそらくこのときに始まったのであろう。

秋七月に、新羅の使人沙喙部《さたくほう》(16)奈末竹世士《なまちくせいし》と、任那の使人喙部《たくほう》(17)大舎首智買《たさすちばい》とが筑紫に着いた。九月に、使を遣わして新羅・任那の使人を召した。

冬十月の己丑《つちのとのうし》の朔丙申《ひのえさる》（八日）に、新羅・任那の使人が京《みやこ》に着いた。この日、額田《ぬかた》部連《べのむらじ》比羅夫《ひらぶ》に命じて、新羅の客を迎えるための飾り馬の長とし、膳臣大伴《かしわでのおみおおとも》を、任那の客を迎えるための飾り馬の長とし、阿斗《あと》（磯城郡田原本町）の川辺の宿舎に休ませた。丁《ひのとの》酉《とり》（九日）に、客人たちは朝廷を拝した。秦造《はだのみやっこ》河勝《かわかつ》と土部連《はじのむらじ》菟《うさぎ》とに命じて新羅の客の先導役とし、間人連塩蓋《はしひとのむらじしおふた》と阿閉臣大籠《あへのおみおおこ》とを任那の客の先導役とした。彼らがともに客人を導いて南の門から入り、庭上に立つと、大伴咋連《おおとものくいのむらじ》・蘇我豊浦蝦夷臣《そがのとゆらのえみしのおみ》（馬子の子）・坂《さか》本糠手臣《もとのあらてのおみ》・阿倍鳥子臣《あへのとりこのおみ》がともに座を立ち、進み出て庭に伏した。両国の客人がそれぞれ再拝し、使の趣旨を奏上すると、この四人の大夫《まえつきみ》は起立し、進んで大臣《おおおみ》（蘇我馬子）にそれを申し上げた。大臣は座からはなれ、政庁の前に立ってそれを聞いた。やがて客人たちに、それぞれ禄を賜わった。乙巳《きのとのみ》（十七日）に、使人らを朝廷で饗応した。河内漢直《こうちのあやのあたい》贄《にえ》を新羅の客の相手役とし、錦織首久僧《にしこりのおびとくそ》を任那の客の相手役とした。辛亥《かのとのい》（二十三日）に、客人たちを迎えての儀礼は終わり、客人たちは帰途についた。

菟田野の薬猟

十九年の夏五月の五日に、菟田野《うだのの》（奈良県宇陀市榛原）で薬猟《くすりがり》（鹿の若角をとるための猟。強壮剤にする）をもよおした。夜明け前に藤原池のほとりに集まり、夜明けとともに出発した。粟田細目臣《あわたのほそめのおみ》を前方の部領《ことり》（指揮官）とし、額田部比羅夫連《ぬかたべのひらぶのむらじ》を後方の部領とした。この日、諸臣の服の色はみなそれぞれの冠の色にあわせ、それぞれ髻花《うず》を頭にさした。大徳・小徳はともに金を、大仁・小仁は豹《なかつかみ》（ヒョウ）の尾を、大礼以下は鳥（雉か）の尾を用いた。秋八月に、新羅は沙喙部奈末北叱智《ほくしち》を、任那は習部《しゅうほう》(18)大舎親智周智《しんちしゅうち》を遣わして、ともに朝貢して来た。

二十年の春正月の辛巳《かのとのみ》の朔丁亥《ひのとのい》（七日）に、群卿《まえつきみたち》を召して酒宴を行なった。この日、大臣（蘇我馬子）は杯をささげて、

やすみしし　我《わ》が大君《おほきみ》の　隠《かく》ります　天《あま》の八十蔭《やそかげ》　出《い》で立たす　御空《みそら》を見れば　万代《よろづよ》に　斯《か》くしもがも　千代《ちよ》にも　斯くしもがも　畏《かしこ》みて　仕へ奉《まつ》らむ　拝《をろが》みて　仕へまつらむ　歌献《うたづ》きまつる（わが大君のお入りになる御殿、出で立たれる御殿を見ますと、千代、万代までこのようであってほしい。かしこみおろがみつつお仕えいたしましょう。つつしんでよろこびの御歌をたてまつります）

と、ことほぎの歌をたてまつった。天皇はこれに和して、

真蘇我《まそが》よ　蘇我《そが》の子らは　馬ならば　日向《ひむか》の駒《こま》　太刀《たち》ならば　呉《くれ》の真刀《まさひ》　諾《うべ》しかも　蘇我の子らを　大君の　使はすらしき（蘇我の氏の人よ。あなたがたは、馬にたとえるなら、かの有名な日向の国の馬、太刀にたとえるなら、かの呉の国の真刀です。蘇我の人々を大君がお使いになるのも、まことにもっともなことです）

とお歌いになった。

二月の辛亥《かのとのい》の朔庚午《かのえうま》（二十日）に、皇太夫人堅塩媛《おおきさききたしひめ》（欽明天皇の妃、用明・推古天皇の母、蘇我稲目の女）を檜隈大陵《ひのくまのおおみささぎ》（欽明天皇陵）に改葬し、この日、軽《かる》（橿原市大軽）の路上で誄《しのびごと》（殯宮で死者の霊に対し、それをしたうことばを述べる儀式）を行なった。第一に、阿倍内臣《あへのうちのおみ》鳥《とり》（鳥子臣）が、天皇のおことばを誄し、霊前に物を供えた。それは、明器《みけもの》（祭器）・明衣《みけし》（死者に着せる衣）など、一万五千種であった。第二に、皇子たちが序列に従ってそれぞれ誄し、第三に、中臣宮地連《なかとみのみやどころのむらじ》烏摩侶《おまろ》が、大臣のことばを誄した。第四に、大臣がその八腹臣《やはらのおみ》（蘇我氏の多くの支族）たちを従え、境部臣《さかいべのおみ》摩理勢《まりせ》（馬子の一族。弟か）に氏姓《うじかばね》の本《もと》（蘇我氏の出身である堅塩媛の家系）について誄させた。人々は、

「摩理勢と烏摩侶の二人はよく誄をしおおせたが、鳥臣だけはうまくできなかった」

と言った。

夏五月の五日に、薬猟をもよおした。人々は羽田《はた》（奈良県高市郡高取町）に集まり、列をなして天皇のもとに参上した。その日の人々の服装は、菟田《うだ》の猟《かり》（前年五月の薬猟）の

ときと同じであった。

この歳、百済国から帰化した者に、顔やからだに一面に白い斑点のある者があった。白癩《しらはた》でもあったのであろう。人々がその異様なさまをきらい、海中の島に置きざりにしようとしたところ、その人は、

「私の斑皮《まだらがわ》がいやだというなら、国内で白斑《しろまだら》の牛や馬を飼うことはできないはずだ。それに私は、人にはできぬわざをいささかもっている。それは築山《つきやま》をつくることだ。私をおいて使えば、国のためになるぞ。海の島に置きざりにするなんてもったいない」

と言ったので、それを聞いて置きざりにするのをやめた。そこで、須弥山《すみのやま》（仏教でいう、世界の中心をなす山。須弥山《しゅみせん》）のかたちと、呉橋《くれはし》（中国風の石橋か）とを御所の南庭に築け、とお命じになった。人々はその人のことを、路子工《みちこのたくみ》とよんだ。またの名を芝耆摩呂《しきまろ》という。

また、百済の人味摩之《みまし》も帰化したが、この人は、

「呉《くれ》（中国の南部）で学んで、伎楽《くれがく》（古代チベットやインドの仮面劇）の舞をすることができます」

ということであったので、桜井《さくらい》（明日香村）に住まわせ、少年を集めて伎楽の舞を習わせた。このとき、真野首《まののおびと》弟子《でし》・新漢済文《いまきのあやひとさいもん》の二人が習ってその舞をうけ伝えた。これがいまの大市首《おおちのおびと》・辟田首《さきたのおびと》らの祖先である。

二十一年の冬十一月に、掖上池《わきのかみのいけ》・畝傍池《うねびのいけ》・和珥池《わにのいけ》（いずれも奈良県）を作った。また、

難波から京（飛鳥）までの間に大道《おおじ》（いまの竹内街道か）をもうけた。

片岡山の飢人

十二月の庚午《かのえうま》の朔に、皇太子は片岡（奈良県北葛城郡）に遊ばれた。そのとき、飢えた人が道ばたに倒れていたので、姓《かばね》名《な》をお尋ねになったが、ものを言わなかった。皇太子はそのさまを御覧になって、水と食べ物とを与え、着ている衣服を脱いでその飢えた人におかけになり、

「安らかに寝ているのだぞ」

と声をおかけになった。そして、

しなてる　片岡山《かたをかやま》に　飯《いひ》に飢《ゑ》て　臥《こや》せる　その旅人《たびと》あはれ　親無しに　汝《なれ》生《な》りけめや
さす竹の　君はや無き　飯に飢て　臥せる　その旅人あはれ（片岡山で食べ物に飢えて倒れている、かわいそうなこの旅人。おまえは親なしに育ったわけではなかろう。いたわってくれる恋人もいないわけではなかろうに。かわいそうなことだ。食べ物に飢えて倒れているこの旅人は）

とお歌いになった。辛未《かのとのひつじ》（二日）に、皇太子が使を遣わして飢えた人のようすを見に行かせると、使者は帰って来て、

「飢え人はもう死んでおりました」

と報告した。そこで皇太子はたいそう悲しまれ、倒れていた場所に埋葬させ、土をつき固めて墓をつくった。数日後、皇太子はおそば近くの人を召して、

「先日道に倒れていた飢え人は、凡人《ただひと》ではあるまい。きっと真人《ひじり》であろう」

と言われ、使を遣わして見させた。すると使者は帰って来て、

「墓の場所に行って見ましたところ、つき固めて埋めたところは動いておりませんのに、墓を開いて見ますと、屍骨《かばね》はもうなくなっており、衣服だけが畳んで棺《ひつぎ》の上に置いてありました」

と報告した。そこで皇太子は、また使者を遣わしてその衣服を取って来させ、もとのとおりそれを身におつけになった。人々はこのことをたいそう奇異に思い、

「聖《ひじり》が聖を知る、ということは、なるほどほんとうなのだ」

と言って、いっそう恐れかしこんだ。

二十二年の夏五月の五日に、薬猟をもよおした。

六月の丁《ひのとの》卯《う》の朔 己《つちのとの》卯《う》（十三日）に、犬上君《いぬかみのきみ》御田鍬《みたすき》と矢田部造《やたべのみやつこ》〔名は伝わっていない〕とを大唐《もろこし》（隋）に遣わした。

秋八月に、大臣（蘇我馬子）が病にかかった。大臣の病気平癒を祈るため、男女あわせて一千人を出家させた。

二十三年の秋九月に、犬上君御田鍬と矢田部造とが大唐から帰国した。百済の使も犬上

君に従って来朝した。

十一月の己丑《つちのとのうし》の朔庚寅《かのえとら》（二日）に、百済の客を饗応した。癸卯《みずのとのう》（十五日）に、高麗の僧慧慈（皇太子の仏教の師）が国に帰った。

二十四年の春正月に、桃や李《すもも》が実をつけた。

三月に、掖玖人《やくびと》（鹿児島県屋久島の人）三人が帰化した。夏五月にも、夜勾人《やくびと》七人が来た。秋七月に、また掖玖人二十人が来、先後あわせて三十人になった。みな朴井《えのい》（奈良市か）に住まわせたが、帰郷をまたずにみな死んでしまった。

秋七月に、新羅が奈末竹世士を遣わして仏像をたてまつった。

二十五年の夏六月に、出雲国が、

「神戸郡《かむとのこおり》（島根県出雲市）に、缶《ほとき》（湯や水を入れる胴の太い容器）ほどもある大きな瓜《うり》がなりました」

と報告した。この歳は、五穀がよくみのった。

二十六年の秋八月の癸酉《みずのとのとり》の朔に、高麗が使を遣わして[19]産物をたてまつった。

「隋の煬帝《ようだい》は、三十万の軍勢を発してわが国を攻めましたが、あべこべに破られました。そして、それゆえ、捕虜の貞公《ていこう》・普通《ふとう》の二人と、鼓吹《つづみふえ》（軍隊の指揮に用いる楽器）・弩《おおゆみ》・抛石《いしはじき》（投石機）など十種類のもの、それに国の産物と駱駝《らくだ》一匹とをたてまつります」

と言った。

この年、河辺臣《かわべのおみ》〔名は伝わらない〕を安芸国に遣わして、大船を造らせた。山に入って船の用材を探したところ、ちょうどかっこうな材があったので、それを伐《き》ろうとした。ある人が、

「それは霹靂《かむとき》の木（雷神のよりつく木）でございます。お伐りになってはいけません」

と言ったが、河辺臣は、

「雷《いかずち》の神であろうと、皇命に逆らうことがあってよいものか」

と言って、多くの幣帛《みてぐら》を供えて祭りをしたうえで、人夫《おおみたから》にそれを伐らせた。するとたちまち大雨《ひさめ》となり、雷電《いなつるび》がおこった。そこで河辺臣は、剣をしっかりと握り、

「雷の神よ。人夫《おおみたから》を傷つけてはならぬ。傷つけるのなら、おれの身を傷つけるのだ」

とさけび、仰いで待ちかまえた。雷の神は十回あまりも雷鳴をとどろかせたが、ついに河辺臣を傷つけることができず、小さな魚になって樹のまたにはさまった。そこでその魚を取って焼き、船を造りあげることができた。

二十七年の夏四月の己《つちのと》亥《い》の朔 壬寅《みずのえとら》（四日）に、近江国が、

「蒲生河《かまふがわ》（日野川）に、人のような形をしたものが現われました」

と報告した。秋七月に、摂津国《つのくに》の漁夫が堀江に網を沈めておいたところ、網にかかったものがあった。その形は幼児のようで、魚でもなく人でもなく、なんとも名づけようのないものであった。

二十八年の秋八月に、掖玖人《やくびと》二人が、伊豆嶋《いずのしま》（伊豆七島。大島か）に漂着した。

冬十月に、砂礫《さざれいし》（小さい石）を檜隈陵《ひのくまのみささぎ》（欽明天皇陵。堅塩媛を合葬）の上に葺《ふ》いた。また陵域のまわりには土を山もりにし、氏ごとに割り当てて大きな柱をその土山の上に建てさせた。そのおり、倭漢坂上直《やまとのあやのさかのうえのあたい》の立てた柱がほかよりはるかに高かったので、人々は坂上直のことを大柱直《おおはしらのあたい》と名づけた。

十二月の庚寅《かのえとら》の朔に、天に赤い気《しるし》が現われた。長さは一丈ばかり、形は雉《きじ》の尾のようであった。

この歳、皇太子と嶋大臣《しまのおおおみ》（蘇我馬子）とは、協議して、天皇記《すめらみことのふみ》および国記《くにつふみ》、臣連《おみのむらじ》伴造《とものみやつこ》国造《くにのみやつこ》百八十部《ももあまりやそとものお》ならびに公民《おおみたから》などの本記《もとつふみ》を記録(20)した。

聖徳太子の死

二十九年の春二月の己丑《つちのとのうし》の朔癸巳《みずのとのみ》(21)（五日）の夜半に、廐戸豊聡耳皇子命《うまやとのとよとみみのみこのみこと》が斑鳩宮《いかるがのみや》で薨じた。このとき、諸王・諸臣および国内の百姓《おおみたから》はみな、老人は愛児を失ったように塩や酢を口にしてもその味がわからず、幼少の者はやさしい父母をなくしたように泣き悲しみ、その声がちまたにあふれた。田を耕す農夫は耜《すき》をとることをやめ、米を舂《つ》く女は杵《きね》を手にしようとせず、みなが、

「日も月も輝きを失い、天も地も崩れてしまったようだ。これからさき、誰をたよりにし

ていけばよいのだろう」

と言った。この月に、上宮太子《かみつみやのひつぎのみこ》を磯長陵《しながのみささぎ》（大阪府南河内郡）に葬った。このときにあたり、高麗の僧慧慈《えじ》（二十三年母国に帰った）は、上宮皇太子《かみつみやのひつぎのみこ》がおなくなりになったと聞いてたいそう悲しみ、皇太子のために僧を集めて斎会《さいえ》をもよおした。そして、みずから経を説く日にあたり、誓願して、

「日本国《やまとのくに》に聖人《ひじり》がおられる。上宮豊聡耳皇子《かみつみやのとよとみみのみこ》と申し上げる。天からすぐれた資質をさずかり、はかり知れない聖《ひじり》の徳《いきおい》をおもちになって、日本の国にお生まれになった。古えの聖天子の道をつぎひろめ、先帝の行なわれたことをうけて、仏教を敬われ、人々の苦しみをお救いになった。これこそまことの大聖《おおきひじり》である。太子はもはやおかくれになった。自分は国こそちがうが、太子との間の心のきずなは断ちがたい。独り生きてなんの益があろう。自分は来年の二月五日にかならず死に、上宮太子と浄土でめぐりあって、太子とあいともに衆生に仏の教えをひろめるだろう」

と言った。そして慧慈は、定めた日にそのとおりなくなった。それで、人々はみな、

「上宮太子だけが聖なのではなかった。慧慈もまた聖であった」

と言った。

この歳、新羅が奈末伊弥買《いみばい》を遣わして朝貢し、上表して使の趣旨を申し上げた。新羅が上表文をたてまつることは、このときから始まったのであろう。

三十一年の秋七月に、新羅は大使奈末智洗爾《ちせんに》を、任那は達率奈末智《たつそつなまち》を遣わしてともに来朝し、仏像一具、および金の塔と舎利とをたてまつった。また、大きな観頂幡《かんじょうのはた》（大幅のきれを長くたらした仏具。灌頂幡）一具と、小さい幡《はた》十二条とをたてまつった。そこで仏像は葛野《かどの》の秦寺《うずまさでら》（蜂岡寺＝広隆寺）に安置させ、そのほかの舎利・金塔・観頂幡などはみな四天王寺に奉納した。このとき、大唐《もろこし》（隋から唐に変わった）にいた学問僧の恵斉《えさい》・恵《え》光《こう》、それに医《くすし》恵日《えにち》・福因《ふくいん》らが、みな智洗爾らに従って帰国した。そして恵日らは口をそろえて、

「唐国《もろこし》に留学した者たちは、皆もう学業を達成しております。お召し返しなさるのがよろしいでしょう。また、かの大唐国《もろこしのくに》は、法典・儀式の備わり定まったまことにすばらしい国であります。ぜひ使をおくり、交わりをもつのがよろしゅうございます」

と申し上げた。

新羅征討の再開

この歳、新羅が任那を討ち、任那は新羅に服従した。そこで天皇は新羅を討とうとされ、大臣にはかり、群卿《まえつきみたち》にも意見をおもとめになった。田中臣《たなかのおみ》は、

「あわてて征討するのはよろしくない。事情を調べ、新羅の反逆がはっきりしてから攻めてもおそくはないでしょう。試みに使を遣わし、そのようすを視察させてはいかがでしょ

う」

とお答えした。中臣連国《なかとみのむらじくに》は、

「任那はもともとわが国の内官家《うちつみやけ》（朝貢国）であるのに、いま新羅がそれを奪ったのです。軍勢をととのえて新羅を討ち、任那を取りかえして百済に付属させましょう。そのほうが新羅に領有させるよりどれほどよいかわかりません」

と申し上げた。すると田中臣は、

「いや、それはちがう。百済は叛服つねない国で、たちまちのうちにこちらをあざむきます。あちらの言うことはみな信用できません。だから、任那を百済に付属させてはなりません」

と申し上げた。そこでけっきょく征討はとりやめ、吉士磐金《きしのいわかね》（難波吉士磐金）を新羅に遣わし、吉士倉下《くらじ》を任那に遣わして、任那の事案について問いただした。すると新羅国の主（真平王）は、八人の大夫《まえつきみ》を遣わして、新羅国の事情を磐金に、任那国の事情を倉下に申し伝えた。そして、

「任那は小さな国ですが、天皇に付属する国です。どうして新羅が軽々しくそれを領有いたしましょう。いままでどおり内官家とお定めになり、御心配なさいませんように」

と約束し、奈末智洗遅《ちせんじ》（智洗爾）を吉士磐金に副《そ》え、任那の人達率奈末遅《なまじ》（奈末智）を吉士倉下に副えて、両国の調《みつき》をたてまつった。

ところが、磐金らがまだ帰らないうちに、同年、大徳境部臣《さかいべのおみ》雄摩侶《おまろ》・小徳中臣連国を大将軍とし、小徳河辺臣《かわべのおみ》禰受《ねず》・小徳物部依網連《もののべのよさみのむらじ》乙等《おと》・小徳波多臣《はたのおみ》広庭《ひろにわ》・小徳近江脚身臣《おうみのあなみのおみ》飯蓋《いいふた》・小徳平群臣《へぐりのおみ》宇志《うし》・小徳大伴連〔名は伝わらない〕・小徳大宅臣《おおやけのおみ》軍《いくさ》を副将軍として、数万の軍をひきいて新羅を征討させた。磐金らが港に集まって船を出そうとし、風波のようすをうかがっていたところ、多くの軍船が海に満ち満ちてやって来た。新羅・任那両国の使人は、それを遠くからながめておじけづき、引き返して発《た》とうとせず、堪遅《たんじ》大舎をかわりに任那の調の使としてたてまつった。そこで磐金らは、

「このような征討の軍を発することは、以前の約束にたがうことだ。これでは任那のことは、今回も失敗するにきまっている」

と語りあい、船を出して帰国した。いっぽう将軍たちは、任那に着くと相はかって新羅を襲おうとしたが、新羅国の主は、多くの軍勢が来たと聞き、戦わぬ先におじて降伏を願った。将軍たちが協議して上表したところ、天皇はこれをお許しになった。

冬十一月に、磐金・倉下らが新羅から帰国した。大臣がようすを尋ねたところ、

「新羅は天皇のおことばを承ってたいへんに恐縮し、それぞれ使を遣わして、新羅・任那両国の調をたてまつろうといたしました。ところが、征討の軍船がやって来るのを見て、朝貢の使人はまた逃げもどってしまい、調だけをたてまつりました」

と答えた。すると大臣は、

「惜しいことをした。征討の軍を遣わすのを早まった」

と言った。人々は、

「こんどの征討は、境部臣《さかいべのおみ》と阿曇連《あずみのむらじ》とが、かつて新羅から多くの賄賂を得たことがあるので、また大臣をそそのかし、使が帰国するのを待たずに、早々と征伐の軍を出したのだ」

と言った。

これより先、磐金らが新羅に渡った日、船が港に着こうとすると、飾り船一艘が海辺に迎えた。磐金が、

「この船はどこの国の迎船か」

と尋ねると、

「新羅の船でございます」

との答えであった。そこで磐金がまた、

「どうして任那の迎船がないのだ」

と言ったところ、さっそく任那の船一艘が加えられた。新羅が迎船を二艘用意することは、このときに始まるのであろう。

この歳は春から秋まで霖雨《ながあめ》があり、大水があって、五穀がみのらなかった。

寺院・僧尼の統制

三十二年の夏四月の丙午《ひのえうま》の朔戊申《つちのえさる》（三日）に、ある僧が斧《おの》で祖父を殴った。天皇はそれをお聞きになると、大臣を召し、詔して、

「そもそも出家した者は、ひたすらに仏の教えにすがり、身に戒律を持するものです。それをさけようとする心もなく、軽々しく悪逆の罪を犯すということがあってよいものでしょうか。聞けば、僧が祖父を殴ったということです。寺々の僧尼をみな召し集めて推問し、事実ならば重く罪することとします」

と言われた。そこで僧尼たちを集めて問いただし、悪逆の罪を犯した僧と、そのほかの僧尼たちを、みな罪しようとした。そのとき、百済の観勒《かんろく》僧は、上表して、

「そもそも仏法は、西国（インド）から漢（中国）に渡り、三百年を経たのちに百済国に伝わりましたが、それからようやく百年たっただけでございます。まして、わが王《きみ》（百済の聖明王《せいめいおう》）が、日本《やまと》の天皇《すめらみこと》（欽明天皇）の英明の主であることをお聞きして、仏像と経典とをたてまつってからは、まだ百年にもなっておりません。このようなときに、僧尼がまだ国の法律をよく知らないために、悪逆のことを犯してしまい、僧尼たちはみな恐れかしこんで、どうしてよいかわからないでおります。どうか、悪逆を犯した者以外の僧尼は、みな赦免して罪しないようにお願いいたします。これも大いなる功徳《くどく》でございます」

と申し上げた。そこで天皇はこれをお聞き入れになった。戊午《つちのえうま》（十三日）に、天皇は詔して、

「出家者が法を犯すようでは、どうやって俗人を教え導くことができましょう。今後は僧《そう》正《じょう》・僧都《そうず》(22)を任命し、僧尼を監督させることとします」

と言われた。壬戌《みずのえいぬ》（十七日）に、観勒僧を僧正とし、鞍部徳積《くらつくりのとくしゃく》を僧都とした。同日、阿曇連《あずみのむらじ》〔名は伝わらない〕を法頭《ほうず》(23)とした。

秋九月の甲戌《きのえいぬ》の朔丙子《ひのえね》（三日）に、寺と僧尼とを調査し、寺が造られたいわれや、僧尼の出家した理由、得度の年月日などを詳細に記録した。このとき、寺は四十六ヵ所、僧は八百十六人、尼は五百六十九人、あわせて一千三百八十五人であった。

馬子、葛城県を請う

冬十月の癸卯《みずのとのう》の朔に、大臣は、阿曇連《あずみのむらじ》〔名は伝わらない〕・阿倍臣摩侶《あへのおみまろ》の二人の臣《まえつきみ》を遣わして、天皇に、

「葛城県《かずらきのあがた》は、私のもともとの居住地であり、(24)その県にちなんで姓名を名のっております。そこで永久にこの県を賜わって、私の封県《よさせるあがた》としたいと思います」

と申し上げた。しかし天皇は、詔して、

「いま、自分は蘇我の出身（母は蘇我稲目の女堅塩媛）で、大臣は私の叔父です。それゆえ、

大臣の言うことは、夜に言ったことは夜の明けぬうち、昼に言ったことは日の暮れぬうちに、どんなことでも聞き入れなかったことはありません。しかし、いま自分の治世の間にこの県を失ってしまうようなことがあっては、後代の天皇から、『愚かでかたくなな婦人が天下を治めたために、その県を滅ぼしてしまったことだ』と言われるでしょう。そのようなことがあれば、私が不明であったというだけでなく、大臣も不忠とされ、後代に悪い名を残すことになるでしょう」

と言われ、お聞き入れにならなかった。

三十三年の春正月の壬申《みずのえさる》の朔戊寅《つちのえとら》（七日）に、高麗の王が僧恵灌《えかん》をたてまつったので、僧正に任じた。

蘇我馬子の死

三十四年の春正月に、桃や李《すもも》が花をつけた。三月に、寒く、霜がおりた。

夏五月の戊子《つちのえね》の朔丁未《ひのとのひつじ》（二十日）に、大臣が薨じ、桃原墓《ももはらのはか》（明日香村）に葬った。大臣は稲目宿禰《いなめのすくね》の子で、武勇で策略にたけ、政務をすばやく処理する才能をもち、また仏法を敬った。飛鳥川のほとりに家をつくり、庭に小さな池を開き、小島を池の中にきずいた。そこで人々は、嶋大臣《しまのおおおみ》とよんだ。

六月に、雪が降った。この歳は三月から七月まで霖雨《ながあめ》があり、国中が大いに飢えた。老人は草の根を食べつつ道ばたに死に、幼児は乳をふくみつつ母子ともに死んだ。また強盗・窃盗がともに数多く現われ、その勢いをとどめることができなかった。

三十五年の春二月に、陸奥国《みちのくのくに》で貉《うじな》（ムジナ）が人に化けて歌をうたった。夏五月に、蠅《はえ》が集まり、十丈ほどの大きさにかたまりあって空に浮かび、信濃坂《しなののさか》（美濃・信濃国境の御坂峠）を越えた。そのうなりは雷のようで、東に向かい、上野国《かみつけののくに》にいたってひとりでに散った。

推古天皇の崩御

三十六年の春二月の戊寅《つちのえとら》の朔甲辰《きのえたつ》（二十七日）に、天皇は病におかかりになった。三月の丁未《ひのとのひつじ》の朔戊申《つちのえさる》（二日）に、日食があり、日がすっかり見えなくなった。壬子《みずのえね》（六日）に、天皇のお痛みははなはだしく、もはやなすすべもなくなった。そこで田村皇子《たむらのみこ》（舒明天皇）をお召しになり、

「皇位について国の基をととのえ、政務をすべて人々をはぐくむということは、もともと安易に口にすべきことではなく、私はいつも重大に考えています。それゆえ、おまえも行動を慎み、よくものごとを見とおすように心がけなさい。軽々しくものを言ってはいけません」

と言われた。また同日、山背大兄《やましろのおおえ》（聖徳太子の子）をお召しになって、

「おまえはまだ未熟です。心でこうしたいと思うことがあっても、あれこれと言ってはなりません。かならず人々の意見を聞き、それに従うのです」

と教えさとされた。癸丑《みずのとのうし》（七日）に、天皇はお崩《かく》れになり〔時に御年七十五〕、南庭に殯宮《もがりのみや》をもうけた。

夏四月の壬午《みずのえうま》の朔辛卯《かのとのう》（十日）に、雹《あられ》が降った。大きさは桃の実ほどもあった。壬辰《みずのえたつ》（十一日）にも雹が降った。大きさは李の実ほどであった。春から夏まで、旱《ひでり》があった。

秋九月の己巳《つちのとのみ》の朔戊子《つちのえね》（二十日）に、天皇の喪礼を始めた。群臣《まえつきみたち》は、それぞれ殯宮で誄《しのびごと》を行なった。これより先、天皇は群臣に、

「ここ数年五穀がみのらず、百姓《おおみたから》がたいへん飢えています。自分のために陵をつくって厚く葬ることはしないように。竹田皇子《たけだのみこ》（天皇と敏達天皇との間の皇子）の陵に葬ればよろしい」

と遺詔されていたので、壬辰《みずのえたつ》（二十四日）に、竹田皇子の陵（奈良県高市郡）に葬りたてまつった（のち河内国の磯長山田陵に改葬）。

（1）聖徳太子以後、七世紀を通じて、皇太子またはこれに準じる地位にある皇親が国政を総理する慣行が続いたらしい。太子が大臣蘇我馬子とともに国政を総理した理由として、天皇不執政の慣

行を維持したまま、皇室が蘇我氏に対抗して政治をとろうとした意図によるとされているが、推古朝を通じて太子の政治的主導権がどれほど認められるかについては、なお検討の余地があろう。

(2) 朝鮮系の渡来氏族で、雄略紀以降しばしば見える。難波の付近に居住し、海外との交渉に活躍した。

(3) 敏達朝以後、日本は新羅に対し、旧任那の四邑の調の貢進の義務を課したらしい。新羅がこの貢調を怠りがちであったため、調の権益を確保すべく、この年に軍を起こそうとしたのであろう。しかし、この歳の条の記述には編纂された形跡があり、出兵の企てがあったことは認めるにしても、記事どおりの行動があったことは疑わしい。なお、この六城のうち、南迦羅は、多多羅以下四城の総称か、あるいは素奈羅の異称である。一三五ページ注(1)参照。

(4) 斑鳩宮。聖徳太子の死後、子の山背大兄王らが居住し、皇極二年、その滅亡のおりに焼失した。天平年間、僧行信らにより、その故地に上宮王院(夢殿を中心とするいまの法隆寺東院)が建立された。近年の発掘調査により、宮殿跡と思われる掘立柱の建物跡が同東院内から発見された。

(5) マエツキミとよみ、大化前代に大臣のもとで朝廷の重要政務の合議決定にたずさわった。大臣につぐ有力豪族がこれに就任し、完全な世襲ではないが、大夫を出す家柄はほぼ一定していた。のちには官職としての実質を失って身分の称となり、天智三年制の位階では錦位以上、天武十四年制の位階では直位以上の者を大夫と称し、大宝・養老令制では五位以上の者に対する敬称として用いられた。

(6) いわゆる冠位十二階。わが国における冠位制のはじめで、大化以後の冠位制をへて律令の位階制につながる(三一二―三一三ページの表参照)。朝鮮半島、ことに百済の官位制をもとに、高句麗の制度を参照して成立したと思われるが、これが与えられたのは、畿内およびその周辺の限られた地域の豪族で、皇族や大臣（蘇我氏の氏長）も賜冠の範囲外であった。ただし姓によって与えられる冠位が限定されることはなく、また上級の冠位に転昇する事例も認められる。

(7) 太子の肇作《ちょうさく》を疑問視する説もあるが、その内容は国家の官吏として遵守すべき原則的な心がまえをのべたもので、官司制が形成され、その頂点に立つ天皇の地位が強化されつつあった推古朝に作られたものとして不自然ではないとする見解が、最近では有力である。

(8) 原文はこの下に「三宝とは仏・法・僧なり」の一句があるが、後人の付加した注の疑いが強いので、ここでは削る。

(9) 律令制の地方行政官としての国司の制は大化の改新後に整備されたが、それ以前にも、国造を監督するために中央から臨時に官人（クニノミコトモチ）を派遣することがあり、『日本書紀』はこれを国司と表記したのであろう。

(10)『法王帝説』は、太子による『勝鬘経』の講説を戊午年（推古六年）のこととし、播磨国の水田施入は『勝鬘経』講説に対してのことであるとする。また、天平十九年の「法隆寺縁起資財帳」は、戊午年に『法華』『勝鬘』等の経を講じたとし、天皇から施入された播磨国の地を、伊河留我本寺・中宮尼寺・片岡僧寺三寺分にわけて施入したとする。太子講経の話は、北魏、世宗の『維摩経』講説の話など、中国帝王の故事から着想された説話かとみられるが、『勝鬘』『法華』『維摩』などの経は、南北朝時代の中国でもっとも重んじられた経典で、その系譜をひくわが飛鳥時代の仏教においてもおそらく重んじられていたものと思われる。法隆寺の学団では、これらの講経が行事として早くから行なわれ、その財源として播磨国の水田からの収入をあてることが行なわれていたため、その起源説話としてこのような講説の話が構想されたものとも考えられる。なお、法隆寺には『勝鬘』『法華』『維摩』三経の義疏《ぎしょ》が伝えられ、奈良時代には聖徳太子の撰とされていた。

(11) 法隆寺。同寺金堂薬師像の光背銘によると、用明天皇の丙午年（元年）、用明天皇によって寺と薬師像の造営が発願され、推古天皇の丁卯年（十五年）にそれが完成したことになるが、この銘文の内容には疑問があり、聖徳太子の死後、その冥福のために、金堂釈迦三尊像（推古三十一年）や天寿国繡帳（推古三十年）が作られたのが実質的な出発点であったと考えられる。最初の斑鳩寺は、現在の法隆寺（西院）の東南にあたる、いわゆる若草伽藍であり、四天王寺式の伽藍配置を有していた。いまの法隆寺は、もとの斑鳩寺が天智九年の火災で焼失した後、現在の地に再興されたものとみられるが、金堂・塔・中門・回廊南半部など伽藍中最古に属する建築には、飛鳥様式の要素がつよく残っている。

(12)『日本書紀』では推古十五年（六〇七年＝隋煬帝《ようだい》の大業三年）の小野妹子の遣使が最初だが、『隋書』倭国伝には、これより先、文帝の開皇二十年（六〇〇年＝推古八年）にも遣使があったと伝える。この推古十五年の遣使について、『隋書』には、倭国の王多利思比孤《たりしひこ》の使者が、海西の菩薩天子が仏法を重んじていると聞き、朝拝し、兼ねて沙門数十人を送って仏法を学ばせる旨を述べたが、その国書に、「日出《い》ずる処の天子、書を日没する処の天子に致す。恙《つつが》なきや」云々とあったので、煬帝はよろこばなかったとある。

(13) 実際は妹子が煬帝の返書の内容をはばかり、途中で奪われたことにしたのではないかとの説がある。

(14) 彼らのほとんどは大和・河内・近江などの渡来系氏族の出身者で、推古朝の末年から舒明朝にかけて帰朝し、隋・唐の新しい政治制度や、仏教と国家との関係についての知識をわが国にもたらし、大化の政治改革に貢献した。

(15)原文には「道人等十一」とある。道人は仏教で得道した者をいい、推古三十二年四月条にも用例があるが、ここでは道欣の誤りと解した。

(16)(17)新羅の貴族組織である六部のうちの、それぞれ沙梁部・梁部に相当する。奈末・大舎は官位(一一四ページの表参照)。

(18)新羅の六部のなかの習比部の比を脱したものか。

(19)隋は六一一年(大業七年)以来、三度にわたる高句麗遠征を行なったが、六一四年(大業十年=推古二十二年)の第三回の遠征には両国とも疲弊がはなはだしく、煬帝は高句麗の請をうけて軍を引き上げた。しかし、隋の各地に反乱がおこり、六一八年(推古二十六年)、煬帝は江都で殺され、李淵《りえん》(高祖)が帝位について唐朝が開かれた。この年の高句麗の遣使は、隋と交わってきた日本に隋の滅亡を知らせ、あわせて日本との和親を求めたものであろう。

(20)天皇記は天皇の世系・事績等を記したもので、帝紀・帝皇日継とよばれるものに当たる。国記は国としての歴史もしくは地誌、臣・連以下は当時の社会階層をあらわす慣用句で、それぞれの身分のことを記そうとしたものであろう。このうち、天皇記・国記は草稿程度のものができていたと思われるが、蘇我氏の私邸にとどめられ、蘇我氏滅亡のとき焼かれて、わずかに国記のみがとり出された。臣・連以下公民などの本記は、名称も熟していず、完成したとは考えられない。
なお、臣は大和政権を構成する中央豪族、またはそれに準じる地方豪族の姓《かばね》。連は、朝廷の職掌をそれぞれ世襲する伴造のうち、身分の高い氏の姓。国造は、大和政権の地方官としての地方豪族。百八十部は、伴造の配下にあって朝廷の職務にあたる人々。公民は朝廷の直接支配下の人民を示す。

(21)『日本書紀』は太子が推古二十九年二月五日に薨じたとするが、天寿国繡帳銘・法隆寺金堂釈迦三尊像銘・太子伝私記法起寺塔露盤銘などによって、翌推古三十年（壬午）二月二十二日とすべきである。

(22)(23) 僧正・僧都は、令《りょう》の僧綱《そうごう》制につながる僧尼による自律的な仏教統制機関。その名称は、中国南朝の仏教統制機関に由来しており、おそらく百済をへて日本に伝えられたものであろう。いっぽう法頭は、大化元年八月条にも見え、俗人による寺院財政の監督機関であって、仏教の統制が、僧・俗の二元的な体制によって行なわれていたことがわかる。ただし、この推古三十二年の記事には、説話的要素もあり、この時点で全国的な仏教統制機関が成立したことには疑問な点がないでもない。四七五ページ注(59)参照。

(24) 葛城県は天皇の直轄領である大和の六県の一つ。もと葛城氏の本拠であったため、同族のゆえをもって蘇我馬子もここを本拠だと主張したのであろう。馬子は葛城臣とも称していたらしい。

日本書紀巻第二十三

息長足《おきながたらし》日《ひ》広額天皇《ひろぬかのすめらみこと》　舒明《じょめい》天皇

皇嗣定まらず

息長足日広額天皇は、渟中倉太珠敷天皇《ぬなくらのふとたましきのすめらみこと》（敏達天皇）の孫、彦人大兄皇子《ひこひとのおおえのみこ》（押坂彦人大兄皇子）の子である。母を糠手姫皇女《あらてひめのみこ》（敏達天皇皇女）と申し上げる。豊御食炊屋《とよみけかしきや》姫天皇《ひめのすめらみこと》（推古天皇）の二十九年に、皇太子豊聡耳尊《とよとみみのみこと》（聖徳太子）が薨《こう》じ、その後皇太子を立てないまま、三十六年の三月に天皇はお崩《かく》れになった。

九月（推古三十六年）に、葬儀は終わったが、皇嗣はまだ定まらなかった。このとき、蘇我蝦夷臣《そがのえみしのおみ》（馬子の子）が大臣《おおおみ》であって、独断で皇嗣を定めようと思ったが、群臣《まえつきみたち》が従わないことを恐れ、思いなおして阿倍麻呂臣《あへのまろのおみ》とはかり、群臣を集めて大臣の家で饗応した。食事が終わり、散会しようとするとき、大臣は阿倍臣に命じて、群臣に、「さて、いま天皇がすでにお崩れになったのに皇嗣がない。早く処置を講じないと、事変がおこる恐れがある。ところで、どの王《みこ》を皇嗣としたらよいであろう。天皇が御病のおり、田村皇子《たむらのみこ》に詔して、『天下《あめのした》を治めるということは、天からゆだねられた重大なしごとです。安易に口にすべきことではありません。田村皇子よ、慎重に、よくものごとを見とおすことです。しっかりおやりなさい』と言われた。つぎに山背大兄王《やましろのおおえのみこ》に詔して、『おまえはひとりでとやかく言ってはなりません。かならず人々のことばに従い、行ないを慎んで間違いをしないように』と言われた。これが天皇の御遺言である。さていずれを天皇としたらよいであろう」

と話させた。群臣はおし黙り、答える者がなかった。もう一度問うたが、やはり答えがなかった。あえてまた問うたところ、大伴鯨連《おおとものくじらのむらじ》が進み出て、

「天皇の御遺言に従うまでです。このうえ人々の意見を求める必要はありません」

と言った。そこで阿倍臣が、

「どういうことなのだ。思うことをはっきりと言ってみよ」

と言うと、鯨は、

「天皇はどのようにお思いになって、田村皇子に詔して、『天下を治めるということは、天からゆだねられた重大なしごとです。しっかりおやりなさい』と言われたのでしょうか。このおことばからすれば、皇位はすでに定まっております。だれも異議をとなえる者はありますまい」

と答えた。すると、采女臣摩礼志《うねめのおみまれし》・高向臣宇摩《たかむくのおみうま》・中臣連弥気《なかとみのむらじみけ》・難波吉士身刺《なにわのきしむさし》の四人の臣《まえつきみ》が、

「大伴連の言うとおりです。まったく異論はございません」

と言った。これに対し、許勢臣大摩呂《こせのおみおおまろ》・佐伯連東人《さえきのむらじあずまひと》・紀臣塩手《きのおみしおて》の三人は、進み出て、

「山背大兄王こそが天皇におなりになるべきです」

と言った。ただ、蘇我倉摩呂臣《そがのくらまろのおみ》〔別名を雄当《おまさ》という〕だけは、

「私は、この場ですぐに申し上げることはできません。十分考えたうえで申し上げます」

と言った。そこで大臣は、群臣の意見がまとまらず、ことの成功しないことを知って、退席した。

これより先、大臣は、ひとりで境部摩理勢臣《さかいべのまりせのおみ》（蘇我氏の一族）に会い、

「いま、天皇がお崩《かく》れになって皇嗣がない。誰を天皇としたらよいであろう」

と尋ねたが、摩理勢は、

「山背大兄を推して天皇といたしましょう」

と答えた。

山背大兄王の抗議

いっぽう山背大兄は、斑鳩宮《いかるがのみや》にあってこのような議論を耳にはさみ、三国王《みくにのおおきみ》・桜井《さくらいの》

臣和慈古《おみわじこ》の二人を遣わして、内密に大臣に、

「伝え聞くところによると、叔父上（蝦夷）は田村皇子を天皇にしようと思っておられるということだが、私にはどうしてもそのわけがわからない。どうか叔父上の考えをはっきりと知らせてほしい」

と言われた。大臣は、山背大兄の申し出に自分ひとりでは返答しかね、阿倍臣（麻呂）・中臣連（弥気）・紀臣（塩手）・河辺臣《かわべのおみ》（禰《ね》受《ず》か）・高向臣（宇摩）・采女臣（摩礼志）・大伴連（鯨）・許勢臣（大麻呂）らをよびよせて、山背大兄のことばをつぶさに語り、そのうえでこれらの大夫《まえつきみたち》たちに、

「おまえたち大夫は、そろって斑鳩宮に行き、山背大兄王に、『賤しい私（蝦夷）が、どうして独断で安易に皇嗣を定めましょう。ただ天皇の遺詔の内容を群臣《まえつきみたち》に告げたまでであります。群臣は口々に、御遺言のとおりならば、田村皇子が当然皇嗣であるべきで、異論があろうはずはないと申しました。これは群卿《まえつきみたち》の言ったことで、私だけの気持から出たものではございません。私には自分なりの考えがございますが、恐れ多いので人づてには申し上げられません。お目にかかったおりに直接に申し上げます』と、このように申し上げるのだ」

と言った。そこで大夫たちは、大臣の命をうけてそろって斑鳩宮に行き、三国王と桜井臣（和慈古）とを通じて、大臣のことばを山背大兄に申し上げた。大兄王は、三国王らを通

じて大夫たちに、

「天皇の遺詔とは、どのようなことか」

とお尋ねになった。大夫たちは、

「私どもは、くわしいことは存じません。ただ、大臣のお話では、天皇が御病気のおり、田村皇子に詔して、『今後の国の政《まつりごと》のことは、安易に口にすべきではありません。それゆえ、田村皇子よ、発言には気をつけて、心をゆるめてはなりません』と言われ、つぎに大兄王に詔して、『おまえはまだ未熟だから、あれこれとやかましく言ってはなりません。必ず群臣《まえつきみたち》のことばに従うのです』と言われた。これは、お側近くにいた女王や采女《うねめ》（後宮に仕える地方豪族の子女）たちがみな知っていることで、また大王《きみ》（山背大兄王）もよく御存じのことだ、とのことでございます」

とお答えした。大兄王がまた、

「この遺詔のことを知っているのは、どのような人なのだ」

とお尋ねになると、

「そのような機密のことについては、私どもは存じておりませんでした」

とお答えした。そこで大兄王は、さらに大夫たちに、

「いとしい叔父上が、私のことを心配されて、ただの使者ではなく、このような重臣たちを遣わされ、教えさとしてくださるのは、たいへんありがたいことだ。しかし、いまおま

えたちがのべた天皇の御遺言は、私の聞いたところとは少し違っている。私は天皇が御病気だとうかがって、急いで参上し、門下に侍していた。すると、中臣連弥気《みけ》が宮中から出てきて、『およびせよとの天皇のおことばでございます』と言ったので、進んで閤門（内門）に向かうと、栗隈采女黒女《くるくまのうねめくろめ》が庭に迎え、大殿に導いた。入ってみると、お側仕えの栗下女王《くるもとのおおきみ》をかしらに、女孺《めのわらわ》（諸氏族出身の下級の女官）の鮪女《しびめ》ら八人、あわせて数十人が天皇のお側近くに侍していた。田村皇子もそこにおられた。そのとき天皇は御病気が重く、私を御覧になることができなかった。栗下女王が、『およびになられた山背大兄王がまいられました』と申し上げると、天皇は身体をお起こしになり、詔して、『自分は、つたない身でありながら、長い間天子として国を治めることに力をつくしてきました。しかし、いまや齢《よわい》もつき、病をさけることができません。おまえはもともと私とは心へだてのない間柄で、私はひと一倍おまえをいつくしんでいます。皇位が国家にとってたいせつなことは、私の治世に限ったことではありません。ふだんからよく努めることです。おまえは未熟だが、発言には十分気をつけなさい』と言われた。これは、そのとき天皇のお側近くに侍していた者がみな知っていることである。そのようなわけで、私は天皇のありがたいおことばを受けて、おそれ多くもあり、悲しくもあった。しかし心のなかでは、おどりあがるほど嬉しく、どうしようもなかった。天子として国を治めることは大変な重いしごとであるのに、自分はまだ若く、識見もない。どうしてその任に当たれようか、と思った。叔父上やおまえたちに話そうかとも思ったが、まだ言うべき時ではなかったので、いままで言わなかったまでだ。

私は以前、叔父上の病を見舞いに京《みやこ》（飛鳥）に行き、豊浦寺《とゆらでら》に滞在したことがある。その日天皇は、八口采女鮪女《やくちのうねめしびめ》を遣わして私に詔して、『おまえの叔父の大臣は、いつもおまえのことを心配して、いつかはきっとおまえが皇位につくことがあろうと言っています。それゆえ、行ないを慎み、自愛するように』と言われた。はっきりこのようなことがあったのだから、何の疑わしいことがあろう。しかし私は、決して皇位に執着しているのではない。ただ自分の知っていることをはっきりさせたまでだ。これは、天地の神々がともに証明しておられる。それゆえ、なんとかして天皇の御遺勅のむねを正しく知りたい。大臣から遣わされたおまえたちは、元来、厳矛《いかしほこ》（いかめしい矛）〔厳矛、これを伊箇之倍虚《いかしほこ》という〕をまっすぐ立てるように、臣下の申し上げることばを公正に伝えることを職務とする人々である。それゆえ、よく叔父上に申し伝えてほしい」

と言われた。いっぽう、泊瀬仲王《はつせのなかのみこ》（山背大兄王の異母弟）は、中臣連と河辺臣とだけをよんで、

「だれもが知っているように、われわれの父子（聖徳太子とその子たち）は、みな蘇我氏から出ている。それゆえ、蘇我氏を高い山のように頼りにしているのだ。どうか、皇嗣のことはあまり言わないようにしてほしい」

と言われた。山背大兄王は、三国王と桜井臣とに命じ、群臣《まえつきみたち》につきそわせて大臣のもとに遣わし、

「返事を聞かせてほしい」

と言われた。大臣は、紀臣と大伴連とを通じて、三国王と桜井臣とに、

「先日申し上げたとおりで、なにも変りはございません。ですが、どうして私が、ある王《きみ》を軽んじ、ある王を重んじるというようなことをいたしましょう」

と言った。

数日後、山背大兄は、また桜井臣を遣わして、大臣に、

「先日のことは、ただ私が聞いたことを述べただけです。どうして叔父上にたがうようなことがありましょう」

とお告げになった。この日、大臣は病がおこり、直接桜井臣にものを言うことができなかった。翌日、大臣は桜井臣をよび、阿倍臣・中臣連・河辺臣・小墾田臣《おはりだのおみ》・大伴連を遣わして、山背大兄に、

「磯城嶋宮御宇天皇《しきしまのみやにあめのしたしらししすめらみこと》（欽明天皇）の御代から近年にいたるまで、群卿《まえつきみたち》はみな賢明な人々であります。ただ私だけは、識見もないのに、たまたま人が少ないときでしたので、その任ではないのに群臣《まえつきみたち》の上におるのでございます。このため、皇嗣を定めえないでおりますが、このことは重大で、人づてには申し上げられぬことですので、年老いた身

ではありますが、私が直接おめにかかって申し上げましょう。ただ遺勅をたがえるようなことは、けっしていたしておりません。私個人の考えから出たことではないのです」

と申し上げた。

境部摩理勢の最期

いっぽうで、大臣は、阿倍臣・中臣連を通じて、もう一度境部臣（摩理勢）に、

「どの王《みこ》を天皇としたらよいか」

と尋ねた。すると摩理勢は、

「せんだって、大臣が御自身でお尋ねになったときに、私はすでに申し上げたではないか。どうしていまさら人づてに言うことがあろう」

と答え、大いに怒って立ち上がり、行ってしまった。たまたまこのとき、蘇我の氏の諸族はみな集まって、嶋大臣《しまのおおおみ》（馬子）の墓を造るため、墓の地に泊まっていた。摩理勢臣は、墓地の宿泊所をうちこわし、蘇我（橿原市曽我町）の田家《なりどころ》（私有地）にひきこもって、出仕しようとしなかった。大臣はいきどおって、身狭君勝牛《むさのきみかつし》・錦織首赤猪《にしこりのおびとあかい》を遣わして、

「私はおまえの言うことが正しくないとわかっているが、親戚のよしみから、とてもおまえを傷つけることはできない。他人の言うことがまちがいでおまえが正しいのなら、私は当然他人の意見をしりぞけておまえに従うだろうが、他人の言うことが正しくておまえが

まちがっていれば、私はおまえに反して他人の意見に従うのだ。もしおまえがどうしても私の意見に従わないようであれば、私とおまえの仲は離れ、国も乱れよう。そうなったら、後世の人々は、われわれ二人が国を滅ぼしたと言うことだろう。これでは後代に不名誉を残すことになる。だからどうか心を抑え、反逆しないでくれ」

と説得した。しかし摩理勢はなおも従わず、斑鳩におもむき、泊瀬王《はつせのみこ》（泊瀬仲王）の宮に住んだ。このため大臣はますます怒り、群卿《まえつきみたち》を遣わして、山背大兄に、

「近ごろ、摩理勢は私の命に従わず、泊瀬王の宮に潜んでおります。どうか摩理勢の身柄をお引き渡しください。事情を取り調べたいと思います」

と要請した。大兄王は、

「摩理勢はもともと、聖皇（聖徳太子）にかわいがられた人で、少しの間ここに来ているだけです。叔父上の心にそむくようなことがどうしてありましょう。どうかお咎めにならないでください」

とお答えになり、そして摩理勢に、

「おまえが先王（聖徳太子）の恩を忘れずにやって来たことは、とてもうれしい。だが、おまえひとりのことで、天下が乱れるだろう。先王は御臨終のおり、子供たちに、『もろもろの悪《あ》しきことを作《な》すな。もろもろの善きわざを行なえ』と言われた。私はこのお言葉をうけて、それをずっと自分の戒めとしてきた。それゆえ、自分の気持としては受けがた

いことであっても、辛抱して怨みには思わないのだ。また、自分としては叔父上に逆らうことはできないのだ。どうか、いまからでよい。遠慮なく意見を改め、みなに従え。かってに退出してきてはいけない」

と言われた。そこで大夫《まえつきみ》たちもまた、摩理勢臣に、

「大兄王の命にたがってはならぬ」

と説得した。このため摩理勢臣は、よるべきところもなく、泣きつつまた家に帰ったが、十日あまりすると、泊瀬王が急に病にかかって薨じた。摩理勢臣は、

「私はこれから、誰を頼りにして生きていけばよいのか」

となげいた。大臣は境部臣（摩理勢）を殺そうと、兵士を集めて遣わした。境部臣は、軍勢が来ることを聞くと、仲子《なかち》（次男）の阿椰《あや》をつれて門に出、胡床《あぐら》（床几）にすわってそれを待った。やがて軍勢は到着し、来目物部伊区比《くめのもののべのいくい》（刑の執行にあたる物部）に命じて絞殺させた。父子はともに死に、遺体はいっしょに埋められた。ただ兄子《このかみ》（長男）の毛津《けつ》だけは、尼寺の瓦舎《かわらや》（瓦ぶきの建物）に逃げかくれ、そこで一人二人の尼を奸《おか》した。ある尼がねたんで毛津のことを人に告げた。大臣の軍勢は寺を囲み、毛津を捕えようとしたが、毛津が寺を出て畝傍山《うねびやま》に入ったので、山を探索した。毛津は逃げ入るところがなく、みずから頸《くび》を刺して山の中で死んだ。人々は、
畝傍山《うねびやま》　木立《こたち》薄けど　頼みかも　毛津の若子《わくご》の　籠《こ》もらせりけむ(1)（畝傍山は木立がまば

らなのに、それを頼みに思って、毛津の若さまはお籠もりになっておられるのでしょうか。――境部臣父子が、勢力の弱い山背大兄王を頼りとして身をよせたことに同情したもの）と歌った。

舒明天皇の即位

元年の春正月の癸《みずのと》卯《う》の朔丙午《ひのえうま》（四日）に、大臣と群卿《まえつきみたち》とは、ともに天皇の璽印《みしるし》（鏡・剣）を田村皇子にたてまつった。皇子はそれを辞して、「天皇として国家を治めることは、重大なことだ。私は未熟で、とてもその任にたえない」と言われたが、群臣がなおも地に伏して、「大王《きみ》を、先朝《さきのみかど》（推古天皇）は非常にかわいがっておいでであありましたし、神も人も、大王に心をよせております。どうか皇統をおつぎになり、人々の上に光をお与えくださいませ」と熱心にお願いしたので、その日、皇位におつきになった。

夏四月の辛《かのと》未《のひつじ》の朔に、田部連《たべのむらじ》〔名は伝わらない〕を掖玖《やく》（屋久島）に遣わした。この年の太歳は己丑《つちのとのうし》。

二年の春正月の丁《ひのと》卯《のう》の朔戊寅《つちのえとら》（十二日）に、宝皇女《たからのひめみこ》（のちの皇極天皇）を皇后にお立てになった。皇后は二男一女をお生みになった。第一を葛城皇子《かずらきのみこ》〔近江大津宮《おうみのおおつのみやに》御宇天皇《あめのしたしらしめししすめらみこと》（天智天皇）である〕、第二を間人皇女《はしひとのひめみこ》（孝徳天皇の皇后）、第三を大《おおし》海《あまの》皇子《みこ》〔浄御原宮《きよみはらのみやに》御宇天皇《あめのしたしらしめししすめらみこと》（天武天皇）である〕と申し上げる。夫人《おおとじ》の蘇我《そが》嶋大臣《しまのおおおみ》（馬子）の女《むすめ》法提郎媛《ほてのいらつめ》は、古人皇子《ふるひとのみこ》〔大兄皇子《おおえのみこ》とも名づける〕を生んだ。また、吉備国《きびのくに》の蚊屋采女《かやのうねめ》をお娶しになり、蚊屋皇子《かやのみこ》がお生まれになった。

三月の丙寅《ひのえとら》の朔に、高麗《こま》（高句麗）の大使宴子抜《あんしばい》・小使若徳《にゃくとく》、百済の大使恩率素子《おんそつすし》・小使徳率武徳《とくそつむとく》がともに朝貢した。

第一回の遣唐使

秋八月の癸巳《みずのとのみ》の朔丁酉《ひのとのとり》（五日）に、大仁犬上君三田耜《だいにんいぬかみのきみみたすき》・大仁薬師恵日《くすしえにち》を大唐《もろこし》（唐）に遣わした。庚子《かのえね》（八日）に、高麗・百済の客人を朝廷で饗応した。九月の癸亥《みずのとのい》の朔丙寅《ひのえとら》（四日）に、高麗・百済の客人は帰国した。この月に、田部連らが掖玖から帰ってきた。

冬十月の壬辰《みずのえたつ》の朔癸卯《みずのとのう》（十二日）に、天皇は飛鳥岡《あすかのおか》のほとりにお移りになった。これを岡本宮《おかもとのみや》という。この歳、難波《なにわ》の大郡《おおごおり》（外国使臣接待用の庁舎）と、三韓《みつのからひと》の館《むろつみ》（宿泊施設）とを改修した。

三年の春二月の辛卯《かのとのう》の朔庚子《かのえね》（十日）に、掖玖の人が帰化した。三月の庚申《かのえさる》の朔に、百済の王義慈《ぎじ》が、王子豊章《ほうしょう》を質《むかわり》（人質）としてたてまつった。秋九月の丁巳《ひのとのみ》の朔乙《きのとの》亥《い》（十九日）に、天皇は津国《つのくに》の有間温湯《ありまのゆ》（神戸市北区の有馬温泉）におでましになった。冬十二月の丙戌《ひのえいぬ》の朔戊戌《つちのえいぬ》（十三日）に、天皇は温湯からお帰りになった。

四年の秋八月に、大唐は高表仁《こうひょうじん》を遣わして三田耜を送らせ、ともに対馬に着いた。学問僧の霊雲《りょううん》・僧旻《そうみん》（新漢人日文）、および勝鳥養《すぐりのとりかい》、新羅の送使らも従っていた。

冬十月の辛亥《かのとのい》の朔甲寅《きのえとら》（四日）に、唐国の使人高表仁らが難波津《なにわのつ》に着いた。天皇は、大伴連馬養《おおとものむらじうまかい》（長徳）を遣わして、江口《えぐち》（淀川の河口）で迎えさせた。船三十二艘をそろえ、鼓をうち、笛を吹き、旗を飾ってよそおいを整えた。そして高表仁らに、

「天子（唐の皇帝）の命をおびたお使が、天皇の朝廷においでになったと聞いて、お迎えにまいりました」

と告げると、高表仁は、

「風の吹きすさぶこのような日に、船を飾り整えてお出迎えくださり、うれしくまた恐縮に存じます」

と答えた。そこで難波吉士小槻《なにわのきしおつき》・大河内直矢伏《おおしこうちのあたいやふし》に命じて先導させ、館《むろつみ》の前に船を着けさせ、伊岐史乙等《いきのふびとおと》・難波吉士八牛《やつし》を遣わして、客人たちを館に案内させた。その日、客人に神酒《みわ》を賜わった。

五年の春正月の己卯《つちのとのう》の朔甲辰《きのえたつ》（二十六日）に、大唐の客人高表仁らは帰国した。(2) 送

使の吉士雄摩呂《きしのおまろ》・黒麻呂《くろまろ》らは、対馬まで行き、そこから引き返した。

災異あいつぐ

六年の秋八月に、長い星が南の方角に見えた。(3) 人々は、彗星《ははきぼし》だと言った。

七年の春三月に、彗星はめぐって東に見えた。

夏六月の乙丑《きのとのうし》の朔甲戌《きのえいぬ》（十日）に百済は達率柔《ぬ》らを遣わして朝貢した。秋七月の乙《きのとの》未《ひつじ》の朔辛丑《かのとのうし》（七日）に、百済の客人を朝廷で饗応した。

この月に、めでたい蓮が剣池《つるぎのいけ》（橿原市石川町）にはえた。一つの茎に、二つの花が咲いた。

八年の春正月の壬辰《みずのえたつ》の朔に、日食があった。三月に、采女を姧《おか》した者をことごとく取り調べ、みな罪に処した。このとき、三輪君小鷦鷯《みわのきみおさざき》は、罪を問われたことを苦にし、みずから頸を刺して死んだ。

夏五月に、霖雨《ながあめ》があり、大水がおこった。

六月に、岡本宮に火災がおこり、天皇は田中宮《たなかのみや》（橿原市田中町）にお移りになった。

秋七月の己丑《つちのとのうし》の朔に、大派王《おおまたのおおきみ》（敏達天皇の皇子）が、豊浦大臣《とゆらのおおおみ》（蘇我蝦夷）に、「群卿《まえつきみたち》（大夫）や百寮《つかさつかさ》（各官司の役人）が、朝廷への出仕をなまけている。今後は、卯《うのとき》（午前六時）の始に出仕し、巳《みのとき》（午前十時）の後に退出させよ。そのために、鐘をついて時刻を知らせ、規則を守らせるようにせよ」

と言われた。しかし大臣はこれに従わなかった。

この歳、大変な旱《ひでり》があり、国中が飢えた。

九年の春二月の丙辰《ひのえたつ》の朔戊寅《つちのえとら》（二十三日）に、大きな星が東から西に流れ、雷のような音がした。人々は、

「流れ星の音だ」

と言ったり、

「地雷《つちのいかずち》だ」

と言ったりしたが、僧旻僧《そうみんほうし》は、

「流れ星ではない。これは天狗《あまつきつね》だ。天狗の吠える声が雷に似ているだけだ」

と言った。

三月の乙酉《きのとのとり》の朔丙戌《ひのえいぬ》（二日）に、日食があった。

この歳、蝦夷《えみし》が叛《そむ》いて朝貢しなかったので、大仁上毛野君形名《かみつけののきみかたな》を将軍に任じて征討させた。(4)しかし、逆に蝦夷に敗れて城塁に逃げこみ、賊に包囲された。軍勢はみな逃げうせて城を守る者もなく、将軍は途方にくれた。ちょうど日が暮れたので、垣を越えて逃げようとした。すると方名君《かたなのきみ》の妻は、

「くやしい。蝦夷の手にかかって殺されるなどとは」

となげき、夫に、

「あなたの先祖の方々は、青海原を渡り、万里の道をふみ越えて、海のかなたの国を平らげ、武勇を後の世に伝えました。いまあなたが先祖の名を汚したら、きっと後の世の人々に笑われます」

と言って、酒をくんでむりやり夫に飲ませた。そして、みずから夫の剣をはき、十の弓を張って、数十人の女にその弦《つる》を鳴らさせた。夫も気をとり直し、武器をとって進撃した。蝦夷は、まだ軍勢が多くいるのだと思い、少し兵を後退させた。そこで逃げ散っていた兵卒は再び集まり、また隊を整え、蝦夷を撃って大破し、ことごとくそれを捕虜にした。

十年の秋七月の丁《ひのと》未《ひつじ》の朔乙《きのとの》丑《うし》（十九日）に、大風があり、木を折り、家屋を壊した。九月に、霖雨《ながあめ》があり、桃や李《すもも》が花をつけた。

冬十月に、天皇

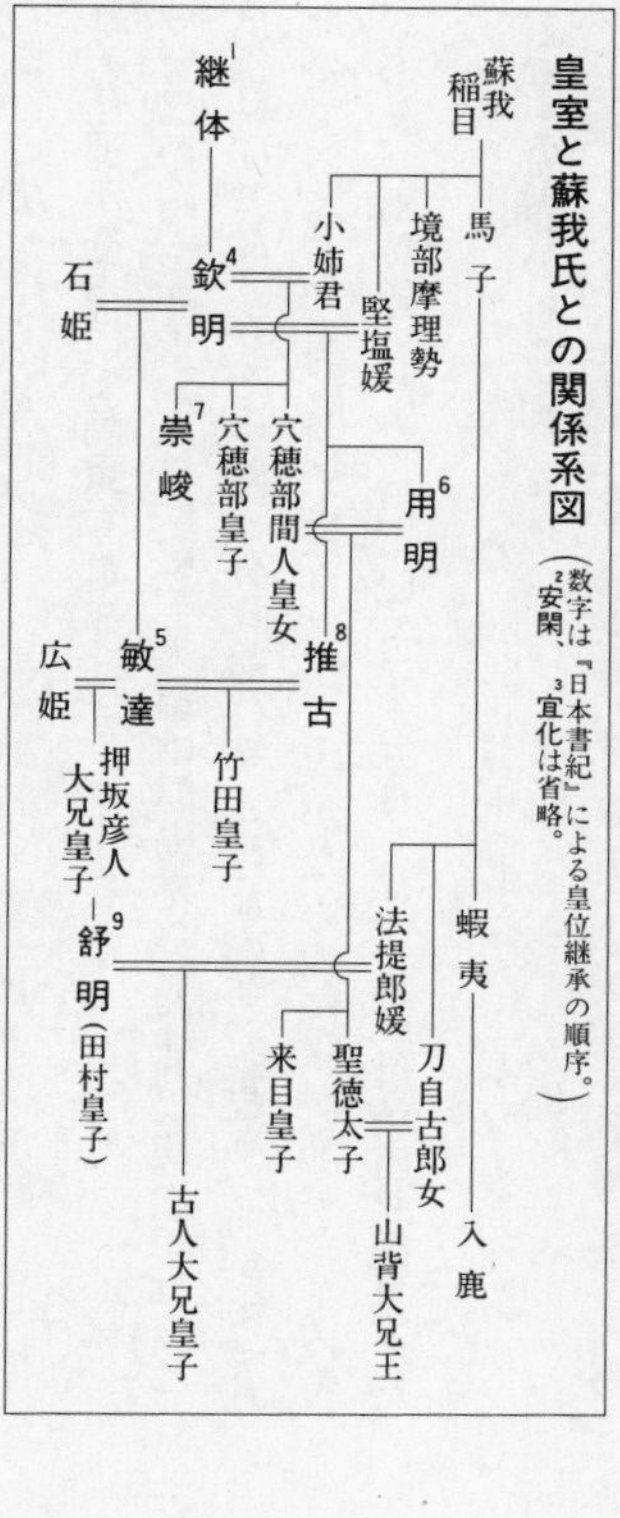

皇室と蘇我氏との関係系図（数字は『日本書紀』による皇位継承の順序。²安閑、³宣化は省略。）

は、有間温湯宮《ありまのゆのみや》におでましになった。

この歳、百済・新羅・任那がそろって朝貢した。

十一年の春正月の乙巳《きのとのみ》の朔 壬子《みずのえね》（八日）に、天皇は温湯《ゆ》からお帰りになった。乙《きのと》卯《う》（十一日）に、新嘗《にいなえ》を行なった。(5) おそらく、有間に行幸されたので、新嘗（前年十一月の）を行なわなかったのであろう。丙辰《ひのえたつ》（十二日）に、雲がないのに雷があった。丙寅《ひのえとら》（二十二日）に、大風があり、雨が降った。己巳《つちのとのみ》（二十五日）に、長い星が西北に見えた。そのとき、旻《みん》師（僧旻）は、

「彗星《ははきぼし》だ。あれが見えると飢饉がおこる」

と言った。

秋七月に、天皇は詔して、

「今年、大宮と大寺とを造らせる」

と言われた。そこで、百済川のほとりを宮の地とし、西（西国）の民は宮（百済宮）を造り、東（東国）の民は寺（百済大寺）(6)を造った。また、書直県《ふみのあたいあがた》（倭漢書直）をそのための大《おお》匠《だくみ》（建築技師長）とした。

秋九月に、大唐の学問僧恵隠《えおん》・恵雲《えうん》が、新羅の送使に従って京《みやこ》に入った。

冬十一月の庚子《かのえね》の朔に、新羅の客人を朝廷で饗応し、冠位一級を賜わった。

十二月の己巳《つちのとのみ》の朔 壬午《みずのえうま》（十四日）に、天皇は伊予温湯宮《いよのゆのみや》（松山市の道後温泉）にお

でましになった。この月に、百済川のほとりに九重の塔を建てた。

十二年の春二月の戊辰《つちのえたつ》の朔甲戌《きのえいぬ》（七日）に、星が月に入った。

夏四月の丁卯《ひのとのう》の朔壬午《みずのえうま》（十六日）に、天皇は伊予からお帰りになり、厩坂宮《うまやさかのみや》（橿原市大軽町）にお住まいになった。

五月の丁酉《ひのとのとり》の朔辛丑《かのとのうし》（五日）に、大がかりな斎会《さいえ》をもうけ、恵隠僧《ほうし》を請じて『無量寿経』を説かせた。(7)

冬十月の乙丑《きのとのうし》の朔乙亥《きのとのい》（十一日）に、大唐の学問僧清安《せいあん》（南淵漢人請安）、学生高向《たかむくの》漢人《あやひと》玄理《げんり》が、新羅を経由して帰国した。百済・新羅の朝貢使もともに従って来朝したので、それぞれに爵（冠位）一級を賜わった。

この月に、天皇は百済宮《くだらのみや》にお移りになった。

十三年の冬十月の己丑《つちのとのうし》の朔丁酉《ひのとのとり》（九日）に、天皇は百済宮でお崩《かく》れになった。丙《ひのえ》午《うま》（十八日）に、宮の北で殯《もがり》をした。これを百済の大殯《おおもがり》という。このとき、東宮の開《ひらかす》別《わけの》皇子《みこ》(8)（葛城皇子、のちの天智天皇）が、十六歳で誄《しのびごと》（死者をしたい、その霊に向かってことばをのべる）をされた。

(1) 時事を諷刺するためにこどもに歌わせ、流行させるいわゆる童謡《わざうた》で、『日本書紀』では舒明紀から天智紀にかけて多く見られる。これは、数多くの天変地異の記事とともに、『日本書紀』編者が『漢書』『後漢書』の五行志にならってとり入れたものと考えられ、実際には民間の歌謡、ことに男女の交渉に関するものを童謡として収めたと思われるものが多い。

（2）『旧唐書』には、高表仁が王子と礼を争い、朝命を宣せずして還ったとある。『日本書紀』にも高表仁が天皇を拝した記事がない。またこの後、白雉四年まで、唐への遣使は二十年間行なわれなかった。

（3）以下舒明紀を通じて見られるこの種の記事には、『漢書』『後漢書』の五行志に類似の記事のあるものが多い。

（4）舒明九年条のこの記事は、景行五十六年条・仁徳五十五年条・雄略二十三年条・敏達十年条などと一連のもので、上毛野氏の伝承を記した家記によるものであろう。なお、上毛野氏が新羅征討にあたったという伝承は、神功摂政四十九年三月条・仁徳五十三年五月条などに見える。

（5）一四三ページ注（3）参照。ここは前年十一月に行なうべきところがおくれたので、とくに記したもの。

（6）のちの大官大寺・大安寺の起源。聖徳太子の熊凝道場を移したものと伝える。所在地は奈良県北葛城郡広陵町百済。のち雷火で焼失したので、天武天皇が高市郡夜部村（現在の明日香村）に移し、大官大寺としたという。

（7）『無量寿経』はいわゆる「浄土三部経」の一つ。この記事は孝徳紀白雉三年四月壬寅条と酷似する。あるいは同事重出か。

（8）「東宮」は追記か。

日本書紀巻第二十四

天豊財《あめとよたから》重《いかし》日《ひ》足姫《たらしひめの》天皇《すめらみこと》　皇極《こうぎょく》天皇

皇后の即位

天豊財重日（重日、これを伊柯之比《いかしひ》という）足姫天皇は、渟中《ぬな》倉《くらの》太珠敷《ふとたましきの》天皇《すめらみこと》（敏達天皇）の曽孫で、押坂彦人大兄皇子《おしさかのひこひとのおおえのみこ》の孫《みまご》であり、茅渟王《ちぬのおおきみ》の女《むすめ》である。その母を吉備姫《きびつひめの》王《おおきみ》と申し上げる。天皇は、古えの道にのっとって政《まつりごと》を行なわれた。息長足日広額《おきながたらしひひろぬかの》天皇《すめらみこと》（舒明天皇）の二年に、皇后にお立ちになった。十三年の十月に、息長足日広額天皇はお崩《かく》れになった。

元年の春正月の丁巳《ひのとのみ》の朔辛未《かのとのひつじ》（十五日）に、皇后は皇位におつきになった。もとどおり蘇我臣蝦夷《そがのおみえみし》を大臣《おおおみ》とした。大臣の子入鹿《いるか》〔またの名は鞍作《くらつくり》〕は、みずから国政の権をにぎり、その勢威は父以上であった。このため、盗賊もその勢いに恐れおじけ、道に落し物があってもだれも拾おうとしないほどであった。

百済と高句麗の政変

乙酉《きのとのとり》（二十九日）に、百済に遣わされた使人の大仁阿曇連《あずみのむらじ》比羅夫《ひらぶ》が、筑紫国から早馬に乗って到着し、

「百済国は、天皇（舒明天皇）がお崩《かく》れになったと聞いて、弔使を遣わしてまいりました。私は、弔使に随行してともに筑紫までまいりましたが、御葬儀に奉仕したく思いましたので、弔使に先立ってひとりでまいりました。しかも、かの国は、いま大いに乱れております」

と申し上げた。

二月の丁亥《ひのとのい》の朔《つちのえね》戊子（二日）に、阿曇山背連《あずみのやましろのむらじ》比羅夫（阿曇連比羅夫）・草壁吉士《くさかべのきし》磐金《いわかね》・倭漢書直県《やまとのあやのふみのあたいあがた》を百済の弔使のもとに遣わし、その国のようすを尋ねさせた。弔使は、

「百済国の王《こきし》（義慈王）は、私に、『塞上《さいじょう》（義慈王の弟で、当時日本にいた）はいつもよくないことをしている。帰国する使につけて百済に帰していただきたいのだが、天皇はお許しになるまい』と言われました」

と返答した。また、百済の弔使の従者たちは、

「去年の十一月、大佐平《だいさへい》(1)智積《ちしゃく》がなくなりました。また、百済の使人が崐崘《こんろん》（インドシナ

南部からマレー半島にかけての地方）の使を海に投げこみました。今年の正月には、国王の母がおなくなりになり、弟王子《だいおうじ》にあたる子の翹岐《ぎょうき》や、同母妹の女子四人、内佐平《ないさへい》(2)岐味《きみ》、それに高い家柄のかた四十人あまりが、島に追放されました」

と語った(3)。

壬辰《みずのえたつ》（六日）に、高麗《こま》（高句麗）の使人の船が難波津《なにわのつ》に着いた。丁未《ひのとのひつじ》（二十一日）に、大夫《まえつきみ》たちを難波の郡《こおり》に遣わして、高麗国の朝貢した金銀などや、その献上物を点検させた。高麗の使人は、貢献のことが終わると、

「去年の六月に弟王子《だいおうじ》（栄留王の弟大陽王）がおなくなりになり、秋九月には、大臣伊梨柯須弥《いりかすみ》（泉蓋蘇文=蓋金）が大王（栄留王）を殺したうえ、伊梨渠世斯《いりこせし》など百八十余人を殺害して、弟王子の子（宝臧王）を

皇極天皇以降の皇室系図（数字は『日本書紀』『続日本紀』による皇位継承の順序）

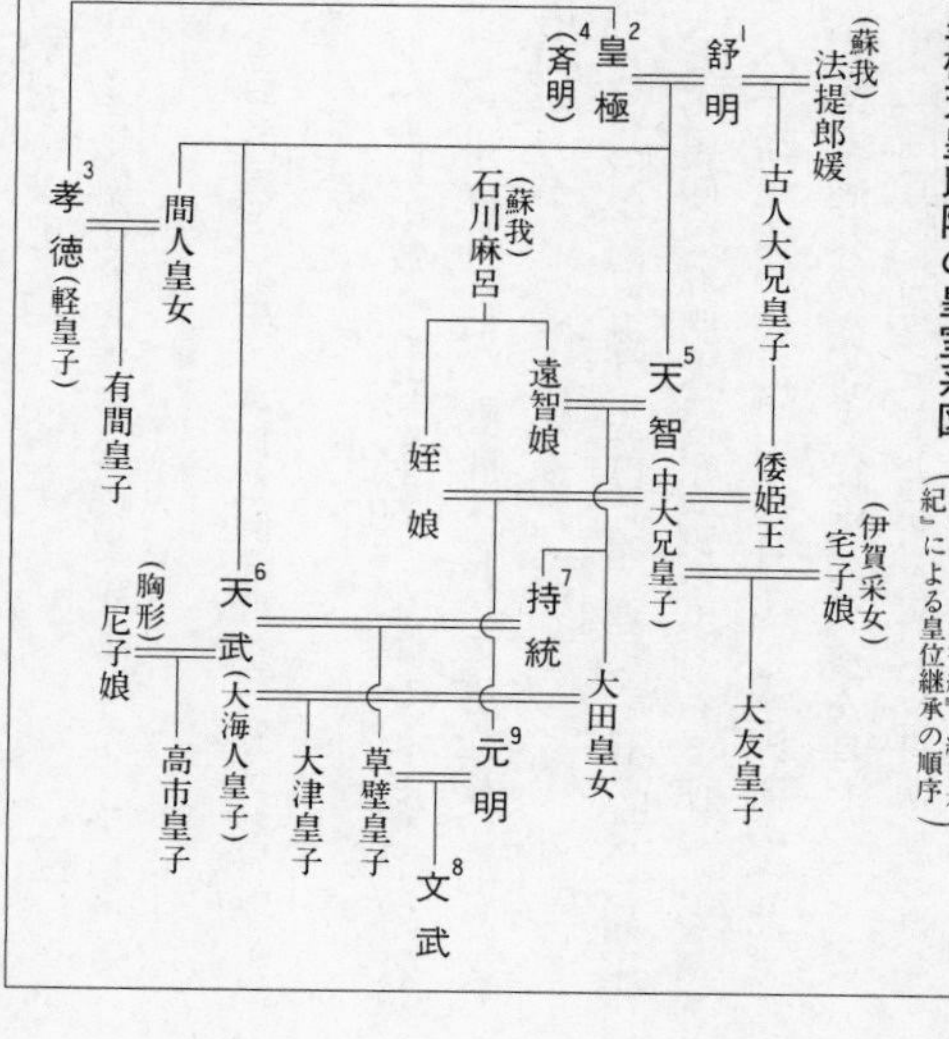

王とし、自分の同族の都須流金流《つするこんる》を大臣といたしました」

と申し上げた[4]。戊申《つちのえさる》（二十二日）に、高麗・百済の客を難波の郡で饗応した。天皇は大臣（蝦夷）に詔して、

「津守連大海《つもりのむらじおおあま》を高麗に、国勝吉士水鶏《くにかつのきしくいな》を百済に〔水鶏、これを倶毗那《くひな》という〕、草壁吉《くさかべのき》士《し》真跡《まと》を新羅に、坂本吉士長兄《さかもとのきしながえ》を任那に遣わすように」

と言われた。庚戌《かのえいぬ》（二十四日）に、翹岐（前に島に追放されたとある）をよびよせて、阿曇山背連（比羅夫）の家に住まわせた。辛亥《かのとのい》（二十五日）に、高麗・百済の客を饗応した。

　癸丑《みずのとのうし》（二十七日）に、高麗の使人、百済の使人が、ともに帰途についた。

　三月の丙辰《ひのえたつ》の朔戊午《つちのえうま》（三日）に、雲がないのに雨が降った[5]。辛酉《かのとのとり》（六日）に、新羅が、賀騰極使《ひつぎよろこぶるつかい》（皇極天皇の即位を祝う使）と弔喪使（舒明天皇の崩御をとむらう使）とを遣わしてきた。庚午《かのえうま》（十五日）に、新羅の使人が帰途についた。この月に、霖雨《ながあめ》があった。

　夏四月の丙戌《ひのえいぬ》の朔癸巳《みずのとのみ》（八日）に、大使の翹岐が従者を従えて天皇を拝した。乙《きのとの》未《ひつじ》（十日）に、蘇我大臣（蝦夷）は畝傍《うねび》の家に百済の翹岐らをよび、親しく対談し、良馬一匹と鉄二十鋌《てい》とを賜わった。しかし塞上はよばなかった。この月にも、霖雨があった。

　五月の乙卯《きのとのう》の朔己未《つちのとのひつじ》（五日）に、河内国の依網屯倉《よさみのみやけ》（大阪市の東南方）の前に翹岐らを召し、射猟《うまゆみ》（馬に乗ったまま獲物を弓で射る、騎射）を見させた。庚午《かのえうま》（十六日）に、百済国の調《みつき》の使の船と、吉士《きし》（国勝吉士水鶏か）の船とが、あいともに難波津に着いた〔吉

士はこれより先に百済に使したものか〕。壬申《みずのえさる》（十八日）に、百済の使人は調をたてまつり、吉士は帰朝の報告をした。乙亥《きのとのい》（二十一日）に、翹岐の従者が一人死んだ。丙子《ひのえね》（二十二日）に翹岐の子が死んだが、翹岐とその妻は子の死をいみおそれ、どうしても喪儀に列しようとしなかった。そもそも百済や新羅の風習では、死者があると、父母や兄弟、夫婦姉妹であっても、けっして自分ではそれに接しない。これから察すると、肉親をいつくしまないことのひどさは、鳥や獣と違いがないではないか。丁丑《ひのとのうし》（二十三日）に、みのった稲がもう現われた。戊寅《つちのえとら》（二十四日）に、翹岐は妻子をつれて百済《くだら》の大井《おおい》（大阪府河内長野市か）の家に移り、人を遣わして亡き子を石川に埋葬させた。

旱と雨乞い

六月の乙酉《きのとのとり》の朔庚子《かのえね》（十六日）に、わずかに雨が降った。この月は大変な旱《ひでり》であった。

秋七月の甲寅《きのえとら》の朔壬戌《みずのえいぬ》（九日）に、客星《まろうとほし》（常には現われない星）が月に入った。乙亥《きのとのい》（二十二日）に、百済の使人大佐平智積《ちしゃく》らを朝廷で饗応した〔ある本には、百済の使人大佐平智積、その子達率――名は伝わらない――と、恩率軍善《ぐんぜん》とであるという〕。そこで健児《ちからひと》（力の強い男）に命じ、翹岐の前で相撲をとらせた。智積らは宴終わって退出し、翹岐の家にいたり、拝礼した。

丙子《ひのえね》（二十三日）に、蘇我臣入鹿の竪者《しとべ》（少年の従者）が、白い雀《すずみ》の子をとらえた。この日の同時刻に、白い雀を籠に入れて蘇我大臣（蝦夷）に送った人があった。

　戊寅《つちのえとら》（二十五日）に、群臣《まえつきみたち》が、

「村々の祝部《はふりべ》（神職）が教えたとおりに、牛や馬を殺し、それを供えて諸社の神々に祈ったり、市をしきりに移したり、河伯《かわのかみ》に祈禱したりしましたが（いずれも中国風の雨乞いの行事）、さっぱり雨が降りません」

と相談すると、蘇我大臣は、

「寺々で大乗経典を転読するのがよい。仏の説きたまうとおりに悔過《けか》（罪過を懺悔《さんげ》し、罪報をまぬかれることを求めて行なう儀式）をし、うやうやしく雨を祈ることとしよう」

と答えた。庚辰《かのえたつ》（二十七日）に、大寺《おおでら》（百済大寺《くだらのおおでら》か）の南の広場に、仏菩薩の像と四天王の像とを安置し、多くの僧をまねいて『大雲経《だいうんきょう》』などを読ませた。蘇我大臣は手に香鑪《こうろ》をとり、香をたいて発願《ほつがん》した。辛巳《かのとのみ》（二十八日）に、わずかに雨が降った。壬午《みずのえうま》（二十九日）に、ついに雨を祈ることができず、経を読むことをやめた。

八月の甲申《きのえさる》の朔に、天皇は南淵《みなぶち》（明日香村）の川のほとりにおでましになり、ひざまずいて四方を拝し、天を仰いでお祈りになった。するとたちまち雷が鳴って大雨となり、とうとう五日も降りつづき、あまねく国中をうるおした（ある本には、五日雨が降りとおし、九穀《ここのつのたなつもの》が成熟したとある）。そこで国中の百姓《おおみたから》は、みなともによろこび、

「すぐれた徳をおもちの天皇だ」

と申し上げた。

己丑《つちのとのうし》（六日）に、百済の使の参官《さんかん》らが帰途についた、そこで、大きな船と、同船《もろきふね》（諸木舟。多くの木材を接合して造った船か）と、あわせて三艘を賜わった〔同船は、母慮紀舟《もろきふね》という〕。この日の深夜、雷が西南《ひつじさる》の方角に鳴り、風雨が起こって、参官らが乗った船は岸にぶつかってこわれた。丙申《ひのえさる》（十三日）に、小徳の冠位を百済の質《むかわり》（人質）の達率長福《ちょうふく》にお授けになった。中客《なかつまろうと》以下にも位一級をお授けになり、それぞれに物を賜わった。戊戌《つちのえいぬ》（十五日）に、船を百済の参官らに賜い、出発させた。己亥《つちのとのい》（十六日）に、高麗の使人が帰途についた。己酉《つちのとのとり》（二十六日）に、百済・新羅の使人が帰途についた。

九月の癸丑《みずのとのうし》の朔乙卯《きのとのう》（三日）に、天皇は大臣に詔《みことのり》して、

「大寺《おおでら》の造営を始めようと思うので、近江と越《こし》（北陸地方）の人夫を徴発するように」

と言われた〔百済大寺のことである〕。また、国々に命じて船を造らせた。辛未《かのとのひつじ》（十九日）に、天皇は大臣に詔して、

「今月から十二月までの間に、宮殿（飛鳥板蓋宮）を造営しようと思うので、国々で用材を伐採させなさい。それに、東は遠江《とおつおうみ》、西は安芸までの国々から、宮殿を造営するための人夫を徴発するように」

と言われた。癸酉《みずのとのとり》（二十一日）に、越《こし》の辺境の蝦夷《えみし》数千人が帰服した。

異変あいつぐ

冬十月の癸未《みずのとのひつじ》の朔庚寅《かのえとら》（八日）に、地震があり、雨が降った。辛卯《かのとのう》（九日）にも地震があり、夜にも地震があって風が吹いた。甲午《きのえうま》（十二日）に、蝦夷（越の蝦夷）を朝廷で饗応した。丁酉《ひのとのとり》（十五日）に、蘇我大臣は蝦夷を家にまねいて饗応し、親しくいたわりのことばをかけた。この日、新羅の弔使の船と、賀騰極使《ひつぎよろこぶるつかい》の船とが、壱岐嶋《いきのしま》に着いた（来朝のことはすでに三月条に見える）。丙午《ひのえうま》（二十四日）の夜中に、地震があった。

この月、夏の令《まつりごと》を行なったところ、雲がないのに雨が降った。(6)

十一月の壬子《みずのえね》の朔癸丑《みずのとのうし》（二日）に、大雨が降り、雷が鳴った。丙辰《ひのえたつ》（五日）の深夜に、雷が一度、西北《いぬい》の方角で鳴った。己未《つちのとのひつじ》（八日）に、雷が五度、西北の方角で鳴った。庚申《かのえさる》（九日）に、暖かで、春のような陽気であった。辛酉《かのとのとり》（十日）に、雨が降った。壬戌《みずのえいぬ》（十一日）に、暖かで、春のような陽気であった。甲子《きのえね》（十三日）に、雷が一度、北の方角で鳴り、風がおこった。丁卯《ひのとのう》（十六日）に、天皇は新嘗《にいなえ》を食された。(7) この日、皇子や大臣もそれぞれみずから新嘗の儀を行なった。

十二月の壬午《みずのえうま》の朔に、暖かで、春のような陽気であった。甲申《きのえさる》（三日）に、雷が五度、昼に鳴り、二度、夜に鳴った。甲午《きのえうま》（十三日）に、この日から息長足日広額天皇《おきながたらしひひろぬかのすめらみこと》（舒明天皇）の喪葬の儀を行なった。この日、小徳巨勢臣徳太《こせのおみとこだ》が、大派皇子《おおまたのみこ》（敏達天皇の皇子、舒明天皇の叔父）にかわって誄《しのびごと》を申し上げた。つぎに小徳粟田臣細目《あわたのおみほそめ》が、軽皇子《かるのみこ》（のちの孝徳天皇）にかわって誄を申し上げた。つぎに小徳大伴連馬飼《おおとものむらじうまかい》が、大臣にかわって誄を申し上げた。乙未《きのとのひつじ》（十四日）に、息長山田公《おきながのやまだのきみ》が、日嗣《ひつぎ》（歴代天皇が位についた次第）のことを誄申し上げた。辛丑《かのとのうし》（二十日）に、雷が三度、東北《うしとら》の方角で鳴った。庚寅《かのえとら》（九日）に、雷が二度、東に鳴り、風雨があった。壬寅《みずのえとら》（二十一日）に、息長足日広額天皇を滑谷岡《なめはさまのおか》（明日香村冬野か）に葬った（二年九月、押坂陵に改葬）。この日、天皇は小墾田宮《おはりだのみや》にお移りになった〔ある本には、東宮の南の庭のかりの宮殿にお移りになったとある〕。甲辰《きのえたつ》（二十三日）に、雷が一度、夜に鳴った。それは裂けるような物音であった。辛亥《かのとのい》（三十日）に、暖かで、春のような陽気であった。

上宮大娘の怒り

この歳、蘇我大臣蝦夷は、みずからの祖先の廟を葛城《かずらき》の高宮《たかみや》（御所市）に立て、八佾《やつら》の舞《まい》（八列六十四人の群舞。中国ではこれを行なうのは天子の特権とされる）を行ない、さらには、

大倭《やまと》の　忍《おし》の広瀬《ひろせ》を　渡らむと　足結《あよひ》手作《たづく》り　腰作《こしづく》らふも（大倭の忍の曽我川の広瀬を渡ろうと、足の紐を結び、腰帯をしめて、身づくろいをしているよ）

という歌を作った（天下を奪う挙兵の準備をしていることを示すとみたもの）。また、国中の民《おおみたから》や、百八十部曲《ももあまりやそのかきのたみ》（豪族の私有民）を徴発して、前もって双墓《ならびのはか》を今来《いまき》（御所市）に

造り、そのひとつを大陵《おおみささぎ》とよんで大臣の墓とし、もうひとつを小陵《こみささぎ》とよんで入鹿臣の墓とした。死後に墓の造営のために人々を苦労させることのないようにと願ってのことである。さらに、上宮《かみつみや》の乳部《みぶ》（聖徳太子のためにおかれた部）の民〔乳部、これを美父《みぶ》という〕をことごとく集めて、墓所に使役した。このため、上宮大娘姫王《かみつみやのいらつめのみこ》（太子の女、春米女王か）は、

「蘇我臣は、国政をもっぱらにし、無礼なふるまいが多い。天に二つの太陽がないように、国に二人の君主はいない。どうしてかってに、上宮に賜わった民をことごとく使役するのです」

と憤慨した。こうしたことにより、大臣と入鹿臣は人々の恨みをあつめ、ついには二人とも滅ぼされることになった。この年の太歳は壬寅《みずのえとら》。

二年の春正月の壬子《みずのえね》の朔早朝に、五色の大きな雲が天いっぱいを覆ったが、寅《とら》（東北東）の方角だけが欠けていた。また、ひと色の青い霧が、四方の地上からたち昇った（五色の雲は祥瑞、青い霧は凶兆）。辛酉《かのととり》（十日）に、大風が吹いた。

二月の辛巳《かのとのみ》の朔庚子《かのえね》（二十日）に、桃の花がはじめて咲いた。乙巳《きのとのみ》（二十五日）に、雹《あられ》が降り、草木の花や葉をいためた。

この月に、風が吹き、雷が鳴って、雨氷《みぞれ》が降った。冬の令《まつりごと》を行なったからである。国内の巫覡《かんなぎ》（神人交感の媒介者）たちは、枝葉《しば》を折り取り、木綿《ゆう》（麻や楮《こうぞ》からとった白い繊維）

をそれに垂れかけ、大臣（蘇我蝦夷）が橋を渡るときを待ちかまえ、先を争って意味ありげな神のお告げのことばをのべた。巫覡の数があまりにも多いので、そのことばのすべてを聞くことはできなかった。

三月の辛亥《かのとのい》の朔　癸亥《みずのとのい》（十三日）に、難波の百済の客人のための館堂《むろつみ》（宿泊施設）と、民《おおみたから》の家屋とが火災にかかった。乙亥《きのとのい》（二十五日）に、霜がおりて草木の花や葉をいためた。

この月にも、風が吹き、雷が鳴って、雨氷《みぞれ》が降った。冬の令《まつりごと》を行なったからである。

夏四月の庚辰《かのえたつ》の朔丙戌《ひのえいぬ》（七日）に、大風があり、雨が降った。丁亥《ひのとのい》（八日）に、風がおこり、寒い天気であった。己亥《つちのとのい》（二十日）に、西風が吹き、雹《あられ》が降った。天気は寒く、人々は綿袍《わたきぬ》（綿入れ）を三つ重ねて着るほどであった。庚子《かのえね》（二十一日）に、筑紫大宰《つくしのみこともちのつかさ》が急使を遣わして、

「百済国の王の子、翹岐弟王子《ぎょうきだいおうじ》が、調《みつき》の使とともに到着いたしました」

と奏上した（元年条にすでに来朝のことが見える）。甲辰《きのえたつ》（二十五日）に、天皇は仮宮殿から飛鳥板蓋新宮《あすかのいたぶきのにいみや》にお移りになった。丁未《ひのとのひつじ》（二十八日）に、近江国が、

「雹が降りました。大きさは直径一寸もありました」

と報告した。

五月の庚戌《かのえいぬ》の朔　乙丑《きのとのうし》（十六日）に、月食があった。

六月の己卯《つちのとのう》の朔辛卯《かのとのう》（十三日）に、筑紫大宰が急使を遣わして、

「高麗が使を遣わして来朝いたしました」

と奏上した（元年条にすでに来朝のことが見える）。群卿《まえつきみたち》はこれを聞いて、

「高麗は、己亥《つちのとのい》の年（舒明十一年）以来来朝しなかったのに、今年は来朝した」

と語りあった。辛丑《かのとのうし》（二十三日）に、百済の調《みつき》をたてまつる船が、難波津《なにわのつ》に着いた。

秋七月の己酉《つちのとのとり》の朔辛亥《かのとのい》（三日）に、いく人かの大夫《まえつきみ》を難波の郡《こおり》に遣わし、百済国の調と献上物とを点検させた。大夫が調の使に、

「たてまつられた百済国の調は、前例より足りない。大臣へのおくり物も、去年送り返したものと品目が変わっていない。群卿《まえつきみたち》へのおくり物もまったくない。みな前例とあわない。いったいどうしたことだ」

と問いつめると、大使の達率自斯《じし》と、副使の恩率軍善《ぐんぜん》とは、ともに、

「さっそくととのえます」

と返答した。自斯は、質《むかわり》（人質）の達率武子《むし》の子である。

この月に、茨田池《まんだのいけ》（今の大阪府寝屋川市にあった池）の水がひどくくさり、小さな虫が水面を覆った。その虫は、口が黒く、からだが白かった。

八月の戊申《つちのえさる》の朔壬戌《みずのえいぬ》（十五日）に、茨田池の水は、また変わって藍《あい》の汁のようになった。死んだ虫が水面を覆い、溝瀆《うなて》（用水路）の流れもこりかたまり、その厚さは三、四

寸ばかりであった。大小の魚は夏に腐れ死んだようにおって、とても食用にはならなかった。

九月の丁丑《ひのとのうし》の朔壬午《みずのえうま》（六日）に、息長足日広額天皇《おきながたらしひひろぬかのすめらみこと》（舒明天皇）を押坂陵《おしさかのみささぎ》（桜井市）に葬った〔ある本には、広額天皇を高市天皇《たけちのすめらみこと》と申し上げたとある〕。丁亥《ひのとのい》（十一日）に、吉備嶋皇祖母命《きびのしまのすめみおやのみこと》（皇極天皇の母）が薨《こう》じた。癸巳《みずのとのみ》（十七日）に、土師娑婆連猪手《はじのさばのむらじいて》に詔して、皇祖母命の喪葬の儀式をとり行なわせた。天皇は、皇祖母命が病にかかられてから喪葬の儀が行なわれるまで、床のそばを離れず、看病におつとめになった。乙未《きのとのひつじ》（十九日）に、皇祖母命を檀弓岡《まゆみのおか》（明日香村）に葬った。この日、大雨があり、雹《あられ》が降った。丙午《ひのえうま》（三十日）に、皇祖母命の御墓を造る工事を終わらせ、臣《おみ》・連《むらじ》・伴造《とものみやつこ》にそれぞれ帛布《きぬ》を賜わった。

この月に、茨田池の水はしだいに変わって白い色になり、くさいにおいもなくなった。

冬十月の丁未《ひのとのひつじ》の朔己酉《つちのとのとり》（三日）に、群臣《まえつきみたち》・伴造を朝堂の庭で饗応し、物を賜わった。そして位を授けることを議し、国司《くにのみこともち》に詔して、「以前の勅のとおりで変更はない。任地におもむいて、そのつとめをつつしんで行なうように」と言われた。壬子《みずのえね》（六日）に、蘇我大臣蝦夷は、病のため朝廷に出仕できないので、かってに紫冠《むらさきのこうぶり》を子の入鹿に授け、大臣《おおおみ》の位にあるかのようにさせた。また、入鹿の弟を物部大臣《もののべのおおおみ》とよんだ。その祖母（馬子の妻）が物部弓削大連《もののべのゆげのおおむらじ》（守屋）の妹であったので、母方の財力によって世に勢威をふるったのである。

戊午《つちのえうま》（十二日）に、蘇我臣入鹿は、独断で上宮《かみつみや》（聖徳太子）の王《みこ》たちを廃し、古人大《ふるひとのおお》兄《え》（舒明天皇の皇子、母は蘇我馬子の女法提郎媛）を天皇に立てようと謀った。このとき、

岩の上《へ》に　小猿《こさる》米焼く　米だにも　食《た》げて通らせ　山羊《かましし》の老翁《をぢ》（岩の上で小猿たちが米を焼いています。せめてお米でも食べていらっしゃいな。カモシカのおじいさん）

という童謡《わざうた》があった〔蘇我臣入鹿は、上宮の王たちの声望が国中にさかんなのをひどくにくみ、みずから臣下の身分をかえりみないふるまいに出ようとしたのである〕。この月に、茨田池の水はもとの清らかさにもどった。

蘇我入鹿、斑鳩宮を襲う

十一月の丙子《ひのえね》の朔に、蘇我臣入鹿は、小徳巨勢徳太臣《こせのとこだのおみ》・大仁土師娑婆連《はじのさばのむらじ》（猪手）を遣わし、斑鳩《いかるが》の山背大兄王《やましろのおおえのみこ》たちを襲わせた〔ある本には、巨勢徳太臣・倭馬飼首《やまとのうまかいのおびと》を将軍にしたとある〕。奴《やつこ》の三成《みなり》が数十人の舎人《とねり》とともに出て防戦し、土師娑婆連は矢にあたって死に、軍勢は恐れて退いた。軍のなかの人々は、

「一人当千《ひとりひとちなみ》とは、三成のような者をいうのだろう」

と語りあった。山背大兄は、そこで馬の骨を寝室に投げこみ、妃や子弟たちをつれ、人の

いないすきに逃げ出して、胆駒山《いこまやま》におかくれになった。三輪文屋君《みわのふみやのきみ》、舎人の田目連《ためのむらじ》とその女、菟田諸石《うだのもろし》、伊勢阿部堅経《いせのあべのかたぶ》らがおともに従った。巨勢徳太臣らは斑鳩宮を焼き、灰のなかに骨を見つけて、王がなくなったものと誤認し、包囲を解いて退去した。こうして山背大兄王たちは、四、五日の間山にひそみ、食べ物をとることもできなかった。三輪文屋君は進み出て、

「ひとまず深草屯倉《ふかくさのみやけ》（京都市伏見区にあった朝廷の直轄地）に移り、そこから馬に乗って東国《あずまのくに》におもむき、乳部《みぶ》（太子のためにおかれた部民）をもとに軍勢をととのえ、もどって来て戦いましょう。そうすれば勝つことはまちがいありません」

とお勧めした。しかし山背大兄王たちは、

「おまえの言うとおりにしたら、そのとおり、勝つことはまちがいなかろう。だが自分としては、十年間百姓《おおみたから》を使役すまいと心に願っている。自分一身のために、どうして万民に苦労をかけられよう。また後の世の民から、私のために父母をなくしたと言われたくもない。たとえ戦に勝ったとしても、それではどうして丈夫《ますらお》といわれよう。身を捨てて国を固めるのも、また丈夫ではないか」

とお答えになった。遠くから上宮の王たちを山中に見た人があり、帰って蘇我臣入鹿に知らせた。入鹿はそれを聞いて大いにおそれ、急いで軍勢を発して王のありかを高向臣国押《たかむくのおみくにおし》に教え、

「すぐに山に向かい、かの王を捜して捕えるのだ」

と言ったが、国押は、

「私は天皇《すめらみこと》の宮をお守りしておりますので、外に出ていくことはいたしません」

と答えた。入鹿が自身でおもむこうとしていると、古人大兄皇子《ふるひとのおおえのみこ》が息せききってかけつけ、

「どこへ行く」

とお尋ねになった。入鹿が事情をつぶさに話すと、古人皇子は、

「鼠《ねずみ》は穴にかくれて生き、穴を失えば死ぬというぞ」

と言われた（本拠を離れたらどんな厄に会うかわからない、という忠告）。入鹿はそこで行くのをやめ、軍将らを遣わして胆駒山を捜索させたが、とうとう王たちを発見できなかった。

やがて山背大兄王たちは、山から帰り、斑鳩寺《いかるがでら》（現在の法隆寺の前身）にお入りになった。軍将らはすぐに軍兵で寺を囲んだ。山背大兄王は、三輪文屋君を通じて軍将らに、

「自分が軍勢をおこして入鹿を討てば、きっと勝つ。しかし一身の事情のために百姓《おおみたから》を傷つけ殺すことはしたくない。それゆえ、わが一つの身を入鹿に賜う」

と言われ、ついに子弟・妃妾ともろともに、みずから首をくくり、あいともになくなりになった。おりから五色の幡《はた》や蓋《きぬがさ》が、さまざまの妙なる舞楽の姿とともに空に照りかがやき、寺の上に垂れかかった。仰ぎ見た多くの人々が、感嘆して入鹿にさし示したところ、

それはたちまち黒い雲に変わり、入鹿は見ることができなかった。蘇我大臣蝦夷は、山背大兄王たちがことごとく入鹿に滅ぼされたということを聞くと、

「ああ、入鹿はなんと馬鹿で、乱暴な悪事をしたのだ。そのようなことをしたら、おまえの命もどうなるかわからないぞ」

と怒りののしった。人々は、さきの童謡《わざうた》（二年十月条）の意味をときあかして、

「『岩の上《へ》に』とは上宮、『小猿《こさる》』とは林臣《はやしのおみ》（林臣とは、入鹿のことである）、『米焼く』とは上宮を焼くことにたとえたものだ。『米だにも　食《た》げて通らせ　山羊《かましし》の老翁《をぢ》』というのは、山背王《やましろのみこ》の頭髪が白髪まじりでぼさぼさして、カモシカのようなのにたとえたもので、また、その宮を捨てて深い山におかくれになることをあらわしたものだ」

と言った。

この歳、百済の太子の余豊《よほう》（豊璋、人質として日本にいた）が、蜜蜂の房《す》四つを三輪山に放し、飼おうとしたが、とうとうふえなかった。

中臣鎌子と中大兄皇子

三年の春正月の乙亥《きのとのい》の朔に、中臣鎌子連《なかとみのかまこのむらじ》（鎌足）を神祇伯《かんつかさのかみ》に任じた。しかし鎌子連は再三固辞してその任につかず、病と称して退出し、三島《みしま》（大阪府）に住んだ。そのころ、軽皇子《かるのみこ》（のちの孝徳天皇）も、脚の病にかかって朝廷に出仕していなかった。中臣鎌子連

は、以前から軽皇子の覚えがめでたかったので、その宮におもむいて侍宿《とのい》をつとめようとした。軽皇子は、中臣鎌子連のけだかい心と犯しがたい人がらとを深くさとって、寵愛されている妃《みめ》の阿倍《あへ》氏に別殿を清掃させ、新しい寝床を高くしつらえて、万事こまごまと世話をさせ、特別鄭重《ていちょう》におもてなしになった。中臣鎌子連は、このようなもてなしをうけたことに感激し、舎人《とねり》に、

「皇子からこのようなありがたいおもてなしをうけようとは、思ってもいなかった。誰が皇子を天下に王《きみ》としてお迎えせずにいられよう」

と語った〔軽皇子が、みずからの舎人を鎌子連の使い走りに供していたことをいう〕。舎人が鎌子連のことばを皇子に申し上げたところ、皇子はたいへんお喜びになった。

中臣鎌子連は、忠誠な人がらで、世をあらため、人々を救おうという抱負があった。それゆえ、蘇我臣入鹿が君臣長幼の序をわきまえず、国家をわがものにする野望をいだいていることを憤り、つぎつぎと王家の人々に接触し、企てをなしとげるに足る英明の主を求めた。[8] そして中大兄《なかのおおえ》に心を寄せたが、近づいて心中の考えをうちあける機会がなかった。たまたま中大兄が法興寺《ほうこうじ》（飛鳥寺）の槻《つき》の木の下で打毬《けまり》を行なわれたとき、その仲間に加わり、中大兄の皮鞋《くつ》が打った毬とともにぬげ落ちたのを拾い、手にとりもち、進み出てひざまずき、つつしんでたてまつった。中大兄も向かいあってひざまずき、うやうやしくそれをおとりになった。このようなことから二人は相《あい》親しみ、心にいだいていることをたが

いにかくすところなく語りあった。のち、二人がしきりに接触することを他人が疑うのをおそれ、ともに書物を手にして、周孔《しゅうこう》の教え（儒教）を南淵先生《みなぶちのせんじょう》（南淵請安）のもとで学んだ。そして、往復の路上で肩を並べてひそかに計略を立てたが、二人の意見はことごとく一致した。そこで中臣鎌子連は、

「大事を謀るには、助力者があるのにこしたことはありません。蘇我倉山田麻呂《そがのくらのやまだのまろ》（入鹿の従兄弟）の長女《えひめ》（遠智娘か）を妃《みめ》として縁組みをされ、そのあとで事情をあかして、ともに事をはかってはいかがでしょう。これが成功へのなによりの近道でございます」

と提案した。中大兄はこれを聞いてたいへんお喜びになり、鎌子連の意見にそのままお従いになった。そこで中臣鎌子連は、みずから倉山田麻呂のもとにおもむき、仲人となって婚約をとりきめた。ところが長女は、約束の夜に一族の者に奪われてしまった〔一族の者とは、身狭臣《むさのおみ》（蘇我臣日向）のことをいう〕。このため倉山田臣はすっかり恐縮し、天を仰ぎ、地に伏して、どうしてよいかわからなかった。そのとき、少女《おとひめ》（妹の姪娘か）は、父の心配しているようすを不審に思い、

「なにをそのように御心配になっていらっしゃるのです」

と尋ねた。父がそのわけを話すと、少女は、

「御心配なさいますな。私をおたてまつりになっても、まだ遅くはございますまい」

と言った。そこで父はたいへん喜んで、その女《むすめ》をたてまつった。少女はまごころをつくし

て皇子につかえ、少しもそれをいとわなかった。中臣鎌子連はまた、佐伯連子麻呂《さえきのむらじこまろ》・葛城稚犬養連網田《かずらきのわかいぬかいのむらじあみた》を中大兄に推挙して、云々《しかじか》と言った。

いくつかの謡歌

三月に、休留《いいどよ》〔休留とは、茅鴟《ぼうし》（フクロウ）のことである〕が、豊浦大臣《とゆらのおおおみ》（蘇我蝦夷）の大津（大阪府泉大津市）の家の倉で子を産んだ。また倭国《やまとのくに》からは、

「近ごろ、菟田郡《うだのこおり》（宇陀郡）の押坂直《おしさかのあたい》〔名は伝わらない〕という人が、こどもを一人つれて雪の日に遊びに出かけ、菟田山《うだのやま》に登ったところ、紫色のきのこが雪の中からはえ出ているのを見つけました。高さは六寸あまりで、四町ばかりの広さいっぱいにはえておりました。こどもにつみとらせ、帰って隣家の人に見せたところ、だれもが『いったいなんだろう』と言い、毒かも知れないと疑いました。そこで押坂直とこどもとが煮て食べてみると、たいへん香ばしい味がいたしました。ところが翌日になって行ってみたところ、ひとつもありませんでした。押坂直とこどもとは、このきのこの吸物のおかげで、病気もせず、長生きするということです」

と知らせてきた。

「きっと土地の人は、芝草《しそう》（不老延年の瑞草。霊芝《れいし》）だということを知らないで、きのこだなどと言っているのではないか」

と言う人もあった。

夏六月の癸卯《みずのとのう》の朔に、大伴馬飼連《おおとものうまかいのむらじ》が百合《ゆり》の花を献上した。茎の長さは八尺もあり、茎の根はそれぞれ別なのに、上でひとつにつながっていた。乙巳《きのとのみ》（三日）に、志紀上《しきのかみの》郡《こおり》（大和国城上郡。いまの奈良県天理市）から、

「ある人が三輪山《みわのやま》で、猿が昼寝しているのを見つけ、傷つけないようにこっそりそのひじをつかまえたところ、猿は眠りながら、

向《むか》つ嶺《を》に　立てる夫《せ》らが　柔手《にこで》こそ　我《わ》が手を取らめ　誰《た》が裂手《さきで》　裂手そもや　我が手取らすもや（向いの山に立っていらっしゃるかたの柔らかい手なら、私の手を取ってもいいけれど、いったいまあ、どなたのこんなひびわれした手が、私の手をお取りになるのでしょう）

と歌ったので、その人は猿の歌にびっくりし、手をはなして逃げだしたということです」

と知らせてきた。これは数年後、上宮《かみつみや》の王《みこ》たちが、蘇我鞍作《そがのくらつくり》（入鹿）のために胆駒山《いこまやま》に囲まれたことの前兆である。[9] 戊申《つちのえさる》（六日）には、剣池《つるぎのいけ》（奈良県橿原市石川町）の蓮のなかに、一本の茎から二つのうてなの出ているものがあった。豊浦大臣は、

「これは、蘇我臣《そがのおみ》が栄えるというめでたいしるしだ」

とかってに考えて、金泥でそれをえがき、大法興寺《だいほうこうじ》（飛鳥寺）の丈六の仏に献上した。

この月に、国内の巫覡《かんなぎ》たちは、枝葉《しば》を折り取り、木綿《ゆう》をそれに垂れかけ、大臣《おおおみ》が橋を渡るときを待ちかまえ、先を争って意味ありげな神のおことばをのべた。巫覡の数が

あまり多くて、よく聞きとることはできなかった。[10] 老人たちは、
「時勢が移り変わろうとする前兆だ」
と言った。このころ、謡歌《わざうた》が三首あった。その第一は、
遥々《はろはろ》に　言《こと》そ聞こゆる　嶋《しま》の藪原《やぶはら》（なにやらひそひそ話が聞こえるよ。嶋の藪原で）
その第二は、
彼方《をちかた》の　浅野《あさの》の雉《きぎし》　響《とよ》さず　我《われ》は寝《ね》しかど　人そ響す（遠くの浅野の雉は声を立てて鳴く。自分は声を立てずにこっそり寝たのに、それを見つけて人がやかましくはやし立てるのだ）
その第三は、
小林《をばやし》に　我《われ》を引入《ひき》れて　せし人の　面《おもて》も知らず　家も知らずも（林の中に私をさそいこんでした人の、お顔も、家も知らないのです）
と言った。

常世の神と秦河勝

秋七月に、東国《あずまのくに》の不尽河《ふじのかわ》（富士川）のほとりの大生部多《おおうべのおお》という人が、虫を祭ることを村里の人々にすすめて、

「これは常世《とこよ》の神《かみ》だ。この神を祭る人は、富と長寿とを得るぞ」

と言った。巫覡たちも人々をあざむき、神のお告げだといって、

「常世の神を祭るなら、貧しい人は富を得、老人は若返るぞ」

と言った。そのうえ、民《おおみたから》にすすめて家の財宝を捨てさせ、酒を並べ、野菜や六畜《むくさのけもの》（中国で馬・牛・羊・豚・犬・鶏をいう）を道ばたに並べて、

「新しい富が入ってきたぞ」

と呼ばわらせた。そこで都鄙《とひ》の人々は、常世の虫をとらえて座に安置し、歌ったり舞ったりして幸福を求め、珍しい財宝を捨ててしまったが、何の益もなく、損ばかりがはなはだしかった。このとき、葛野《かどの》（京都盆地）の秦造河勝《はだのみやつこかわかつ》は、人々が惑わされているのをにくみ、大生部多を打ちすえた。巫覡たちは恐れて人々に祭りをすすめるのをやめた。そこで人々は、

太秦《うつまさ》は　神《かみ》とも神と　聞こえ来《く》る　常世《とこよ》の神を　打ち懲《きた》ますも（太秦《うずまさ》の河勝さまは、神のなかでも神という評判のたかいあの常世の神をおうちこらしになったことよ）

という歌を作った。この虫は、いつも橘《たちばな》の木や曼椒《ほそき》（山椒）〔曼椒、これを褒曽紀《ほそき》という〕に生まれ、長さは四寸あまり、大きさは人さし指ほど、色は緑で黒の斑点があり、かたちは蚕にそっくりであった。

冬十一月に、蘇我大臣蝦夷と子の入鹿臣は、家を甘檮岡《うまかしのおか》（明日香村）に並べて建て、大臣の家を上《うえ》の宮門《みかど》、入鹿の家を谷《はさま》の宮門〔谷、これを波佐麻《はさま》という〕とよんだ。また、その男女を王子《みこ》とよんだ。家の外には城柵を造り、門のわきには兵庫《つわものぐら》（武器庫）を造り、門

ごとに水をみたした舟一つと木鉤《きかぎ》（とびぐち）数十本とを置いて火災に備え、力の強い男に武器をもたせてつねに家を守らせた。大臣は、長直《ながのあたい》に命じて大丹穂山《おおにおのやま》（明日香村入谷か）に桙削寺《ほこぬきのてら》を造らせ、また畝傍山の東にも家を建て、池を掘ってとりでとし、武器庫を建てて矢を貯えた。大臣はまた、いつも五十人の兵士をつれ、身の周囲にめぐらして家から出入りした。これらの力の強い男たちを、東方の儐従者《しとべ》（東国出身の従者）と名づけた。諸氏の人々の、入ってその門に侍する者を、祖子孺者《おやのこわらわ》（先祖代々仕えている者の意か）と名づけた。漢直《あやのあたい》（東漢直《やまとのあやのあたい》。渡来系の有力豪族）たちは、大臣と入鹿との二つの門に侍するのをもっぱらにした。

四年の春正月に、岡や、川辺や、宮殿と寺院の間などで、遠くから見るとなにか物があり、十か二十ほどの猿のうめく声が聞こえた。近くに寄ってみると、物は見えないが、鳴きうそぶくような音はなお聞こえ、しかもその姿を見ることはできなかった〔もとの本には、この歳、京を難波に移したため、板蓋宮が廃墟となることの前兆であるという〕。人々は、「これは、伊勢大神《いせのおおかみ》の御使だ」と言った。

夏四月の戊戌《つちのえいぬ》の朔に、高麗に遣わされた学問僧らが、「同学の鞍作得志《くらつくりのとくし》は、虎を友達にし、その術を学びとりました。枯山を青山に変えたり、黄色い土を白い水に変えたりなどの奇術は、数えきれないほどです。また虎は、針を得志に授けて、『決して人に知られないようにしろよ。これで治療すればなおらない病気はないのだ』と言いましたが、ほんとうに、どんな病気でもきっとなおりました。得志はいつもその針を柱のなかに隠しておいたのですが、やがて虎は、その柱を折って、針をとって逃げてしまいました。高麗国では、得志が帰国したいと思っていることを知って、毒をもって殺してしまいました」

と報告した。

蘇我蝦夷・入鹿滅ぶ

六月の丁酉《ひのとのとり》の朔甲辰《きのえたつ》（八日）に、中大兄はひそかに倉山田麻呂臣《くらのやまだのまろのおみ》に、「三韓《みつのからひと》（高句麗・百済・新羅）の調《みつき》がたてまつられる日には、おまえにその上表文を読みあげてもらおうと思う」

と言い、入鹿斬殺の謀略をうちあけた。麻呂臣はそれを承諾申し上げた。

戊申《つちのえさる》（十二日）に、天皇は大極殿《だいごくでん》におでましになった。古人大兄がそのかたわらに侍した。中臣鎌子連は、蘇我入鹿臣が疑い深いたちで、昼も夜も剣をはなさないことを知っていたので、俳優《わざひと》（滑稽なしぐさで宮廷に仕える人）を使ってそれをはずさせようとしたところ、入鹿臣は笑って剣をはずし、入って席についた。倉山田麻呂臣は、進み出て三韓の上表文を読みあげた。そこで中大兄は、衛門府《ゆげいのつかさ》に警戒させ、十二の通門《みかど》をいっせいに閉鎖して往来をとめ、衛門府の人々を一ヵ所によび集めて禄物を賜うようにみせかけた。そして中大兄は、みずから長い槍をとって大極殿のわきにかくれ、中臣鎌子連らが弓矢をもってそれを護衛した。中大兄は、海犬養連勝麻呂《あまのいぬかいのむらじかつまろ》に命じ、箱のなかの二つの剣を佐伯連子麻呂《さえきのむらじこまろ》と葛城稚犬養連網田《かずらきのわかいぬかいのむらじあみた》とに授け、

「ぬかるなよ。いっきに斬るのだ」

と言われた。子麻呂らは水をかけて飯《いい》をのみこもうとしたが、恐ろしさのためにもどしてしまった。中臣鎌子連は、元気を出せ、としかりつけた。

倉山田麻呂臣は、上表文を読みあげるのがもう終りに近づいたのに、子麻呂らが出てこないことを心配して、流れ出る汗でびっしょりになり、声がふるえ、手がわなないた。鞍作臣《くらつくりのおみ》（入鹿）は不審に思い、

「どうしてそんなにふるえているのだ」

と尋ねた。山田麻呂は、

「天皇《すめらみこと》のおそば近くにおりますことのおそれおおさに、思わず汗をかいてしまったのです」

と答えた。中大兄は、子麻呂らが入鹿の威勢におそれ、ぐずぐずして進み出ないのを見て、

「やあ」

とさけんで、子麻呂らとともにおどり出し、いきなり剣で入鹿の頭や肩に切りつけた。入

鹿は驚いて立ち上がった。子麻呂も剣をふるって入鹿の片方の足に切りつけた。入鹿はころがるように天皇の御座にすがりつき、頭をふって、

「皇位にあられるべきお方は、天の御子《あめのみこ》でございます。私が何の罪を犯したというのでございましょう。どうかはっきりとおさせになってくださいませ」

と願った。天皇はひどくお驚きになり、中大兄に詔して、

「いったいどうしたのです。なにがあってこのようなことをしたのですか」

とお尋ねになった。中大兄は地にひれ伏して、

「鞍作は皇族を滅ぼしつくし、皇位を絶とうとしております。鞍作のために天孫《あめみま》（神々の後裔《こうえい》である皇族）が滅びるということがあってよいものでしょうか」〔蘇我臣入鹿は、またの名を鞍作といった〕

と申し上げた。天皇はただちに席をお立ちになり、宮殿のなかにお入りになった。佐伯連子麻呂と稚犬養連網田とは、入鹿臣を斬り殺した。この日、雨が降って、ほとばしり出た水が庭にあふれ、人々は席障子《むしろしとみ》で入鹿の屍《かばね》を覆った。古人大兄は、このありさまを見て自分の宮に走りかえり、人に、

「韓人《からひと》が鞍作臣を殺した(11)〔韓政《からひとのまつりごと》（三韓貢調のこと）にことよせて誅せられたことをいう〕。私の心は痛む」

と言い、寝室に入ったまま、門をとざして出ようとはしなかった。

中大兄はすぐ法興寺（飛鳥寺）に入り、ここをとりでとして備えを固めた。諸皇子・諸王・諸卿大夫《まえつきみたち》・臣・連・伴造・国造のことごとくが、みなそれに従った。中大兄は、人を遣わして鞍作臣の屍を大臣蝦夷に賜わった。このとき漢直たちは、族党をみな集め、甲《よろい》をつけ、武器をもって、大臣を助けて陣を張ろうとした。そこで中大兄は、将軍の巨勢徳陀臣《こせのとこだのおみ》を遣わして、天地開闢《かいびゃく》以来、はじめから君臣の別あることを賊党に説き、その進むべき道をお知らせになった。すると高向臣国押《たかむくのおみくにおし》は、漢直たちに、

「われわれは君大郎《きみたいろう》（入鹿さま）のことで死刑に処せられるだろう。大臣さまも今日明日のうちにきっと殺される。そのような人のためにむだないくさをし、みんな処刑されるなどとはばかばかしいことではないか」

と言い、言いおわると剣をはずし、弓を放りだして去ってしまった。それにつれて、賊徒もまたちりぢりに逃走してしまった。

己酉《つちのとのとり》（十三日）に、蘇我臣蝦夷らは、誅殺されるにあたって、天皇記《すめらみことのふみ》・国記《くにつふみ》、および珍宝をことごとく焼いた。(12)船史《ふねのふびと》恵尺《えさか》は、すばやく焼かれようとする国記を取りだして中大兄にたてまつった。同日、蘇我臣蝦夷および鞍作の屍を墓に葬ることを許し、また哭泣《ねっかい》（喪にあたって悲しみ泣くこと）を許した。そこである人は、第一の謡歌《わざうた》（三年六月条。二四二ページ）の意味をときあかして、(13)

「その歌に『遥々《はろはろ》に　言《こと》そ聞こゆる　嶋《しま》の藪原《やぶはら》』というのは、宮殿を嶋大臣《しまのおおおみ》（蘇我馬子）

の家と隣り合せに建てて、中大兄と中臣鎌子連とがひそかに重大な計画をねり、入鹿を殺そうと謀ったことの前兆だ」

と言った。また、第二の謡歌をときあかして、

「その歌に『彼方《をちかた》の　浅野《あさの》の雉《きぎし》　響《とよも》さず　我《われ》は寝《ね》しかど　人そ響す』というのは、上宮《かみつみや》の王《みこ》たちが、すなおな性格のため、罪もないのに入鹿に殺され、自分では入鹿に報復しなかったけれども、天が人に誅殺させることの前兆だ」

と言った。さらに第三の謡歌をときあかして、

「その歌に『小林《をばやし》に　我《われ》を引《ひき》入れて　せし人の　面《おもて》も知らず　家も知らずも』というのは、入鹿臣が、突然宮中で佐伯連子麻呂と稚犬養連網田のために誅殺されてしまうことの前兆だ」

と言った。

庚戌《かのえいぬ》（十四日）に、天皇は皇位を軽皇子《かるのみこ》（孝徳天皇）にお譲りになり、中大兄を皇太子にお立てになった。(14)

（1）（2）百済の官位。三九ページの表参照。

（3）これによって、百済では義慈王の即位（六四一年＝舒明十三年）直後に内乱がおこり、親日本派の敗北があったことが推測される。なおこの後、元年四月―七月条にかけて、追放された百済

の王族翹岐が日本に滞在したことが記されているが、二年四月条に翹岐来朝のことが見えるから、これらの記事は二年条に移すべきものであろう。

（4）『旧唐書』高麗伝によると、高句麗では六四二年（皇極元年）、諸大臣が栄留王と議し、蓋蘇文に罪ありとしてこれを誅しようとした。しかし、事がもれたので、蘇文は兵をととのえて諸大臣ら百余人を謀殺し、さらに王宮にはいって栄留王を殺し、王の弟の子宝臧王を立て、みずからは莫離支の職について国政を専らにしたという。『日本書紀』はこの事件を舒明十三年九月のこととしており、『旧唐書』と一年相前後する。しかし二年六月条にも高麗使来朝のことがあるから、この高麗使人の報告を二年のこととすれば、『旧唐書』との矛盾はなくなる。

（5）皇極紀には以下この種の天候の異変に関する記事が多いが、舒明紀の場合と同様、その記述には、『漢書』『後漢書』の五行志や、帝紀の五行・天文の記事、『後漢書』の天文志などの語句が用いられている。

（6）『礼記』月令《がつりょう》には、王者の行なうべき政治が季節ごとに定められており、もし季節にそぐわない政治を行なうと、風雨・雪霜・疾疫・虫草などの災害がおこるとある。その思想にもとづく記事。

（7）新嘗は、毎年行なわれる儀式であるが、ここは天皇の代替りの最初の新嘗祭で、大嘗祭に当たるものであろう。

（8）鎌子が中大兄に心をむけた事情について、『家伝』上（『藤原鎌足伝』。奈良時代、藤原仲麻呂の撰）には、鎌子が軽皇子の器量がともに大事を謀るに足りないので、さらに君をえらんだのだとある。『家伝』には、皇極紀の鎌子に関する記事、および蘇我入鹿誅殺の記事と比較対照すべき記事が多く、両者は史料的にきわめて親近性があると考えられる。

(9) 入鹿の手が山背大兄王を捕えることの前兆の意味をもつものとして取り入れられているが、本来は歌垣に立った女の歌であろう。この記事は、二年十一月の前にあるべきものである。

(10) 二年二月条とほとんど同文であるが、『書紀』編者の粗漏による重出ではなく、同様のことがしばしばあったことを強調したものであろう。

(11) 分注によって、三韓の貢調にことよせて殺した意に解するのがふつうであるが、あるいは、異国の人の行なうようなやり方で誅殺された、との意であろうか。

(12) 『家伝』には、この日その第に自尽したとある。天皇記・国記は、いずれも聖徳太子が蘇我馬子とはかって編纂した国史。推古二十八年条参照。

(13) 以下三首の歌を『日本書紀』はいずれも政治的事件の前兆の意味をもつものとして取り入れているが、もともとは男女の交渉にかかわる民間の歌とみるべきものである。

(14) 天皇譲位の初例。これまではみな天皇の崩御によって新帝が即位した。

日本書紀巻第二十五

天万豊日天皇《あめよろずとよひのすめらみこと》　孝徳《こうとく》天皇

皇位を譲りあう

天万豊日天皇は、天豊財重日足姫天皇《あめとよたからいかしひたらしひめのすめらみこと》（皇極天皇）の同母弟である。仏法を尊ばれ、神々の祭りを軽んじられた〔生国魂社《いくくにたまのやしろ》（大阪市天王寺区）の木をお切りになったりしたのがそれである〕。情深いお人がらで、学者をたいせつにされ、身分の貴賤にかかわりなく、しばしば恵みにみちた勅《みことのり》をお下しになった。

天豊財重日足姫天皇の四年の六月の庚戌《かのえいぬ》（十四日）に、天豊財重日足姫天皇は、皇位を中大兄《なかのおおえ》に伝えようとお思いになり、詔《みことのり》して云々《しかじか》と言われた。中大兄は、退出して中臣《なかとみの》鎌子連《かまこのむらじ》に御相談になった。中臣鎌子連は、

「古人大兄《ふるひとのおおえ》は殿下の兄上、軽皇子《かるのみこ》（孝徳天皇）は殿下の叔父上でいらっしゃいます。古人大兄がおられるいま、殿下が皇位におつきになれば、それは人の弟として、つつしみへ

りくだるという気持にふさわしくないことになりましょう。ここのところは、叔父上を天皇にお立てになり、人々の望みにこたえるのがよろしいのではありますまいか」と意見をのべた。中大兄はこの意見を大いにほめ、内々に天皇に申し上げた。そこで天豊財重日足姫天皇は、璽綬《みしるし》（神器）を軽皇子に授けて皇位をお譲りになり、

「ああ、なんじ軽皇子よ」

云々《しかじか》と言われた。軽皇子はいくども固辞し、さらに古人大兄〔またの名は古人大市皇子《ふるひとのおおちのみこ》〕に譲って、

「大兄命《おおえのみこと》は、さきの天皇《すめらみこと》（舒明天皇）の御子であり、年長でもあられます。この二つの理由からいって、皇位におつきになるべきです」

と言われた。すると古人大兄は、席をはなれてあとずさり、両手を胸もとにあわせて、

「天皇の仰せのままに、それにお従いすればよいのです。どうして無理をしてまで私にお譲りになることがありましょう。私は出家して吉野に入り、仏道の修行につとめ、天皇のお幸せを祈りたいと思います」

と申し上げてそれを辞した。言いおわると身につけていた刀をはずして地に投げすて、帳内《とねり》にも命じてみな刀をはずさせ、法興寺《ほうこうじ》（飛鳥寺）の仏殿（金堂）と塔との間で、みずからひげや髪をそり、袈裟《けさ》をつけた。このため、軽皇子は固辞することができず、壇《たかみくら》にのぼり、皇位におつきになった。そのとき、大伴長徳《おおとものながとこ》〔字《あざな》は馬飼《うまかい》〕連《むらじ》が、金の靫《ゆき》（矢を

入れて背負う武具）をつけて壇の右に立ち、犬上健部君《いぬかみのたけるべのきみ》が、金の靫をつけて壇の左に立った。百官《つかさつかさ》（諸官司）の臣《おみ》・連《むらじ》・国造《くにのみやつこ》・伴造《とものみやつこ》・百八十部《ももあまりやそとものお》は、整列し、そろって天皇を拝した。

新政権の発足

この日（六月十四日）、豊財天皇に称号をたてまつり、皇祖母尊《すめみおやのみこと》と申し上げた。中大兄を皇太子とした。阿倍内摩呂臣《あへのうちまろのおみ》を左大臣《ひだりのおおおみ》とし、蘇我倉山田石川麻呂臣《そがのくらのやまだのいしかわのまろのおみ》を右大臣とした。大錦冠《だいきんのこうぶり》(1)（大化三年制定の冠位、追記か）を中臣鎌子連に授けて内臣《うちつおみ》とし、封《へひと》（食封《じきふ》）若干戸を増した、云々と伝える。中臣鎌子連は、至忠の誠をいだき、宰臣としての勢威をもって官司を統率したので、ものごとの処置はすべて計画どおりに行なわれ、ことが成就した、(2)云々と伝える。沙門旻法師《のりのしみんほうし》（僧旻）と高向史玄理《たかむくのふびとげんり》とを国博士《くにのはかせ》（国政上の顧問）とした。辛亥《かのとのい》（十五日）に、金策《こがねのふだ》（金泥で書いた冊書）を、阿倍倉梯麻呂大臣《あへのくらはしまろのおおおみ》（内摩呂）と蘇我山田石川麻呂大臣とに賜わった〔ある本には、練金《こなかね》（精錬した金）を賜わったとある〕。乙卯《きのとのう》（十九日）に、天皇と皇祖母尊と皇太子とは、大槻《おおつき》の木（飛鳥寺の西にある）の下に群臣《まえつきみたち》を召し集め、誓盟を行なわせられた(3)。

〔天地の神々に、「天は万物を覆い、地は万物を載せる。天地の関係が変わらないように、帝王の行なう政治もただひとつである。それなのに、世が末になり、人心が軽薄になって、君臣の秩序も失われてしまった。幸いに天が私の手をお借りになって、暴逆の者を誅滅した。そこでいま、あいともに心のまことをあらわして誓う。今後は君主の行なう政治に二つの方針があるということなく、また臣下も朝廷にたいして二心をいだくようなことはすまい。もしこの誓盟にそむいたなら、天地はわざわいをおこし、悪鬼が人を誅殺するであろう。それは日月のようにはっきりしたことである」と誓った。」

また、天豊財重日足姫天皇の四年を改めて、大化元年とした。(4)

大化元年の秋七月の丁卯《ひのとのう》の朔 戊辰《つちのえたつ》（二日）に、息長足日広額天皇《おきながたらしひひろぬかのすめらみこと》（舒明天皇）の女間人皇女《はしひとのひめみこ》（母は皇極天皇。中大兄皇子の同母妹）を皇后にお立てになった。また、二人の妃《みめ》をお立てになった。第一の妃、阿倍倉梯麻呂大臣の女を小足媛《おたらしひめ》といい、有間皇子《ありまのみこ》を生んだ。次の妃、蘇我山田石川麻呂大臣の女を乳娘《ちのいらつめ》といった。

丙子《ひのえね》（十日）に、高麗（高句麗）・百済・新羅がそれぞれ使を遣わして調《みつき》をたてまつった。百済の調の使は任那の使をも兼ね、任那の調をたてまつった。(5) ただし百済の大使の佐平《さへい》(6)縁福《えんぷく》だけは、病にかかり、津《つ》の館《むろつみ》（難波にある外国使臣のための客舎）に留まって入京しなかった。巨勢徳太臣《こせのとこだのおみ》は、高麗の使に詔を伝えて、

「明神御宇日本天皇《あきつみかみとあめのしたしらすやまとのすめらみこと》の詔として、(7) このように仰せられる。天皇《すめらみこと》の遣わす使と、高麗の神の子（高句麗の始祖は天帝の子であると伝える）の遣わしてくる使とのゆききは、これまでよりも将来はるかに長く続くことであろう。それゆえ、心おだやかに、つぎつぎ

とゆきするように」

と言った。また、百済の使には、

「明神御宇日本天皇の詔として、このように仰せられる。はじめ、自分の遠い先祖の天皇の御世に、百済国を内官家《うちつみやけ》となさった。(8)それは、たとえていうならば、三つにより合わせた綱のようなものである。(9)なかごろ、任那国《みまなのくに》を百済に付属させた。(10)その後、三輪栗隈《みわのくるくまの》君東人《きみあずまひと》を遣わして任那国の境域を視察させたところ、百済の王は勅のままにその境域をすべて示した。しかし、このたびの調には不足があるので、返却させる。また、任那からたてまつられるものは、天皇がみずから御覧になるものであるから、これからはどちらの国から出された調であるかをはっきりとしるすようにせよ。なんじ佐平らよ、達者でまたやって来い。早くはっきりと王に報告するのだ。いま重ねて、三輪君東人と馬飼造《うまかいのみやっこ》〔名は伝わらない〕とを遣わすこととする」

と言った。また勅して、

「鬼部《きほう》(11)達率意斯《おし》の妻子たちを百済に送り遣わすように」

と言われた。

戊寅《つちのえとら》（十二日）に、天皇は、阿倍倉梯万侶大臣と蘇我石川万侶大臣とに詔して、

「上古の聖王の行なわれたあとにならって天下《あめのした》を治めようと思う。また、信《まこと》をもって天下を治めようと思う」

と言われた。己卯《つちのとのう》（十三日）に、天皇は、阿倍倉梯麻呂大臣と蘇我石川万侶大臣とに詔して、

「大夫《まえつきみ》たちと数多くの伴造たちに、ひとりひとり、どのようにしたら喜びの心をもって人々を奉仕させることができるか、その方法を尋ねよ」

と言われた。庚辰《かのえたつ》（十四日）に、蘇我石川麻呂大臣は、

「まず神々を祭りしずめ、そのあとで政治のことを議するのがよろしゅうございましょう」

と申し上げた。同日、倭漢直比羅夫《やまとのあやのあたいひらぶ》（荒田井直比羅夫）を尾張国に、忌部首子麻呂《いんべのおびとこまろ》を美濃国に遣わし、神に供える幣《まいない》を徴発させた。

東国国司の発遣

八月の丙申《ひのえさる》の朔庚子《かのえね》（五日）に、東《あずま》の国々の国司《くにのみこともち》を任命し(12)、国司たちに詔して、

「天にいます神々の御委任に従って、まさにこれから、四方《よも》の国々を治めようと思う。国家の所有する公民《おおみたから》や、大小の豪族の支配する人々について、おまえたちは任地におもむいてみな戸籍を造り、また田地を調査せよ。園地や池、土地や用水の利益は、百姓《おおみたから》がともにうけるようにせよ。また国司たちは、その国で裁判を行なってはならず、他人から賄賂をもらって人々を貧苦におとしいれるようなことがあってはならない。京《みやこ》に上るときに

は、百姓を数多く従えてはならない。ただし国造と郡領《こおりのみやつこ》(13)とだけは従わせてよい。公用でゆききするときに限り、管内の馬に乗り、管内の飯《いい》を食べることができる。介《すけ》（次官）以上の者に対しては、定めに忠実であった者はかならず褒賞し、違反した者はその冠位を降《くだ》させる。判官《まつりごとひと》以下（主典《ふびと》以下が可か）の者が他人から賄賂をとった場合には、とった本人からその二倍のものを徴収し、ことの軽重に応じた罪を科する。長官の従者は九人、次官の従者は七人、主典の従者は五人とし、この制限をこえて人を従えた場合には、主人・従者の双方に罪を科する。もし地位を求める人がいて、もともと国造や伴造・県稲《あがたのいな》置《き》（地方行政区画としての県《あがた》の長か）でもないのに、いつわって『私は遠い祖先の時代からこの領地をお預かりして、この地方を治めております』などと訴えてきた場合には、おまえたち国司は、そのいつわりのことばをそのまま朝廷に報告してはいけない。実状をはっきりさせてから報告するようにせよ。また、人家から離れた空き地に武器庫を造り、国・郡内の刀《たち》・甲《よろい》・弓・矢を集めてそこに収めよ。辺境の国で蝦夷《えみし》と境界を接するような地方では、いったんその武器をすべて集計した上で、もとの持ち主にかりにあずけるようにせよ。倭国《やまとのくに》の六県《むつのあがた》（野菜などを納める天皇の直領地）に遣わされる使者も、戸籍を造り、また田地を調査せよ〔耕作されている田の面積と、民の人口・年齢を調査することをいう〕(14)。おまえたち国司よ。この詔のむねをはっきりと承知して退出するがよい」と言われ、それぞれに布帛を賜わった。

鐘匱の制と男女の法

同日（五日）、鐘と匱《ひつ》とを朝廷に設け(15)、詔して、

「もしなにか訴えごとがある場合には、上官として伴造があるときには、伴造がまずそれを処置し、その上で奏上せよ。尊長《ひとごのかみ》（一族の首長）があるときには、尊長がまず処置して奏上せよ。もし伴造や尊長が訴えを審理せず、訴えの文書をそのまま匱に入れてしまったような場合には、訴えた罪に相当する罪をその伴造や尊長に科することとする。訴えの文書を集める係の者は、夜明けにその文書をとりまとめて内裏に奏上せよ。自分はそれに年月をしるしたうえで群卿《まえつきみたち》に示そう。もし群卿が審理を怠ったり、一方におもねって正しくない判断を下した場合には、訴える者は鐘をつくがよい。このようなわけで朝廷に鐘をかけ、匱を置くのだから、国中の人々は、自分の気持を知ってほしい。また、男女の法(16)は、良男と良女の間に生まれた子は、その父につける。良男が婢をめとって生まれた子は、その母につける。良女が奴にとついで生まれた子は、その父につける。二つの家の奴と婢との間で生まれた子は、その母につける。寺院の仕丁《つかえのよほろ》（労役に奉仕する者）の子は、良人の法のとおりとするが、特別に奴婢とされる者については、奴婢の法を適用する。これによって、いま、人々に制度を定めるしごとが始まったことを示そうと思う」

と言われた。

癸卯《みずのとのう》（八日）に、使を大寺《おおでら》（飛鳥寺か。百済大寺とする説もある）に遣わして僧尼をよび集め、詔して、

「磯城嶋宮　御　宇　天皇《しきしまのみやにあめのしたしらしめししすめらみこと》（欽明天皇）の十三年に、百済の明王《めいおう》（聖明王）が、仏法をわが大倭《みかど》に伝えたてまつった。このとき群臣《まえつきみたち》は、みなそれを信奉することを欲しなかったが、ひとり蘇我稲目宿禰《そがのいなめのすくね》だけはその法を信じたので、天皇は稲目宿禰に詔して仏法を信奉させた。訳語田宮　御　宇　天皇《おさたのみやにあめのしたしらしめししすめらみこと》（敏達天皇）の御世《みよ》に、蘇我馬子宿禰《そがのうまこのすくね》は、父の行ないをしたっていっそう仏教を重んじたが、ほかの臣下はそれを信ぜず、仏法はあやうく滅びそうになった。そこで天皇は、馬子宿禰に詔してその法を信奉させた。小墾田宮《おはりだのみやに》御　宇　天皇《あめのしたしらしめししすめらみこと》（推古天皇）の御世に、馬子宿禰は、天皇のおんために丈六の繡像《しゅうぞう》と丈六の銅像とを造り、仏教を興隆し、僧尼をうやまった。さていま、自分もまた、仏の正しい教えをあがめ、仏法の大道をいっそう大きく、豊かにしたいと思う。そこで、沙門狛大法師《こまのだいほうし》・福亮《ふくりょう》・恵雲《えうん》・常安《じょうあん》・霊雲《りょううん》・恵至《えし》・寺主《てらしゅ》（寺院の代表者）僧旻《そうみん》・道登《どうとう》・恵隣《えりん》・恵妙《えみょう》を十　師《とたりののりし》(17)とし、別に恵妙法師は百済寺《くだらのてら》の寺主にも任命する。この十師たちは、よく僧を教え導き、仏教を法に従って修行させるようにせよ。また、天皇をはじめ、伴造にいたるまでの身分の人々の建てた寺で、造営できずにいるものは、自分がみなその造営を援助することとし、いま寺司《てらのつかさ》（俗人の役人）たちと寺主とを任命する。また、寺々をめぐって僧尼や奴婢・田地の実態を調べ、ことごとくそれを明らかにして奏上させることとす

る」

と言われ、来目臣《くめのおみ》〔名は伝わらない〕・三輪色夫君《みわのしこぶのきみ》・額田部連甥《ぬかたべのむらじおい》を法頭《ほうず》(18)とした。

古人大兄皇子の死

九月の丙寅《ひのえとら》の朔に、使者を諸国に遣わして武器を管理させた〔ある本には、六月から九月まで、使者を四方の国に遣わして種々《くさぐさ》の武器を集めさせたとある〕。戊辰《つちのえたつ》（三日）に、古人《ふるひとの》皇子《みこ》が、蘇我田口臣川堀《そがのたぐちのおみかわほり》・物部朴井連椎子《もののべのえのいのむらじしいのみ》（鮪）・吉備笠臣垂《きびのかさのおみしだる》・倭漢文直麻呂《やまとのあやのふみのあたいまろ》・朴市秦造田来津《えちのはだのみやつこたくつ》と謀反《ぼうはん》（国家＝天皇を危うくすることを謀る）をした〔ある本には古人《ふるひとの》太子《ひつぎのみこ》、またある本には古人大兄《ふるひとのおおえ》とある。この皇子は吉野山に入ったので、吉野太子《よしののひつぎのみこ》ともいう。垂、これを之娜屢《しだる》という〕。丁丑《ひのとのうし》（十二日）に、吉備笠臣垂が中大兄に自首して、

「吉野の古人皇子が、蘇我田口臣川堀らと謀反し、私もその一味に加わりました」

と言った〔ある本には、吉備笠臣垂が阿倍大臣と蘇我大臣とに、「私は吉野皇子《よしののみこ》の謀反の一味に加わりました。それゆえ、いま自首いたします」と言ったという〕。そこで中大兄は、菟田朴室古《うだのえむろのふる》と高麗宮知《こまのみやしり》とに若干の兵をひきいさせ、古人大市皇子《ふるひとのおおちのみこ》らを討伐させた〔ある本には十一月の甲午《きのえうま》の三十日に、中大兄は、阿倍渠曾倍臣《あへのこそへのおみ》・佐伯部子麻呂《さえきべのこまろ》の二人に命じ、兵四十人をひきいて古人大兄を攻め、古人大兄とその子とを斬らせた。その妃妾《みめ》は、みずから首をくくって死んだ、とある。またある本には、十一月に、吉野大兄王《よしののおおえのみこ》が謀反し、ことが発覚して誅に伏《ふく》した

とある」。

甲申《きのえさる》（十九日）に、使者を諸国に遣わして民《おおみたから》の総数を記録させ、詔して、

「古来、天皇の御代《みよ》ごとに、その御代をあらわす民（名代）を設置し、天皇の御名を後の代まで伝えようとされた。臣・連たちや伴造・国造も、それぞれ自分の民を所有して、思いのままにそれを使役した。また、地方の山や海、林野、池や田をさき取って自分の財産とし、たがいに争い戦うことのやむときがない。数万頃《しろ》(19)の田をひとりじめにする者がある一方では、まったく、針をさすばかりのわずかな土地すらもっていない者がある。朝廷に調《みつき》をたてまつるときには、臣・連・伴造たちがまず自分で徴収したのち、その一部をたてまつっており、宮殿の修理や山陵の築造には、それぞれ自分の民をひきいてことに当たっている。易（『周易』）には、『上の利益をけずって下の利益をませ。制度によって人々を正し、財産をそこなわず、民をいためつけないようにせよ』といっている。いま、百姓《おおみたから》の貧しさは変わらないのに、権勢ある者が田畑を奪いあって私有地とし、百姓に貸しつけて年々地代をとっている。今後は、土地を貸しつけてはならない。むやみと土地の所有者になって、力弱い者を支配下に入れてはならない」

と言われた。これを聞いて、百姓はたいへんよろこんだ。

冬の十二月の乙未《きのとのひつじ》の朔癸卯《みずのとのう》（九日）に、天皇は都を難波長柄豊碕《なにわのながらのとよさき》にお移しになった。(20)老人たちは、

「春から夏にかけて、鼠《ねずみ》が難波のほうに向かって行ったのは、遷都の前兆だったのだ」と語りあった。戊午《つちのえうま》（二十四日）に、越国《こしのくに》（北陸地方）が、

「海辺にただよっていた枯れ木が東に向かって移っていきましたが、砂の上に残ったあとが、田地を耕したようなかたちをしておりました」

と報告した。この年の太歳は乙巳《きのとのみ》。

改新の詔

二年の春正月の甲子《きのえね》の朔に、正月の拝賀の儀式が終わってから、改新の詔(21)を宣布し、つぎのように言われた。

「その一にいう。昔から代々の天皇がお立てになった子代《こしろ》の民《おおみたから》(22)や各地の屯倉《みやけ》（朝廷の直轄領）、それにまた、臣・連・伴造・国造・村首《むらのおびと》らの所有する部曲《かき》の民（私有民）や各地の田荘《たどころ》（私有地）を廃止する。そして、食封《へひと》(23)を大夫《まえつきみ》以上の者にそれぞれ賜い、以下は、布帛《きぬ》を官人・百姓にそれぞれ賜うこととする。そもそも大夫は、民を治める者である。よく政治に力をつくせば、民はそれを頼りとする。それゆえ、大夫の封禄を重くするのは、民のためにすることとなのである(24)。

その二にいう。京師（都城）を創設し、畿内《うちつくに》・国司《くにのみこともち》・郡司《こおりのみやつこ》(25)・関塞《せきそこ》（防禦施設）・斥候《うかみ》・防人《さきもり》（西海防備の兵）・駅馬《はいま》・伝馬《つたわりうま》を置き、鈴契《すずしるし》（駅馬・伝馬を利用する際用いる）

を造り、山河《やまかわ》（地方行政区画）を定める。およそ、京《みやこ》には坊ごとに長一人を置き、四坊ごとに令（坊令）一人を置く。坊令は坊内の戸口を調査し、不正な行ないを取り締まることを掌《つかさど》る。坊令には、坊内の人々から、行ないが正しく、人物がしっかりしていて、事務に堪能な人をえらんであてる。里長や坊長には、里や坊の百姓のなかから、心が清く、行ないが正しく、人物のしっかりした者をえらんであてる。もしその里や坊に適当な人がいない場合には、隣接の里や坊の人のなかから選んでもよい。(26) およそ畿内《うちつくに》は、東は名墾《なばり》の横河《よこかわ》（三重県名張市）まで、南は紀伊《き》の兄山《せのやま》（和歌山県伊都郡かつらぎ町）まで〔兄、これを制《せ》という〕、西は赤石《あかし》の櫛淵《くしぶち》（兵庫県明石市）まで、北は近江の狭々波《ささなみ》の合坂山《おうさかやま》（滋賀県大津市）までを畿内国《うちつくに》とする。(27) およそ郡《こおり》は、四十里のものを大郡、三十里以下四里以上のものを中郡、三里のものを小郡とする。郡司《こおりのみやつこ》には、すべて国造のなかから、人となりが正しく、事務に堪能な者をえらんで大領・少領とし、人物がしっかりし、聡敏で筆記や計算の上手な者を主政・主帳とする。(28) およそ駅馬・伝馬を利用するには、みな鈴（駅鈴）や伝符《つたえのしるし》の剋《きざみ》の数を照合することとする。(29) およそ、諸国と関とに鈴・契を賜うが、みな長官が取り扱い、長官がいない場合には次官が取り扱うこととする。(30)

その三にいう。はじめて戸籍・計帳・班田収授の法をつくる。(31) およそ五十戸を里とし、里ごとに長（里長）一人を置く。里長は里内の戸口を調査し、農耕や養蚕をすすめ、法に違反する者を取り締まり、人々から賦役《えつき》（国家のための租税や力役）を徴発することを掌る。

もし山や谷がけわしく、辺鄙で人家がまれにしかないようなところでは、適宜実情に応じて里を設置する。[32] およそ田は、長さ三十歩、広さ十二歩を段とする。十段を町とする。一段につき租《たちから》の稲は二束二把、一町につき租の稲は二十二束とする。[33]

その四にいう。旧来の賦役《えつき》（租税や力役）の制度をやめ、田の調《みつき》を行なう。およそ、絹・絁《ふとぎぬ》（目の荒い絹）・絲《いと》・綿（絹綿）は、それぞれその土地に産する物をさし出させる。[34] 絁は田一町につき絹は一丈。四町で一匹となる。一匹の長さは四丈、広さは二尺半。絁は田一町につき二丈。二町で一匹となる。一匹の長さ広さは絹に同じ。布《ぬの》は田一町につき四丈。長さ広さは絹・絁に同じ。一町で一端となる〔絲・綿の絇（糸の重さの単位）・屯（綿の重さの単位）のことは、どこにも記されていない〕。また、田の調とは別に、戸別の調を納めさせる。一戸についてみな布一丈二尺。[35] およそ調の副物《そわりつもの》（付加税）の塩と贄《にえ》とは、同じくその土地の産物をさし出させる。[36] およそ官馬《つかさうま》は、中級の馬ならば一百戸ごとに一匹のわりでたてまつらせる。細馬《よきうま》（良馬）ならば、二百戸ごとに一匹をたてまつらせる。[37] その馬を買う直《あたい》として、一戸につき布一丈二尺をさし出させる。およそ武器は、各自刀《たち》・甲《よろい》・弓・矢・幡《はた》・鼓《つづみ》をさし出させる。[38] およそ仕丁《つかえのよぼろ》は、旧来三十戸について一人〔一人を廝《くりや》（炊事などの世話をする者）にあてる〕[39] をとっていたのを改め、五十戸について一人〔一人を廝にあてる〕をとり、各官司にわりあてる。[40] 五十戸からさし出されるものを、仕丁一人の食料にあてることとし、一戸につき庸布《ちからしろのぬの》一丈二尺と庸米五斗とをさし出させる。[41] およそ采女《うねめ》は、郡の少領以上の者の姉妹・子女の、容姿端正な者をたてまつらせる〔従丁《ともよほろ》一人・従女《ともめわらわ》二人を従わせる〕。一百戸からさし出されるものを、采女一人の食料にあてることとし、そのための庸布・庸米はみな仕丁に準じる」(42)

この月に、天皇は子代離宮《こしろのかりみや》におでましになった。また、使者を遣わし、国々に詔して武器庫を造営させた。また、蝦夷が帰順した。〔ある本には、難波狭屋部邑《なにわのさやべのむら》（大阪市）の子《こ》代屯倉《しろのみやけ》（屯倉経営のための建物）をこわして行宮《かりみや》を建てたとある〕

鐘匱の制のその後

二月の甲午《きのえうま》の朔戊申《つちのえさる》（十五日）に、天皇は、宮（子代離宮）の東の門におでましになり、蘇我右大臣《そがのみぎのおおおみ》（倉山田石川麻呂）に詔をよみあげさせて、

「明神御宇日本倭根子天皇《あきつみかみとあめのしたしらすやまとねこのすめらみこと》(43)が、ここに集まっている卿《まえつきみ》たち、臣・連・国造・伴造およびもろもろの百姓《おおみたから》に、つぎのように詔される。古来英明な君主が民をおさめるには、鐘を宮殿にかけ、それをつかせて百姓の心配ごとを知り、住いをまちなかに造って道行く人の政治についての批判を聞くなどのことをし、草刈りや木こりの意見であっても君主がみずからそれを聞き、政治の指針にしたという。そこで自分も、以前に詔を下して、『古《いにし》えの聖王が天下を治めるのに、朝廷に善《ほまれ》を進める旗や誹謗《そしり》の木を設けたのは(44)、政治を正し、諫言する者を進め、下の意見をひろく尋ねるためのものであった。『管子』に、黄《こう》

帝《てい》は明堂《めいどう》で政務をとって、上の賢人の行ないをよく見、堯《ぎょう》は衢室《くしつ》で政務をとって、下の民の意見をよく聞いた、舜《しゅん》は善を告げる旗を作って善言を進める人を表彰し、禹《う》は鼓を朝廷に立てて訴えごとや願いごとのある民のために備えた、湯《とう》は道路の集まる場所のかたわらに庭を造って民の政治に対する非難を知り、武王《ぶおう》は霊台《れいだい》に庭を造って賢者の意見を重んじた、このようなことを行なったゆえに、聖帝明王は帝王の位にあって過ちを犯すことがなく、国を滅亡におとしいれることがなかったのだ、といっている(45)。それゆえ自分も、鐘をかけ、匱を設け、訴えの文書を集める係を任命して、訴えごとのある人や政治のあやまりを指摘する人に文書を匱に入れさせ、文書を集める係に命じて毎朝それを奏上させようと思う。自分はそれを見たうえで群卿《まえつきみたち》に示し、その処置を講じさせるゆえ、処置が滞ることのないようにせよ。もし群卿が怠慢で誠意がなく、あるいは一方におもねって不公平な処置をしたり、自分もまた忠言に耳をかさなかったような場合には、訴えごとや意見のある人は、鐘をつくがよい』と言った(元年八月条)。このような詔を下したところ、早くも、清く正しい心と国を思う気風とをもつ民《おおみたから》が、政治の非をきびしく忠告する文書を、設けてある匱に投じたので、いまここに集まった人々にそれを示そう。それによると、国家の役に奉仕するために上京した民を、官司がそのままとどめて雑用に使っている、云々《しかじか》とのことである。自分もこれを気の毒なことと思っていた。民もきっと、このようなことになるとは思っていなかったにちがいない。しかし、都を移してまだ日も浅く、人々は旅人のようで落ち着くところがない。このため、使役してはならないのにやむをえず使役していたのである。自分はこのことを考えると、いつも気がかりで眠れなかった。いまこの文書を見て、よく言ってくれたとほめたい気持でいっぱいである。そこで、忠告に従って各所で行なわれている雑役を停止することとする。

なお、以前に詔したときには、忠言をする人は文書に名を記すようにと言ったが、集まった文書を見ると詔に従っていない。しかし考えてみると、これもみずからの利益を求めることなく、国を助けようとの気持に出たものであろう。これからは署名をしてもしなくてもよい。自分が怠り忘れていることを忠告するように」

と言われた。また詔して、

「ここに集まった国民《おおみたから》からは、たくさんのことが訴えられている。これからそれを審理しようと思うゆえ、その決定をよく承るがよい。訴訟の決着のために上京し、朝廷に集まった者は、しばらく退散せずに朝廷で待機するように」

と言われた。

高麗・百済・任那・新羅がそれぞれ使を遣わして調賦《みつき》をたてまつった。乙卯《きのとのう》（二十二日）に、天皇は子代離宮からお帰りになった。

東国国司の処断

三月の癸亥《みずのとのい》の朔甲子《きのえね》（二日）に、東国《あずまのくに》の国司《くにのみこともち》たちに詔して、

「ここに集まった群卿大夫《まえつきみたち》、および臣・連・国造・伴造、それにすべての百姓《おおみたから》よ、みなよく承るがよい。天地の間に君として万民を治めることは、一人でよくなしうることではなく、臣の助けが必要である。それゆえ、代々のわが皇祖はおまえたち大夫《まえつきみ》の祖先とともに国を治めてきた。自分も神々の護りの力を身にうけ、おまえたち大夫とともに国を治めようと思う。そこで、以前に良家の大夫に東方《あずまのかた》の八道《やつのくに》を治めさせた（元年八月条）。この国司たちは赴任したが、うち六人は命に従い、二人は命に違反した。(46)またその政治の良し悪しについての知らせも伝わっている。命に従ったことはよろこばしいが、命に違反した者のあったことは残念である。そもそも政治を行なう者は、君も臣も、まずおのれを正しくし、のちに人を正すべきである。自分が正しくなくて、どうして人を正すことができよう。それゆえ、みずからを正せない者は、君と臣とを問わず、悪い結果を身にうけるであろう。行ないを慎まねばならぬ。おまえたちが人をみちびくにあたって正しければ、正しくならない者はないのだ。いま、以前の勅に従って国司たちを処断することとする」

と言われた。

辛巳《かのとのみ》（十九日）に、東国の朝集使《もうでうごなわるつかい》（施政状況報告のために上京した国司）たちに詔し

て、

「ここに集まった群卿大夫《まえつきみたち》、および国造・伴造、それにすべての百姓《おおみたから》よ、みなよく承るがよい。去年の八月に、自分はみずから、『役人の権勢にまかせて公私の物を奪ってはならない。自分の管内ならば食べ物を求めてもよく、馬に乗ってもよい。もし命に違反したら、次官《すけ》以上はその冠位を降《くだ》し、主典《ふびと》以下は、笞・杖の刑に行なう。不当に自分の収入とした物は二倍にしてとり立てる』と命じた。詔ですでにこのように言っている。ところでいま、朝集使や国造たちに、国司が任地におもむいて詔命に従ったかいなかを尋ねたところ、朝集使たちは、そのありさまをくわしくつぎのようにのべた。

『穂積臣咋《ほづみのおみくい》の犯したことは、百姓の戸ごとに物を求め、反省して返しはしたが、全部は返さなかったことだ。その介《すけ》の富制臣《ふせのおみ》〔名は伝わらない〕・巨勢臣紫檀《こせのおみしたん》の二人の過失は、上司の過失を正さなかったことだ、云々という。以下の官人にもみな過失がある』

『巨瀬徳禰臣《こせのとこねのおみ》の犯したことは百姓の戸ごとに物を求め、反省して返しはしたが、全部は返さなかったこと、それに田部《たべ》（屯倉の田を耕す農民）から馬を奪ったことだ。その介の朴《え》井連《いのむらじ》・押坂連《おしさかのむらじ》〔いずれも名は伝わらない〕の二人は、上司の過失を正さなかったばかりか、いっしょになって自分の利益を求め、また国造から馬を奪った。台直須弥《うてなのあたいすみ》は、はじめは上司に忠告したが、けっきょくはともに過失を犯した。以下の官人にもみな過失がある』

『紀麻利耆拕臣《きのまりきたのおみ》の犯したことは、人を朝倉君《あさくらのきみ》（上野地方の豪族）・井上君《いのうえのきみ》の二人のもとに遣わし、だましてその馬をひいて来させ、それを見たこと、朝倉君に刀《たち》を作らせたこと、朝倉君の弓・布を奪ったこと、国造がたてまつった兵代《つわものしろ》の物《もの》（武器か）を、さし出した本人にたしかに返さずにかってに国造に渡してしまったこと[47]、赴任先の国で他人に刀を盗まれたこと、それに、帰路倭国《やまとのくに》でも他人に刀を盗まれたことだ。これらは、紀臣と、その介の三輪君大口《みわのきみおおくち》・河辺臣百依《かわべのおみももより》らの過失である。以下の官人の河辺臣磯泊《しはつ》・丹比深目《たじひのふかめ》・百舌鳥長兄《もずのながえ》・葛城福草《かずらきのさきくさ》・難波癬亀《なにわのくいかめ》〔倶毗柯梅《くひかめ》〕・犬養《いぬかいの》五十《い》君《きみ》・伊岐史《いきのふびと》麻呂《まろ》・丹比大眼《たじひのおおめ》らの八人にも、みな過失がある』

『阿曇連《あずみのむらじ》〔名は伝わらない〕の犯したことは、和徳史《わとこのふびと》が病にかかったおり、国造にいいつけて官物（本来京にたてまつるべきもの）を送らせたこと、それに湯部《ゆべ》（皇子養育の費用を出すために置かれた湯坐部《ゆえべ》か）の馬を奪ったことだ。その介の膳部臣百依《かしわでのおみももより》の犯したことは、草代《くさしろ》の物《もの》（さし出された牧草か）を自分の家に収めてしまったこと、それに、国造の馬を奪ってほかの馬ととりかえて来てしまったことだ。河辺臣磐管《いわつつ》と湯麻呂《ゆまろ》の兄弟二人にもまた過失がある』

『大市連《おおちのむらじ》〔名は伝わらない〕の犯したことは、さきの詔にそむいたことだ。さきの詔に、国司たちは任地でみずから民の訴えを判決してはならない、と言われているのに、これにそむいて、みずから菟礪《うと》（駿河国有度郡。いまの静岡市）の人の訴えや、中臣徳《なかとみのとこ》の奴のことについて判決した。そのことでは中臣徳もまた同罪である。涯田臣《きしたのおみ》〔名は伝わらない〕の過失は、倭国《やまとのくに》で官《つかさ》の刀《たち》を盗まれたことだ。これは用心が足りなかったからである。小《お》緑臣《みどりのおみ》と丹波臣《たにわのおみ》は、政治は拙劣だが過失はない〔いずれも名は伝わらない〕。忌部木菓《いんべのこのみ》・中《なか》臣連《とみのむらじ》正月《むつき》の二人には過失がある』

『羽田臣《はたのおみ》と田口臣《たぐちのおみ》の二人には、ともに過失がない〔名は伝わらない〕』

『平群臣《へぐりのおみ》〔名は伝わらない〕の犯したことについては、三国《みくに》（福井県坂井郡か）の人から訴えが出ているが、まだ調査していない』

朝集使たちがのべたところは以上のようであるが、それによると、紀麻利耆拕臣《きのまりきたのおみ》(48)・巨勢《こせの》徳禰臣《とこねのおみ》・穂積咋臣《ほづみのくいのおみ》、おまえたち三人の行なったことは怠慢で拙劣である。詔命に違反する行ないがあったと聞いて、どうして自分が心を苦しめないことがあろう。君臣として民《おおみたから》をはぐくむのに、先に立つみずからが正しくあれば、どんな人の行ないをも正しくすることができる。もし君臣が心を正さなかったら、まさにその罪を受けねばならぬ。ことがおこってから後悔してももうおそい。それゆえ、国司たちをその過失の軽重にしたがって考査し、処罰しようと思う。また国造たちも、詔命に違反して財物をその国の国司におくり、ともに利益を得ようとし、いつもよこしまな心をいだいているので、これについても処断を行なわねばならない。しかしそうは思うものの、今年は新宮（難波長柄豊碕宮）に移ってはじめて神々に幣《みてぐら》をたてまつる年にあたっており、また本来農耕の月で民を使ってはいけないのに、新宮造営のためやむをえず民を使っているので、この二つのことを心にかけ、天下に大赦（特定の重大な犯罪以外のすべての罪を許す）することとする。それゆえ、今後は国司も郡司（もとの国造）も、努力してかってな行ないをやめよ。使者を遣わして、諸国の流人《るにん》や獄中の囚人をみな釈放せよ。

なおほかに、塩屋鯯魚《しおやのこのしろ》〔鯯魚、これを挙能之慮《このしろ》という〕・神社福草《かみこそのさきくさ》・朝倉君《あさくらのきみ》・椀子連《まろこのむらじ》・三河大伴直《みかわのおおとものあたい》・蘆尾直《すすきおのあたい》〔四人とも名が伝わらない〕、この六人は天皇の命によく従った。自分はその心をたいへんうれしく思う。また、官司の各地の屯田《みた》（直営田）と、吉備嶋《きびのしま》皇祖母《すめみおや》（皇極天皇の母。故人）の各地の貸稲《いらしのいね》(49)とを廃止し、屯田は群臣《まえつきみたち》および伴造らに分かち賜うこととする。また、官の帳簿にもれている寺に、田と山とを寄進することとする」

と言われた。

壬午《みずのえうま》（二十日）に、皇太子は、使をたてまつって天皇に奏請し(50)、

「昔の天皇の御世には、天下の人々をひとしいさまにお治めになりましたが、近ごろにおよんで人々はたがいに分かれ離れ、その業《わざ》〔国の業をいう〕を失いました。わが天皇《すめらみこと》は、万民をお救いになるべき時運にあたり、天も人もあい応じて、新しい政治を行なわれることになりました。つつしんでおよろこび申し上げる次第でございます。ところで、現為明神御八嶋国天皇《あきつみかみとやしまぐにしらすすめらみこと》が私にお尋ねになりますには、『もろもろの臣・連および伴造・

国造の所有している、昔の天皇のときに置かれた子代入部《こしろのいりべ》(51)、皇子たちが私有している御名入部《みなのいりべ》(52)（名代）、それに皇祖大兄《すめみおやのおおえ》（押坂彦人大兄皇子。舒明天皇の父。故人）の御名入部〔彦人大兄をいう〕とその屯倉《みやけ》とを、旧来どおり置くべきかいなか』とのことでございました。私はそこで詔のむねをつつしんで承り、『天に二つの日はなく、国に二人の王《きみ》はございません。それゆえ、天下を統治し、万民をお使いになるのは、ただ天皇《すめらみこと》だけでございます。入部《いりべ》や食封として賜わった民を仕丁《つかえのよほろ》にあてることについては、さきの処置（二年正月の詔）に従うこととし、それ以外の入部などは、私用に駆使する恐れがございますゆえ、入部五百二十四口・屯倉一百八十一所を献上いたします』とお答え申し上げます」と言われた。

薄葬令と旧俗の廃止

甲申《きのえさる》（二十二日）に、詔して、

「西土《もろこしのくに》（中国）の君主は、民を戒めて、『古代の葬儀は、小高い丘を墓とし、土も盛らず、木も植えず、死者の棺は骨を朽ちさせ、衣服は肉を朽ちさせるに足るだけのものであった。それゆえ自分も、墳丘を耕作不能の地につくり、代がかわった後にはどこにあるのかわからないようにしたいものだ。金・銀・銅・鉄を墓におさめず、ただ瓦で作った器具で、古代の塗車《くるまかた》（泥で作った車）や蒭霊《ひとかた》（草をたばねて死者の護衛とした人形）の役に供せよ。棺は、板のすきまに漆を三度ぬるだけでよい。死者の口に珠玉を含ませることをやめよ。また、珠襦《たまのこしころも》（珠を飾った短い衣）や玉柙《たまのはこ》（珠玉の飾箱）をおくこともいけない。このようなことは愚人の風習である(53)』と言い、また、『葬るとは蔵《かく》すことである。人から見られないようにしたい(54)』とも言ったと聞いている。近ごろわが民《おおみたから》が貧しいのは、墓を造営するためである。それゆえここにその制度を定め(55)、尊卑の別をはっきりさせることとする。王《みこ》（皇族）以上の墓は、内《うち》（玄室）の長さ（奥行）九尺、広さ（間口）五尺、外域は方九尋《ひろ》、高さ五尋、一千人を役し、七日でその工を終わらしめる。葬儀のさいの帷帳《かたびらかきしろ》（たれぎぬ）などは白布《しろぬの》を用い、轜車《きくるま》（ひつぎを乗せる車）を使ってよい。上臣《たかきまえつきみ》（大臣か）の墓は、内の長さ広さ高さは王以上に準じ、外域は方七尋、高さ三尋、五百人を役し、五日でその工を終わらしめる。葬儀のさいの帷帳などは白布を用いてよいが、ひつぎはかついで行け〔おそらく肩で輿《こし》をかついで送るのであろう〕。下臣《ひくきまえつきみ》（大徳・小徳をさすか）の墓は、内の長さ広さ高さはみな上に準じ、外域は方五尋、高さ二尋半、二百五十人を役し、三日でその工を終わらしめる。葬儀のさいの帷帳などに白布を用いることも、また上に準じる。大仁《だいにん》・小仁《しょうにん》の墓は、内の長さ九尺、高さ広さ各四尺、封土を築かずに平らにし、一百人を役し、一日でその工を終わらしめる。大礼《だいらい》以下小智《しょうち》以上の墓はみな大仁に準じ、五十人を役し、一日でその工を終わらしめる。王以下小智以上の墓にはすべて小さい石材を用い、帷帳などには白布を用いさせるが、庶民《おおみたから》（無位者）の死んだときはそのまま土に埋め、帷帳などには麁布《あらきぬの》を用いさせ、一日もとどめずすぐに葬らせる。王以下庶民にいたるまで、すべて殯《もがりや》を建ててはならぬ。また、畿内をはじめ、諸国では、死者はすべて一定のところに埋葬し、汚らわしいさまにところどころばらばらに埋葬してはならない。またこれまでは、人がなくなると自分で首をくって殉死したり、人の首をくって殉死させたり、死者の馬をむりやりに殉死させたり、死者のために財宝を墓におさめたり、死者のために髪を切り、股《もも》を刺して誄《しのびごと》したりすることが行なわれてきたが、このような旧来の風習はいっさい禁止する〔ある本には、金・銀・錦・綾・五綵《いつくさのしみのもの》（多くの色で美しくいろどったきぬ）を墓におさめてはいけない、とある。またある本には、諸臣から民《おおみたから》にいたるまで、みな金・銀を用いてはいけない、とある〕。

もしこの詔に違反して禁令を犯すようなことがあれば、かならずその一族を罪することとする。

ところでまた、見たのに見ていないと言ったり、見ていないのに見たと言ったり、聞いたのに聞いていないと言ったり、聞いていないのに聞いたと言ったりする者がある。およそ、正しく語り、正しく見ることなしに、巧みに相手をいつわる者が多い。また、奴婢で、貧困な主人をあざむいて権勢のある家につき、よい生活を求めようとする者がある。勢家ではその奴婢をむりやり家に買いとり、もとの所有者に返さないことが多い。

また、夫に離婚された妻妾が、(56)いく年か後に他の男と結婚するのは当然のことなのに、かつての夫が、三、四年後になって、後に結婚した相手の男に財産を強要し、自分のものとすることがたいへん多い。また、権勢をたのむ男が、みだりに他家の女とちぎりを結び、自分がまだ妻として家に迎えないうちに女が他の男にとつぐと、怒ってその男と女と二つの家から財物を強要し、自分のものとすることがたいへん多い。また、夫をなくした婦が、十年、二十年たって他人の婦となったり、未婚の女がはじめて人にとつぐときに、この夫婦をねたんで祓除《はらえ》(57)をさせることが多い。また、妻にきらわれ、離れられてしまった男が、そのことを苦しみはずかしがって、相手の女をむりやりに事瑕《ことさか》の婢《めのこやつこ》（おきてにそむいたために婢とされた者の意か）〔事瑕、これを居騰作柯《ことさか》という〕とする者がある。また、自分の婦が他の男と姦通したのではないかと疑って、むやみに官司に出向いて裁判を申請する者がしばしばある。たとえはっきりした三証《みたりのあかしひと》（三人の証人）があったとしても、みなで事実を明らかにしたうえで申し出ることとし、むやみに訴え出てはいけない。

また、辺境の国々から役におもむいて来た民が、事が終わって郷里に帰るおり、急病にかかって路傍に倒れ、死ぬことがある。すると路傍の家では、『どうして自分の家の前の道で人を死なせたのだ』と言い、死者のつれをつかまえ、むりやりに祓除をさせる。このため、兄が道に行き倒れて死んでも、その死体をとむらおうとしない弟が多い。また、百姓《おおみたから》が川で溺死すると、たまたまその死体に出会った者が、『どうして自分を溺れ死んだ人に会わせたのだ』と言い、溺死者のつれをつかまえ、むりやりに祓除をさせる。このため、兄が川で溺れ死んでも、それを救助しない弟が多い。また、役民が路傍で飯をたこうとすると、路傍の家では、『どうして自分の家の前の道でかってに飯をたくのだ』と言い、むりやりに祓除をさせる。また、他人から甑《こしき》（米をむす土器）を借りて飯をたいた百姓が、その甑をなにかにぶつけてひっくり返すと、甑の持ち主が祓除をさせることもある。これらはみな、愚かな人々の従ってきた習わしである。ここにいっさい禁止するゆえ、二度とこのようなことをしないようにせよ。

また、京《みやこ》に向かう百姓で、乗った馬が疲労して歩けなくなることを心配し、参河《みかわ》・尾張《おわり》両国の人に布《ぬの》二尋《ひろ》・麻二束《つか》を渡して雇い、馬を飼ってもらうこととして上京する者がある。帰郷するときにはさらに鍬を一口渡すことになっている。ところが参河の人々は、馬を飼うことができず、かえって痩せさせ、死なせてしまう。また、預かった馬が良馬であるとそれを返すのを惜しみ、たくみにいつわりの言葉をならべて、盗まれてしまったと言ったりする。また、その馬が牝馬《めうま》で、家に預かっているうちに子をはらんだときには、祓除を要求し、けっきょくその馬を奪ってしまう。うわさによるとこのようなことだ。それゆえ、いまここに制度を立てることにする。およそ、京に通う道にあたる国々で馬を養ってもらう場合には、雇われた人をつれて行き、村首《むらのおびと》〔首は長である〕にはっきり告げて、そこで報酬を雇われた人に渡せ。帰郷のおりにはさらに報酬を与える必要はない。もし馬を弱らせたり、死なせたりした場合には、雇われた人はものを得てはならない。もしこの詔に違反したら、重い罪を科すであろう。

また、これまで、市司《いちのつかさ》や、要路の津済《つわたり》（港や河川の渡し場）の渡子《わたりもり》が、人々から調賦《みつき》（手数料）を徴収していたのをやめ、これらの人に田地を支給する。また、畿内《うちつくに》をはじめ四方《よも》の国々で、農耕の月には早く田を耕すことに勤め、美物（魚）や酒をとらぬようにせよ。心の正しい使者を遣わして、このむねを畿内に告げよ。四方の国々の国造たちも、それにふさわしい人を使にえらび、詔のむねに従って人々を勤めさせよ」

と言われた。

品部の廃止

秋八月の庚申《かのえさる》の朔癸酉《みずのとのとり》（十四日）に、詔して、

「もとをたずねると、天地陰陽は四時を乱れさせることがない。この天地が万物を生じ、万物のなかでもっとも霊なるものがこれ人である。そのもっとも霊なる人のなかで聖なるものが人主《きみ》である。それゆえ聖《ひじり》主である天皇は、天の意志に従ってこの国を統治し、人々がそれぞれそのところを得るようにと、いつも胸中に願っている。しかるに、代々の天皇の御名をはじめとする名を有する品部《しなじなのともお》(58)（名代）を、臣・連・伴造・国造らは、それぞれに分かって支配し、また、みずからの民とそれらの品部とを、同じ地方に雑居させている。このため、父子、兄弟、夫婦のあいだで姓や氏、部の名が異なり、一家が五つにも

六つにも分かれ、訴訟が国々や朝廷にあふれ、処置が講じられぬままにその混乱がいよいよ大きくなっている。それゆえ、現在の天皇から臣・連たちにいたるまでが所有している品部は、ことごとく廃止し、国家《おおやけ》の民《おおみたから》とすることにする。

代々の天皇の御名を借りて伴造となっている者（名代を管理する伴造）や、祖先の名を氏の名としている臣・連たちは、自分がとつぜんにこのように命じるのを聞けば、深く思慮せずに、『品部を廃すれば、それにつけられている祖先の名や、天皇の御名が消えてしまう』と当然思うことであろう。それゆえ、あらかじめ自分の思うところをはっきりと知らせようと思う。そもそも、天皇の子孫があいついで統治するからには、時の天皇とその祖先の天皇の御名は、世々忘れられるはずはない。それなのに、天皇の御名を軽々しく川や野の名としたり、百姓をよぶ名としたりすることは、まことにおそれ多いことである。王者の称号は日月とともにいつまでも伝わり、祖先とその子孫の名は天地とともに長く伝わるであろう、と、このように思うがゆえにこの命令を下すのである。皇子をはじめ、朝廷に仕える卿大夫《まえつきみたち》・臣・連・伴造、それに諸氏の人々よ〔ある本には、名々《なな》の王民《おおみたから》とある〕。ことごとく承るがよい。これからおまえたちを朝廷に出仕させるには、旧来の職をやめて新しく百官《もものつかさ》を設け、位階をはっきりと定め、各自に官《つかさ》と位《くらい》とを授けるのである。

また、いま発遣される国司、およびその国々の国造よ。よく承るがよい。去年朝集使に命じた政務はそのときの定めのとおりとし、収公・測量した田は民に平均に班給し、不公平のないようにせよ。およそ田を給うには、百姓の家が田に近接していたら、必ず近い者を優先せよ。[59] この命をよく承るのだ。また、およそ調賦《みつき》は、男身の調（男子の人別の調）を納めさせよ。[60] およそ仕丁《つかえのよぼろ》は、五十戸ごとに一人をとれ。また、国々の境界を視察し、文書か地図にして持参して示せ。国内の地名は、それを持参したときに定めることとする。国々で堤を築き、溝《うなて》（用水路）を掘り、田を開墾するにあたっては、不均等にならぬよう、場所をよく考えて行なえ。この詔をよく承り、その趣旨を理解するがよい」と言われた。

九月に、小徳高向博士黒麻呂《たかむくのはかせくろまろ》を新羅に遣わし、質《むかわり》（人質）をたてまつらせるとともに、新羅から任那《みまな》の調《みつき》をたてまつらせることを停止した[61]〔黒麻呂のまたの名は玄理〕。この月に、天皇は蝦蟇行宮《かわずのかりみや》（位置未詳）〔ある本には離宮とある〕におでましになった。

この歳、越国《こしのくに》の鼠が、昼夜あいついで東に向かって移っていった。

三年の春正月の戊子《つちのえね》の朔壬寅《みずのえとら》（十五日）に、朝廷で射《いくい》（大射）を行なった。同日、高麗と新羅とがそれぞれ使を遣わして調賦《みつき》をたてまつった。

夏四月の丁巳《ひのとのみ》の朔壬午《みずのえうま》（二十六日）に、詔して、「神々は、惟神《かんながら》〔惟神とは、神の道に従うことをいう。また、おのずから神の道が備わっていることをいう〕もわが子孫に治めさせようとして、子孫をこの国にお下しになった。それゆえ、この国は天地の初めから天皇のお治めになる国である。はじめて国をお治めになった皇祖のとき以来、天下はひとしなみで、民にあれこれという区別はなかった。ところが近ごろになって、神々の御名や天皇の御名が民につけられたのをはじめ、民が別れて臣・連の氏人となったり、造《みやつこ》（伴造・国造）らに属したりするようになった。このため一国のなかの民の心があれこれの立場に固執するようになり、おたがいに深く対立し、それぞれの名を守ろうとするようになった。また愚かな臣・連・伴造・国造は、みずからの氏姓となった神の御名や天皇の御名を、自分の思うがままに軽々しく前々《ひとびと》〔前々とは人々のことをいう〕や土地につけた。その結果、神の御名や天皇の御名をつけた民が贈り物とされて他人の奴婢に入れられ、清いその名が汚されることとなり、ひいては民の心が整わず、国の政治が立ちゆかなくなった。そこでこのたび、天にいます神々の御心のままに世を治めるべき時運にあたり、これらの人々に正しいことわりを悟らせたのである（二年八月の品部廃止の詔をさす）。ところで、国政を改革することと民に仁政をほどこすこととは、どちらが先、どちらが後というものではなく、今日明日とあい続けて詔しようと思うが、もともと天皇の仁政に頼り、ふるい習俗になじんでいる民は、きっと詔を待ちかねていることであろう。それゆえ、皇子・群臣《まえつきみたち》をはじめ百姓にいたるまでの人々に、庸調《ちからつき》を賜わることとする」

と言われた。

この歳、小郡《おごおり》（難波小郡。外国使臣接待のための施設）を壊して宮殿を造営し、天皇はこ

の小郡宮《おごおりのみや》にあって宮廷での礼法をお定めになった。その制は、

「およそ位をもつ者は、かならず寅《とら》の時（午前四時）に南門の外に左右に整列し、日がさしのぼるのをまって庭に進んで再拝し、それから庁舎におもむけ。遅参した者は入って庁舎におもむいてはならぬ。午《うま》の時（正午）になって合図の鐘を聞いたら退出せよ。鐘をつく係は、赤い巾《ちきり》を前に垂らせ。鐘の台は、中庭に建てよ」

というものであった。


　また、工人《たくみ》（土木技師）の大山位《だいせんい》（大化五年制定の冠位。追記か）倭漢直《やまとのあやのあたい》荒田井比羅《あらたいのひら》夫《ぶ》は、誤って溝瀆《うなて》（用水路）を掘って難波に水を引き、工事をやり直して百姓を疲労させた。文書をたてまつってそれをきびしくいさめた者があったので、天皇は詔して、

「軽々しく比羅夫のいつわりを信じて、役に立たぬ瀆《うなて》を掘ったのは、自分の過失であった」

と言われ、すぐその日に工事を中止させられた。


　冬十月の甲寅《きのえとら》の朔甲子《きのえね》（十一日）に、天皇は有間温湯《ありまのゆ》（神戸市北区）におでましになった。左右大臣《ひだりみぎのおおおみ》・群卿大夫《まえつきみたち》もおともに従った。十二月の晦《つごもり》に、天皇は温湯からお帰りになり、武庫行宮《むこのかりみや》〔武庫は地名である〕にお留まりになった。この日、皇太子の宮殿が火災にかかり、人々は大いに驚き怪しんだ。

新冠位制の施行

この歳、七色十三階の冠の制を定めた。[62] 第一を織冠《おりもののこうぶり》といい、大・小の二階がある。織《おりもの》（つづれ錦）をもって作り、冠のふちに繡《ぬいもの》（刺繡）をめぐらす。服の色はいずれも深紫を用いる。第二を繡冠《ぬいもののこうぶり》といい、大・小の二階がある。繡をもって作る。冠のふちどりや服の色はそれぞれ織冠に同じ。第三を紫冠《むらさきのこうぶり》といい、大・小の二階がある。紫のきれをもって作り、冠のふちに織をめぐらす。服の色は浅紫を用いる。第四を錦冠《にしきのこうぶり》といい、大・小の二階がある。大錦の冠は大伯仙《だいはくせん》（錦の文様の一種）の錦をもって作り、冠のふちに織をめぐらす。小錦の冠は小伯仙の錦をもって作り、冠のふちに大伯仙の錦をめぐらす。服の色はいずれも真緋《あけ》を用いる。第五を青冠《あおきこうぶり》といい、青い絹をもって作り、大・小の二階がある。大青の冠は冠のふちに大伯仙の錦をめぐらし、小青の冠は小伯仙の錦をめぐらす。服の色はいずれも紺《ふかきはなだ》を用いる。第六を黒冠《くろきこうぶり》といい、大・小の二階がある。大黒の冠は冠のふちに車形《くるまかた》の錦をめぐらし、小黒の冠は菱形《ひしかた》の錦をめぐらす。服の色はいずれも緑を用いる。第七を建武《けんむ》という〔初位である。また立身《りゅうしん》ともいう[63]〕。黒い絹をもって作り、冠のふちに紺のきれをめぐらす。これらとは別に鐙冠《つぼこうぶり》（つぼあぶみをたてにしたような形の冠帽）があり、黒い絹をもって作る。なおこれらの冠は、はちまきに漆ぬりの羅《うすはた》を張り、位の高下によってふちどりと鈿《うず》（正面のかざり）の高さをちがえてあり、鈿の形は蟬《せみ》に似ている。小錦冠以上の鈿は金と銀とをまじえて作り、大小青冠の鈿は銀をもって作り、大小黒冠の鈿は銅《あかがね》をもって作り、建武の冠には鈿がない。これらの冠は、大会《おおきわざ》（即位・元日などの儀式）や饗客《まろうどあえ》（外国使臣の接待）、それに四月・七月の斎会《さいえ》（灌仏会と盂蘭盆会）のおりに着用するものである。

また、新羅が上臣（日本の大臣《おおおみ》にあたる）大阿湌《だいあさん》(64)金春秋《こんしゅんじゅう》(65)（のちの武烈王）らを遣わし、博士《はかせ》小徳高向黒麻呂《たかむくのくろまろ》と小山中《しょうせんちゅう》（天智三年制定の冠位。追記か）中臣連押熊《なかとみのむらじおしくま》とを送り、来朝して孔雀《くじゃく》一羽・鸚鵡《おうむ》一羽を献上した。そこで春秋を質《むかわり》（人質）とした。春秋は容姿がととのい、よく談笑した。

また、渟足柵《ぬたりのき》（新潟市）を造り、柵戸《きのへ》（柵に配置され、防衛と農耕とにあたる民）を置いた。

老人たちは、

「ここ数年、鼠が東に向かって行ったのは、柵を作ることの前兆だったのだ」

と語りあった。

四年の春正月の壬午《みずのえうま》の朔に、正月の拝賀を行なった。この日の夕、天皇は難波碕宮《なにわのさきのみや》（豊碕宮）におでましになった。

二月の壬子《みずのえね》の朔に、三韓《みつのからくに》〔三韓とは、高麗・百済・新羅をいう〕に学問僧《ものならうほうし》を遣わした。

己未《つちのとのひつじ》（八日）に、阿倍大臣《あへのおおおみ》（左大臣阿倍内麻呂）は、四衆《よくさのおこないびと》(66)を四天王寺にまねき、仏像四体を迎えて塔内に安置し、鼓《つづみ》を重ねて霊鷲山《りょうじゅせん》（釈迦の浄土）の像を造った。

夏四月の辛亥《かのとのい》の朔に、古い冠（推古朝の十二階の冠）を廃止した。しかし左右の大臣は古い冠（紫冠か）をそのまま着けた。

この歳、新羅が使を遣わして調《みつき》をたてまつった。また磐舟柵《いわふねのき》（新潟県村上市）を造って蝦夷《えみし》に備え、越《こし》（北陸地方）と信濃との民を選んではじめて柵戸を置いた。

五年の春正月の丙午《ひのえうま》の朔に、正月の拝賀を行なった。

二月に、十九階の冠の制を定めた。(67) 第一を大織《だいしき》、第二を小織《しょうしき》、第三を大繡《だいしゅう》、第四を小繡、第五を大紫《だいし》、第六を小紫、第七を大花上《だいけじょう》、第八を大花下《げ》、第九を小花上、第十を小花下、第十一を大山上《だいせん》、第十二を大山下、第十三を小山上、第十四を小山下、第十五を大《だい》乙《おつ》上、第十六を大乙下、第十七を小乙上、第十八を小乙下、第十九を立身《りゅうしん》という。(68)

この月に、博士高向玄理《たかむくのげんり》と釈僧旻《ほうしそうみん》とに詔して、八省《やつのすぶるつかさ》・百官《もものつかさ》を置かせた。

蘇我石川麻呂の謀反事件

三月の乙巳《きのとのみ》の朔辛酉《かのとのとり》（十七日）に、阿倍大臣が薨じた。天皇は朱雀門《しゅじゃくもん》におでましになり、挙哀《こあい》（死者の前で哭泣する儀礼）して、お悲しみになった。皇祖母尊《すめみおやのみこと》（皇極上皇）・皇太子《ひつぎのみこ》（中大兄皇子）など、および公卿《まえつきみ》たちも、みな続いて挙哀した。

戊辰《つちのえたつ》（二十四日）に、蘇我臣日向《そがのおみひむか》［日向は字《あざな》を身刺《むさし》という］が倉山田大臣《くらのやまだのおおみ》（右大臣蘇我倉山田石川麻呂）のことを皇太子に讒言《ざんげん》し、

「私の異母兄の麻呂は、皇太子が海辺でお遊びになっていらっしゃるところをねらって、なきものにしようとしております。謀反いたすのもま近いことでございましょう」

と申し上げた。皇太子はこれをお信じになった。天皇は、大伴狛連《おおとものこまのむらじ》・三国麻呂公《みくにのまろのきみ》・穂《ほ》積噛臣《づみのくいのおみ》を、蘇我倉山田麻呂大臣《そがのくらのやまだのまろのおおおみ》のもとに遣わして、謀反の虚実をお尋ねになった。すると大臣は、

「お尋ねに対する御返事は、私が直接天皇の御前で申し上げましょう」

とお答えした。天皇はもう一度、三国麻呂公と穂積噛臣とを遣わして、謀反のことをはっきりさせようとされたが、麻呂大臣は、また前と同じようにお答えした。天皇が軍勢を発して大臣の家を囲もうとされると、大臣は二人の子の法師《ほうし》と赤猪《あかい》〔またの名は秦《はだ》〕とをつれ、茅渟《ちぬ》の道をへて逃げ、倭国《やまとのくに》の境に向かった。大臣の長男の興志《こし》は以前から倭にいて〔山田（桜井市）の家にいたことをいう〕、寺（山田寺）の造営にあたっていたが、とつぜんに父が逃げてくるということを聞き、今来《いまき》（高市郡）の大槻《おおつき》の木の下まで出迎え、先に立って寺に入った。興志は大臣をふり返って、

「お願いでございます。興志はいますぐはせ向かって、やって来る軍勢を迎えうちたいのです」

と言ったが、大臣は許さなかった。この夜、興志は宮を焼こうと決意し、兵士を集めた〔宮とは、小墾田宮《おはりだのみや》をいう〕。己巳《つちのとのみ》（二十五日）に、大臣は長男の興志に、

「おまえは自分の身が惜しいか」

と尋ねた。興志は、

「惜しくはありません」

と答えた。大臣はそこで、山田寺の僧たちと長男の興志など数十人に、

「臣下たる者がどうして君に反逆をくわだて、父に孝なることを失おうか。そもそもこの寺は、もともとわが身のために造営したものではなく、天皇のおんためにと、願いをこめて造ったものだ。いま、自分は身刺《むさし》に讒言され、冤罪《えんざい》をうけて殺されようとしている。せめてもの願いは、黄泉《よもつくに》（死者のおもむく国）までも、君に忠なる心をいだいて去っていきたいということだ。自分が寺に来たのは、安らかに終りの時を迎えたかったからである」

と語った。言いおわって大臣は、仏殿（金堂）の戸を開き、仏を仰いで、

「自分は生々世々、いくたび生まれ変わろうとも、けっして君主《きみ》を怨みに思うことはありますまい」

と誓いを立て、おわってみずから首をくくって死んだ。妻子の殉死する者八人であった。

　この日に、天皇は、大伴狛連と蘇我日向臣とを将軍とし、軍勢を率いて大臣をお追わせになった。将軍の大伴連らが黒山（大阪府堺市美原区）に至ると、土師連身《はじのむらじむ》と采女臣使主《うねめのおみおみ》麻呂《まろ》とが山田寺から駆けつけ、

「蘇我大臣《そがのおおおみ》は、すでに三男一女とともに、みずから首をくくっておなくなりになりまし

た」と知らせた。そこで将軍たちは、丹比坂《たじひのさか》（大阪府羽曳野市）から引き返した。

　庚午《かのえうま》（二十六日）に、山田大臣の妻子や従者で、みずから首をくくって死ぬ者が多かった。穂積臣噛《ほづみのおみくい》は大臣の一党の田口臣筑紫《たぐちのおみつくし》らを捕え、集めて枷《くびかせ》をはめ、後ろ手に縛った。この日の夕、木臣麻呂《きのおみまろ》・蘇我臣日向・穂積臣噛は、軍勢を率いて寺（山田寺）を囲み、物《ものの》部二田造塩《べのふつたのみやつこしお》（刑の執行にあたる物部か）をよんで大臣の首を斬らせた。二田塩は大刀《たち》を抜いて大臣の死体に刺しとおし、それをふりあげ、おたけびして斬りつけた。甲戌《きのえいぬ》（三十日）に、蘇我山田大臣のことに連坐して殺された者は、田口臣筑紫・耳梨道徳《みみなしのどうとこ》・高田醜《たかたのしこ》〔醜、これを之渠《しこ》という〕雄《お》・額田部湯坐連《ぬかたべのゆえのむらじ》〔名は伝わらない〕・秦吾寺《はだのあてら》ら、あわせて十四人、絞首された者は九人、流された者は十五人であった。

　この月に、使者を遣わして山田大臣の財産を没収した。それらの財産のうち、すぐれた書物の上には皇太子の書としるし、貴重な財宝の上には皇太子のものとしるしてあった。使者が帰って没収のようすを報告したところ、皇太子は、はじめて大臣の心が正しく清かったことを知り、自分の行ないを後悔し、いつまでも悲しみ歎いた。そこで日向臣を筑紫《つくし》大宰帥《おおみこともちのかみ》に任じたが、世間の人々は、「これは隠流《しのびながし》（栄転させたようなかたちで、実は左遷すること）であろう」と語りあった。

皇太子の妃《みめ》の蘇我造媛《そがのみやつこひめ》（遠智媛）は、父の大臣が塩（二田塩）に斬られたと聞き、すっかり心をいため、悲しみもだえて、塩という名を聞くのをいやがった。そこで造媛に近侍する者は、塩という名をさけ、堅塩《きたし》とそのよび名を変えたが、造媛はついに、あまりにも心をいためたためになくなった。皇太子は、造媛がなくなったと聞いてひどく泣き悲しまれた。このとき、野中川原史満《のなかのかわらのふびとみつ》が進み出て歌を奉り、

山川《やまがは》に　鴛鴦《をし》二つ居《ゐ》て　偶《たぐひ》よく　偶《たぐ》へる妹《いも》を　誰《たれ》か率《ゐ》にけむ(69)　その一（山川にオシドリが二羽ならんでいるように仲よくならんでいる媛を、だれがつれていってしまったのでしょう）

本毎《もとごと》に　花は咲《さ》けども　何《なに》とかも　愛《うつく》し妹《いも》が　また咲き出来《でこ》ぬ　その二（株ごとに花は咲いているのに、どうしていとしい妹という花がまた咲き出てこないのでしょう）

と歌った。皇太子は、歎き、ほめて、

「いい歌だ。悲しい歌だ」

と言われ、御琴を授けて唱和させ、絹四匹・布二十端・綿二裹《かます》を賜わった。

夏四月の乙卯《きのとのう》の朔甲午《きのえうま》（二十日）に、小紫巨勢徳陀古臣《こせのとこだこのおみ》に大紫の位を授け、左大臣《ひだりのおおおみ》とした。小紫大伴長徳連《おおとものながとこのむらじ》〔字《あざな》は馬飼《うまかい》〕に大紫の位を授け、右大臣《みぎのおおおみ》とした。

五月の癸卯《みずのとのう》の朔に、小花下三輪君色夫《みわのきみしこぶ》・大山上掃部連角麻呂《かにもりのむらじつのまろ》らを新羅に遣わした。

この歳、新羅の王（真徳王）は、沙喙部《さたくほう》沙飡《ささん》(70)金多遂《こんたすい》を遣わして質《むかわり》（人質）とした。従者は三十七人であった〔僧一人、侍郎《じろう》（次官か）二人、丞《じょう》（三等官か）一人、達官郎《たつかんろう》一人、

中客《なかつまろうと》五人、才伎《てひと》十人、訳語《おさ》一人、種々の従者十六人、計三十七人である」。

白雉の出現

白雉《はくち》元年の春正月の辛丑《かのとのうし》の朔に、天皇は味経宮《あじふのみや》（難波）におでましになり、正月の拝賀の儀に臨まれた〔味経、これを阿膩賦《あじふ》という〕。同日、天皇は宮にお帰りになった。

二月の庚午《かのえうま》の朔戊寅《つちのえとら》（九日）に、穴戸国司《あなとのくにのみこともち》（穴戸は山口県）の草壁連醜経《くさかべのむらじしこぶ》が白い雉《きぎす》（キジ）を献上し、

「国造首《くにのみやつこのおびと》の一族の贄《にえ》が、正月の九日に麻山《おのやま》で捕えました」

と申し上げた。そこでこのことを百済君《くだらのきみ》（王子豊璋）に尋ねると、百済君は、

「後漢の明帝の永平十一年（六八）に、白い雉があちこちに見えたと申します」

云々《しかじか》と申し上げた。また、沙門《ほうし》たちに尋ねると、沙門たちは、

「いままで聞いたことも見たこともございません。天下に罪をゆるし、民の心をよろこばせるのがよろしゅうございます」

とお答えした。道登《どうとう》法師は、

「昔、高麗の国で寺院を建てようとし、建てるべき地をくまなくさがしましたところ、白い鹿がゆっくりと歩いているところがございました。そこでその場所に寺院を建て、白鹿薗寺《びゃくろくおんじ》と名づけて仏法を護持するところといたしました。また、白い雀《すずみ》がある寺の農園に

見えたときに、高麗の人々はみな『めでたいしるしだ』と申しました。また、大唐に遣わされた使者が死んだ三つ足の烏《からす》を持ち帰りましたときも、高麗の人々は『めでたいしるしだ』と申しておりました。このようなささいなものまで、みなめでたいものだと言っております。白い雉ということになればもちろんでございましょう」

と申し上げた。僧旻《そうみん》法師は、

「これは休祥《よきさが》（天がお授けになったためでたいしるし）といって、たいへん珍しいものでございます。聞くところによりますと、王者の徳が四方にあまねく施されるときには白い雉が現われ、王者が神々の祭祀をあやまたず、衣食に節度をもつときにはそれがやって来る。また王者の行ないが潔白なときは山に白い雉が出で、王者が恵みぶかい聖王であるときにそれが現われる[71]とか申します。また、周の成王のとき、越裳氏《おつじょうし》（インドシナ半島にあった国）が来て白い雉をたてまつり、『わが国の老人が申しますには、久しく風雨洪水の災がなく、もう三年にもなる。おそらく中国に聖人がおられるからであろう。なぜ行って拝朝しないのだ、とのことでした。それゆえ、異国からはるばるとまいったのでございます』と言った[72]ということでございます。また、晋《しん》の武帝の咸寧《かんねい》元年（二七五）に、松滋《しょうじ》（安徽省の地名）に白い雉が現われた[73]とのことでございます。まさしく休祥《よきさが》でございますので、天下に罪をゆるすのがよろしゅうございます」

と申し上げた。そこでその白い雉を、庭園に放たせた。

　甲申《きのえさる》（十五日）に、朝廷では元日の儀式のように儀仗兵の威儀をととのえた。左右大《ひだりみぎのおお》臣《おみ》や百官《もものつかさ》の人々は、宮門の外に四列に並んだ。粟田臣飯虫《あわたのおみいいむし》ら四人が雉を乗せた輿《こし》を持って先頭に進み、左右大臣が、百官、および百済の君豊璋《ほうしょう》、その弟の塞城《さいじょう》と忠勝《ちゅうしょう》、高麗出身の侍医《みもとくすし》毛治《もうじ》、新羅出身の侍学士《じがくし》（宮廷づきの家庭教師）などをしたがえて中庭（宮門と宮殿とのあいだの庭）に進んだ。三国公麻呂《みくにのきみまろ》・猪名公高見《いなのきみたかみ》・三輪君甕穂《みわのきみみかほ》・紀臣乎麻呂岐太《きのおみおまろきだ》の四人がかわって雉の輿を持って宮殿の前まで進み、ここで左右大臣が輿の前を持ち、伊《い》勢王《せのおおきみ》・三国公麻呂・倉臣小屎《くらのおみおくそ》が輿の後を持って、天皇の御座の前に置いた。天皇は皇太子をお召しになり、ともに雉を手にとって御覧になった。皇太子は天皇のおそばを退いて再拝し、巨勢大臣（左大臣巨勢徳陀古）によろこびのことばをたてまつらせ、

「公卿《まえつきみ》・百官《つかさつかさ》の者どもが、つつしんでおよろこびのことばをたてまつります。陛下がその徳をもって天下《あめのした》を平穏にお治めになりますので、白い雉が西の方から現われました。なにとぞ陛下、千秋万歳《ちよよろずよ》にいたるまで、四方《よも》の大八嶋《おおやしま》を清らかにお治めくださいませ。公卿・百官、あらゆる百姓《おおみたから》も真心をつくして仕事につとめたいと願っております」

と申し上げ、終わって再拝した。すると天皇は詔して、

「聖の君主が現われて天下を治めるとき、天はそれに応《こた》えてめでたいしるしを示すという。昔、西土《にしのくに》（中国）では、周の成王の世と、漢の明帝の時とに、白い雉が現われた。わが日本国では、誉田天皇《ほむたのすめらみこと》（応神天皇）の御世に白い鳥が宮殿に巣をつくり、大鷦鷯帝《おおさざきのみかど》（仁徳

天皇）の時に竜馬《りゅうめ》が西に現われたという(74)。このように、古《いにし》えからいまにいたるまで、天のしるしが現われて君主の徳に応《こた》えるという例は多い。いわゆる鳳凰《ほうおう》・麒麟《きりん》・白雉《びゃくち》・白烏《びゃくう》、このような鳥獣から草木にいたるまで、めでたいしるしとして現われるものは、みな天地の生むところのものである。英明な聖王がこのようなしるしを受けるのであれば、まことにもっともなことであるが、自分にはそのような資質はない。どうしてこれを受けるにあたいしよう。これはきっと、自分を助けて政治を行なう公卿・臣・連・伴造・国造たちが、それぞれに心のまことをつくし、制度を遵奉してくれるからであろう。それゆえ、公卿から百官にいたるまで、清く正しい心で神々を敬い、みなでこのめでたいしるしを受けて、天下《あめのした》をますます栄えさせるよう努めるがよい」

と言われた。また詔して、

「四方の国郡を、天からの委《ゆだ》ねによって自分は統治している。いま、わが祖先の神のお治めになる穴戸国から、このよきしるしが出現した。それゆえ、全国に大赦し、白雉《はくち》と改元することとする」

と言われた。そして穴戸の国内で鷹《たか》を放って生きものを捕えることを禁止し、公卿大夫《まえつきみ》以下令史《ふびと》（第四等官）にいたるまでに、それぞれ物を賜わった。国司の草壁連醜経をほめて大山《だいせん》の位を授け、多くの禄物を賜い、また穴戸国に三年間の調役《えつき》（調と労役）を免除した。

夏四月に、新羅が使を遣わして調《みつき》をたてまつった〔ある本には、この天皇の御世には、高麗・百済・新羅の三国が毎年使を遣わして貢物をたてまつったとある」。

冬十月に、宮の地とするために墓の丘《おか》を壊された人、および住居を移された人に、それぞれ物を賜わった。また、将作大匠《たくみのつかさ》（宮殿造営工事のための官司の長官）の荒田井直《あらたいのあたい》比羅《ひら》夫《ぶ》を遣わして、宮域の境界標を立てさせた。

この月に、丈六・俠侍《きょうじ》（脇侍）・八部（八部衆）など三十六尊の繍像を造りはじめた。(75)

この歳、漢山口直大口《あやのやまぐちのあたいおおくち》(76)が、詔を承って千仏像を彫った。また、倭漢直県《やまとのあやのあたいあがた》（書直県）・白髪部連鐙《しらかべのむらじあぶみ》・難波吉士胡床《なにわのきしあぐら》を安芸国に遣わし、百済の船二隻をお造らせになった。

二年の春三月の甲午《きのえうま》の朔丁未《ひのとのひつじ》（十四日）に、丈六などの繍像が完成した。戊申《つちのえさる》（十五日）に、皇祖母尊《すめみおやのみこと》（皇極上皇）が十師《とたりののりのし》をまねいて斎会を行なわれた。

夏六月に、百済と新羅とが使を遣わして調《みつき》をたてまつり、物を献上した。

冬十二月の晦《つごもり》に、味経宮に二千一百あまりの僧尼をおまねきになり、一切経《いっさいきょう》(77)をお読ませになった。この日の夕、二千七百あまりのあかりを朝廷の庭にともし、『安宅経《あんたくきょう》』『土《ど》側経《そくきょう》』などの経をお読ませになった。(78)こうして、天皇は、大郡《おおごおり》（難波大郡）から新しい宮殿にお移りになった。この宮を名づけて難波長柄豊碕宮《なにわのながらのとよさきのみや》という。

この歳、新羅の貢調使知万沙飡《ちまささん》らが、唐《もろこし》の国の服を着て筑紫に着いた。(79)朝廷では、新羅がかってにその服制を改めたことを不快とし、しかりつけて追い返した。そのとき、巨勢大臣は、

「ここで新羅をこらしめませんと、いまにきっと後悔することになりましょう。なにも征討に労することはございません。難波津《なにわのつ》から筑紫の海にいたるまで、海上に船をいっぱいに浮かべ、新羅をよびつけてその罪をただせば、たやすく屈服するでございましょう」と申し上げた。

三年の春正月の己未《つちのとのひつじ》の朔に、元日の拝礼が終わったのち、天皇は大郡宮《おおごおりのみや》におでましになった。また、正月からこの月にいたるまでに、(80)班田のことが終わった。およそ田は、長さ三十歩を段とし、十段を町とする〔一段につき租の稲は一束半、一町につき租の稲は十五束とする〕。

三月の戊午《つちのえうま》の朔丙寅《ひのえとら》(九日)に、天皇は宮(長柄豊碕宮)にお帰りになった。

夏四月の戊子《つちのえね》の朔壬寅《みずのえとら》(十五日)に、沙門恵隠《ほうしえおん》を内裏《おおうち》にまねき、『無量寿経《むりょうじゅきょう》』を講じさせた。沙門恵資《えし》を論議者《ろんげしゃ》(講師と問答を行なう人)とし、沙門一千を作聴衆《さちょうじゅ》(論議の聴衆)とした。丁未《ひのとのひつじ》(二十日)に、講説が終わった。この日から雨が降りはじめて九日にもなり、家屋がこわれ、田の苗がそこなわれ、人や牛馬の溺死する者が多かった。

この月に、戸籍を造った。(81)およそ五十戸を里とし、里ごとに長一人を置く。およそ戸主には、みな家長《いえのかみ》をあてる。およそ戸は、みな五つの家(戸)がたがいに守りあうこととし、一人を長(保長)として相互に検察させる。また、新羅と百済とが使を遣わして調をたてまつり、物を献上した。

秋九月に、宮（長柄豊碕宮）の造営が完成した。その宮殿のありさまは、ことばでは言いつくせないほどのものであった。冬十二月の晦《つごもり》に、全国の僧尼を内裏にまねいて斎会をもうけ、大捨（坐禅か）と燃灯（灯燭をたいて仏を供養する行事）とを行なった。

四年の夏五月の辛亥《かのとのい》の朔 壬戌《みずのえいぬ》（十二日）に、大唐《もろこし》に遣わされる、大使小山上吉士長《きしのなが》丹《に》、副使小乙上吉士駒《きしのこま》〔駒のまたの名は絲《いと》〕、学問僧《ものならうほうし》道厳《どうごん》・道通《どうつう》・道光《どうこう》・恵施《えせ》・覚勝《かくしょう》・弁《べん》正《しょう》・恵照《えしょう》・僧忍《そうにん》・知聡《ちそう》・道昭《どうしょう》・定恵《じょうえ》〔定恵は内大臣《うちのおおおみ》（内臣中臣鎌足）の長男である〕・安《あん》達《だつ》〔安達は中臣渠毎連《なかとみのこめのむらじ》の子である〕・道観《どうかん》〔道観は春日粟田臣百済《かすがのあわたのおみくだら》の子である〕、学生巨勢臣《こせのおみ》薬《くすり》〔薬は豊足臣《とよたりのおみ》の子である〕・氷連《ひのむらじ》老人《おきな》〔老人は真玉《またま》の子である。ある本では、学問僧知弁《ちべん》・義徳《ぎとく》、学生坂合部連《さかいべのむらじ》磐積《いわつみ》をこれに加えている〕、合計一百二十一人が一つの船に乗った。室《むろ》原首《はらのおびと》御田《みた》をその送る使とした。また、大使大山下高田首《たかたのおびと》根麻呂《ねまろ》〔またの名は八掬脛《やつかはぎ》〕、副使小乙上掃守連《かにもりのむらじ》小麻呂《おまろ》、学問僧道福《どうふく》・義向《ぎきょう》、合計一百二十人が別の一船に乗った。土師連《はじのむらじ》八手《やつて》をその送る使とした。

この月に、天皇は旻法師《みんほうし》（国博士僧旻）の僧房におでましになり、その病をお見舞いになった。そして、直接天皇のお口から、恵みにあふれたおことばを賜わった〔ある本には、五年七月のこととして、僧旻法師が阿曇寺《あずみでら》（難波にあった寺院）で病にかかったので、天皇がおでましになってお見舞いになり、その手をおとりになって、「法師が今日なくなったら、自分もおまえを追って明日にでも死ぬであろう」と言われたとある〕。

六月に、百済と新羅とが使を遣わして調《みつき》をたてまつり、物を献上した。また、各所の大道《おおじ》を修理した。天皇は旻法師がなくなったことをお聞きになって、弔問の使をお遣わしになり、また多くのものを贈られた。皇祖母尊《すめみおやのみこと》（皇極上皇）や皇太子なども、みな使を遣わして旻法師を御弔問になった。やがて天皇は法師のために、画工《えかき》の狛竪部子麻呂《こまのたてべのこまろ》・鯽魚戸直《ふなとのあたい》らに命じて多くの仏像や菩薩像をお造らせになり、川原寺《かわらでら》(82)に安置した〔ある本には、それらの像は山田寺にあるという〕。

秋七月に、大唐に遣わされた使人高田根麻呂らの船が、薩麻《さつま》の曲《くま》と竹嶋《たかしま》との間（薩摩半島の南方か）で沈み、みな水死した。ただ五人だけ、一枚の板にすがりついて竹嶋に漂着した者があり、途方にくれていたが、五人のなかの門部金《かどべのかね》が、竹を伐採して筏《いかだ》をつくり、それに乗って神嶋《しとけしま》（未詳）に着いた。五人は六日六夜の間、まったくものを口にすることができなかった。そこで金のてがらをほめて位階を進め、禄物を賜わった。

皇太子、飛鳥に移る

この歳、太子《ひつぎのみこ》は、天皇に、

「倭《やまと》の京《みやこ》に移りたいと思います」

と願ったが、天皇はお許しにならなかった。すると皇太子は、皇祖母尊と間人皇后《はしひとのきさき》（中大兄皇子の同母妹）とを奉じ、皇弟たち（大海人皇子など）を従え、難波をたって倭飛鳥《やまとのあすかの》河辺行宮《かわらのかりみや》にお入りになった。公卿大夫《まえつきみたち》や百官《つかさつかさ》の人々も、みな太子に従って倭に移った。このため、天皇はお恨みになり、皇位を去ろうとお考えになって、宮を山碕《やまさき》（京都府乙訓郡）にお造らせになり、御歌を間人皇后におくって、

　鉗着《かなきつ》け　吾《あ》が飼《か》ふ駒《こま》は　引出《ひきで》せず　吾が飼ふ駒を　人見《み》つらむか（逃げないように鉗をつけて私が飼っていた馬はどうしたのだろう。うまやから引き出しもせずに私が大事に飼っていた馬を、どうして他人が見たのだろう）

とおうたいになった。

　五年の春正月の戊申《つちのえさる》の朔の夜、鼠が倭の都に向かって移っていった。壬子《みずのえね》（五日）に、紫冠《むらさきのこうぶり》（大臣の冠）を中臣鎌足連《なかとみのかまたりのむらじ》（鎌子）に授け、食封若干戸を増した[83]。

　二月に、大唐《もろこし》に遣わす押使《すべつかい》（使人をすべる高官）大錦上《だいきんじょう》（天智三年制定の冠位。追記か）高向史玄理《たかむくのふびとげんり》〔ある本には、夏五月に大唐に遣わす押使大花下高向玄理、とある〕、大使小錦《しょうきん》下《げ》（同上。追記か）河辺臣麻呂《かわべのおみまろ》、副使大山下薬師恵日《くすしえにち》、判官大乙上書直麻呂《ふみのあたいまろ》・宮首阿弥陀《みやのおびとあみだ》〔ある本には、判官小山下書直麻呂とある〕・小乙上岡君宜《おかのきみよろし》・置始連大伯《おきそめのむらじおく》・小乙下中臣間人連老《なかとみのはしひとのむらじおゆ》〔老、これを於喩《おゆ》という〕・田辺史鳥《たなべのふびととり》らは、二つの船に分乗し、数ヵ月をかけ、新羅道《しらきのみち》（北路）をとって萊州《らいしゅう》（山東半島の北岸）に着き、やがて京《みやこ》（長安）にいたって天子《みかど》（唐の高宗）におめにかかった。東宮監門《とうきゅうのかんもん》の郭丈挙《かくじょうきょ》が、日本国《やまとのくに》の地理や、国の初めの神の名などをいろいろとたずねたので、逐一その問に答えた。押使の高向玄理は、

大唐で卒《しゅつ》した。〔伊吉博徳《いきのはかとこ》がいうところによると、(84)学問僧恵妙《えみょう》は唐で死に、知聡《ちそう》は海で死んだ。智国《ちこく》も海で死んだ。智宗《ちそう》は庚寅《かのえとら》の年（持統四年）に新羅の船に乗って帰国した。覚勝《かくしょう》は唐で死に、義通《ぎつう》は海で死んだ。定恵《じょうえ》は乙丑《きのとのうし》の年（天智四年）に劉徳高《りゅうとくこう》（唐使）らの船に乗って帰国した。妙位《みょうい》・法勝《ほうしょう》、学生の氷連老人《ひのむらじおきな》・高黄金《こうおうこん》ら十二人、それに倭種《やまとのうじ》（日本人との混血）の韓智興《かんちこう》・趙元宝《ちょうげんほう》は、今年（何年のことか未詳）、使人とともに帰国した、とある。〕

夏四月に、吐火羅国《とからのくに》（いまのタイのメナム河下流にあったドヴァラヴァティ王国）の男二人・女二人、舎衛《しゃえ》（インドのガンジス河中流のシュラーヴァスティ）の女（吐火羅人の妻）一人が、風に吹き流され、日向《ひむか》（宮崎県）に流れ着いた。

秋七月の甲戌《きのえいぬ》の朔丁酉《ひのとのとり》（二十四日）に、西海使《にしのみちのつかい》（北路経由の遣唐使）の吉士長丹らが、百済・新羅の送使とともに筑紫に着いた。この月に、西海使たちが唐国の天子におめにかかって文書・宝物を数多くもち帰ったことをほめ、小山上大使吉士長丹に少花下を授け、食封二百戸を賜い、また呉氏《くれうじ》の姓を賜わった。小乙上副使吉士駒には小山上を授けた。

冬十月の癸卯《みずのとのう》の朔に、皇太子は、天皇が病におかかりになったと聞き、皇祖母尊と間人皇后とを奉じ、皇弟や公卿《まえつきみ》たちを従えて難波宮におもむいた。壬子《みずのえね》（十日）に、天皇は正殿でお崩《かく》れになった。そこで殯宮《もがりのみや》を南庭に建て、小山上百舌鳥土師連土徳《もずのはじのむらじつちとこ》に殯宮のことをつかさどらせた。

十二月の壬寅《みずのえとら》の朔《つちのとのとり》己酉（八日）に、大坂磯長陵《おおさかのしながのみささぎ》（大阪府南河内郡太子町）に葬りたてまつった。この日に、皇太子は皇祖母尊を奉じて倭河辺行宮《やまとのかわらのかりみや》にお移りになった。ある老人は、

「鼠が倭《やまと》の都《みやこ》のほうに向かって行ったのは、遷都の前兆だったのだ」

と語った。

この歳、高麗・百済・新羅がそれぞれ使を遣わして弔問した。

（1）『家伝』には封二千戸を賜わったとある。白雉五年正月の賜封記事（注（83）参照）と同様、『家伝』と共通の原史料によったものと思われるが、現実にこのときに賜封が行なわれたことには疑問がある。

（2）この鎌子についての記述は、『魏志』武帝紀の文章による修飾。

（3）新政府の発足にあたって、天皇への忠誠と相互の団結を神に誓ったもの。天智十年十一月条や、天武八年五月条の誓盟と通じるものであろう。

（4）『日本書紀』では大化が年号のはじめだが、法隆寺金堂釈迦三尊像銘などには、五九一年（崇峻四年）を元年とする年号法興がある。

（5）義慈王二年（皇極元年）、百済は旧任那の中心地帯を新羅から奪ったので、その結果、従来新羅がたてまつってきた任那の調も、百済がたてまつるようになったのであろう。一九六ページ注

(3) 参照。
(6) 百済の官位。三九ページの表参照。
(7) のちの公式令では、大事を蕃国に宣するときにこの句が用いられる定めとなっており、ここも令の知識によって原詔を書き改めたものであるらしい。なお、注(43)参照。
(8) 内官家は朝廷に対する貢納国の意。ここは、神功摂政前紀に、新羅の降伏後、高麗・百済二国の王も朝貢を誓ったので内官家と定めたとある、そのような伝承をさすのであろう。
(9) 朝廷と百済と任那との関係が、三つにより合わせた綱のように、固く結ばれている、という意であろう。
(10) 義慈王二年(皇極元年)、百済が旧任那の中心地帯を新羅から奪ったことをさすか。
(11) 百済の部の一つか。
(12) 二年三月甲子(二日)条・同辛巳(十九日)条にもその治績に関する記事があり、それらを相参照することによって、国司の構成・任務・管轄地域などを推定できる。この国司は、任地におもむいて造籍・校田、武器の点検などのことにあたったが、令制の国司とは異なり、約半年後には任を終えて帰還しており、管轄地域も非常に広い。おそらく大化前代からのミコトモチ(一九七ページ注(9)参照)の系譜をひくものであろう。新政府は、国造を通じて朝廷の支配の浸透している東国で、新しい地方統治の方法を実施しようとしたのであろう。
(13) 令制では郡の長官・次官をそれぞれ大領・少領という。ここも郡(評)の役人のことか。注(25)参照。
(14) この注は、『後漢書』光武帝紀の文。
(15) 鐘匱《しょうき》の制については、二年二月戊申(十五日)条に、匱に投ぜられた牒《ちょう》の訴えにもとづいて、処々の雑役をやめる旨の詔があり、彼此《ひし》相対照すべき内容をもっている。この制度は、常に民の声を聞こうとする儒教の政治思想にもとづき、人民の政治の得失などについて中央に訴える道を開こうとしたもので、これによって政治の刷新をはかるとともに、人々に新政府の発足を印象づけようと意図したものであろう。

(16) 婚姻の法、あるいは良・賤をわかつ身分法を制定したものとする見解もあるが、そうではなく、生まれた子の帰属についての規定であり、訴訟のさいの基準を定めたものとみるべきであろう。

(17) 唐初武徳年間に存在した、僧侶による仏教教団内部の自治的統制機関としての十大徳の制を模したもので、推古朝に中国に渡った留学僧によって、改新にあたってわが国に移植されたのであろう。十師のなかには、舒明朝の新帰朝者も多い。なお、十師の名は白雉二年三月条以後は見えず、天武朝にいたり、これにかわって令制の僧綱制が形成される。四七五ページ注(59)参照。

(18) この日の詔の最後の「また寺々をめぐって」云々は、この法頭の職掌を示したものであろう。法頭は推古三十二年四月条にも見えるが、諸寺のおもに財政を監督する、俗人による中央の仏教統制機関で、十師と並存したのであろう。なお、これ以後は、俗人によるこの種の仏教統制機関は見えない。二〇〇ページ注(22)参照。

(19) 一五四ページ注(4)参照。一シロは稲一束をえる田地で、五十分の一段にあたる。

(20) 大阪市東区法円坂町から、宮殿遺跡が発見され、主として掘立柱を用いた前期・後期に二大別される遺構のあることが判明した。孝徳朝の難波長柄豊碕宮もこの地である可能性が強い。孝徳朝の難波宮は、白雉五年にいたって放棄されるが、天武朝に入って再び難波宮の造営が行なわれ、以後奈良時代にわたって陪都として重きを占めた。四七五ページ注(63)参照。

(21) 大化二年正月のこの詔は、大化の政治改革の中心をなすものとして、古来重要視されている。

しかしこの詔文のうち、ことに各条の主文に続く「およそ」で始まる副文には、大宝・養老令とまったく同文か、いちじるしく類似するものが多く見られ、それらのことから、津田左右吉の近江令文転載説いらい、その信憑性に疑問の目が向けられた。さらに第二次大戦後、井上光貞らの研究や、藤原宮跡から出土した木簡によって、第二条に規定される郡（コオリ）の制度について、大化当時以後浄御原令までは、「郡」ではなく、「評」（コオリ）の字が用いられていることがほぼ確実となり、また第三条に規定される町・段・歩制についても、虎尾俊哉らの研究によって、それが用いられたのは浄御原令以後であることが明らかとなった。こうして、改新詔が、当時の詔そのままであることの可能性は、今日ではきわめて少なくなっている。しかし他方、第二条の畿内の規定や、第四条の人民の諸負担についての規定などには、律令の原理とはことなる、大化当時のものにふさわしいものがあるので、改新詔全体をまったくの造作として否定しさることもまた困難である。おそらく、この詔に律令支配体制の出発点としての重要な意義を認めた『日本書紀』編者が、それを権威づけるべく、令文による極度の修飾を加え、ある場合には令文（浄御原令か大宝令か）をそのまま転載したものとみるのが妥当であろう。従って、この詔を史料として扱うには、後代の律令の文、もしくは律令の観念による修飾を厳密に除き去ってみることが必要である。

（22）子代は、一般には名代《なしろ》（注（52）参照）と同一、もしくは同類のものと考えられているが、関晃は、名代が朝廷所属の品部《ともべ》の一種であるのに対し、子代の民は皇室私有民で、六世紀以降、天皇・皇族の生活の資にあてられた、傜役経営の屯倉の民ではないかと推測した。史料が少ないため問題は残るが、ここでは氏の見解に従って名代とは別種のものと解する。名代の廃止は、二年八月の品部の廃止のときであろう。注（58）参照。

(23) 令制の食封は、位階・官職・功績などにより、一定戸数の戸を国家から賜わり、その戸から貢上される租の半額と調庸の全額を、国家の財政機構（地方国司）を通じて収得するもの。しかし、大化の改新当時は、おそらく諸豪族の旧来の私有民がそのまま封戸に設定され、豪族はそれぞれ直接に封戸からその収益を収取したのであろう。この後、天武朝にいたり、食封制に関するいくつかの重要な改革が行なわれて、令の食封制が成立していったものと考えられる。四七〇ページ注(18)・四七五ページ注(57)参照。

(24) この記述は『漢書』恵帝紀の文によったもの。

(25) (A)畿内と国司と郡司、(B)畿内の国司と畿内の郡司、(C)畿内の国司と(全国の)郡司の三通りのよみ方ができるが、(A)が妥当か。畿内とは中国で京城周辺の地域をさし、日本では大和政権を構成する中央豪族の居住地域を畿内として設定したらしい。注(27)参照。

また、郡司については、『日本書紀』ではこのときに郡司の制度がつくられたように記し、以後、郡および郡司(大・少領)の字句が見えるが、『書紀』以外の金石文・木簡その他の史料では、大化のころから大宝令制定の直前まで、郡および郡司(大・少領)の字句は見えず、郡のかわりに評、郡司(大・少領)のかわりに督領・評君・評造・評督・助督などの字句が見える。改新詔の原詔では、評もしくは評造(評督)のことがここで規定されていたのではないかと思われる。注(28)参照。

(26) この文は、「養老戸令」置坊長条、および取坊令条の文とほぼ同じ。「大宝令」の文はいっそう詔文に近い。

(27) この畿内国の範囲についての規定は、「養老令」に類似の文がなく、四つの地点によって境界を示す特殊なものであることから、大化当時の規定と思われる。

（28）この郡および郡司の任用に関する規定は、「養老戸令」定郡条、および「選叙令」郡司条と類似するが、郡の等級や、国造を郡司に任用する規定に相違がある。「浄御原令」の文を転載し、評を郡、評督・助督を大領・少領に改めたものとも考えられる。

（29）この文は、「養老公式令」給駅伝馬条とほぼ同じ。

（30）この文は、「養老公式令」諸国給鈴条と同趣旨。

（31）令制では戸籍は六年に一回造られ、それにもとづいて班田が行なわれる。計帳は毎年造られ、それにもとづいて調・庸が徴発される。班田は、一定額の口分田を、男女・奴婢に差等をもうけて戸ごとに支給し、六年に一度収受する。しかし、この詔文には、造籍の手続や形式、班田の具体的な規定などがまったく欠けている。なお、ほぼ全国にわたって造られた戸籍として今日知られるのは、六七〇年（天智九年）にできた「庚午年籍」（三七六ページ注（21）参照）であり、六年一度の造籍が確実にたどれるのは、六九〇年（持統四年）の「庚寅年籍」からである。

（32）この文は、「養老戸令」為里条とほぼ同文。

（33）この文は、「養老田令」田長条とまったく同文。『賦役令集解』にひく慶雲三年の格によると、令前の制として、この三六〇歩一段制とは異なる、二五〇歩一段、一段につき租稲一束五把を収める制（百シロにつき租稲三束を収める制）が行なわれていたというが、虎尾俊哉によると、それは「浄御原令」以前のことで、「浄御原令」の施行（六八九＝持統三年）にいたってはじめてシロ制にかわって町・段・歩制が行なわれたとみるのがよいという。この条文も、「浄御原令」、または「大宝令」の文を転載した疑いがつよい。なお、一把とは一定の重さ（斤）の一にぎり分の稲、一束は十把である。

（34）「養老賦役令」調絹絁条の冒頭に、「凡調絹絁糸綿布、並随二郷土所一レ出」とある。令文による修飾で、あやまって「布」を脱したのであろう。しかし、以下の田の調、戸別の調についての規定は、令の人別賦課の調の制度とはまったく異なるもので、大化当時のものと思われる。総じてこの第四条の規定は、令文による修飾はあるものの、内容はいちじるしく令制と異なり、大化当時の制を示すとみられるものが多い。

(35) 原文は「皆布一丈二尺」。『日本書紀通証』以来、「皆布」を「貲布」(さよみのぬの)の誤りと解しているが、貲布は上総国の特産物で一般的なものではなく、古写本にはすべて「皆布」とあるので、ここではその意に解した。

(36) 令制の調副物は、木綿《ゆう》・麻《お》・油・漆、各種の染料などだが、ここは塩と贄だけであり、むしろ令制の調の雑物に相当する。

(37) 令には、これに類する規定はない。

(38) 令では、「軍防令」に、徴兵にあたって各自弓・矢・太刀などを携帯すべきことを規定しているが、ここは、民間にあるこれらの武器(またはそのかわりのもの)を、賦役の一つとしてさし出すことを命じたもの。

(39) この分注は、「賦役令」仕丁条の「以㆓一人㆒充㆓廝丁㆒」の分注を、修飾にあたって不用意に挿入した疑いがつよい。

(40) 仕丁は中央政府(または寺院・貴族)のための雑役に奉仕する者。大化前代からの、日本固有の力役で、令では五十戸につき二人をとり、うち一人を廝丁にあてる定めであった。ここの文は、本来の詔文を令(「賦役令」仕丁条)文によって形をととのえたものであろう。

(41) 令制の庸は、歳役の代納物としての一般的なものであるが、改新詔の庸布・庸米は、それとは異なり、仕丁・采女の食料のために、仕丁・采女を出した地域の人々が負担するものであった。

(42)「後宮職員令」氏女采女条に類似の文があり、令文により形を整えたあとがうかがわれるが、庸の性質は令とは異なる。
(43)公式令では、大事を国内に宣するとき、「明神御大八洲天皇詔旨《あきつみかみとおおやしまぐにしらすすめらがおおみことらまと》」の語を冒頭に用いると定めてある。注(7)参照。
(44)この部分は、『漢書』文帝紀、三年五月条によったもの。舜のとき、旗を五達の道に設け、善言を進める人は旗の下に立ってこれを説かせたといい、堯のとき、木を橋の上に立て、民に政治の過失を書かせ、それを反省の資としたという、その故事をさす。
(45)『管子』桓公問篇の文章であるが、実際は『管子』を直接ひいたのではなく、『魏志』文帝紀の裴松之《はいしょうし》の注や、『芸文類聚』の引用によって記したもの。
(46)六人とは穂積咋・巨勢徳禰・紀麻利耆拕・羽田臣・田口臣・平群臣、二人とは阿曇連・大市連。ただし、命に従ったとされる六人のうち、穂積咋・巨勢徳禰・紀麻利耆拕の三人は、その後、朝集使や国造の奏言によって過失ありと判定された。注(48)参照。
(47)紀麻利耆拕の任地は、のちの上野国を含む地方と考えられるが、元年八月の詔によって、蝦夷と境界を接する地方では、武器は点検後もとの持ち主に貸与することになっていた、そのことに違反したものか。
(48)この三人が、はじめ罪なしとされていながら、審査の結果その過失が明るみに出たことによる。注(46)参照。
(49)春農民に種稲を貸与し、秋の収穫時に一定の利をつけてそれを回収する、いわゆる出挙《すいこ》にあたるもので、故吉備姫王の貸稲は、皇室の財源のひとつとなっていたのであろう。
(50)ふつう改新詔第一条の子代・屯倉などの廃止を皇太子が率先して行なったものとされるが、おそらくそうではなく、二年正月のさい残された特殊な場合について、その処置を天皇が皇太子にはかったことに対するものであろう。
(51)子代（注(22)参照）のこと。この時点では、現実には臣・連らが支配しているものも多かったのであろう。
(52)天皇や皇子の名を冠した、朝廷所属の品部の一種である名代《なしろ》のこと。ここは名代一般ではなく、名代のうち、現実に皇子らの私有に帰しているものをさす。
(53)この文は、『魏志』武帝紀、および文帝紀の文によったもの。
(54)この文は、『魏志』文帝紀によったもの。
(55)この詔をふつう薄葬の詔という。その制を従来の古墳とくらべると、墓の規模はいちじるしく縮小し、葬制も簡素化されている。以下の旧俗の廃止についての命令と同様、中国的な礼の制度を行なおうとする改新指導者の意図を示すものであろう。（左表参照）
(56)以下の婚姻関係の旧俗についての記述には、古代の民間の習俗がうかがえて興味深いものがあるが、家父長制の上に立つ中国的な観念による用語や表現が使われているので、注意する必要がある。
(57)もともとは罪の災気を除くための儀式をさすが、転じて、その儀式のための品物を犯罪者に出させること、また罰金を科することをいう。
(58)いわゆる職業部で、伴造に支配され、朝廷のさまざまな職務に奉仕するトモの資養にあたり、また各種の物資や労働力を貢上する部。ここは、天皇や諸皇子の名を冠した朝廷付属の部としての名代をも含むものであろう。
(59)「田令」従便近条に同趣旨の規定がある。

(60) 改新詔第四条の田の調、戸別の調を令制と同じ人別賦課の制に改めたもの。しかし、戸籍・計帳がじゅうぶん整備されていないこの時点で、このような制が実施できたかどうかについては、疑問がある。

(61) 任那滅亡後、日本は新羅に任那の調をおさめさせてきたが、これ以前数年間は、旧任那の地を新羅から奪った百済がかわってこれを進めてきた(注(5)参照)。ここは、新羅にたいして任那の調の貢上の職務を免除するとともに、新たな服属の表徴として、百済とならんで新羅からも王族を人質としてたてまつらせることにしたのであろう。

(62) 二年八月の詔で告げられた、推古十一年の冠位十二階にかわる新冠位制の制定。四年四月に施行後、五年二月改正され、十九階制になった。推古朝の冠位の上に、織・繡・紫冠の六階を加えたかたちをとっているが(次ページの表参照)、織・繡の冠位は容易にこれを授けないものとされたらしく、唐の官品制の理念の影響が考えられる。

	王以上	上臣	下臣	大仁・小仁	大礼―小智	庶民
石室	長サ　九尺 (高サ五尺?) 広サ　五尺	同上	同上	長サ　九尺 高サ　四尺 広サ　四尺	同上	(ナシ)
墳丘	方　九尋 高サ　五尋	方　七尋 高サ三尋	方　五尋 高サ二尋半	ナシ	ナシ	ナシ
役夫	一〇〇〇人 (七日)	五〇〇人 (五日)	二五〇人 (三日)	一〇〇人 (一日)	五〇人 (一日)	(ナシ)
葬具	帷帳等ニ白布 轜　車	同　上 担而行之	同　上	(同　上)	(同　上)	帷帳等ニ麁布

関晃「大化のいわゆる薄葬制について」による。

(63)最下位の冠位を、大化三年制では建武、同五年制では立身、大宝・養老令制では初位といったので、それにもとづいて記した注であろう。

(64)新羅の官位。一一四ページの表参照。

(65)新羅の王族で、のち本国に帰り、唐と結んで百済・高句麗にあたり、新羅の朝鮮半島統一に貢献した。六五四年（白雉五年）、王位につき、武烈王となり、六六一年（斉明七年）に薨じた。

(66)仏教で比丘《びく》・比丘尼《びくに》・優婆塞《うばそく》・優婆夷《ばい》をいう。比丘・比丘尼は、具足戒を受けた出家者の男・女、優婆塞・優婆夷は、在家の身で仏法に帰依し、五戒を守る者の男・女をいう。

(67)三年制の冠位を改正したもので、天智三年まで行なわれた。錦位以下の冠名を改めたうえ、花位から乙位

推古十一年				大徳　小徳	大仁　小仁	大礼　小礼
大化三年	大織　小織	大繡　小繡	大紫　小紫	大錦	小錦	大青
大化五年	大織　小織	大繡　小繡	大紫　小紫	大花上　大花下	小花上　小花下	大山上　大山下
天智三年	大織　小織	大縫　小縫	大紫　小紫	大錦上　大錦中　大錦下	小錦上　小錦中　小錦下	大山上　大山中　大山下
天武十四年	明　正　大壱　広壱　大弐　広弐　大参　広参　大肆　広肆			浄　直　大壱　広壱　大弐　広弐　大参　広参　大肆　広肆		勤　大壱　広壱　大弐　広弐　大参　広参　大肆　広肆
大宝元年	一品　正一位　従一位	二品　正二位　従二位	三品　正三位　従三位	四品　正四位上　正四位下　従四位上　従四位下	正五位上　正五位下　従五位上　従五位下	正六位上　正六位下　従六位上　従六位下

までの各階をそれぞれ上下に細分し、階数を増加させた。

(68) 令制の中務省以下の八省が整備されたのは持統朝以後のことと思われるから、この表現は修飾であろう。ただし『日本書紀』『続日本紀』には、「将作大匠」「刑部尚書」「衛部」など孝徳朝独自の官名が見られる。

(69) この歌は、『詩経』周南の「関関たる雎鳩《しょきゅう》は、河の洲に在り。窈窕《ようちょう》たる淑女は、君子の好逑《こうきゅう》」の詩の知識を背景としたものであろう。

(70) 新羅の官位。一一四ページの表参照。

(71) この文は、『芸文類聚』祥瑞部、雉条によったもの。

(72) この文は、『芸文類聚』水部、海水条によったもの。

(73) このことは『宋書』符瑞志に見える。

大信 / 小信	大義 / 小義	大智 / 小智	
小青	大黒	小黒	建武（初位・立身）
小山上 / 小山下	大乙上 / 大乙下	小乙上 / 小乙下	立身
小山上 / 小山中 / 小山下	大乙上 / 大乙中 / 大乙下	小乙上 / 小乙中 / 小乙下	大建 / 小建
務大壱 / 務広壱 / 務大弐 / 務広弐 / 務大参 / 務広参 / 務大肆 / 務広肆	追大壱 / 追広壱 / 追大弐 / 追広弐 / 追大参 / 追広参 / 追大肆 / 追広肆	進大壱 / 進広壱 / 進大弐 / 進広弐 / 進大参 / 進広参 / 進大肆 / 進広肆	
正七位上 / 正七位下 / 従七位上 / 従七位下	正八位上 / 正八位下 / 従八位上 / 従八位下	大初位上 / 大初位下 / 少初位上 / 少初位下	

黛弘道「冠位十二階考」による。

(74) いずれも記・紀に見えない。

(75) 天平十九年の「大安寺資財帳」に、これに相当する繡仏像一帳を載せ、皇極上皇が難波宮で、庚戌の年（白雉元年）の冬十月から造りはじめ、辛亥の年（同二年）春三月に完成したとある。

(76) 東漢直の一族。法隆寺金堂広目天像の光背刻銘の山口大口費《やまぐちのおおくちのあたい》と同じ。

(77) 漢訳仏典の総称。経・律・論の三蔵のほか、その章疏・注釈を集大成したもの。

(78) 難波宮の安鎮のための仏事であろう。

(79) 新羅では真徳王の二年（大化四年）、金春秋が唐に使してその服を唐制に改めんことを乞い、翌年はじめて唐風の衣冠を着した（『三国史記』）。この後、新羅は唐の朝貢国としての関係を強化していく。

(80) 正月の条に正月からこの月にいたるまで云々の記述があるのは不可解である。大化二年から六年目にあたるので、令の六年一班の知識による架空の記載であるとも考えられる。以下およそ云々の文は、改新詔第三条と同様、「養老田令」田長条と同趣旨であるが、分注の一段につき稲一束五把という租率は、令制や改新詔の租率とは異なり、『賦役令集解』にひく慶雲三年格《きゃく》にいう「令前の租法」と同じである。これは、大化二年の租法を改めたものともいえるが、別人の記入の疑いもある。注（33）参照。

(81) この年は大化二年から数えて六年目で、令制の籍年にあたるので、この記事はそれによる架空の記事とも考えられる。以下のおよそ云々の文は、「養老令」の文（為里条・家長条・五家条）と同文である。

(82) 弘福寺ともいう。斉明天皇の飛鳥川原宮のあとに造られたらしく、実際の創立は天智天皇のころかとみられ、孝徳朝に存在したとみるのは無理である。天武天皇のとき以来大寺として重んじられたが、のち衰微した。

(83)『家伝』にも同様のことが見え、増封八千戸とある。これまでは「鎌子」とあり、ここが「鎌足」の初出。なお注(1)参照。

(84)斉明五年七月条・同六年七月条・同七年五月条にも「伊吉連博徳の書」が分注のかたちで引用されている。博徳は、斉明五年から七年にかけての第四次遣唐使に随行し、天智六年にも渡唐した当時少壮の外交官で、『日本書紀』は、彼の記録をこの前後の外交関係記事の参考史料として用いている。

日本書紀巻第二十六

天豊財重《あめとよたからいかし》日《ひ》足姫天皇《たらしひめのすめらみこと》　斉明《さいめい》天皇

斉明天皇の重祚

天豊財重日足姫天皇は、最初橘豊日天皇《たちばなのとよひのすめらみこと》（用明天皇）の孫高向王《たかむくのおおきみ》にとつがれ、漢皇子《あやのみこ》をお生みになった。のち息長足日広額天皇《おきながたらしひひろぬかのすめらみこと》（舒明天皇）にとつがれ、二男一女（天智天皇・間人皇女・天武天皇）をお生みになった。二年（舒明天皇二年）に皇后にお立ちになった。そのことは息長足日広額天皇の紀《みまき》に見える。十三年の冬十月に、息長足日広額天皇がお崩《かく》れになり、翌年の正月に、皇后は皇位におつきになった（皇極天皇）。四年の六月、皇位を天万豊日天皇《あめよろずとよひのすめらみこと》（孝徳天皇）にお譲りになり、天豊財重日足姫天皇を称して皇祖母尊《すめみおやのみこと》と申しあげた。天万豊日天皇は、後（白雉）の五年十月にお崩《かく》れになった。

元年の春正月の壬申《みずのえさる》の朔甲戌《きのえいぬ》（三日）に、皇祖母尊は飛鳥板蓋宮《あすかのいたぶきのみや》で皇位におつきになった。

夏五月の庚午《かのえうま》の朔に、空中を竜に乗って飛ぶ者があった。容貌は唐人《もろこしびと》に似て、青い油塗りの雨衣をつけ、葛城嶺《かずらきのたけ》からかけて胆駒山《いこまのやま》に隠れた。午《うま》の時（正午前後）にいたり、住吉《すみのえ》の松嶺《まつのみね》（大阪市）の上から、西に向かってかけ去った。

秋七月の己巳《つちのとのみ》の朔 己卯《つちのとのう》（十一日）に、難波の朝廷で、北〔北とは越《こし》である〕の蝦夷《えみし》九十九人、東《あずま》〔東とは陸奥《みちのく》である〕の蝦夷九十五人に饗応し、あわせて百済の調使一百五十人にも饗応した。そして柵養《きかう》の蝦夷（柵の指揮官に従う蝦夷か）九人、津刈《つがる》（東北地方の日本海側の称か）の蝦夷六人に、冠位各二階を授けた。(1)

八月の戊戌《つちのえいぬ》の朔に、河辺臣麻呂《かわべのおみまろ》らが大唐から帰国した。

冬十月の丁酉《ひのとのとり》の朔 己酉《つちのとのとり》（十三日）に、小墾田《おはりだ》に宮殿を造営し、瓦葺《かわらぶき》にしようとした。しかし深い山や広い谷の、宮殿の造営に用いる木材の多くが朽ちただれたので、結局造営は行なわれなかった。

この冬に、飛鳥板蓋宮に火災があったので、飛鳥川原宮《あすかのかわらのみや》にお移りになった。

この歳、高麗《こま》（高句麗）・百済・新羅がともに使を遣わして調《みつき》をたてまつった〔百済の大使は西部《せいほう》(2)達率余宜受《たつそつよげず》、副使は東部《とうほう》(3)恩率調信仁《おんそつちょうしんに》、全部で一百余人である〕。蝦夷・隼人《はやひと》が衆をひきいて服属し、朝廷に物をたてまつった。また新羅は、別に及湌《きゅうさん》(4)弥武《みむ》を質《むかわり》（人質）とし、十二人を才伎者《てひと》として献上したが、弥武は病にかかってなくなった。この年の太歳は乙卯《きのとのう》。

二年の秋八月の癸巳《みずのとのみ》の朔庚子《かのえね》（八日）に、高麗は達沙《たつさ》らを遣わして調をたてまつった〔大使は達沙、副使は伊利之《いりし》、全部で八十一人である〕。

九月に、高麗に使を遣わした。大使は膳臣《かしわでのおみ》葉積《はつみ》、副使は坂合部連《さかいべのむらじ》磐鍬《いわすき》、大判官犬《いぬ》上君《かみのきみ》白麻呂《しろまろ》、中判官河内書首《こうちのふみのおびと》〔名は伝わらない〕、小判官大蔵衣縫造《おおくらのきぬぬいのみやつこ》麻呂《まろ》である。

岡本宮の造営

この歳、飛鳥の岡本《おかもと》にあらためて宮を造る地を定めた。おりから高麗・百済・新羅がともに使を遣わして調をたてまつったので、紺《ふかきはなだ》の幕《あげはり》をこの宮の地に張って饗応した。やがて宮室が建ち、天皇はお移りになった。宮を名づけて後飛鳥岡本宮《のちのあすかのおかもとのみや》といった。田身嶺《たむのみね》（飛鳥の東南方の多武峰）の頂に垣をめぐらし〔田身は山の名である。これを大務《たむ》という〕、また嶺の上の二本の槻《つき》の木のそばに観《たかどの》（物見台。道教の寺院とみる説もある）を建て、これを両槻宮《ふたつきのみや》と名づけ、また天宮《あまつみや》ともいった。天皇は造営工事を好まれ、[5]水工《みずたくみ》に命じて香山《かぐやま》の西から石上山《いそのかみのやま》（奈良県明日香村付近の山か）まで水路を掘らせ、舟二百隻に石上山の石を積み、流れに沿ってそれを引き、宮の東の山に石を重ねて垣とされた。当時の人々はこれを非難して、

「この狂心《たぶれこころ》の渠《みぞ》の工事に費やされる人夫は三万余、垣を造る工事に費やされる人夫は七

万余だ。宮殿を造る用材は朽ちただれて、山の頂も埋もれるほどだ」

と言った。また、

「石の山丘を作れば、作るはしからひとりでにくずれてしまうだろう」

とそしる者もあった〔工事がまだ完成しない時にそしったものであろうか〕。また吉野宮も造営した。西海使《にしのみちのつかい》（遣百済使）の佐伯連栲縄《さえきのむらじたくなわ》〔位階は伝わらない〕・小山下難波吉士国勝《なにわのきしくにかつ》らが百済から帰国し、鸚鵡《おうむ》一羽を献上した。岡本宮に火災がおこった。


三年の秋七月の丁亥《ひのとのい》の朔己丑《つちのとのうし》（三日）に、覩貨邏国《とからのくに》の男二人・女四人が筑紫に漂着し、

「私どもは最初海見嶋《あまみのしま》（鹿児島県の奄美大島）に漂着いたしました」

と言ったので、駅馬に乗せて京《みやこ》に召した（白雉元年四月条参照）。辛丑《かのとのうし》（十五日）に、須弥《すみの》山《やま》の像（推古二十年条参照）を飛鳥寺の西に作った。また盂蘭盆会《うらんぼんのおがみ》（安居《あんご》の終りに衆僧に供養する儀式）を行ない、日暮に覩貨邏の人〔ある本には、堕羅《たら》の人とある〕に饗応した。


九月に、有間皇子《ありまのみこ》（孝徳天皇の皇子）は利口な性格で、狂人の風をよそおった、云々《しかじか》という。皇子は牟婁温湯《むろのゆ》（和歌山西牟婁郡白浜町の湯崎温泉）に出かけて療養してきたように見せかけ、かの地のありさまをほめて、

「あのあたりの景色を少し見ただけで、病がひとりでに消え去ってしまったようです」

云々と言った。天皇はこれを聞いて喜ばれ、出かけて御覧になろうとお思いになった。

この歳、使を新羅に遣わして、

「沙門智達《ちだつ》・間人連《はしひとのむらじ》御廐《みうまや》・依網連稚子《よさみのむらじわくご》らをおまえの国の使に随行させ、大唐に送りとどけてほしい」

と言ったが、新羅が送ることを承知しなかったので、沙門智達らはもどって来た。西海使小花下阿曇連頬垂《あずみのむらじつらたり》・小山下津臣傴僂《つのおみくつま》〔傴僂、これを倶豆磨《くつま》という〕が百済から帰り、駱駝《らくだ》一頭・驢《うさぎうま》（ロバ）二頭を献上した。また石見国《いわみのくに》が、

「白い狐《きつね》が見つかりました」

と報告した（祥瑞）。


四年の春正月の甲申《きのえさる》の朔丙申《ひのえさる》（十三日）に、左大臣《ひだりのおおおみ》巨勢徳太臣《こせのとこだのおみ》が薨じた。

阿倍比羅夫の遠征

夏四月に、阿陪臣《あへのおみ》〔名は伝わらない〕（引田臣比羅夫）が、軍船百八十艘をひきいて蝦夷を討った[6]。齶田《あぎた》（秋田市）・渟代《ぬしろ》（秋田県能代市）二郡の蝦夷は、これを遠くから望み見てすっかり恐れ、降伏を願った。阿陪臣はそこで戦列を整え、船を齶田浦《あぎたのうら》に陳《つら》ねた。齶田の蝦夷恩荷《おが》は、進み出て、

「私どもが弓矢を持っているのは、官軍に敵対するためではない。私どもには肉食の習性があるので、そのために持っているのです。もし官軍に敵対するために弓矢を用意したの

であるならば、齶田浦の神よ、どうぞ御照覧ください。私どもは、潔白な心で朝廷にお仕えいたします」

と誓った。そこで恩荷に小乙上を授け、渟代・津軽《つかる》(7)二郡の郡領《こおりのみやつこ》に定めた。その後有間《ありまの》浜《はま》に渡嶋《わたりのしま》(8)の蝦夷らを召集し、大がかりな饗応をして帰らせた。

五月に、皇孫の建王《たけるのみこ》（中大兄皇子の子）が年八歳で薨じた。今城谷《いまきのたに》（曽我川の上流）のほとりに殯宮《もがりのみや》をつくって安置した。天皇はかねて皇孫の素直な性格を愛しておられたので、ひどく悲しまれ、お歎きになった。そして群臣に詔《みことのり》して、

「自分の死後は、必ずわが陵《みささぎ》に合葬するように」

と言われ、次のような歌をよまれた。

今城《いまき》なる　小丘《をむれ》が上に　雲だにも　著《しる》くし立たば　何か歎《なげ》かむ　その一　（今城の小丘の上に、せめて雲だけでもはっきりと立つなら、なんの歎くことがありましょう）

射《い》ゆ鹿猪《しし》を　認《つな》ぐ川上《かはべ》の　若草の　若くありきと　吾《あ》が思《も》はなくに　その二　（射られた鹿や猪のあとをつけていった、あの川のほとりの若草のように幼かったとは、私は思わないのに）

飛鳥川《あすかがは》　漲《みなぎら》ひつつ　行《ゆ》く水の　間《あひだ》も無くも　思ほゆるかも　その三　（飛鳥川の、しぶきを立てて流れていく水の絶え間のないように、いつもあの王のことが思われるのです）

天皇はいつもこれを口ずさみになってお泣きになった。

秋七月の辛巳《かのとのみ》の朔甲申《きのえさる》（四日）に、蝦夷二百あまりが朝廷に参上し、物をたてまつった。朝廷はいつもより手あつく饗応し、物を賜わった。[9] 柵養《きかう》の蝦夷二人に位一階を授けた。渟代郡の大領《こおりのみやつこ》沙尼具那《さにぐな》には小乙下〔ある本には、[10] 位二階を授けて戸口《へひと》（各戸の人口）を調査させたとある〕、少領《すけのみやつこ》宇婆左《うばさ》には建武、また勇者二人に位一階を授け、別に沙尼具那らに鮹旗《たこはた》二十頭・鼓《つづみ》二面・弓矢二具・鎧《よろい》二領を賜わった。津軽郡の大領馬武《めむ》には大乙上、少領青蒜《あおひる》には小乙下、また勇者二人に位一階を授け、別に馬武らに鮹旗二十頭・鼓二面・弓矢二具・鎧二領を賜わった。都岐沙羅柵造《つきさらのきのみやつこ》〔名は伝わらない〕（柵の所在は未詳）には位二階、判官《まつりごとひと》には位一階を授けた。渟足柵造《ぬたりのきのみやつこ》大伴君稲積《おおとものきみいなつみ》には小乙下を授けた。また、渟代郡の大領沙尼具那に詔して、蝦夷の戸口と虜《とりこ》（蝦夷のうち朝廷に帰服した者か）の戸口とを調査させた。

この月に、沙門智通《ちつう》と智達《ちだつ》とは、勅命を奉じ、新羅の船に乗って大唐国におもむき、無《む》性《しょう》（インドの学僧）の衆生《しゅじょう》の義を玄奘法師《げんじょうほうし》に学んだ。[11]

有間皇子の変

冬十月の庚戌《かのえいぬ》の朔甲子《きのえね》（十五日）に、紀温湯《きのゆ》（牟婁温湯）におでましになった。天皇は皇孫建王を追憶して歎き悲しまれ、

山越えて　海渡るとも　おもしろき　今城《いまき》の中《うち》は　忘らゆましじ　その一　（こうして旅

に出て、山を越え海を渡っても、建王とすごしたあの今城の中のことは忘られないだろう）
水門《みなと》の　潮《うしほ》のくだり　海《うな》くだり　後《うしろ》も暗《くれ》に　置きてか行《ゆ》かむ　その二（海峡の激しい潮の流れの中を舟はくだっていく。王のことを暗い気持であとに残していくことであろうか）
愛《うつく》しき　吾《あ》が若き子《こ》を　置きてか行かむ　その三（かわいい私の幼い子を、あとに残していくことであろうか）

という歌を口ずさまれ、秦大蔵《はだのおおくらの》造《みやつこ》万里《まろ》に詔して、

「この歌を後の世に伝えて、忘れさせることのないように」

と言われた。


十一月の庚辰《かのえたつ》の朔壬午《みずのえうま》（三日）に、留守官《とどまりまもるつかさ》（天皇の行幸に際し皇居に留まって守衛にあたる官）蘇我赤兄臣《そがのあかえのおみ》が、有間皇子に、

「天皇の行なわれる政治には、三つの過失がございます。大きな倉庫《くら》を建てて人民の財物を集積することがその一、延々と水路を掘って公の食料を消費することがその二、舟に石を乗せて運び、それを丘のように積みあげることがその三です」

と語った。有間皇子は、そこで、赤兄が自分に好意をいだいていることを知り、喜んで、

「自分もいよいよ武器をとるべき年齢になった」

と答えた。甲申《きのえさる》（五日）に、有間皇子は赤兄の家におもむき、楼《たかどの》に登って謀議した。そのとき、夾膝《おしまずき》（脇息）がひとりでに折れたので、前兆の不吉なことを知り、盟約を結んで

謀議を中止し、皇子は家に帰って寝についた。その夜更け、赤兄は物部朴井連鮪《もののべのえのいのむらじしび》を遣わし、宮殿造営のための役夫をひきいて、有間皇子の市経《いちぶ》（奈良県生駒市壱分町か）の家を囲ませるとともに、急使を遣わして天皇のもとに報告した。戊子《つちのえね》（九日）に、有間皇子と、守君大石《もりのきみおおいわ》・坂合部連薬《さかいべのむらじくすり》・塩屋連鯯魚《しおやのむらじこのしろ》とを捕え、紀温湯に護送した。舎人《とねり》の新田部《にいたべの》米麻呂《こめまろ》がこれに従った。皇太子（中大兄皇子）がみずから有間皇子に、

「どのようなわけで謀反したのか」

とおたずねになると、皇子は、

「天と赤兄とが知っております。私にはまったくわかりません」

と答えた。庚寅《かのえとら》（十一日）に、丹比小沢連国襲《たじひのおざわのむらじくにそ》を遣わして、有間皇子を藤白坂《ふじしろのさか》（和歌山県海南市か）で絞《くび》らせた。同じ日に、塩屋連鯯魚と舎人新田部連米麻呂とを藤白坂で斬った。塩屋連鯯魚は、殺されようとする時、

「お願いだ。右の手で国の宝器《たからもの》を作らせてくれ」

と言った[12]。また守君大石を上毛野国《かみつけののくに》に、坂合部薬を尾張国に流した。

〔ある本には、有間皇子が、蘇我臣赤兄・塩屋連小戈《おほこ》（木代《このしろ》の誤写か）・守君大石・坂合部連薬と短籍《ひねりぶみ》（短い紙片で作ったくじ）をひいて謀反のことをうらなったとある。またある本には、有間皇子が、「まず宮室《おおみや》を焼き、五百人で一日二晩牟婁津《むろのつ》（和歌山県田辺市か）を抑え、すばやく軍船で淡路国との間を遮断し、牢《ひとや》のように閉じこめてしまえば、

ことはたやすく成功しよう」といったところ、「それはよろしくありません。計略としてはもっともですが、人としての徳がありません。皇子はいま十九歳になられたばかりで、成人に達してはおられません。成人されてはじめて、人としての徳を備えることができるのでございます」と諫める人があった。別の日に、有間皇子が一人の判事《ことわるつかさ》（令制では刑部省の官人）と謀反を議したとき、皇子の案机《おしまずき》の脚が何もしないのにひとりでに折れたが、皇子は謀略を中止せず、ついに誅殺された、とある。」

この歳、越国守《こしのくにのかみ》阿倍引田臣比羅夫《あへのひけたのおみひらぶ》(13)が粛慎《みしはせのくに》を討ち、生きた羆《しくま》（ヒグマ）二頭と、羆の皮七十枚とを献上した。沙門智踰《ちゆ》が指南車《しなんのくるま》(14)を造った。出雲国が、「北の海辺で魚が死に、厚さ三尺ばかりも積み重なっております。大きさは鮐《ふく》のようで、雀《すずみ》のようなくちばしと針の鱗《いろこ》があり、鱗の長さは数寸です。土地の者は、『雀が海に入って魚に化けたもので、雀魚《すずみうお》という名だ（イシフグ・スズメフグの類）』と言っております」と報告した。

「ある本には、庚申《かのえさる》の年（斉明天皇六年）の七月にいたり、百済が使を遣わして、「大唐と新羅とが力を合わせてわが国を攻め、すでに義慈王《ぎじおう》や王后《こにおるく》・太子《こにきし》を虜《とりこ》としてつれ去りました」と報告した。このためわが国は、兵卒を西北の辺境にそろえ、城柵を修繕し、山川を断《た》ち塞《ふさ》いだ。これはそのことの前兆であるという。」

また西海使《にしのみちのつかい》の小花下阿曇連頰垂《あずみのむらじつらたり》が百済から帰国して、

「百済が新羅を討って帰還したおり、馬が、人に言われたわけでもないのに寺の金堂のまわりをまわり、昼も夜も休むことなく、草を食べる時にとまるだけでした」と報告した(15)〔ある本には、これも庚申の年にいたって百済が敵に滅ぼされることの前兆だとある〕。

五年の春正月の己卯《つちのとのう》の朔辛巳《かのとのみ》（三日）に、天皇は紀温湯からお帰りになった。三月の戊寅《つちのえとら》の朔に、天皇は吉野におでましになり、宴《とよのあかり》を催された。庚辰《かのえたつ》（三日）に、天皇は近江の平浦《ひらのうら》（滋賀県大津市付近の湖畔）〔平、これを毗羅《ひら》という〕におでましになった。丁亥《ひのとのい》（十日）に、吐火羅《とから》の人が、妻である舎衛《しゃえ》の婦人とともに着いた。甲午《きのえうま》（十七日）に、甘檮丘《うまかしのおか》（奈良県高市郡明日香村）の東の川上《かわら》（川のほとり）に須弥山《すみのやま》（推古二十年是歳条参照）を造り、陸奥《みちのく》と越《こし》との蝦夷に饗応した〔檮、これを柯之《かし》という。川上、これを箇播羅《かはら》という〕。

この月に、阿倍臣《あへのおみ》〔名は伝わらない〕を遣わし、軍船百八十艘をひきいて蝦夷国《えみしのくに》を討った(16)。阿倍臣は、飽田《あぎた》・渟代《ぬしろ》二郡の蝦夷二百四十一人、その虜《とりこ》三十一人、津軽郡《つかるのこおり》の蝦夷百十二人、その虜四人、胆振鉏《いふりさえ》（津軽より北の地名か）の蝦夷二十人を一ヵ所に集めて大がかりな饗応をし、禄物を賜わった〔胆振鉏、これを伊浮梨娑陛《いふりさへ》という〕。そこで、船一隻と五色の綵帛《しみのきぬ》（染め分けた絹）とを捧げてその地の神を祭った。肉入籠《ししりこ》（未詳、以下同じ）に至ったとき、問菟《とい》の蝦夷の胆鹿嶋《いかしま》・菟穂名《うほな》の二人が進み出て、「後方羊蹄《しりへし》を政所《まつりごとどころ》（政庁の場所）とするのがよろしゅうございましょう」〔肉入籠、これを之之梨姑《ししりこ》という。問菟、これを塗毗宇《とひう》という。菟穂名、これを宇保那《うほな》という。後方羊蹄、これを斯梨蔽之《しりへし》という。政所とは蝦夷の郡《こおり》のことであろうか〕と言った。そこで胆鹿嶋らのことばに従い、郡領《こおりのみやつこ》をそこに設置して帰還した。道奥《みちのく》と越との国司《くにのみこともち》に位それぞれ二階、郡領と主政《まつりごとひと》（郡司の第三等官）とにはそれぞれ一階を授けた〔ある本には、阿倍引田臣比羅夫が粛慎と戦って帰り、捕虜四十九人を献上したとある(17)〕。

遣唐使の渡海

秋七月の丙子《ひのえね》の朔戊寅《つちのえとら》（三日）に、小錦下《しょうきんげ》（天智三年以後の官位）坂合部連石布《さかいべのむらじいわしき》・大《だい》仙下《せんげ》（同上、大山下）津守連吉祥《つもりのむらじきさ》を使として唐国に遣わした。そこで道奥の蝦夷男女二人を唐の天子の御覧に入れた。

〔伊吉連博徳《いきのむらじはかとこ》の書(18)によると、この天皇の御世に、小錦下坂合部石布連《さかいべのいわしきのむらじ》・大山下津守《つもりの》吉祥連《きさのむらじ》らの二つの船が、呉唐《くれもろこし》の路（中国江南へ直行する南路）に派遣された。己未《つちのとのひつじ》の年（斉明天皇五年）の七月三日に難波の三津浦《みつのうら》を発し、八月十一日に筑紫の大津の浦（博多港）を発した。九月十三日に百済の南方の島に着いたが、島の名ははっきりしない。十四日の寅《とら》の時（午前四時ごろ）に、二船あいそろって大海に乗り出した。十五日の日《と》入《り》の時に、石布連の船は横からの悪い風を受け、南海の島に漂着した。島の名は爾加委《にかい》という。そこで島人に殺害されたが、東漢長直阿利麻《やまとのあやのながのあたいありま》・坂合部連稲積《さかいべのむらじいなつみ》ら五人は、島人の船を盗み、それに乗って逃げて括州《かつしゅう》（浙江省麗水）に着き、州県の官人が洛陽《らくよう》の京《みやこ》に送りとどけた。十六日の夜半の時に、吉祥連の船は、越州の会稽県《かいけいけん》の須岸山《しゅがんさん》（舟山列島の須岸島か）に着いた。東北《うしとらのすみ》の風が吹き、大変強かった。二十二日に余姚県《よようけん》（浙江省余姚）に着き、乗ってきた大船と諸種の備品とをそこに留めた。閏十月の一日に越州の州衙《しゅうが》に着き、十五日に、駅馬に乗って京（長安）に入った。二十九日に、さらに馬を走らせて東京（洛陽）に到った。天子（高宗）は東京においでになった。三十日に[19]、天子は引見して、

「本国《やまとのくに》の天皇《すめらみこと》[20]は、無事でおられるか」

とおたずねになった。使人は謹《つつし》んで、

「天と地との徳を合わせて、おのずと無事でおいでになります」

とお答えした。天子が、

「政務にたずさわる卿《まえつきみ》たちは、何事もないか」

とおたずねになると、使人は謹んで、

「天皇が御心をおかけになっておられますので、何事もなくすごしております」

とお答えした。天子がまた、

「国内は穏やかか」

とおたずねになると、使人は謹んで、

「政治が天地の理にかなっておりますので、すべての民が安穏に暮らしております」

とお答えした。天子はさらに、

「ここにいる蝦夷《えみし》の国は、どちらの方角にあるのか」

とおたずねになった。使人は謹んで、

「東北の方角にございます」

とお答えした。天子が、

「蝦夷には幾種類あるのか」

とおたずねになると、使人は謹んで、

「三種類ございます。遠いものを都加留《つかる》、次を麁蝦夷《あらえみし》、近いものを熟蝦夷《にきえみし》と申します。いまここにおりますのは熟蝦夷で、毎年、本国《やまとのくに》の朝廷に入貢してまいります」

とお答えした。天子は、

「その国には、五穀《いつつのたなつもの》（稲・麦などの主要な農作物）はあるのか」

とおたずねになった。使人は謹んで、

「ございません。肉を食べて生活しております」

とお答えした。天子は、

「その国には、家屋はあるのか」

とおたずねになった。使人は謹んで、

「ございません。深い山の中で、樹木の根もとを住みかとしております」とお答えした。(21)天子は重ねて、

「自分は、蝦夷の身体や顔の奇異なようすを見て、大変嬉しく、また驚いた。使人たちよ。遠くから来て疲れていることであろう。退出して館《むろつみ》（宿泊施設）におるがよい。また後に会うこととしよう」

と言われた。十一月一日に、朝廷で冬至《とうじ》の会《え》(22)があり、その日にまた天子にお目どおりした。入朝した諸蕃のなかで、倭《やまと》の客人がもっともすぐれていたが、やがて火事の騒ぎのために見捨てられ、その後は相手にされなかった。十二月三日に、韓智興《かんちこう》（白雉五年に渡唐）の従者の西漢大麻呂《こうちのあやのおおまろ》が、わが客人を讒言した。このため客人らは唐朝にたいして罪ありとされ、流罪に処せられることになった。これに先立って、智興を三千里の外に流した。客人のなかに伊吉連博徳があり、唐朝に奏言したので、客人の罪は免じられた。こうしたことがあったのち、勅があり、

「わが国は、来年きっと海東《わたのひがし》（朝鮮半島）の征討を行なうであろう。それゆえおまえたち倭の客人は、東に帰ってはならぬ」

と言われ、結局西京（長安）でそれぞれ別の所に幽閉され、戸を閉ざされ、見張りを置かれ、往来を許されず、苦しみながらいく年かをすごした、とある。

また、難波吉士男人《なにわのきしおひと》の書(23)によると、大唐に赴いた大使は、船が島に触れて転覆し、副

使が天子にお目どおりして蝦夷を御覧に入れた。この時蝦夷は、白い鹿の皮一、弓三・箭《や》八十を天子に献上した、とある。」

庚寅《かのえとら》（十五日）に、群臣に詔して、京内の諸寺に『盂蘭盆経《うらんぼんきょう》』を講じ、七世《ななつぎ》の父母の恩に報いさせた。(24)

この歳、出雲国造《いずものくにのみやつこ》〔名は伝わらない〕に命じて、神の宮（出雲大社か）を修造させたところ、狐が於友郡《おうのこおり》（意宇郡）の人夫のもっていた葛《かずら》（材木を引くための葛）の端をくい切って逃げた。また、犬が死人の腕をくいちぎり、言屋社《いうやのやしろ》（島根県松江市東出雲町の揖屋《いや》神社）に置きざりにした〔言屋、これを伊浮瑘《いふや》という。天子がお崩《かく》れになる前兆である〕。また、高麗の使人が、羆《しくま》（ヒグマ）の皮一枚を持って市に現われ、「綿六十斤でどうだ」と言ったが、市司《いちのつかさ》は笑って行ってしまった。高麗画師子麻呂《こまのえかきこまろ》は、同姓のその客人を自分の家に招待した日、官から羆の皮七十枚を借りて客人の席とした。このため客人らは恥じ、不思議がって退散した（阿倍比羅夫の献上したもの）。

六年の春正月の壬寅《みずのえとら》の朔に、高麗の使人乙相賀取文《おつそうがすもん》ら一百余人が筑紫に着いた。

阿倍臣、粛慎を討つ

三月に、阿倍臣《あへのおみ》〔名は伝わらない〕を遣わし、軍船二百艘をひきいて粛慎国《みしはせのくに》を討たせた。(25)

阿倍臣が陸奥《みちのく》の蝦夷《えみし》を自分の船に乗せ、とある大河のほとりに着いたところ、渡嶋《わたりのしま》の蝦夷一千余人が海辺に集まり、川に向かって軍営をかまえていた。その時、軍営の中から二人の者がとび出して来て、大声で、

「粛慎の軍船がたくさんやって来て、私どもを殺そうとしております。どうか、川を渡ってお仕えさせてくださいませ」

と言った。阿倍臣は船を出して二人の蝦夷をよびよせ、賊のかくれがとその船の数とをたずねた。二人の蝦夷は、かくれがをさし示し、

「船は二十余艘でございます」

と言った。使を遣わしてよびよせたが、来ようとしないので、阿倍臣は、綵帛《しみのきぬ》・兵器・鉄《ねりかね》などを海辺に積みあげ、彼らをおびきよせた。すると粛慎は、軍船をつらね、鳥の羽を木にかけて高くさしあげて旗とし、棹《さお》を揃えあやつって近づいて来、浅瀬に船をとめた。一艘の船から二人の老翁《おきな》をおろし、まわりをまわって、積みあげてある綵帛などの物をくわしく調べさせた。老翁はやがて単衫《ひとえきぬ》に着かえ、それぞれ布一端《むら》をたずさえて船に乗って帰っていった。しばらくして老翁はまた現われ、先ほど着かえていった衫を脱いでそこに置き、たずさえていった布をもそこに置いて、船に乗って去っていった。(26)阿倍臣は、何艘かの船を遣わして粛慎をよびよせたが、彼らは来ようとせず、弊賂辨嶋《へろべのしま》（未詳）に帰り、しばらくして和を乞うた。しかし阿倍臣はこれを許さず〔弊賂辨は、渡嶋の一部である〕、

粛慎はみずからの柵《き》に拠《よ》って戦った。この時、能登臣馬身竜《のとのおみまむたつ》が敵に殺された。なおさかんに戦ううちに、賊は敗れ、おのが妻子を殺した。

夏五月の辛丑《かのとのうし》の朔戊申《つちのえさる》（八日）に、高麗の使人乙相賀取文らが、難波《なにわ》の館《むろつみ》（外国使臣の宿泊施設）に着いた。

この月に、官司は、勅命に従って一百の高座、一百の納袈裟《のうけさ》（法衣）を造り、仁王般若《にんのうはんにゃ》の法会《ほうえ》(27)をもうけた。また、皇太子（中大兄皇子）が初めて漏剋《ろこく》（水時計）をお造りになり、民に時を知らせた。また、阿倍引田臣《あへのひけたのおみ》〔名が伝わらない〕が、夷《えみし》五十余を献上した(28)。また、石上池《いそのかみのいけ》（奈良県明日香村か）のほとりに須弥山《すみのやま》を作った。その高さは廟塔《みょうとう》（寺院の塔）ほどもあり、それによって粛慎四十七人に饗応した。また、国中のあらゆる百姓《おおみたから》が、何事もないのに武器をもって道路を行ききした〔古老は、百済国が滅びることの前兆ではないかと言った〕。

秋七月の庚子《かのえね》の朔乙卯《きのとのう》（十六日）に、高麗の使人乙相賀取文らが帰国の途についた。また、覩貨羅《とから》（吐火羅。白雉五年四月条参照）の人乾豆波斯達阿《けんずはしだつあ》が本土に帰ることを願い、送使を出すことを乞うて、

「きっと後日、大国《やまと》に朝貢するでありましょう。それゆえ、妻を留めてそのしるしといたします」

と言い、数十人と西海の路（朝鮮への海路）に旅立った。

〔高麗の沙門《ほうし》道顕の『日本世記』(29)によると、七月に、云々《しかじか》、春秋智《しゅんじゅうち》（新羅の金春秋すなわち武烈王）は、大将軍蘇定方の助けをえて百済を挟撃し、これを滅ぼした。(30)ある人は、「百済は自滅したのだ。君《こきし》の大夫人《はしかし》（義慈王の妻の恩古か）が悪女で無道のふるまいをし、国政を左右して賢良の臣を誅殺したため、このわざわいを招いたのだ。本当に用心しなければいけない」と言った。その注（道顕の自注）によると、新羅の春秋智は、内臣蓋金《こうこん》（高句麗の泉蓋蘇文）に援助を願ったが許されず、それゆえさらに唐に使して、自国の衣冠を捨て、天子に媚《こ》びて隣国に禍を与えようと意図したのである、という。

また伊吉連博徳の書によると、庚申《かのえさる》の年（この年）の八月に百済が平定されたのち、九月十二日に客人を本国に放還することとなり、十九日に西京（長安）を出発した。十月十六日に東京（洛陽）までもどり、ここで初めて阿利麻《ありま》（東漢長直阿利麻）ら五人と会うことができた。十一月一日に、将軍蘇定方らに捕えられた百済の王《こにきし》（義慈王）以下、太子隆《こにせしんりゅう》ら諸王子十三人、大佐平沙宅千福《さたくせんふく》・国辨成《こくべんじょう》以下三十七人、あわせて五十人ばかりが朝廷にたてまつられ、すぐ天子のもとにつれていかれた。天子は恩情ある勅を発し、その場で彼らを自由の身とされた。十九日に、われわれは労をねぎらうことばを受け、二十四日に東京を出発した、とある。〕

百済滅亡と遺臣の救援

九月の己亥《つちのとのい》の朔癸卯《みずのとのう》（五日）に、百済は、達率〔名は伝わらない〕・沙弥《さみ》覚従らを遣わして〔ある本には、逃げて来てその国の難を告げた、とある〕、「今年の七月に、新羅は、力をたのみ威勢をふるって隣国と親しまず、唐人を引きこみ、百済の国を覆《くつがえ》しました。君臣はみな捕えられ、ほとんど残った者がおりません〔ある本には、今年の七月十日に、大唐の蘇定方が軍船をひきいて尾資《びし》の津《つ》（王城の南西、錦江《クムガン》の河口か）に陣をかまえた。新羅の王《こきし》春秋智（武烈王）は、兵馬をひきいて怒受利山《のずりのむれ》（王城の東、忠清南道大田《テジョン》付近）に陣をかまえた。百済を挟撃して相戦うこと三日、わが王城（泗沘城。忠清南道扶《プ》余《ヨ》）をおとしいれた。同月十三日、王城はついにおちいった[31]。怒受利山は、百済の東の境である、とある〕。しかし、西部《せいほう》恩率鬼室福信《きしつふくしん》は、このさまに発憤して任射岐山《にざぎのむれ》（忠清南道大興《テフン》付近の山）に拠りました〔ある本には、北任叙利山《きたのにじょりのむれ》だとある〕。また達率余自進《よじしん》（余自信）も、中部《ちゅうほう》の久麻怒利城《くまのりのさし》[32]（熊津城。忠清南道公州《コンジュ》）に拠り〔ある本には、都都岐留山《つつきるのむれ》（錦江《クムガン》下流沿岸の山か）だ、とある〕、それぞれ軍営をつくって散り散りになった兵卒をよび集めました。武器は以前の戦役に使い果たしましたので、棓《つかなぎ》（棒）を手にして戦い、新羅の軍を破りました。百済が新羅の武器を奪ったので、いまやかえって百済の武器の方が鋭利となり、唐もあえて侵入してまいりません。福信らは国人をよび集め、ともに王城を保っております[33]。百済の人々は尊敬して、佐平福信、佐平自進とよんでおりますが、すぐれた武力を用いていったん滅びた国を興したのは[34]、ひとえに福信の功績であります」と報告した。

冬十月に、百済の佐平鬼室福信は、佐平貴智《きち》らを遣わして、唐の捕虜一百余人をたてまつった。これは今、美濃国の不破《ふわ》・片県《かたあがた》二郡にいる唐人たちである。また、救援の軍の派遣を要請し、あわせて王子《せしん》余《よ》豊璋《ほうしょう》（舒明三年人質として来朝していた百済の王族）を乞うて〔ある本には、佐平貴智と達率正珍《しょうちん》とであるという〕、

「唐人は、わが悪賊（新羅）をひきいてわが領域を荒らし、わが国家をくつがえし、わが君臣を捕えました〔百済の王義慈と、その妻恩古《おんこ》、その子隆《りゅう》ら、その臣佐平千福・国辨成・孫《そん》登《とう》ら、あわせて五十余人は、秋七月十三日に蘇将軍（蘇定方）に捕えられて唐国に送られた。何事もないのに百姓が武器を持ったのは、このことの前兆だったのであろうか（六年五月条参照）〕。しかしなお百済国は、遥かに天皇のお護りくださるお気持を頼りとして、人々をよび集め、また国をつくりました。今つつしんでお願いいたしたいのは、百済国が朝廷に仕えるべくさし出しました王子豊璋を迎え、国の主《にりん》とすることでございます」

云々《しかじか》と言った。天皇は詔して、

「救援の軍を乞うことは、昔から聞くことであり、危うきを助け、絶えたものを継ぐことは、古来典籍に明記されています。今、百済国が、本国が滅び乱れてよるところも告げる

ところもないと、困窮してわが国に頼ってきました。戈《ほこ》を枕にし、胆《い》を嘗《な》めるような苦労をしつつ、どうか救援してほしいと、はるばるやって来て願い出ている。その志を、どうして見捨てることができましょう。将軍たちにそれぞれ命令をくだし、百の道からともに前進させなさい。雲のように集《つど》い、雷のように動いてみな沙喙《さたく》（新羅の地）に集結し、敵を倒して百済の窮迫をやわらげなさい。各官司は王子のために十分な用意をし、礼をつくして発遣させるように」

云々と言われた〔王子豊璋および妻子と、その叔父(35)忠勝《ちゅうしょう》らとを送った。実際に発遣したことは、七年に見える。ある本には、天皇が豊璋を立てて王《こきし》とし、塞上《さいじょう》（豊璋の弟）を立ててその輔《たすけ》とし、礼をつくして発遣させた、とある〕。

十二月の丁卯《ひのとのう》の朔庚寅《かのえとら》（二十四日）に、天皇は難波宮《なにわのみや》におでましになった。天皇は福信の要請に従って、筑紫に行幸し、救援の軍を遣わそうとお考えになり、まずここにおでましになって、諸種の軍用の器材の準備にあたられたのである。

この歳、百済を助けて新羅を討とうとし、駿河国に勅して船をお造らせになった。完成して続麻郊《おみの》（伊勢国多気郡。現三重県伊勢市の北西）まで曳航《えいこう》してきたとき、その船は夜中になんの理由もなく、舳《へ》と艫《とも》とがそりかえってしまった。人々はそこで、この戦がついには敗北に帰することを知った。また科野国《しなののくに》からは、「蠅《はえ》が群《むら》がって西に向かい、巨坂《おおさか》（信濃・美濃国境の神坂《みさか》峠か）を飛びこえました。大きさは十囲《いだき》（周囲三丈）ばかり、高さは天にとどくほどでした」
という報告があった。これも救援軍の敗北する前兆の怪事だと考えられた。また、
　まひらくつのくれつれをのへたをらふくのりかりがみわたとのりかみをのへたをらふく
　のりかりが甲子とわよとみをのへたをらふくのりかりが
という童謡《わざうた》があった。(36)

天皇の西征と崩御

七年の春正月の丁酉《ひのとのとり》の朔壬寅《みずのえとら》（六日）に、御船は西征に出発し、初めて海路についた。甲辰《かのえたつ》（八日）に、御船が大伯海《おおくのうみ》（岡山県邑久郡付近の海）に到ったとき、大田姫皇女《おおたのひめみこ》（中大兄皇子の女で大海人皇子の妃）が女《ひめみこ》を産んだ。そこでこの女《ひめみこ》を、大伯皇女《おおくのひめみこ》と名づけた。庚戌《かのえいぬ》（十四日）に、御船は伊予の熟田津《にきたつ》の石湯行宮《いわゆのかりみや》（愛媛県松山市の道後温泉）に着いた〔熟田津、これを儞枳柁豆《にきたつ》という〕。

三月の丙申《ひのえさる》の朔庚申《かのえさる》（二十五日）に、御船はまた海路をとって娜大津《なのおおつ》（博多港）に着き、磐瀬行宮《いわせのかりみや》（福岡市三宅の地か）にお入りになった。天皇は、その名を長津《ながつ》とお改めになった。

夏四月に、百済の福信は使を遣わして上表し、その王子糺解《せしんくげ》（豊璋のこと）を迎えることを乞うた〔釈《ほうし》道顕の『日本世紀』には、百済の福信が書をたてまつり、その君《こきし》糺解を下されるよう東朝《みかど》に願ったとある。ある本には、四月に、天皇が朝倉宮《あさくらのみや》（福岡県朝倉市）にお移りに

なったとある〕。

五月の乙未《きのとのひつじ》の朔癸卯《みずのとのう》（九日）に、天皇は朝倉橘広庭宮《あさくらのたちばなのひろにわのみや》にお移りになり、そこにお住まいになった。この時、朝倉社《あさくらのやしろ》（麻氏良《まてら》布神社《め》）の木を切りはらって宮を作ったため、神（雷）は怒って殿舎を破壊した。また宮のなかに鬼火《おにび》が現われ、このため大舎人や近侍の人々で病死する者が多かった。丁巳《ひのとのみ》（二十三日）に、耽羅《たんら》が初めて、王子《せしん》阿波《あわ》伎《ぎ》らを遣わして朝貢してきた。[37]

〔伊吉連博徳の書には、辛酉《かのとのとり》の年（この年）の正月二十五日に、越州（杭州湾の南岸）までもどった。四月一日に越州をたち、東への帰路についた。七日に檉岸山《ちょうがんさん》（舟山列島の一島か）の南に向かい、八日の鶏鳴之時《あかつき》（夜明け前）に、西南《ひつじさる》の風に乗じて船を大海にのり出した。海上で航路に迷い、漂流し、苦労したあげく、九日八夜してやっと耽羅《たんらの》嶋《しま》（済州島《チェジュド》）に到着した。そこで島人の王子阿波伎ら九人にすすめて使人の船に同乗させ、帝朝《みかど》にたてまつろうと考え、五月二十三日に朝倉の朝廷にたてまつった。耽羅の入朝はこの時が初めてである。また、智興（韓智興）の従者の東漢草直足嶋《やまとのあやのかやのあたいたりしま》に讒言されたため、使人らは唐の朝廷から好遇をえることができなかったが、使人らの怨《うらみ》が上天の神に達し、足嶋を落雷で死なせた。人々は、「大倭《やまと》では天のむくいのなんと早いことか」といって称讃した、とある。〕

六月に、伊勢王《いせのおおきみ》が薨じた。[38]

秋七月の甲午《きのえうま》の朔丁巳《ひのとのみ》（二十四日）に、天皇は朝倉宮にお崩《かく》れになった。

八月の甲子《きのえね》の朔に、皇太子は、天皇のなきがらを移して磐瀬宮に帰りついた。この日の夕、朝倉山《あさくらのやま》の上に鬼が現われ、大笠をつけて喪儀を見つめた。人々はみなこれを怪しんだ。

冬十月の癸亥《みずのとのい》の朔己巳《つちのとのみ》（七日）に、天皇のなきがらは帰途につき、海路を進んだ。このとき皇太子は、とある場所に船をとめて天皇をおしのびになり、

君《きみ》が目《め》の　恋《こほ》しきからに　泊《は》てて居《ゐ》て　かくや恋《こ》ひむも　君《きみ》が目《め》を欲《ほ》り（あなたの目が恋いしいばかりに、ここに舟泊まりして、このようなまでに恋いしたうのです。あなたの目を一目見たいばかりに）

と歌を口ずさまれた。乙酉《きのとのとり》（二十三日）に、天皇のなきがらは難波に帰りついた。

十一月の壬辰《みずのえたつ》の朔戊戌《つちのえいぬ》（七日）に、天皇のなきがらを飛鳥《あすか》の川原《かわら》に殯《もがり》（埋葬に先立ち、遺体を安置して行なう儀礼）し、この日から九日まで、発哀（挙哀。人の死にあたり、声を発して悲しみを表わす礼）が行なわれた。

〔『日本世記』には、十一月に、福信が捕虜にした唐人続守言《しょくしゅげん》らが筑紫に着いた、とある。またある本には、辛酉《かのとのとり》の年（この年）に、百済の佐平福信がたてまつった唐の捕虜一百六口を近江国の墾田《はりた》（開墾地）に居住させたとあるが、庚申《かのえさる》の年（前年）に、すでに福信は唐の捕虜をたてまつっている（六年十月条参照）。ここに注記しておくゆえ、

いずれかに決せよ。」

(1)この記事をはじめとして、斉明紀には蝦夷関係の記事が多く見られる。これらのなかには、内容が類似し、同事の重出と思われるものがある。恐らく阿倍氏の家記や、政府の記録など、異なった原史料を採用したためであろう。元年七月のこの記事については、四年七月条の異伝とみる説もある。

(2)(3)それぞれ百済の貴族組織である五部のひとつ。

(4)新羅の官位。一一四ページの表参照。

(5)以下の文は、『文選』西都賦、李善注の文を参考にしている。

(6)ここは阿倍氏の家記によった記事か。

(7)秋田とみる説、青森県の津軽地方とする説、日本海沿岸一般とする説がある。

(8)海を渡った彼方の辺境の意で、朝廷領土の北進にともない北に後退したとする説、北海道南部とする説がある。

(9)政府記録による記事で、元年七月条と同事重出か。

(10)諸本「或所云」としているが、「所」は「本」の誤写か。

(11)無性はインドの学僧。唯識論の立場から『摂《しょう》大乗論釈』十巻を著し、唐の玄奘がこれを訳した。ここは玄奘の新訳によって摂論宗を学ぶための使か。

(12)機械づくりにすぐれていたからだといわれるが、未詳。

(13)この記事は政府記録による記事で、六年に移すべきかといわれる。ここの粛慎については、蝦夷の一部とする説、沿海州のツングース族とする説などがある。欽明五年十二月条参照。

(14) 磁石を利用し、常に南方を指すしかけを備えた車。中国では古くから造られた。天智五年是冬条にも、倭漢沙門智由が指南車をたてまつったとある。
(15) 『三国史記』百済紀によると、義慈王十五年（斉明元）に、王が高句麗・靺鞨とともに新羅の三十余城を攻め破ったとあり、また同年、北岳烏含寺で馬の怪があったことを記している。
(16) この記事は阿倍氏の家記によるもの。
(17) この分注部分は政府記録による記事で、六年に移すべきかといわれる。
(18) 博徳の渡唐の記録。三一五ページ注（84）参照。
(19) 唐代の暦では、この年の閏十月は小で、三十日はない。博徳の誤記か。
(20) 「本国」を諸本は「日本国」とするが、「日」は「曰」の誤写か。下文にも「本国」と見える。
(21) 以上の蝦夷の食・住についての使人の言は、中国風の夷狄《いてき》観によるもので、現実の蝦夷の生活を反映したものとはいいがたい。
(22) 朔旦冬至。十一月一日がたまたま冬至にあたると、祝う風習が中国には古くからあった。
(23) 未詳。伊吉博徳らとともに渡唐した使人の報告書か。
(24) 七月十五日の盂蘭盆会。元来は安居《あんご》の終わった日に衆僧を供養する儀式であったが、後には祖先の霊に供え、餓鬼に施す法会となった。当時の人々が伝統的な祖霊崇拝と仏教とを結びつけ、七生父母の追善のために造像・写経をしたことが、仏像の銘や経典の奥書などによって知られる。
(25) ここは阿倍氏の家記による記事か。四年是歳条参照。
(26) 文明化以前の民族間で行なわれる物々交換のやり方と同じで、両者の中間に物を置き、黙って交換すれば和解が成立したことになる。ここでは粛慎の老人たちは、いったん和解しようとしたが、やめ、交戦になった。

(27)いわゆる仁王会《にんのうえ》。宮中・諸国にあわせて百ヵ所の高い講壇を設け、『仁王経』を講説して護国を祈願する。
(28)三月条の征討の結果で、ここは政府記録による記事か。
(29)斉明紀から天智紀にかけて、道顕の『日本世記』が分注のかたちでしばしば引用されている。道顕は高句麗の僧で、『日本世記』はこの前後の日本の対外関係を主に記述したものであるらしい。
(30)百済の義慈王は、六四一年（舒明十三年）の即位以来、高句麗と結んで新羅を攻めた。これに対し、新羅は唐に救いを乞い、唐はこれに応じて、六五五年（斉明元年）、高句麗征討を開始した。唐は、高句麗征討を有利に運ぶべく、六六〇年（斉明六年）、十三万の兵をもって百済を征討し、新羅軍とともに百済の都城を包囲し、ついに同年七月十八日、義慈王は唐軍に降伏した。
(31)七月十三日は泗沘城が陥落した日。義慈王はその後、熊津城によったが、十八日にはここもおちいった。十三日は十八日とすべきか。
(32)百済の行政区分では熊津城は北部。ここは前に移して中部達率余自進とすべきか。
(33)実際には泗沘城を奪回していない。日本の援助をえるために福信らが誇大の報告を行なったものか。
(34)百済の官位の第一。三九ページの表参照。
(35)白雉元年二月条には、忠勝は豊璋の弟とある。
(36)未詳。征西の軍の成功しないことを諷した歌であろう。
(37)耽羅は済州島。百済に近いため百済の勢力下にあったが、百済滅亡のころから日本とも交渉を始め、天智・天武・持統朝にかけてしばしば遣使して来た。

（38）天智七年六月条にも薨去の記事がある。

日本書紀巻第二十七

天命開別天皇《あめみことひらかすわけのすめらみこと》　天智《てんじ》天皇

救援軍の渡海

天命開別天皇は、息長足日広額天皇《おきながたらしひひろぬかのすめらみこと》（舒明天皇）の太子《ひつぎのみこ》である。御母を天豊財重日足姫天皇《あめとよたからいかしひたらしひめのすめらみこと》（皇極天皇）と申し上げる。天豊財重日足姫天皇の四年に、天皇は皇位を天万豊日天皇《あめよろずとよひのすめらみこと》（孝徳天皇）にお譲りになり、天皇（天智天皇＝中大兄皇子）を皇太子にお立てになった。天万豊日天皇は、後《のち》の五年（白雉五年）の十月にお崩《かく》れになり、その翌年に、皇祖母尊《すめみおやのみこと》（皇極上皇）が皇位におつきになった（斉明天皇）。

七年の七月の丁巳《ひのとのみ》（二十四日）に、天皇（斉明天皇）はお崩《かく》れになり、皇太子は、素服《あさものみそ》（白の麻衣）をつけて称制（即位の式を挙げずに天皇としての政務をとること）を行なわれた。

この月に、蘇《そ》将軍（唐将蘇定方）と突厥《とっけつ》の王子契苾加力《けいひつかりき》らとは、水陸の両路から高麗《こま》（高句麗）の城下（平壌）にいたった。皇太子は長津宮《ながつのみや》（福岡市）にお移りになり、ようやく海外の軍事のことを行なわれるようになった。

八月に、前軍の将軍大花下阿曇比邏夫連《あずみのひらぶのむらじ》・小花下河辺百枝臣《かわべのももえのおみ》ら、後軍の将軍大花下阿《あ》倍引田比邏夫臣《へのひけたのひらぶのおみ》・大山上物部連熊《もののべのむらじくま》・大山上守君大石《もりのきみおおいわ》らを遣わして百済を救援させ、武器や食糧をお送りになった〔ある本には、このあとに続けて、別に大山下狭井連檳榔《さいのむらじあじまさ》と小山下秦造《はだのみやつこ》田来津《たくつ》とを遣わして百済を守護させた、とある〕。

九月に、皇太子は長津宮にあって織冠《おりもののこうぶり》を百済の王子豊璋《ほうしょう》にお授けになり、また、多臣蔣敷《おおのおみこもしき》の妹をその妻とされた。そして、大山下狭井連檳榔と小山下秦造田来津とに軍兵五千余人を率いさせ、豊璋を護衛して本国に送らせた。豊璋が国に入ると、福信（鬼室福信。百済遺臣軍の指導者）は出迎えてこれを拝し、国政をことごとく豊璋にゆだねたてまつった。

十二月に、高麗が、

「この十二月、高麗国《こまのくに》ではことのほか寒さがきびしく、浿《え》（平壌《ピョンヤン》の南を流れる大同江《テドンガン》をいう）が凍結いたしました。このため、唐軍は、雲車《たかくるま》や衝輣《つきくるま》を連ね、鼓や鉦《かね》を鳴らして進撃してまいりました(1)。高麗の兵士は勇壮で、唐軍の二つの城塁を奪取し、あと二つの城塁を残すだけとなりました。しかし、夜襲によって奪取しようとはかりましたところ、唐兵が膝をかかえて泣きますので、気勢をそがれ、とうとう奪取できませんでした」

と報告した。臍《ほそ》を噬《く》う恥（機会を逃してから後悔すること）とは、まさにこのことであろう。〔釈《ほうし》道顕が言う。(2)金春秋（新羅の王族、のちの武烈王）の本来の意志は、(3)高麗を撃つことにあったが、まず百済を撃った。それは新羅が近年百済の侵犯にあい、たいへん、苦しんでいたからである。〕

この歳、播磨国司《はりまのくにのみこともち》の岸田臣麻呂《きしたのおみまろ》らが宝剣を献上し、

「狭夜郡《さよのこおり》（佐用郡）の人の粟畑の穴のなかで見つけました」

と報告した。また、日本《やまと》の高麗救援軍の将軍たちが、百済の加巴利浜《かはりのはま》に船をとめ、火を燃やしたところ、灰が穴に変わり、鳴鏑《なるかぶら》（鏃《やじり》に穴があり、飛ぶと鳴って敵を威嚇する矢）のようなかすかな響きがした。ある人は、

「これは高麗と百済とがやがて滅亡する前兆ではあるまいか」

と言った。

元年の春正月の辛卯《かのとのう》の朔丁巳《ひのとのみ》（二十七日）に、百済の佐平鬼室福信に、矢十万隻・絲五百斤・綿一千斤・布一千端《むら》・韋《おしかわ》（なめし皮）一千張・稲種《たねしね》（種もみ）三千斛を賜わった。

三月の庚寅《かのえとら》の朔癸巳《みずのとのみ》（四日）に、百済王（余豊璋）に布三百端を賜わった。

この月、唐人《もろこしびと》と新羅の人とが高麗を攻めた。高麗がわが国に救援を乞うたので、将軍を派遣し、疏留城《そるさし》（都々岐留山。百済遺臣の本拠）に拠らせた。このため唐人は、高麗の南

の境界を侵略できず、新羅も高麗西方の城塁を陥落させることができなかった。

夏四月に、鼠《ねずみ》が馬の尾に子を産んだ。釈《ほうし》道顕[4]はこれを占《うらな》って、「北の国の人が南の国に服属しようとしている。きっと高麗が敗れて日本に服属するのであろう」と言った。

五月、大将軍大錦中阿曇比邏夫連《あずみのひらぶのむらじ》らは、軍船百七十艘を率いて豊璋らを百済に送り、勅を宣して豊璋に百済国王の位を継がせた。比邏夫はまた、金策《こがねのふだ》（金泥で書いた冊書）を福信に賜い、背をなでてその功をほめ、爵位や禄物を賜わった。豊璋らと福信とはつつしんで勅を受け、人々はこれを見て涙を流した。

六月の己《つちのとのひつじ》未の朔丙戌《ひのえいぬ》（二十八日）に、百済は達率万智《まち》らを遣わして調《みつき》をたてまつり、物を献上した。

冬十二月の丙戌《ひのえいぬ》の朔に、百済の王豊璋、その臣佐平福信らは、狭井連《さいのむらじ》〔名は伝わらない〕（檳榔）・朴市田来津《えちのたくつ》と協議し、「われわれがいまいるこの州柔《つぬ》（疏留城）は、田畠に遠く、土地もやせており、農耕や養蚕に適した土地ではない。ここは防戦のための場所である。ここにあまり長くいると、民は食物にこと欠くであろう。それゆえ、いまは避城《へさし》（全羅北道金堤《キムジェ》か）に移るべきである。避城は、西北には古連旦涇《これんたんけい》（新坪川《シンピョンチョン》）の水をめぐらし、東南は深泥巨堰《しんでいこえん》（金堤）の堤防で守られ、まわりは一面の田で、雨はよく降り、作物がよくできる点では三韓でもっとも豊かなところであり、衣食の源といってよい地域である。(5)平地ではあるが、ここから移らないという法はない」

と言った。そこで朴市田来津はひとり進み出て、

「避城と敵のいる場所とは、一晩で行けるほどの近さだ。もし攻撃をうけたら、後悔してももう遅い。人が飢えることより、国が滅びるかどうかということのほうがたいせつではないか。いま敵がむやみに攻めて来ないのは、州柔がけわしい山々を防壁とし、山高く谷せまくして、守るに易《やす》く攻めるに難《かた》いところにあるからだ。これが平地であったら、いままで守りを固めて動かずにいることがどうしてできただろう」

といさめた。しかし豊璋らはついにこのいさめを聞き入れず、避城に都を移した。

この歳、百済を救援するために、武器を修繕し、船舶を整備し、軍兵の食糧をたくわえた。この年の太歳は壬戌《みずのえいぬ》。

日本軍、白村江に潰滅

二年の春二月の乙酉《きのとのとり》の朔丙戌《ひのえいぬ》（二日）に、百済は達率金受《こんじゅ》らを遣わして調をたてまつった。また、新羅の人が百済の南部の四州（居列・居忽・沙平・徳安の四城）を焼き、安徳（徳安）などの要地を占領した。避城は賊地に近く、勢力を維持することができず、田来

津の意見どおり、また州柔にもどることになった。

この月に、佐平福信は、唐の捕虜続守言《しょくしゅげん》らをたてまつった。

三月に、前軍の将軍上毛野君稚子《かみつけののきみわかこ》・間人連大蓋《はしひとのむらじおおふた》、中軍の将軍巨勢神前臣訳語《こせのかんさきのおみおさ》・三輪《みわの》君根麻呂《きみねまろ》、後軍の将軍阿倍引出臣比邏夫《あへのひけたのおみひらぶ》・大宅臣鎌柄《おおやけのおみかまつか》を遣わし、二万七千人を率いて新羅を討たせた。

夏五月の癸丑《みずのとのうし》の朔に、犬上君〔名は伝わらない〕が高麗に急行し、出兵のことを告げて帰った。このとき、糺解《くげ》（百済王余豊璋）と石城《しゃくさし》（忠清南道扶余《プヨ》の東南の石城《ソクソン》）で会見したが、糺解は犬上君に福信の罪を語った。

六月に、前軍の将軍上毛野君稚子らは、新羅の沙鼻岐奴江《さびきぬえ》の二城（未詳）をおとした。いっぽう、百済の王豊璋は、福信が謀反（国家＝君主を危うくすることを謀る）の心をいだいているのではないかと疑って、福信の手のひらに穴をあけ、革ひもで縛りあげた。しかし豊璋は自分では処断できず、迷って諸臣に、

「福信の罪はこれこのとおりだ。斬るべきかいなか」

と尋ねた。達率徳執得《とくしゅうとく》が、

「このような悪逆人を放っておいてはなりません」

と言うと、福信は執得に唾をはきかけ、

「この腐れ犬めが」

とののしった。王（豊璋）は健児《ちからひと》（腕力のすぐれた男）をよび集め、福信を斬って首を醢《すし》（塩漬け・酢漬け）にした。

秋八月の壬午《みずのえうま》の朔甲午《きのえうま》（十三日）に、新羅は百済王がみずからの良将を斬ったことを知り、すかさず百済に入り、まず州柔《つぬ》をおとそうとはかった。百済王は賊の計略を察知し、将軍たちに、

「大日本国《やまとのくに》の救援軍の将軍盧原君臣《いおはらのきみおみ》が万余の勇士を率いていまにも海を越えてやって来るとのことだ。将軍たちはあらかじめ計略を立てておくがよい。自分は自身で白村《はくすき》（錦江《クムガン》の河口付近）まで行き、そこで救援軍を迎えることとする」

と言った。戊戌《つちのえいぬ》（十七日）に、賊（新羅）の将軍は州柔にいたり、王城を包囲した。いっぽう、大唐《もろこし》の将軍（熊津城から錦江を下ってきた劉仁軌ら）は、軍船一百七十艘をひきいて白村江《はくすきのえ》に戦列をかまえた。戊申《つちのえさる》（二十七日）に、日本《やまと》の

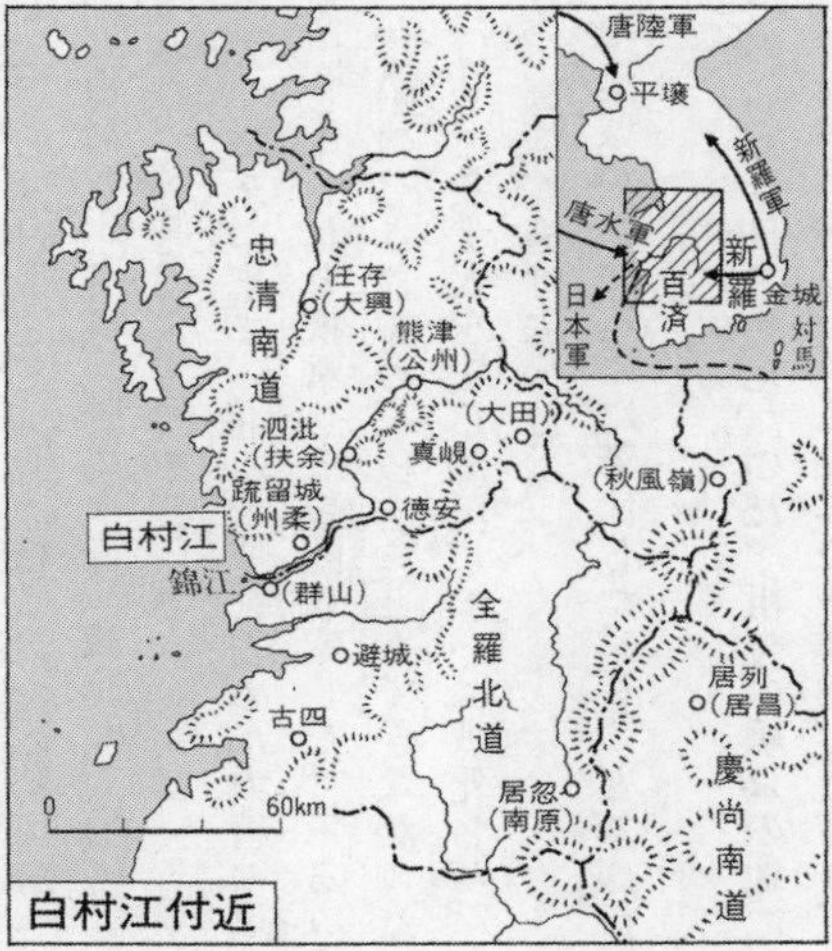

白村江付近

軍船の先着したものと大唐の軍船とが会戦した。(6) 日本は敗退し、大唐は戦列を固めて守った。己酉《つちのととり》（二十八日）に、日本の将軍たちと百済の王とは、戦況をよく観察せずに、

「わが方が先を争って攻めかかれば、相手はおのずと退却するであろう」

と協議し、日本の中軍の兵卒を率い、船隊をよく整えぬまま、進んで陣を固めた大唐の軍に攻めかかった。すると大唐は左右から船を出してこれを挟撃し、包囲攻撃した。みるみる官軍は敗れ、多くの者が水に落ちて溺死し、船のへさきをめぐらすこともできなかった。朴市田来津は、天を仰いで祈り、歯をくいしばって数十人を殺したが、ついに戦死した。このとき、百済の王豊璋は、数人と船に乗り、高麗へ逃げ去った。

九月の辛亥《かのとのい》の朔丁巳《ひのとのみ》（七日）に百済の州柔城《つぬさし》がついに唐に降伏した。このとき、百済の人々は、

「州柔が降伏してはどうしようもない。百済の名も今日で絶えたのだ。祖先の墳墓の地にもう二度と行けまい。このうえは弖礼城《てれさし》（未詳）におもむいて日本の将軍たちと会い、必要な対策をうちあわせるだけだ」

と語りあい、かねて枕服岐城《しんぷくぎさし》（未詳）に留めてあった妻子たちをさとし、国を去る決心をさせた。辛酉《かのとのとり》（十一日）に、彼らは牟弖《むて》（慶尚南道、蟾津江《ソムジンガン》河口の南海島《ナメド》東南端の弥助里《ミジョリ》か）を出発した。癸亥《みずのとのい》（十三日）に、弖礼に至った。甲戌《きのえいぬ》（二十四日）に、日本の軍船と、佐平余自信《よじしん》、達率木素貴子《もくそきし》・谷那晋首《こくなしんす》・憶礼福留《おくらいふくる》、それに百済の国の民らが弖礼城に至っ

た。翌日、船を発してはじめて日本へ向かった。

氏上の制定と民部・家部

三年の春二月の己卯《つちのとのう》の朔丁亥《ひのとのい》（九日）に、天皇《すめらみこと》（皇太子中大兄）は、大皇弟《ひつぎのみこ》（大海人皇子）に命じて、冠位《こうぶりくらい》の階名を増加・変更すること[7]、および氏上《このかみ》・民部《かきべ》・家部《やかべ》[8]などのことを人々にお告げになった。冠は二十六階あり、大織《だいしき》・小織・大縫《だいぶう》・小縫・大紫・小紫・大錦上《だいきんじょう》・大錦中・大錦下・小錦上・小錦中・小錦下・大山上《だいせんじょう》・大山中・大山下・小山上・小山中・小山下・大乙上《だいおつじょう》・大乙中・大乙下・小乙上・小乙中・小乙下・大建《だいこん》・小建、これを二十六階とする。これまで（大化五年二月制定の冠位）の花《け》を錦《きん》と改め、錦から乙までの間に十（六または中の誤写か）階を加えた。また、これまでの初位一階を増し、名を変えて大建・小建の二階とした。これが異なった点で、ほかはみなこれまでどおりである（三一二―三一三ページの表参照）。大氏《おおきうじ》の氏上には大刀《たち》を、小氏《ちいさきうじ》の氏上には小刀《かたな》を、伴造らの氏上には干楯《たて》と弓矢《ゆみや》とを賜わった。また、民部・家部のことを定めた。

三月に、百済王善光王《くだらのこきしぜんこうおう》（義慈王の子）らを難波に住まわせた。また、京《みやこ》の北に星が落ちた。この春に、地震があった。

夏五月の戊申《つちのえさる》の朔甲子《きのえね》（十七日）に、百済の鎮将（百済を占領した唐軍の将）劉仁願《りゅうじんがん》は、朝散大夫《ちょうさんだいぶ》（散官、従五品下）郭務悰《かくむそう》らを遣わして、上表文をおさめた函とささげ物とをたてまつった。(9) この月に、大紫蘇我連大臣《そがのむらじおおおみ》が薨《こう》じた〔ある本には、大臣の薨じたのを五月と注している〕。

六月に、嶋皇祖母命《しまのすめみおやのみこと》（舒明天皇の母、中大兄皇子の祖母）が薨じた。

冬十月の乙亥《きのとのい》の朔に、郭務悰らを送り出す勅をお出しになった。同日、中臣内臣《なかとみのうちつおみ》（鎌足）は、沙門智祥《ほうしちじょう》を遣わして、物を郭務悰に賜わった。戊寅《つちのえとら》（四日）に、郭務悰らに饗宴を賜わった。

この月に、高麗の大臣蓋金《こうこん》（泉蓋蘇文）がその国でなくなった。蓋金はこどもたちに遺言して、

「おまえたち兄弟は、魚と水のように仲よくし、爵位を争うな。さもないときっと隣国に笑われるぞ」

と言った。(10)

十二月の甲戌《きのえいぬ》の朔乙酉《きのとのとり》（十二日）に、郭務悰らは帰途についた。

この月に、淡海国《おうみのくに》が、

「坂田郡《さかたのこおり》の小竹田史身《しのだのふびとむ》という者の猪《い》（ブタ）のおけの水の中に、いつのまにか稲が生え、身はそれを収穫して日々豊かになりました。また、栗太郡《くるもとのこおり》の磐城村主殷《いわきのすぐりおお》という者の新婦の床のはしに、一晩のうちに稲が生えて穂が出、翌朝にはもう穂が垂れて熟しておりました。つぎの夜にまた一つの穂が出ました。新婦が庭に出ますと、二つの鑰匙《かぎ》が、天から目

のまえに落ちました。新婦がそれを取って殿に渡したところ、殿はそれから暮しが豊かになったということです」

と報告した。

西海の防備と唐使の来朝

この歳、対馬嶋《つしま》・壱岐嶋《いきのしま》・筑紫国《つくしのくに》などに、防人《さきもり》と烽《すすみ》（のろし）とを置いた。また、筑紫に大きな堤を築いて水を貯えさせ、これを水城《みずき》(11)と名づけた。

四年の春二月の癸酉《みずのととり》の朔丁酉《ひのとのとり》（二十五日）に、間人大后《はしひとのおおきさき》(12)（孝徳天皇の皇后、中大兄皇子の妹）が薨じた。この月に、百済国の官位の等級のことを検討し、佐平福信（鬼室福信）の戦功の故をもって、鬼室集斯《きしつしゅうし》（福信の子か）に小錦下を授けた〔もとの位は達率である〕。また、百済の百姓男女四百余人を、近江国の神前郡《かんさきのこおり》に住まわせた。

三月の癸卯《みずのとのう》の朔に、間人大后のために、三百三十人を得度（出家）させた。この月に、神前郡の百済人に田を賜わった。

秋八月に、達率答㶱春初《とうほんしゅんそ》を遣わして、城《き》を長門国に築かせ、達率憶礼福留《おくらいふくる》・達率四比《しひ》福夫《ふくぶ》を筑紫国に遣わして、大野および椽《き》(13)の二城を築かせた。また、耽羅《たんら》（済州島《チェジュド》）が使を遣わして来朝した。

九月の庚午《かのえうま》の朔壬辰《みずのえたつ》（二十三日）に、唐国は朝散大夫沂《き》州《しゅうの》司馬《しば》上柱国《しょうちゅうこく》劉徳高《りゅうとくこう》らを遣わしてきた〔等《ら》とは、右戎衛郎将《うじゅうえいろうしょう》上柱国百済禰軍《くだらのねぐん》と朝散大夫柱国《ちゅうこく》郭務悰とをいう。計二百五十四人である。七月二十八日に対馬に着き、九月二十日に筑紫に着いて、二十二日に上表文をおさめた函をたてまつった〕。

冬十月の己亥《つちのとのい》の朔己酉《つちのとのとり》（十一日）に、菟道《うじ》（京都府宇治市）で大がかりな閲兵を行なった。

十一月の己巳《つちのとのみ》の朔辛巳《かのとのみ》（十三日）に、劉徳高らに饗宴を賜わった。十二月の戊戌《つちのえいぬ》の朔辛亥《かのとのい》（十四日）に、劉徳高らに物を賜わった。この月に、劉徳高らは帰途についた。

この歳、小錦守君大石《もりのきみおおいわ》らを大唐に遣わした、云々《しかじか》と伝える〔等《ら》とは、小山坂合部連石積《さかいべのむらじいわつみ》・大乙吉士岐弥《きしのきみ》・吉士針間《きしのはりま》をいう。おそらく唐の使人を送るためであろう(14)〕。

五年の春正月の戊辰《つちのえたつ》の朔戊寅《つちのえとら》（十一日）に、高麗が、前部《ぜんほう》(15)能婁《のうる》らを遣わして調《みつき》をたてまつった。同日、耽羅も王子姑如《こにょ》らを遣わして朝貢した。

三月に、皇太子はみずから佐伯子麻呂連《さえきのこまろのむらじ》の家におもむいて病をお見舞いになり、子麻呂がはじめから皇太子に従って功績を立てたことをほめ、おなげきになった。

夏六月の乙未《きのとのひつじ》の朔戊戌《つちのえいぬ》（四日）に、高麗の前部能婁らが帰途についた。秋七月に、大水があった。この秋に、租と調とを免除した。

冬十月の甲午《きのえうま》の朔己未《つちのとのひつじ》（二十六日）に、高麗は臣乙相奄鄒《おつそうあんす》らを遣わして、調をたてまつった(16)〔大使の臣乙相奄鄒、副使の達相遁《たつそうとん》、二位の玄武若光《げんむにゃっこう》らである〕。

この冬に、京都《みやこ》の鼠が近江に向かって移っていった。また、百済の男女二千余人を東国《あずまのくに》に住まわせた。百済の人々に対しては、僧尼と俗人とを問わず、癸亥《みずのとい》の年（天智称制二年）以後三年間は、すべて官から食料を賜わっていたのである。また、倭漢沙門智由《やまとのあやのほうしちゆ》が、指南車《しなんのくるま》を献上した（斉明四年条の異伝か）。

六年の春二月の壬辰《みずのえたつ》の朔戊午《つちのえうま》（二十七日）、これよりさき、天豊財重日足姫《あめとよたからいかしひたらしひめの》天皇《すめらみこと》（斉明天皇）と間人皇女《はしひとのひめみこ》（舒明・斉明両天皇の女《むすめ》、孝徳天皇の皇后）とを、小市岡《おちのおかの》上陵《うえのみささぎ》（奈良県高市郡高取町）に合葬したが、この日、皇孫大田皇女《おおたのひめみこ》（中大兄皇子の女、大海人皇子の妃）を陵の前の墓に葬った。高麗・百済・新羅の人々がみな葬送の道中で発哀した。皇太子は群臣《まえつきみたち》に、

「自分は、皇太后天皇《おおきさきのすめらみこと》（斉明天皇）の勅を体し、万民をあわれむため、石槨《いわき》の役《えだち》（墳墓の造営工事）をおこさぬこととする。どうかこれを、後の代までもいましめとしてほしい」

と言われた。

近江遷都

三月の辛酉《かのとのとり》の朔己卯《つちのとのう》（十九日）に、都を近江（大津宮）に移した。当時、あらゆる百姓《おおみたから》は遷都を願わず、これを諷刺する者が多かった。童謡《わざうた》も多く、また連日連夜のように火災がおこった。

六月に、葛野郡《かどののこおり》（山背国）が白い鷰《つばくらめ》（ツバメ）を献上した。

秋七月の己未《つちのとのひつじ》の朔己巳《つちのとのみ》（十一日）に、耽羅が佐平椽磨《でんま》らを遣わして朝貢した。八月に、皇太子は倭《やまと》の京《みやこ》（飛鳥）におでましになった。

冬十月、高麗の大兄《だいきょう》(17)男生《なんしょう》（泉蓋蘇文の長男）が城を出て国内を巡ったとき、城内の二人の弟（男建・男産）は側近の士大夫にそそのかされ、男生を城に入れさせなかった。このため、男生は国を出て大唐に入り、高麗の国を滅ぼそうとはかった。

十一月の丁巳《ひのとのみ》の朔乙丑《きのとのうし》（九日）に、百済の鎮将劉仁願は、熊津都督府《ゆうしんのととくふ》（唐が百済統治のために置いた行政府）熊山県令《ゆうせんのけんのれい》上柱国司馬法聡《ほうそう》らを遣わして、大山下境部連石積《さかいべのむらじいわつみ》（遣唐副使）らを筑紫都督府（大宰府）に送ってきた。己巳《つちのとのみ》（十三日）に、司馬法聡らは帰途についた。小山下伊吉連博徳《いきのむらじはかとこ》・大乙下笠臣諸石《かさのおみもろいわ》を送使として遣わした。

この月に、倭国《やまとのくに》の高安城《たかやすのき》（奈良県生駒郡）、讃吉国《さぬきのくに》の山田郡《やまだのこおり》の屋嶋城《やしまのき》、対馬国《つしまのくに》の金田城《かなたのき》（下県郡）を築いた。

閏十一月の丁亥《ひのとのい》の朔丁酉《ひのとのとり》（十一日）に、錦十四匹《むら》・纈《ゆはた》（絞り染めの絹）十九匹・緋《あけ》二十四匹・紺布《はなだのぬの》二十四端《むら》・桃染布《つきそめのぬの》（紅花《べにばな》でトキ色に染めた布）五十八端・斧《おの》二十六・釤《なた》六十四・刀子《かたな》六十二枚を椽磨らに賜わった。

天智天皇の即位

七年の春正月の丙戌《ひのえいぬ》の朔戊子《つちのえね》（三日）に、皇太子は皇位におつきになった〔ある本には、六年の歳次丁卯《ほしひのとのうにやどるとし》三月に即位されたとある〕。壬辰《みずのえたつ》（七日）に、群臣に内裏で宴を賜わった。戊申《つちのえさる》（二十三日）に、送使の博徳らが帰朝し、任務を果たしたことを報告した。

二月の丙辰《ひのえたつ》の朔戊寅《つちのえとら》（二十三日）に、古人大兄皇子《ふるひとのおおえのみこ》の女倭姫王《やまとのおおきみ》を皇后にお立てになり、また、前後あわせて四人の嬪《みめ》をお召しになった。蘇我山田石川麻呂大臣《そがのやまだのいしかわのまろのおおおみ》の女があり、遠智娘《おちのいらつめ》といい〔ある本には美濃津子娘《みのつこのいらつめ》とある〕、一男二女を生んだ。その第一を大田《おおたの》皇女《ひめみこ》（天武天皇の妃）と申し上げる。第二を鸕野皇女《うののひめみこ》（天武天皇の皇后。のちの持統天皇）と申し上げる。皇女は天下をお治めになるようになって、飛鳥浄御原宮《あすかのきよみはらのみや》におられ、さらにのち宮を藤原《ふじわら》にお移しになった。第三を建皇子《たけるのみこ》と申し上げる。皇子は障害があって、ことばをお話しになれなかった〔ある本には、遠智娘は一男二女を生んだ。その第一を建皇子、第二を大田皇女、第三を鸕野皇女と申し上げる、とある。またある本には、蘇我山田麻呂大臣の女を茅渟娘《ちぬのいらつめ》といい、大田皇女と娑羅々皇女《さららのひめみこ》（鸕野皇女）とを生んだとある〕。

つぎに遠智娘の弟《いろど》（妹）があり、姪娘《めいのいらつめ》といい、御名部皇女《みなべのひめみこ》（高市皇子の室）と阿陪《あへの》皇女《ひめみこ》（のちの元明天皇。草壁皇子の妃）とを生んだ。皇女は、天下をお治めになるようになって藤原宮《ふじわらのみや》におられ、さらにのち、都を乃楽《なら》（平城京）にお移しになった〔ある本には、姪娘を名づけて桜井娘《さくらいのいらつめ》というとある」。つぎに阿倍倉梯麻呂大臣《あへのくらはしまろのおおまえつきみ》の女があり、橘娘《たちばなのいらつめ》といい、飛鳥皇女《あすかのひめみこ》と新田部皇女《にいたべのひめみこ》（天武天皇の妃）とを生んだ。つぎに蘇我赤兄大臣《そがのあかえのおおまえつきみ》の女があり、常陸娘《ひたちのいらつめ》といい、山辺皇女《やまべのひめみこ》（大津皇子の妃）を生んだ。また、宮人（地方豪族出身の女官）で皇子・皇女を生んだ者が四人あった。忍海造小竜《おしぬみのみやつこおたつ》の女があり、色夫古娘《しこぶこのいらつめ》といい、一男二女を生んだ。その第一を大江皇女《おおえのひめみこ》（天武天皇の妃）、第二を川嶋皇子《かわしまのみこ》、第三を泉皇女《いずみのひめみこ》と申し上げる。また栗隈首徳萬《くるくまのおびととこまろ》の女があり、黒媛娘《くろひめのいらつめ》といい、水主皇女《もいとりのひめみこ》を生んだ。また越《こし》の道君《みちのきみ》伊羅都女《いらつめ》があり、施基皇子《しきのみこ》（光仁天皇の父）を生んだ。また伊賀《いが》采女宅子娘《うねめやかこのいらつめ》があり、伊賀皇子《いがのみこ》を生んだ。のちの御名を大友皇子《おおとものみこ》と申し上げる。

夏四月の乙卯《きのとのう》の朔庚申《かのえさる》（六日）に、百済（熊津都督府か）が末都師父《まつしぶ》らを遣わして調《みつき》をたてまつった。庚午《かのえうま》（十六日）に、末都師父らは帰途についた。

五月五日に、天皇は蒲生野《かまふの》（滋賀県）に遊猟された。大皇弟《ひつぎのみこ》（大海人皇子）や諸王、内臣《うちつおみ》（中臣鎌足）および群臣がことごとくおともに従った。

六月に、伊勢王《いせのおおきみ》とその弟とが日を接して薨じた〔官位はあきらかでない〕。

秋七月に、高麗が越《こし》の路《みち》（北陸の日本海沿岸）から使を遣わして調をたてまつったが、風波が強く、帰ることができなかった。また、栗前王《くるくまのおおきみ》を筑紫率《つくしのかみ》（のちの大宰帥）に任じた（十年六月条の重出か）。このころ、近江国で武術の訓練を行ない、また牧場を数多く作って馬を放牧した。また、越国から、燃土《もゆるつち》（石炭）と燃水《もゆるみず》（石油）とが献上された。また、浜辺の建物の下に、さまざまな魚が水面いっぱいに群がってやってきた。また、蝦夷《えみし》を饗応した。また、舎人《とねり》たちに命じてさまざまな場所で宴をもよおさせた。人々は、

「天皇の天命が尽きようとしているのであろうか」

と言った。

秋九月の壬午《みずのえうま》の朔癸巳《みずのとのみ》（十二日）に、新羅が沙喙《さとく》(18)級飡《きゅうさん》(19)金東厳《こんとうごん》らを遣わして調《みつき》をたてまつった。丁未《ひのとのひつじ》（二十六日）に、中臣内臣《なかとみのうちつおみ》（鎌足）は、沙門《ほうし》法弁《ほうべん》と秦筆《じんひつ》とを使として、新羅の上臣大角干庾信《だいかくかんゆしん》(20)（金庾信）に船一隻を賜い、これを東厳らにことづけた。庚戌《かのえいぬ》（二十九日）に、布勢臣耳麻呂《ふせのおみみみまろ》を使として、新羅の王（文武王）に、調を輸するための船一隻を賜い、東厳らにことづけた。

冬十月に、大唐の大将軍英公《えいこう》（英国公李勣《りせき》）が高麗をうち滅ぼした。高麗の仲牟王《ちゅうむおう》（伝説上の始祖）は、はじめて国を建てたとき、王朝が千年続くことを願ったが、母の夫人《おりくく》（河伯の女柳花）は、

「どんなによく国を治めたところで、それはむりでしょう。ただ、七百年は治世が続くに違いありません」

と言った。いまこの国が滅びたのは、まさに七百年後のことであった。

十一月の辛巳《かのとのみ》の朔に、新羅の王に、絹五十匹・綿五百斤、韋《おしかわ》一百枚を賜わり、金東厳らにことづけた。また、東厳らにそれぞれ物を賜わった。乙酉《きのとのとり》（五日）に、小山下道《ち》

守臣麻呂《もりのおみまろ》と吉士小鮪《きしのおしび》とを新羅に遣わした。同日、金東厳らは帰途についた。この歳、沙門道行《どうぎょう》が草薙剣《くさなぎのつるぎ》を盗んで新羅へ逃走した。しかし途中で風雨にあって行くえに迷い、またもどった。

八年の春正月の庚辰《かのえたつ》の朔戊子《つちのえね》（九日）に、蘇我赤兄臣《そがのあかえのおみ》を筑紫率《つくしのかみ》に任じた。三月の己卯《つちのとのう》の朔己丑《つちのとのうし》（十一日）に、耽羅が王子久麻伎《くまぎ》らを遣わして朝貢した。丙申《ひのえさる》（十八日）に、耽羅の王に五穀の種を賜わった。同日、王子久麻伎らは帰途についた。

夏五月の戊寅《つちのえとら》の朔壬午《みずのえうま》（五日）に、天皇は山科野《やましなのの》（京都市山科区）に遊猟された。大皇弟、藤原内大臣《ふじわらのうちつおおおみ》（内臣中臣鎌足）および群臣がことごとくおともに従った。

秋八月の丁未《ひのとのひつじ》の朔己酉《つちのとのとり》（三日）に、天皇は高安嶺《たかやすのたけ》（奈良県生駒郡）にお登りになり、城の修築を協議された。しかし、民《おおみたから》が疲弊しているのをあわれみ、工事を中止された。人々は、

「これこそ仁愛の徳というべきだ。なんと寛大な御心であろう」

云々《しかじか》と感歎した。この秋に、藤原内大臣の家に落雷があった。

九月の丁丑《ひのとのうし》の朔丁亥《ひのとのい》（十一日）に、新羅が沙飡督儒《とくじゅ》らを遣わして調《みつき》をたてまつった。

藤原鎌足の死

冬十月の丙午《ひのえうま》の朔乙卯《きのとのう》（十日）に、天皇は藤原内大臣の家におでましになり、親しく

その病をお見舞いになった。しかし、鎌足の憔悴《しょうすい》があまりにもはなはだしいので、詔して、

「天の道理が仁者を助けるということに、いつわりのあるはずはない。善行を積む者には余慶があるということのしるしを、天が示さないということがあろうか。もしなにかしてほしいことがあったら、言うがよい」

と言われた。鎌足は、

「私のような愚か者に、いまさら何の申し上げることがございましょう。ただひとつ、私の葬儀は簡素にしていただきたい。生きて軍国のお役に立てなかった者が、死にあたって重ねて御迷惑をおかけすることがどうして許されましょう」

云々《しかじか》とお答えをした。賢者たちはこれを聞いて、

「この一言は、往古の哲人の名言にも比すべきものであろう。大樹将軍《たいじゅしょうぐん》（後漢の馮異《ふうい》）が賞を辞したこととは、とても同じには語れまい」

と感歎した。庚申《かのえさる》（十五日）に、天皇は、東宮大皇弟《ひつぎのみこ》（大海人皇子）を藤原内大臣の家に遣わして、大織《だいしき》の冠《こうぶり》と大臣《おおおみ》の位とをお授けになった。また、姓を賜わって藤原氏《ふじわらのうじ》とし、以後藤原内大臣《ふじわらのうちつおおおみ》と通称する。辛酉《かのとのとり》（十六日）に、藤原内大臣は薨じた〔『日本世記』（僧道顕の著）には、内大臣は春秋五十にして私第に薨じた。遺体を山の南に移して殯《もがり》をした。天はどうして、心なくも、ひとりの老人をこの世に残さなかったのか。悲しいことだ、とある。また碑文（百済人沙宅紹明の撰という。いま散逸）には、春秋五十有六にして薨じたとある〕。

甲子《きのえね》（十九日）に、天皇は藤原内大臣の家におでましになり、大錦上蘇我赤兄臣に命じて恵みある詔を読みあげさせられた。また、金の香鑪《こうろ》を賜わった。

十二月に、大蔵《おおくら》に火災がおこった。

この冬に、高安城を修築し、畿内《うちつくに》の田税《たちから》をそこに収めた。また、斑鳩寺《いかるがでら》（法隆寺）に火災がおこった（九年四月条の重出か）。

この歳、小錦中河内直鯨《こうちのあたいくじら》らを遣わして大唐《もろこし》に使させた。また、佐平余自信・佐平鬼室集斯ら男女七百余人を近江国の蒲生郡に移住させた。また、大唐が郭務悰ら二千余人を遣わしてきた（十年十一月条の重出か）。

九年の春正月の乙亥《きのとのい》の朔辛巳《かのとのみ》（七日）に、士大夫《まえつきみ》たちに詔して、宮門内で大射を行なった。戊子《つちのえね》（十四日）に、朝廷での礼儀と、道路で行きあったとき避けあって礼をすることとについての制を発布した。また、誣妄《たわこと》（流言）と妖偽《およずれこと》（あやしげな予言）とを禁止した。

二月に、戸籍（庚午年籍(21)）を造り、盗賊と浮浪《うかれびと》（本籍地を離れた者）とを取り締まった。同月、天皇は蒲生郡の匱迮野《ひさのの》におでましになり、宮を造営すべき地を御覧になった。また、高安城を修築し、穀《もみ》と塩とを集積した。また、長門に城一つ、筑紫に城二つを築いた（四年八月条の重出）。

三月の甲戌《きのえいぬ》の朔壬午《みずのえうま》（九日）に、山御井《やまのみい》（大津市か）のほとりに神々の座をもうけ、幣帛《みてぐら》を供えた。中臣金連《なかとみのかねのむらじ》が祝詞《のりと》をとなえた。

夏四月の癸卯《みずのとのう》の朔壬申《みずのえさる》（三十日）に、夜明け前、法隆寺に火災がおこり、一屋も残さず焼けた。(22) 大雨が降り、雷が鳴った。

五月に、

打橋《うちはし》の　集楽《つめ》の遊《あそび》に　出《い》でませ子《こ》　玉手《たまで》の家《いへ》の　八重子《やへこ》の刀自《とじ》　出《い》でましの　悔《くい》はあらじぞ　出でませ子　玉手《たまで》の家《へ》の　八重子の刀自（板を渡した橋のたもとのお遊びに出ていらっしゃいな、お嬢さん。玉手の家の八重子さん、おいでになってもだいじょうぶ、後悔なんかしませんよ。出ていらっしゃいな、お嬢さん。玉手の家の八重子さん）

という童謡《わざうた》があった。(23)

六月に、ある村で亀《かわかめ》をつかまえたところ、背中に申《しん》の字が書かれていた。上が黄で下が黒く、長さ六寸ばかりであった。(24)

秋九月の辛未《かのとのひつじ》の朔に、阿曇連頰垂《あずみのむらじつらたり》を新羅に遣わした。

この歳に、水碓《みずうす》を造って鉄を鋳た。

大友皇子、太政大臣となる

十年の春正月の己亥《つちのとのい》の朔庚子《かのえね》（二日）に、大錦上蘇我赤兄臣《そがのあかえのおみ》と大錦下巨勢人臣《こせのひとのおみ》とが宮殿の前に進み、正月のよろこびのことばを申し上げた。癸卯《みずのとのう》（五日）に、大錦上中臣金連が、命に従って神々への寿詞《よごと》をとなえた。同日、大友皇子《おおとものみこ》を太政大臣《おおきまつりごとのおおまえつきみ》(25)に任じ、蘇我赤兄臣を左大臣《ひだりのおおまえつきみ》、中臣金連を右大臣《みぎのおおまえつきみ》、蘇我果安臣《そがのはたやすのおみ》・巨勢人臣・紀大人臣《きのうしのおみ》を御《ぎょ》史大夫《したいふ》(26)とした〔御史はおそらく今の大納言か〕。甲辰《きのえたつ》（六日）に、東宮太皇弟《ひつぎのみこ》（大海人皇子）が天皇の命を奉じ〔ある本には大友皇子が行なったとある〕、冠位《こうぶりくらい》・法度《のり》のことを施行し、また全国に大赦を行なった〔法度・冠位の名は、くわしくは新しい律令に載せてある〕(27)。丁《ひのと》未《ひつじ》（九日）に、高麗が上部《しょうほう》(28)大相《だいそう》(29)可婁《かる》らを遣わして調《みつき》をたてまつった。(30) 辛亥《かのとい》（十三日）に、百済の鎮将劉仁願が、李守真《りしゅしん》らを遣わして文書をたてまつった。

この月に、大錦下を、佐平余自信・沙宅紹明《さたくじょうみょう》〔法官大輔《のりのつかさのおおきすけ》（のちの式部大輔に相当）である〕に授けた。小錦下を鬼室集斯〔学職頭《ふみのつかさのかみ》（のちの大学頭に相当）である〕に授けた。大山下を、達率谷那晋首《こくなしんしゅ》〔兵術にくわしい〕・木素貴子《もくすきし》〔兵術にくわしい〕・憶礼福留《おくらいふくる》〔兵術にくわしい〕・答㶱春初《とうほんしゅんそ》〔兵術にくわしい〕・㶱日比子賛波羅金羅金須《ほんにちひしさんはらこんらこんす》〔薬にくわしい〕・鬼室集信〔薬にくわしい〕に授けた。小山上を、達率徳頂上《とくちょうじょう》〔薬にくわしい〕・吉大尚《きちだいじょう》〔薬にくわしい〕・許率母《こそつも》〔五経に明るい〕・角福牟《ろくふくむ》〔陰陽にくわしい〕に授けた。小山下を、その他の達率ら五十余人に授けた。

橘《たちばな》は　己《おの》が枝枝《えだえだ》　生《な》れれども　玉《たま》に貫《ぬ》く時《とき》　同《おな》じ緒《を》に貫《ぬ》く（橘の実はそれぞれ違った枝になっているが、玉にしてひもに通す時は、同じひとつのひもに通すのだ）

という童謡《わざうた》があった。(31)

二月の戊辰《つちのえたつ》の朔庚寅《かのえとら》（二十三日）に、百済が台久用善《だいくようぜん》らを遣わして調《みつき》をたてまつった。

三月の戊戌《つちのえいぬ》の朔庚子《かのえね》（三日）に、黄書造本実《きふみのみやつこほんじつ》が水臬《みずはかり》（土木・建築用の水準器）を献上した。甲寅《きのえとら》（十七日）に、常陸国が中臣部若子《なかとみべのわくご》をたてまつった。身長一尺六寸で、生まれた年の丙辰《ひのえたつ》（斉明二年）からこの歳まで十六年である。

夏四月の丁卯《ひのとのう》の朔辛卯《かのとのう》（二十五日）に、漏剋《ろこく》（水時計）を新しい台に置き、時刻を知らせ、鐘《かね》・鼓《つづみ》を打ちとどろかせた。この日初めて漏剋を使用した。この漏剋は、天皇が皇太子であられたとき、御自身で製造されたものである、云々《しかじか》と伝える（斉明六年五月条）。

この月に、筑紫《つくしのくに》が、

「八つ足の鹿が生まれましたが、生まれてすぐに死んでしまいました」(32)

と報告した。

五月の丁酉《ひのとのとり》の朔辛丑《かのとのうし》（五日）に、天皇は西の小殿《こあんどの》におでましになった。皇太子（大海人皇子）や群臣も宴に侍し、田儛《たまい》が二度演じられた。

六月の丙寅《ひのえとら》の朔己巳《つちのとのみ》（四日）に、百済の三部《みたむら》の使人の要請した軍事のことについてお告げになった。(33)庚辰《かのえたつ》（十五日）に、百済が羿真子《げいしんし》らを遣わして調をたてまつった。

この月に、栗隈王《くるくまのおおきみ》を筑紫率とした。また、新羅が使を遣わして調をたてまつり、別に、水牛《すいぎゅう》一頭・山鶏《やまどり》一羽を献上した。

秋七月の丙申《ひのえさる》の朔丙午《ひのえうま》（十一日）に、唐人李守真らと百済の使人たちとが、ともに帰途についた。八月の乙丑《きのとのうし》の朔丁卯《ひのとのう》（三日）に、高麗の上部大相可婁らが帰途についた。壬午《みずのえうま》（十八日）に、蝦夷を饗応した。

天智天皇の崩御

九月に、天皇は病におかかりになった〔ある本には、八月に天皇が発病されたとある〕。

冬十月の甲子《きのえね》の朔庚午《かのえうま》（七日）に、新羅が沙飡金万物《こんまんもつ》らを遣わして調をたてまつった。辛未《かのとのひつじ》（八日）に、内裏で百体の仏像の開眼を行なった。この月に、天皇は使を遣わして、袈裟《けさ》・金鉢《こがねのはち》・象牙・沈水香《じんこう》（香木の一種）・旃檀香《せんだんこう》（同）、および数々の珍宝を法興寺《ほうこうじ》（飛鳥寺）の仏に奉られた。

庚辰《かのえたつ》（十七日）に、天皇は重態におちいられ、勅して東宮《もうけのきみ》（大海人皇子）を召して寝室によび入れ、詔して、

「私の病は重い。あとのことはおまえにまかせる」

云々と言われた。しかし東宮は再拝し、病を理由に固辞してこれを受けず、

「天下のことはすべて大后《おおきさき》（倭姫王）におまかせになり、大友王《おおとものおおきみ》に政務の万端をとり行なわせなさいませ。私は天皇のおんために、出家して仏道を修行いたしたいと思います」

と申し上げた。天皇がこれをお許しになると、東宮は立ち上がって再拝し、内裏の仏殿の南に出、胡床《あぐら》（床几）に腰かけてひげや髪をおそりになり、沙門《ほうし》の姿におなりになった。そこで天皇は、次田生磐《すきたのおいわ》を遣わして袈裟をお贈りになった。壬午《みずのえうま》（十九日）に、東宮は天皇にお目どおりし、吉野に入って仏道を修行したいと願った。天皇はこれをお許しになった。東宮はただちに吉野にお入りになり、大臣たちはこれを見送って、菟道《うじ》から引き返した。

十一月の甲午《きのえうま》の朔癸卯《みずのとのう》（十日）に、対馬国司《つしまのくにのみこともち》が使を筑紫の大宰府《おおきみこともちのつかさ》に遣わして、

「今月の二日に、沙門道久《どうく》・筑紫君薩野馬《つくしのきみさつやま》（百済救援の役で唐軍の捕虜となった）・韓嶋勝《からしまのすぐり》娑婆《さば》・布師首磐《ぬのしのおびといわ》の四人が唐からやってまいり、『唐国の使人郭務悰ら六百人、送使の沙宅《さたく》孫登《そんとう》（百済人）ら一千四百人、総計二千人が船四十七隻に乗り、ともに比知嶋《ひちしま》（未詳）に着きました。彼らは、われわれは人数も船も多いから、とつぜん日本に着いたなら、おそらくかの地の防人《さきもり》が驚いて射かけてくるだろう、と相談し、道久らを遣わして、前もって来朝の意を明らかにさせることにいたしました』と申しております」

と報告した。

丙辰《ひのえたつ》（二十三日）に、大友皇子は、内裏の西殿の織《おりもの》の仏像の前におでましになり、左大臣蘇我赤兄臣・右大臣中臣金連、および蘇我果安臣・巨勢人臣・紀大人臣がこれに侍し

た。大友皇子は手に香鑪《こうろ》をとり、まず立ち上がって、

「この六人は、心を同じくして天皇の詔のむねに従うであろう。もしそれにたがうようなことがあれば、かならず天の罰をこうむるであろう」

云々とお誓いになった。そこで、左大臣蘇我赤兄臣らも、手に香鑪をとって順序に従って立ち上がり、涙を流しつつ、

「臣ら五人は、殿下とともに天皇の詔のむねに従います。もしそれにたがうようなことがあれば、四天王がわれわれを打ち、天地の神々もわれわれを誅罰することでありましょう。三十三天（仏の守護神たち）よ、どうかこのことをはっきりとお知りおきください。子孫も絶え、家門もかならず滅びることでありましょう」

云々と誓いあった。丁巳《ひのとのみ》（二十四日）に、近江宮に火災がおこった。大蔵省《おおくらのつかさ》（追記か）の第三倉から出火したものである。壬戌《みずのえいぬ》（二十九日）に、五人の臣は、大友皇子を奉じて天皇の御前で誓いあった。同日、新羅の王（文武王）に、絹五十匹・絁《ふとぎぬ》五十匹・綿一千斤・韋《おしかわ》一百枚を賜わった。

十二月の癸亥《みずのとのい》の朔乙丑《きのとのうし》（三日）に、天皇は近江宮にお崩《かく》れになった。癸酉《みずのとのとり》（十一日）に、新宮《にいみや》で殯《もがり》をした。このとき、つぎのような童謡《わざうた》があった。[34]

み吉野《よしの》の　吉野の鮎《あゆ》　鮎こそは　島傍《しまへ》も良《え》き　え苦《くる》しゑ　水葱《なぎ》の下《もと》　芹《せり》の下《もと》　吾《あれ》は苦し
ゑ　その一　（み吉野のあゆよ。あゆならば島のほとりにいるのもよかろうが、ああ苦しい、

水葱や芹の下にいて、私は苦しい）
臣《おみ》の子の　八重《やへ》の紐《ひも》解く　一重《ひとへ》だに　いまだ解かねは　御子《みこ》の紐解く　その二（臣下の私が自分の八重の紐をまだ一重も解かないのに、御子は御自分の紐をすっかりお解きになることよ）
赤駒《あかごま》の　い行《ゆ》き憚《はばか》る　真葛原《まくずはら》　何《なに》の伝言《つてこと》　直《ただ》にし良《え》けむ　その三（赤駒が行きなやむ葛の原、そのようにまだるこしい伝言などなさらずに、直接に思っておられることをおっしゃいましな）
己卯《つちのとのう》（十七日）に、新羅の調をたてまつる使の沙飡金万物らが帰途についた。
この歳、讃岐国の山田郡《やまだのこおり》（香川県木田郡）のある人の家で、四つ足のひよこが生まれた。
また、大炊《おおいのつかさ》（諸司の食料のことを掌る）の八つの鼎《かなえ》（釜）が鳴った。(35) あるときは一つの鼎が鳴り、あるときは二つまたは三つがともに鳴り、あるときは八つがともに鳴った。

（1）この部分は『後漢書』光武帝紀による文。雲車は敵のようすを見るための、たけの高い車。衝は城門などを突き破る装置をつけた車。棚は物見やぐらのある車、楼車。
（2）この分注は、釈道顕の『日本世記』を原史料としたものであろう。三四四ページ注（29）参照。
（3）原文にある「春秋の志」の「春秋」を孔子の著作と解し、国際関係における名分を正そうとする動きが高句麗からおこり、まず百済によびかけたことの意に解する説もある。ここでは新羅の金春秋（三一二ページ注（65）参照）の意志のいみに解しておく。
（4）十二支で方角を示すと、子（鼠）は北、午（馬）は南にあたる。
（5）この文章は、『文選』西都賦、李善注によったもの。
（6）以下の会戦を白村江の戦という。白村江の戦については、『三国史記』新羅紀、文武王十一年条、および『旧唐書』劉仁軌伝などにも見え、彼此相対照すべき内容をもっている。
（7）この三年二月の冠位改定記事については、十年条との重出が考えられる。天智紀にはこのほかにも、五年、または六年をへだてて、同じ事実を伝えたとみられる記事が重出する場合がままある。天智天皇は、称制七年（『日本書紀』にひくある本で称制六年）に即位したので、年を称制で数えるか、即位で数えるかによって、五年または六年の差ができる。おそらく両様の数え方が書紀の原史料に存在したため、このような混乱を生じたのであろう。
　この天智三年の冠位制は、花位（もとの錦位）から乙位までをそれぞれ上・下の二階から上・中・下の三階とし、初位（立身）を大建・小建の二階とし、階数を増した。なお、大繡・小繡を大縫・小縫に改めているが、繡も縫も「ぬいもの」で、実体は同じである。
（8）氏上は、のちの天武八姓の忌寸相当以上の氏について定められたらしく、大氏とは朝臣、小氏とは宿禰、伴造らとは忌寸にほぼ相当するものらしい。民部・家部は、氏に給与されたものと解されるが、民部は、公民制がまだ確立していなかったこの時点で、国家が諸氏の領有することを認めた人民、家部は家に所属する隷属者を国家が家部として設定したものであろう。天武四年二月条に、天智三年に諸氏に賜わった部曲を停止することが見えるが、家部がこれに含まれるかいなかについては意見がわかれる。
（9）『善隣国宝記』にひく『海外国記』によると、朝廷は劉仁願からの使を唐の正式の国使とは認めず、鎮将の私使として扱い、筑紫大宰で処理して上京を許さなかった。また十月の郭務悰への勅も、筑紫大宰のことばとして伝えられ、十二月の帰国にあたって、鎮西将軍（筑紫大宰）から劉仁願あての牒書が郭務悰に授けられたという。

（10）実際には、長男男生は次男男建・三男男産と不和で、蓋金の死後、唐の介入をまねき、六六八年（天智七年）、高句麗は滅亡する。六年十月条・七年十月条参照。

（11）大宰府付近防衛のための施設。福岡県太宰府市水城に遺構がある。堤の全長約一キロ、高さ約一四メートル。御笠川の水を引いた濠を備えていたらしい。

（12）百済の滅亡によりたくさんの百済人が渡来したが、彼らに冠位を授けるため、日本と百済との相互の位階の対応を検討したのであろう。

（13）大野城は大宰府政庁跡の北、四王寺山に、椽城は大宰府の西南、佐賀県三養基郡基山町の基山に、それぞれ遺構がある。いずれも土塁・石垣をめぐらす朝鮮風の山城で、水城とともに大宰府の防衛線を形成する。城内には礎石をもつ倉庫群の跡が数多く存在し、戦時には官人の籠城が予想されていた。

（14）守大石らの遣使は、天智五年正月、泰山で行なわれた高宗の封禅の儀に参加するためであったとみる説もある。

（15）高句麗の貴族組織である五部のひとつ。

（16）天智五年六月、唐は高句麗征討を開始しているので、あるいは日本に急を報ずる使か。

（17）高句麗の官位。

（18）沙喙部に同じ。一九九ページ注（16）参照。

（19）新羅の官位。一一四ページの表参照。

(20) 庾信は金庾信。新羅の朝鮮半島統一にあたっての最大の功臣。大角干は、百済を滅ぼした功により、武烈王が大将軍金庾信にとくに賜わったもので、十七階官位の上の非常位。
(21) ほぼ全国にわたって造られたことが確認されるはじめての戸籍で、ことに人民の身分を確定する意味をもち、氏姓の台帳として重んじられた。大宝・養老令でも、この庚午年籍だけは永久保存すべきことが規定されていた。
(22) 現在の法隆寺は、この罹災後の再建とする説が有力である。一九八ページ注(11)参照。
(23) 本来歌垣に女を誘う歌であるが、法隆寺の火災などの災異に関係する童謡としてここに採り入れ、あい応じさせたのであろう。
(24) 申は壬申の申で日を貫く形、上黄下玄(黒)も天地玄黄の逆で、壬申の乱という事変の伏線としての記事。
(25) ここが初見で、令制における最高の官。ただしこの大友皇子のばあいは、天皇にかわって国政を統理するもので、皇太子摂政の伝統を負うものであったと考えられる。
(26) 中国の大臣補佐官の名にのっとったもの。
(27) 冠位・法度の内容を記していないのは異例で、三年二月条の記事の重出の疑いがある。分注にみえる「新律令」は、ふつう近江令のこととされるが、分注自体を私記の攙入とみる説もある。
(28) 高句麗の貴族組織である五部のひとつ。
(29) 高句麗の官位。『三国史記』に見える十級の官位のうちの第二等。
(30) 六六八年(天智七年)の高句麗滅亡後、唐は安東都護府を置き高句麗を統治したが、翌年、高句麗の遺民は新羅の援助を得て叛乱をおこした。新羅は、遺民の擁した安勝を王として、六七〇年(天智九年)、新羅領域内に高句麗国を再建し、以後旧例を守って日本に朝貢せしめた。『日本書紀』の記載では、天武二年以降は高句麗の貢調に際して必ず新羅の送使が随行してきている。

(31) 百済人への叙爵にあたって、生れや身分、才能の異なる者をひとしく臣列に並べた政治をひそかにとがめ、やがておこる戦乱を諷した童謡かという。

(32) 五行思想では多足の動物は奸臣の存在を示すものとされる。下文是歳条にも、四つ足のひよこのことが見える。

(33) 三部が百済のどの地方をさすのかは未詳だが、正月条の劉仁願からの遣使を、旧百済領への進攻を開始した新羅に対する牽制を日本に要請してきたものとするならば、それに対して救援の軍を送れないことを述べたものともとれる。

(34) 以下三つの童謡は、本来は一が漁民か農民の労働の歌、二が貴人を迎えた女の喜びの歌、三が恋を誘う女の歌で、それを天智天皇崩後の皇位継承をめぐる争いを諷するのに使ったのであろう。一は吉野に入った大海人皇子の苦しみを諷し、二は吉野方の戦争準備のなったことを諷し、三は近江方と吉野方の交渉をすすめたものかといわれるが、はっきりしない点も多い。

(35) 中国では鼎は宗廟の宝器とされるので、それが鳴るのは朝廷の存続にかかわる不吉のしるしである。

日本書紀巻第二十八

天渟《あまのぬ》中《な》原《はら》瀛《おきの》真《ま》人《ひとの》天皇《すめらみこと》 上　天武《てんむ》天皇

大海人皇子、吉野に入る

天渟中〔渟中、これを農難《ぬな》という〕原瀛真人天皇は、天命開別天皇《あめみことひらかすわけのすめらみこと》（天智天皇）の同母弟である。幼時の名を、大海人皇子《おおしあまのみこ》と申し上げた。天皇は、生来すぐれた資質があり、成人してからは武勇にたけ、天文・遁甲《どんこう》（占星術の一種）の才能もおありになった。天命開別天皇の女《むすめ》菟野皇女《うののひめみこ》（のちの持統天皇）を納《い》れて正妃《むかいめ》となさった。天命開別天皇の元年（天智称制七年）に、東宮にお立ちになった。

四年（天智十年）の冬十月の庚辰《かのえたつ》（十七日）に、天皇（天智天皇）は病に伏され、苦痛が激しかったので、蘇賀臣《そがのおみ》安摩侶《やすまろ》を遣わして東宮を召し、御殿におまねき入れになった。かねて東宮に好意をもっていた安摩侶は、ひそかに東宮をふりかえり、「おことばに御用心なさいませ」

と申し上げた。東宮は、なにか陰謀があるのではないか、と御警戒になった。

天皇は、東宮に勅して皇位を授けようとされた。しかし、東宮はこれを辞し、

「残念なことに、私はもともと病気がちでございます。国家を保っていくことはできそうにございません。どうか陛下、天下のことはすべて皇后（倭姫王）におまかせになり、大《おお》友皇子《とものみこ》を儲君《もうけのきみ》（皇太子）にお立てなさいませ。私は今日から出家の身となり、陛下のために仏事を修めようと思います」

と申し上げた。天皇はお許しになった。東宮は、その日のうちに出家し、僧の身なりをし、私有の武器を残らず集めて官司に納めた。

壬午《みずのえうま》（十九日）に、東宮は吉野宮《よしののみや》にお入りになることになった。左大臣蘇賀赤兄臣《そがのあかえのおみ》・右大臣中臣金連《なかとみのかねのむらじ》、および大納言《おおきものもうすつかさ》（御史大夫）蘇賀果安臣《そがのはたやすのおみ》らは、東宮を見送って菟《う》道《じ》（京都府宇治市）まで行き、そこから引き返した。

「虎に翼を着けて放すようなものだ」(1)

と言う人もあった。夕方、東宮は嶋宮《しまのみや》（奈良県高市郡明日香村）にお着きになった。

癸未《みずのとのひつじ》（二十日）に、東宮は吉野にお着きになり、そこに落ち着かれた。このとき、東宮は、舎人《とねり》(2)たちを集め、

「私は、仏の道を修めようと思っている。それゆえ、私といっしょに仏の道を修めようと思う者はここに留まれ。官人として身を立てようと思う者は、もどって官司に仕えるがよ

い」

と言われたが、退出する者はひとりもなかった。そこでいま一度舎人を集め、同じように言われたところ、舎人たちの半数は留まり、半数は退出した。

十二月に、天命開別天皇（天智天皇）がお崩れになった。

元年の春三月の壬辰《みずのえたつ》の朔己酉《つちのととり》（十八日）に、朝廷は、内小七位阿曇連稲敷《あずみのむらじいなしき》を筑紫《つくし》に遣わし、天皇がお崩れになったことを郭務悰《かくむそう》らに告げた。郭《かく》務悰らはことごとく喪服をつけ、三たび挙哀《こあい》の礼（人の死にあたり、声を発して悲しみを表わす礼）を行ない、東に向かい、頭を地につけて拝んだ。壬子《みずのえね》（二十一日）に、郭《かく》務悰らは再び拝して、唐の皇帝からの国書をおさめた書函《ふみばこ》と信物とをたてまつった。

夏五月の辛卯《かのとのう》の朔壬寅《みずのえとら》（十二日）に、朝廷は、甲《よろい》・冑《かぶと》・弓・矢を郭務悰らに賜わった。この日郭務悰らに賜わった物は、合わせて絁《ふとぎぬ》一千六百七十三匹・布二千八百五十二端・綿六百六十六斤であった。戊午《つちのえうま》（二十八日）に、高麗《こま》（高句麗）が、前部富加抃《ぜんほうふかべん》らを遣わして調《みつき》をたてまつった。庚申《かのえさる》（三十日）に、郭務悰らは帰途についた。

挙兵の決意

この月に、朴井連雄君《えのいのむらじおきみ》が、天皇（天武天皇＝大海人皇子）に、「私用で美濃にまいりますと、朝廷は、美濃と尾張の国司に、『山陵を造るから、さし出す人夫を定めておけ』と命じておりました。ところが、その人夫のひとりひとりに武器をもたせておるのでございます。山陵を造るのではありますまい。きっとなにか事変があるでしょう。早くお避けになりませんと、御身に危難がおよぶのではありますまいか」

と申し上げた。また、

「朝廷は、近江京《おうみのみやこ》（大津京）から倭京《やまとのみやこ》（飛鳥京）にいたる道のあちこちに監視人を置き、また、菟道《うじ》橋《ばし》の橋守に命じて、皇大弟《もうけのきみ》の宮（大海人皇子）の舎人が私用の食料を運ばないようにしております」

と告げる人もあった。天皇は、こうしたうわさを気にし、調べさせたところ、事実であるとお知りになった。ここに天皇は詔して、

「私が皇位を辞して身をひいたのは、ひとりで療養につとめ、天命を全うしようと思ったからだ。それなのに、いま、いやおうなく禍をこうむろうとしている。私の身が滅ぼされるというのに、どうして黙っておられよう」

と言われた。

六月の辛酉《かのとのとり》の朔《みずのえうま》壬午（二十二日）に、天皇は、村国連《むらくにのむらじ》男依《おより》・和珥部臣《わにべのおみ》君手《きみて》・身毛《むげつ》君広《きみひろ》に詔して、

「近江の朝廷の廷臣たちは、自分をなきものにしようと謀っているとのことだ。おまえたち三人は、急いで美濃国に行き、安八磨《あはちま》郡（岐阜県安八郡）の湯沐令《ゆのうながし》(3)の多臣品治《おおのおみほんじ》に機密を

うちあけ、まずその郡の兵士を徴発せよ。さらに国司たちにも連絡し、軍勢を発して、急いで不破《ふわ》の道（岐阜県不破郡。近江・美濃の国境）を塞《ふさ》げ。自分もすぐ出発する」と言われた。

甲申《きのえさる》（二十四日）に、東国に出発なさろうとしたとき、ある臣が、

「近江の廷臣たちは、もともと策謀にたけております。きっと国中に妨害をめぐらし、道路も通りにくくなっていることでしょう。どうして一人の兵士もなしに、素手で東国に入れましょう。ことの成功はおぼつかないのではありますまいか」

と申し上げた。天皇はこの言に従って男依らをよびもどそうとお思いになり、大分君恵《おおきだのきみえ》尺《さか》・黄書造《きふみのみやつこ》大伴《おおとも》・逢臣志摩《おうのおみしま》を留守司《るすし》（飛鳥古京の守衛にあたる官司）の高坂王《たかさかのおおきみ》のもとに遣わし、駅鈴（駅馬を利用するときに携行を必要とする鈴）を求めさせた。天皇は恵尺らに、

「鈴が得られなかったら、志摩はすぐもどって報告せよ。恵尺は馬を馳せて近江（大津京）にいき、高市皇子《たけちのみこ》・大津皇子《おおつのみこ》をよびだし、伊勢で自分とおちあうようにせよ」

とお命じになった。やがて恵尺らは留守司に着き、東宮の命令であるといって、駅鈴を授けるよう高坂王に乞うたが、王は許さなかった。そこで恵尺は近江に向かい、志摩はただちにもどって、

「鈴は得られませんでした」

と報告した。

東国への出発

この日、天皇は出発して東国にお入りになった。急なこととて乗物もなく、徒歩でおでかけになったが、ほどなく県犬養連大伴《あがたのいぬかいのむらじおおとも》の乗馬に出あったので、これにお乗りになった。皇后（菟野皇女）は、輿《こし》に載せてお従わせになった。津振川《つふりがわ》（吉野郡吉野町津風呂か）に着くころ、やっと天皇の乗馬が追いついたので、これにお乗りになった。このとき、天皇に最初から従った人々は、草壁皇子《くさかべのみこ》・忍壁皇子《おさかべのみこ》、および舎人の朴井連雄君・県犬養連大伴・佐伯連大目《さえきのむらじおおめ》・大伴連友国《おおとものむらじともくに》・稚桜部臣五百瀬《わかさくらべのおみいおせ》・書首根摩呂《ふみのおびとねまろ》・書直智徳《ふみのあたいちとこ》・山《やま》背直小林《しろのあたいおばやし》・山背部小田《やましろべのおだ》・安斗連智徳《あとのむらじちとこ》・調首淡海《つきのおびとおうみ》など二十人あまり、それに女孺《めのわらわ》（皇子側近の女官）十人あまりであった。その日のうちに、菟田《うだ》の吾城《あき》（奈良県宇陀市大宇陀）に着いた。大伴連馬来田《おおとものむらじまくた》と黄書造大伴とが、吉野宮から一行に追いついた。このとき、屯田司《みたのつかさ》（天皇の供御米をつくる屯田の経営にあたる官司）の舎人、土師連馬手《はじのむらじうまて》が、天皇の従者たちの食事をたてまつった。甘羅村《かんらのむら》（大宇陀の北部、口今井の地か）を過ぎると、二十人あまりの猟師がおり、大伴朴本連大国《おおとものえのもとのむらじおおくに》がその首領であったので、みな召し集めて一行に従わせた。また、美濃王《みののおおきみ》を徴《め》したところ、さっそくにやって来て一行に従った。湯《ゆ》沐の米を運ぶ伊勢国の馬五十四と菟田郡家《うだのこおりのみやけ》（宇陀市榛原か）の前で出あったので、米をみな棄てさせ、徒歩の者をそれに乗せた。大野（宇陀市室生大野）に着くと日が暮れ、山が暗くて進めないので、村の家の垣根をこわし、それを燭《ひともし》とした。ま夜中ごろ、隠郡《なばりのこおり》（伊賀国名張郡）に着き、隠駅家《なばりのうまや》（三重県名張市にあった駅家か）を焼いた。そして村の中に、

「天皇《すめらみこと》が東国にお入りになる。それゆえ、人夫として従う者はみな出てこい」

と呼ばわったが、一人も来ようとはしなかった。横河《よこかわ》（名張川か）にさしかかると、黒雲があり、広さ十余丈ほどで天をよぎっていた。天皇はこれを不思議に思われ、ともし火をかかげてみずから式《ちく》（筮竹《ぜいちく》）を手にとってお占《うらな》いになり、

「天下が二つに分かれようとするしるしだ。しかし自分が最後には天下を得るであろう」

と言われた。そこで行軍を急いで伊賀《いがの》郡《こおり》に着き、伊賀駅家《いがのうまや》（三重県上野市付近か）を焼いた。伊賀中山《いがのなかやま》（同上）にさしかかるころ、伊賀国の郡司《こおりのみやつこ》たちが、数百の軍兵をひきいて天皇に帰服した。

（数字は到着・通過の日を示す。直木孝次郎『壬申の乱』による）

大海人皇子の東遷経路

夜明け（六月二十五日）に莿萩野《たらの》（三重県伊賀市付近）に着き、しばらく行軍を中止して食事をした。積殖《つむえ》の山口《やまぐち》（伊賀市柘植町）に着くころ、高市皇子が鹿深《かふか》（滋賀県甲賀市）を越えて天皇の一行におちあった（大分恵尺の通報により、大津京からかけつけたもの）。民《たみの》直大火《あたいおおひ》・赤染造徳足《あかそめのみやつことこたり》・大蔵直広隅《おおくらのあたいひろすみ》・坂上直国麻呂《さかのうえのあたいくにまろ》・古市黒麻呂《ふるいちのくろまろ》・竹田大徳《たけだのだいとく》・胆《い》香瓦臣安倍《かごのおみあへ》が従っていた。やがて大山（鈴鹿山地の加太越《かぶとごえ》）を越え、伊勢の鈴鹿《すずか》（三重県亀山市）に着くと、伊勢国司の守三宅連石床《かみみやけのむらじいわとこ》・介三輪君子首《すけみわのきみこびと》、および湯沐令の田中臣足《ゆのうながしたなかのおみたり》麻呂《まろ》・高田首新家《たかたのおびとにいのみ》らが、鈴鹿郡《すずかのこおり》（郡家は亀山市西端か）で天皇の一行を迎えた。そこで五百人の軍兵を発し、鈴鹿の山道の守りを固めた。川曲《かわわ》の坂下《さかもと》（伊勢国河曲郡。鈴鹿市山辺付近か）に着くと日が暮れた。皇后がお疲れになったので、しばらく輿《こし》をとめて休息したが、空がにわかに暗くなり、雨が降りそうになったので、ゆっくりと休息することができずに出発した。やがて空気が冷え、激しい雷雨となり、おともに従う者はみな衣服を濡《ぬ》らし、寒さにふるえた。そこで、三重郡家《みえのこおりのみやけ》（四日市市采女町付近か）に着くと、小屋に火を放って冷えきった人々をあたたまらせた。真夜中ごろに、鈴鹿関《すずかのせき》の司《つかさ》が使を遣わしてきて、「山部王《やまべのおおきみ》と石川王《いしかわのおおきみ》とが帰服するためにやってまいりましたので、関にとどめてございます」

と報告した。天皇は、路直益人《みちのあたいますひと》を使としてお召しよせになった。

丙戌《ひのえいぬ》（二十六日）の朝、朝明郡《あさあけのこおり》の迹大川《とおかわ》（三重県三重郡の朝明川）のほとりで、天照《あまてらす》

大神《おおみかみ》（伊勢神宮）を御遥拝になった。このとき、益人がもどってきて、

「関におられますのは、山部王と石川王とではございません。大津皇子《おおつのみこ》でございます」

と報告した（大津京からかけつけたもの）。大津皇子は、益人に続いてすぐ到着した。大分君恵尺・難波吉士三綱《なにわのきしみつな》・駒田勝忍人《こまだのすぐりおしひと》・山辺君安麻呂《やまのべのきみやすまろ》・小墾田猪手《おはりだのいて》・泥部眡枳《はつかしべのしき》・大分君《おおきだのきみ》稚臣《わかみ》・根連金身《ねのむらじかねみ》・漆部友背《ぬりべのともせ》らの人々が従っていた。天皇はたいへんお喜びになった。郡家《こおりのみやけ》（朝明郡家。三重郡朝日町縄生か）に着こうとすると、さらに男依《おより》（村国男依）が早馬に乗ってかけつけ、

「美濃の軍勢三千人を発して、不破の道をふさぐことができました」

と報告した。天皇は雄依《おより》の功績をほめ、郡家に着くと、まず高市皇子を不破に遣わして軍事を監督させ、山背部小田と安斗連阿加布《あとのむらじあかふ》とを遣わして東海《うみつみち》（東海道諸国）の軍を徴発させ、また稚桜部臣五百瀬と土師連馬手とを遣わして東山《やまのみち》（東山道諸国）の軍を徴発させた。[4]この日、天皇は桑名郡家（桑名市）におとまりになり、そこにとどまってお進みにならなかった。

近江朝廷の動揺

いっぽうこのころ、近江の朝廷では、大皇弟《もうけのきみ》（大海人皇子＝天武天皇）が東国にお入りになると聞き、群臣《まえつきみたち》はみな恐れおののき、京中は大騒ぎになった。ある者は朝廷を去っ

て東国に入ろうとし、ある者は山沢に逃げかくれようとした。大友皇子《おおとものみこ》は、群臣に、

「どうしたらよかろう」

とおはかりになった。するとある臣《まえつきみ》が進み出て、

「ゆっくり計画を立てていたのでは手おくれになります。一刻も早く、すぐれた騎兵を集めて皇子を追跡するのにこしたことはございません」

と申し上げた。しかし皇子はこの意見に従わず、韋那公磐鍬《いなのきみいわすき》・書直薬《ふみのあたいくすり》・忍坂直大摩侶《おしさかのあたいおおまろ》を東国に、穂積臣百足《ほづみのおみももたり》、その弟五百枝《いおえ》、物部首日向《もののべのおびとひむか》を倭京《やまとのみやこ》（飛鳥京）に、また佐伯《さえきの》連男《むらじおとこ》を筑紫に、樟使主磐手《くすのおみいわて》を吉備国（岡山県、および広島県東部）にそれぞれ遣わし、軍兵をことごとく徴発させた。そして男と磐手とには、

「筑紫大宰《つくしのおおみこともち》の栗隈王《くるくまのおおきみ》と、吉備国守《きびのくにのかみ》（総領）の当摩公広嶋《たぎまのきみひろしま》とは、もともと大皇弟に従っていた男だ。そむくことがあるかも知れぬ。もし命令に従わぬようすが見えたら、即座に殺せ」

と言われた。[5] やがて、磐手は吉備国に着くと、符《おしてのふみ》（命令の文書）を手渡す日に、広嶋をだまして刀をはずさせ、刀を抜いて殺した。男も筑紫に着いたが、栗隈王は符を受け取ると、

「筑紫国は、もともと辺境を外敵から守ることを任務としております。城を高くし、堀を深くし、海に向かって守っているのは、国内の賊に対するためではありません。いま御命

令に従って軍勢を発したなら、国の備えはなくなります。そのようなとき、もし不意に事件がおこれば、たちまち国家は滅んでしまいましょう。そうなってしまってからでは、百遍私を殺してみたところで、どうにもなるものではありますまい。決して私は謀反しようと考えているのではありません。容易に軍兵を動かさないのは、このような理由からなのです」

と答えた。このとき栗隈王の二人の子、三野王《みののおおきみ》と武家王《たけいえのおおきみ》とは、剣をはいて父のそばに立ち、退こうとしなかった。男は、剣をしっかと握って進み出ようとしたが、あべこべに殺されるのを恐れ、任務を果たせずにむなしく帰途についた。他方、東国への急使の磐鍬らは不破にさしかかったが、磐鍬は山中に軍兵がひそんでいるかも知れないと思い、ひとりだけおくれてゆっくりとついていった。すると、とつぜん伏兵が山からおどり出し、薬らの後方をさえぎった。磐鍬はこれを見、薬らが捕われたことを知って、もときた方向に逃走し、かろうじてつかまるのを免れた。

また、このころ、大伴連馬来田《おおとものむらじまくた》とその弟の吹負《ふけい》とは、時勢の思わしくないのを察し、病気だといつわって近江の朝廷を退出し、倭の家に引きこもっていた。そして、皇位におつきになるべきは、吉野におられる大皇弟でなければならぬとさとった。そこで馬来田がまず天皇の一行に従ったが、吹負だけは家に留まり、一気に名をあげて事変を鎮めてみせようと考えた。そして同族の者一人二人や、武勇にすぐれた者をまねきよせ、その数はようやく数十人ほどになった。

丁亥《ひのとのい》（二十七日）に、高市皇子は使を桑名郡家に遣わし、

「御在所が遠く離れておりますと、軍の指揮をとるのに不便でございます。どうか近い場所においでいただきたい」

と申し上げた。そこでその日のうちに、天皇は皇后をお留めになったまま、不破にお入りになった。郡家《こおりのみやけ》（岐阜県不破郡垂井町付近か）に着こうとするころ、尾張国司《おわりのくにのみこともち》の守《かみ》小子部連鉏鉤《ちいさこべのむらじさいち》が、二万の軍兵をひきつれて天皇に帰順した。天皇は鉏鉤をほめ、その軍兵を分けて各方面の道の守りにつかせた。野上《のがみ》（不破郡関ヶ原町野上）に御到着になると、高市皇子が和蹔《わざみ》（関ヶ原一帯の地）から出迎えて、

「昨夜、近江の朝廷からの早馬の使がやってまいりましたので、伏兵を出して捕えましたところ、書直薬と忍坂直大麻呂とでございました。どこへ行くのだと尋ねますと、『吉野の大皇弟を討つために東国の軍を徴発しに遣わされた、韋那公磐鍬の配下の者です。しかし磐鍬は、伏兵が現われたのを見て逃げ帰ってしまいました』との答えでございました」

と申し上げた。これをお聞きになった天皇は、高市皇子に、

「近江の朝廷では、左右の大臣や智略にたけた群臣がより集まって計略を立てているのに、自分には戦略を相談する相手がない。ただ年若い子どもがいるだけだ。どうしたらよかろう[6]」

と言われた。すると高市皇子は腕をあらわにし、剣をしっかと握りしめて、

「近江の群臣がどんなにたくさんいようと、どうして天皇の霊威に逆らえましょう。天皇はお一人でも、臣高市が、神々の霊威に頼り、天皇の命を承って、将軍たちを率いて彼らを征討するならば、敵がそれを防げるはずはございません」

と申し上げた。天皇は皇子をほめ、手をとり、背をさすって、

「しっかりやれ。油断するではないぞ」

と言われ、乗馬を賜わり、軍事のことといっさいを皇子におまかせになった。皇子は和蹔に帰り、天皇は行宮《かりみや》を野上に建ててそこにお住まいになった。この夜、激しい雷雨があった。天皇はうけいをされて、

「天地の神々が私をお助けくださるのなら、雷雨はやめ」

と言われたが、言いおわるとたちまちに雷雨はやんだ。戊子《つちのえね》（二十八日）に、天皇は和蹔におでましになり、軍隊のようすを御検閲になってお帰りになった。己丑《つちのとのうし》（二十九日）にも、天皇は和蹔におでましになり、高市皇子に命じて兵士たちに号令させ、また野上にお帰りになった。

大伴吹負、飛鳥に蜂起す

この日（二十九日）、大伴連吹負《おおとものむらじふけい》は、ひそかに留守司の坂上直熊毛《さかのうえのあたいくまけ》（倭漢氏）とはか

り、漢直《あやのあたい》の一、二の人々に、

「おれが高市皇子だといつわって、数十騎を率いて飛鳥寺の北の道から現われて軍営に向かったら、おまえたちは寝返るのだぞ」

と言った。やがて吹負は、百済《くだら》（北葛城郡広陵町）の家で武器を整え、南の門から出発した。まず、秦造《はだのみやつこ》熊《くま》に犢鼻《たふさぎ》（ふんどし）をさせると、馬に乗せて寺の西の軍営にかけこませ、

「高市皇子が不破からお着きだぞ。軍勢がたくさん従っているぞ」

と叫ばせた。このとき、留守司の高坂王と、徴兵のための使者の穂積臣百足らとは、飛鳥寺の西の槻《つき》の木の下に軍営をかまえ、百足だけは小墾田《おはりだ》の武器庫にいて、武器を近江に運ぼうとしていたが、軍営のなかの兵士は、熊の叫び声を聞いてみな逃げ散ってしまった。大伴連吹負は、数十騎を率いてそこに不意に現われた。熊毛をはじめ、漢直の人々はたちまち吹負につき、兵士たちもまた服従した。そこで、高市皇子の命令だと称して、穂積臣百足を小墾田の武器庫からよびよせた。百足は馬に乗ってゆっくりやって来た。飛鳥寺の西の槻の木の下まで来たところ、だれかが、

「馬からおりろ」

と言った。百足がぐずぐずして馬からおりないでいると、襟をつかんで引きずり落とされ、一本の矢があたった。そして刀で斬り殺されてしまった。穂積臣五百枝・物部首日向（いずれも近江からの徴兵の使者）も捕えられたが、しばらくして罪を許され、軍中におかれた。

また高坂王と稚狭王《わかさのおおきみ》とを召し、軍に従わせた。吹負はさっそく大伴連安麻呂《おおとものむらじやすまろ》・坂上直老・佐味君宿那麻呂《さみのきみすくなまろ》らを不破宮《ふわのみや》（野上の行宮）に遣わして、ことのありさまを天皇に報告した。天皇はたいへんお喜びになり、吹負を将軍《いくさのきみ》に任命された。三輪君高市麻呂《みわのきみたけちまろ》・鴨君《かものきみ》蝦夷《えみし》ら、そのほか武力にたけた多くの者が、響きが声につれておこるようにことごとく将軍のもとに集まった。そこで近江を襲撃することをはかり、軍中の衆にすぐれた者をえらんで、別将《すけのいくさのきみ》（副将＝別働隊の将）および軍監《まつりごとひと》（士官）とした。庚寅《かのえとら》（七月一日）に、まず乃楽《なら》（奈良市）へと出発した。

秋七月の庚寅《かのえとら》の朔辛卯《かのとのう》（二日）に、天皇は、紀臣阿閉麻呂《きのおみあへまろ》・多臣品治・三輪君子首・置始連菟《おきそめのむらじうさぎ》に、数万の兵を率い、伊勢の大山（加太越）を越えて倭に向かわせた。また、村国連男

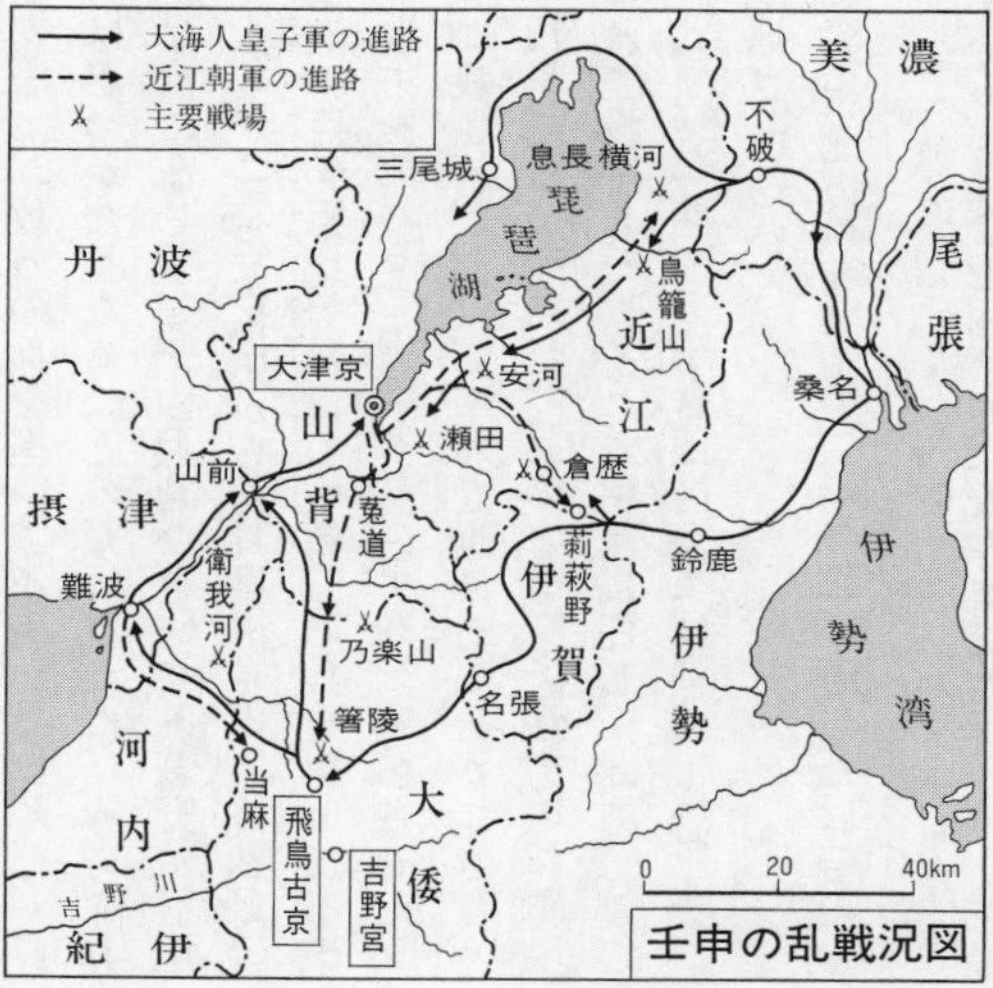

壬申の乱戦況図

依・書首根麻呂・和珥部臣君手《わにべのおみきみて》・胆香瓦臣安倍《いかごのおみあへ》に、数万の兵を率いて不破から出撃し、直接近江に進入させた。近江方の軍隊と見わけがつかなくなることのないように、赤いきれを衣服の上につけさせた。のち、別に多臣品治に命じ、三千の兵をひきいて莿萩野《たらの》に駐屯させ、また田中臣足麻呂を遣わして、倉歴《くらふ》の道（三重県柘植から滋賀県甲賀市へ抜ける道）を守らせた。近江方は、山部王・蘇賀臣果安《そがのおみはたやす》・巨勢臣比等《こせのおみひと》に命じ、数万の兵を率いて不破を襲おうとし、犬上川《いぬかみのかわ》（滋賀県犬上郡・彦根市を流れる）のほとりに軍勢を集結させた。しかし、山部王が蘇賀臣果安・巨勢臣比等に殺され、混乱して軍を進めることができず、蘇賀臣果安は犬上から引き返し、みずから頸を刺して死んだ。このとき、近江方の将軍羽《は》田公矢国《たのきみやくに》、その子大人《うし》らが、一族をひきつれて投降した。そこで将軍に任じ、北方、越《こし》の地方に入らせた。これよりさき、近江方は精兵を放って玉倉部邑《たまくらべのむら》（不破郡関ヶ原町玉か）を急襲してきたが、出雲臣狛《いずものおみこま》を遣わして撃退させた。

　壬辰《みずのえたつ》（三日）に、将軍吹負は乃楽山《ならやま》（奈良市北方の丘陵地帯）の上に駐屯した。そのとき、荒田尾直赤麻呂《あらたおのあたいあかまろ》は、将軍に、「古京《ふるきみやこ》（飛鳥京）はわれわれの本拠地ですから、守りを固めねばなりません」と進言した。将軍はこれに従い、赤麻呂と忌部首子人《いんべのおびとこびと》とを遣わして、古京を守備させることとした。そこで赤麻呂らは古京にいたり、道路の橋の板をこわし、楯に作って京のあちこちの街角に立てて守った。

　癸巳《みずのとのみ》（四日）に、将軍吹負は近江方の将軍大野君果安《おおののきみはたやす》と乃楽山に戦ったが、果安に敗れ、兵士はみな遁走し、将軍吹負もかろうじてのがれた。果安は追撃して八口《やくち》（未詳）にいたったが、小高いところに登って京を見ると、街角ごとに楯が立ててあった。果安は伏兵があるのではないかと凝って、やがてその軍を引き返した。

甲午《きのえうま》（五日）に、近江の別将田辺小隅《たなべのおすみ》は、鹿深《かふか》の山を越え、旗を巻き、鼓を抱いて、ひそかに倉歴《くらふ》に進んだ。そして真夜中に、梅《ばい》（箸状のもので、話し声や馬のいななきを防ぐ。枚《ばい》）を人馬にふくませ、城柵をくずして、とつぜん田中臣足摩侶《たなかのおみたりまろ》の軍営におどりこんだ。小隅の軍は、自分の兵と足摩侶の兵との区別がつかなくなるのを恐れ、人に出会うごとに「金《かね》」と言わせ（合言葉）、刀を抜いてうちかかり、「金」と言わない者は斬った。足摩侶の軍は大混乱におちいり、あまりにも急なことでどうしようもなかった。しかし足摩侶だけは、すばやく合言葉だとさとり、「金」と言ってかろうじて脱出することができた。

乙未《きのとのひつじ》（六日）に、小隅はさらに進んで、莿萩野《たらの》の軍営を襲おうと殺到してきた。将軍多臣品治はこれを防ぎとめ、さらに精兵に追撃させた。小隅はひとり脱出して逃走し、以後この方面からはついに近江方は来襲しなかった。

大津京陥落

丙申《ひのえさる》（七日）に、男依（村国男依）らは、近江の軍と息長《おきなが》の横河《よこかわ》（坂田郡米原町醒井付近か）に戦ってこれを破り、その将境部連薬《さかいべのむらじくすり》を斬った。戊戌《つちのえいぬ》（九日）に、男依らはさらに近江の将秦友足《はだのともたり》を鳥籠山《とこのやま》（坂田・犬上郡界付近の丘陵地帯か）に討ち、これを斬った。

この日（実際はもっと以前か）に、東道将軍《うみつみちのいくさのきみ》（伊勢から倭へ進軍する将）の紀臣阿閉麻呂らは、倭京将軍の大伴連吹負が近江方に敗れたことを聞き、軍兵をわけ、置始連菟《うさぎ》に千余騎を率い、倭京《やまとのみやこ》に急行させた。

壬寅《みずのえとら》（十三日）に、男依らは安河《やすのかわ》（野洲川）のほとりに戦って近江方を大破し、社戸《こそべの》臣大口《おみおおくち》・土師連《はじのむらじ》千嶋《ちしま》を捕虜とした。丙午《ひのえうま》（十七日）には、栗太《くるもと》（栗太郡）の軍を討って追撃した。辛亥《かのとのい》（二十二日）に、男依らはついに瀬田に到達した。このとき、大友皇子と群臣《まえつきみたち》とは、橋の西に大きく陣をかまえ、その後方がどこまであるのか見えないほどであった。軍勢の旗幟《はた》は野をおおい、そのかき立てる埃塵《ちり》は天にとどくほど、打ちならす鉦《かね》鼓《つづみ》の響きは数十里にとどろきわたり、矢は続けざまに放たれて雨のように降りそそいだ。⑺近江方の将智尊《ちそん》は、精兵を率い、まっさきに立って防戦した。近江方は、橋の中ほどを三丈ばかり断ち切り、そこに一枚の長い板を置き、板をふんで渡ろうとする者があれば、すぐさま板を引いて落とそうとした。このため進攻できずにいると、勇敢な士、大分君《おおきだのきみ》稚臣《わかみ》という者が、長い矛《ほこ》を捨て、甲《よろい》を重ねてつけ、刀を抜いていっきに板をふんで渡った。稚臣は板に結ばれていた綱をたち切り、矢をこうむりつつも敵陣に突入した。近江方の軍兵はたちまち乱れて逃げ散り、抑えようがなかった。将軍智尊は刀を抜いて逃げる者を斬ったが、とどめることができず、智尊は橋のほとりで斬られた。大友皇子・左右大臣らは、その身だけはかろうじて免れ、逃走した。男依らはそこで、粟津岡《あわづのおか》（大津市膳所）のふもとに軍隊を集結させた。同日、羽田公矢国と出雲臣狛とは、連合して三尾城《みおのき》（滋賀県高島郡）を攻め落とした。壬子《みずのえね》（二十三日）に、男依らは、近江の将犬養連《いぬかいのむらじ》五十《い》君《きみ》と谷直《たにのあたい》塩手《しおて》とを粟津市《あわづのいち》で斬った。大友皇子はついに逃げ入るところがなく、立ちもどって山前《やまさき》（京都府乙訓郡大山崎町か）にかくれ、みずから首をくくって死んだ。このとき、左右大臣や群臣はみな散り散りになり、わずかに物部連《もののべのむらじ》麻呂《まろ》（のちの石上《いそのかみの》麻呂《まろ》）と一、二の舎人だけが皇子に従っていた。

大和での激戦

これよりさき（七月一日）、将軍吹負が乃楽《なら》に向かい、稗田《ひえだ》（大和郡山市稗田町）にいたったとき、

「河内の方からたくさんの軍勢がやってまいります」

と知らせる者があった。そこで吹負は、坂本臣財《さかもとのおみたから》・長尾直《ながおのあたい》真墨《ますみ》・倉墻直《くらかきのあたい》麻呂《まろ》・民直《たみのあたい》小鮪《おしび》・谷直《たにのあたい》根麻呂《ねまろ》に三百の兵士を率いて竜田《たつた》（生駒郡三郷町）を守らせ、佐味君《さみのきみ》少麻呂《すくなまろ》に数百人を率いて大坂《おおさか》（香芝市。二上山の北の穴虫越）に駐屯させ、鴨君《かものきみ》蝦夷《えみし》に数百人を率いて石手道《いわてのみち》（二上山の南の竹ノ内峠か）を守らせた。この日（七月一日）、坂本臣財らは平石野《ひらしの》（未詳）に夜営したが、近江の軍が高安城《たかやすのき》（生駒郡と大阪府八尾市との境）にいると

の知らせを聞き、山に登った。近江の軍は財らの来襲を察知し、税倉《ちからくら》にことごとく火を放ち、みな逃げうせたので、財らは城のなかで夜を明かした。あけがた（二日）、西の方を見ると、大津《おおつ》（長尾街道か）・丹比《たじひ》（竹ノ内街道か）の二つの道からたくさんの軍勢がやって来るのが見え、旗じるしもはっきりと見えた。だれかが、

「近江の将壱伎史韓国《いきのふびとからくに》の軍勢だ」

と言った。財らは高安城から山をおり、衛我河《えがのかわ》（石川）を渡り、韓国と川の西で戦ったが、財らの軍兵が少なく、韓国の軍を防げなかった。これよりさき、紀臣大音《きのおみおおと》が懼坂道《かしこざかのみち》（未詳。大坂と竜田の中間の峠か）を守るために派遣されていたので、財らは懼坂に退き、大音の軍営に入った。このころ、河内国司《こうちのくにのみこともち》の守《かみ》来目臣塩籠《くめのおみしおこ》は、不破宮（大海人皇子）に帰順しようと思い、軍兵を集めていた。そこに韓国がいたり、はかりごとをもれ聞いて塩籠を殺そうとした。塩籠はことがもれたことを知って自殺した。やがてなか一日おいて（四日）、近江の軍はすべての道から数多く来襲した。吹負の軍は防戦できず、みな退却した。

この日（四日）、近江方に敗れた将軍吹負は、わずか一人二人の騎馬兵をつれて遁走した。ちょうど墨坂《すみさか》（宇陀市榛原西方の坂）までやって来たとき、菟《うさぎ》（置始菟）の軍の来るのに出会った。そこでまた引き返し、金綱井《かなづなのい》（未詳、橿原市今井町か）にとどまって、散り散りになった兵士を召集した。そのとき、近江の軍が大坂の道からやって来るとの知らせがあり、将軍は軍を率いて西に進み、当麻《たぎま》の村（葛城市）で壱伎史韓国の軍と、葦池のほとり

で戦った。このとき、来目《くめ》という名の勇士があり、刀を抜いて馬を駆り、まっしぐらに敵陣に突入した。騎兵がすぐこれに続き、遁走する近江の軍を追って、多くの兵士を斬った。そこで将軍は軍中に命令し、

「この戦いは、もともと百姓《おおみたから》を殺すために始めたのではない。元凶を討てばよいのだ。みだりに殺してはならぬ」

と言った。韓国は戦場を離れてひとりで逃げ出した。これをはるかに見た将軍は、来目に命じて矢を射させたが、あたらず、韓国はついに脱走した。

将軍が本営に帰ると、東方（伊勢）からの本隊が続々と到着した。そこで軍を分け、それぞれ上道《かみつみち》・中道《なかつみち》・下道《しもつみち》の各道（奈良盆地を南北に貫く三本の道路）にあてて配置した。将軍吹負は、みずから中道にあたることになった。おりしも近江の将犬養連《いぬかいのむらじ》五十君《いきみ》が、中道を進んできて村屋《むらや》（磯城郡田原本町蔵戸）に駐屯し、別将廬井造鯨《いおいのみやつこくじら》

大和地方を中心とした壬申の乱関係図

に二百の精兵を率いさせ、将軍吹負の軍営を襲わせた。たまたま軍営には兵が少なく、防戦できなかった。このとき、大井寺《おおいでら》（村屋付近にあった寺院）の奴《やっこ》の徳麻呂《とこまろ》ら五人が従軍しており、まっさきに進んで敵を射たので、鯨の軍は進めなかった。いっぽうこの日、三《み》輪君《わのきみ》高市麻呂《たけちまろ》と置始連菟《おきそめのむらじうさぎ》とは、上道の守りにあたり、箸陵《はしのはか》（桜井市箸中。崇神十年九月条参照）のほとりで戦って近江軍を大破し、勝ちに乗じて鯨の軍の背後を切断した。このため鯨の軍は散り散りとなって逃走し、多くの部下が殺された。鯨は白馬《あおうま》に乗って逃げたが、馬が泥田に落ちこみ、動けなくなった。これを見た将軍吹負は、甲斐《かい》の勇者《たけきひと》（山梨県出身の勇士）に、

「あの白い馬に乗っているのは、廬井鯨だ。急いで追って射よ」

と命じた。甲斐の勇者は馬をはせて鯨を追ったが、いまにも鯨に追いつこうとしたとき、鯨が激しく馬に鞭《むち》をあてたので、馬は泥から抜け出し、駆けて免れることができた。将軍はまた本営に帰って兵を集めたが、これ以後、近江の軍はもはや倭《やまと》には進攻してこなかった。

これよりさき、金綱井に軍勢が集結したさい、高市郡《たけちのこおりの》大領《こおりのみやつこ》の高市県主《たけちのあがたぬし》許梅《こめ》は、急に口がふさがって、ものを言うことができなくなった。三日後、神がかりのようすになって、

「自分は、高市社《たけちのやしろ》（橿原市高殿町）におる、名は事代主神《ことしろぬしのかみ》である。また身狭社《むさのやしろ》（橿原市見

瀬町）における、名は生霊神《いくみたまのかみ》である」

と言い、神のことばとして、

「神日本磐余彦天皇《かむやまといわれびこのすめらみこと》（神武天皇）の山陵に、馬とさまざまの武器とをたてまつるがよい」

と言った。さらに、

「自分たちは皇御孫命《すめみまのみこと》（大海人皇子）の前後に立ち、不破までお送りして帰ってきた。いまもまた、官軍のなかに立ってそれを守護しておる」

と言い、

「西の道から軍勢がやって来る。用心せよ」

と言い、言いおわって神がかりの状態からさめた。そこでさっそく許梅を御陵に参拝させ、馬と武器とをたてまつり、また幣帛《みてぐら》をささげて高市・身狭の二社の神をうやまい祭った。すると、やがて壱伎史韓国が大坂から襲来したので、人々は、

「二社の神がお教えになったことばが的中した」

と言った。また、村屋《むらや》の神（田原本町蔵戸）も祝《はふり》（神官）に神がかりして、

「いまに自分の社の中の道から軍勢がやって来る。それゆえ、社の中の道を防げ」

と言ったが、やはりいく日もたたずに廬井造鯨の軍が中の道から襲来した。人々は、

「神のお教えになったのは、このことだったのだ」

と言った。戦いが終わったのち、将軍たちがこの三神のお教えになったことばを奏上した

ところ、天皇は勅して三神の位階を上げ、祭祀を行なわれた。

大海人皇子、大和へ凱旋

辛亥《かのとのい》（二十二日）に、将軍吹負は、倭《やまと》の地を完全に平定し、大坂を越えて難波に向かった。そのほかの別将たちは、三つの道（上道・中道・下道）をそれぞれ進んで山前《やまさき》に着き、川（淀川）の南に集結した（大友皇子自殺の前日）。将軍吹負は、難波小郡《なにわのおごおり》（迎賓施設）にとどまり、以西の諸国の国司たちに命じて官鑰《かぎ》（税倉・武器庫の鍵）や駅鈴《すず》・伝印《つたいのしるし》（駅馬・伝馬を利用するさいに用いる）をたてまつらせた。癸丑《みずのとのうし》（二十四日）に、将軍たちはことごとく筱《ささ》〔筱、これを佐佐《ささ》という〕浪《なみ》（大津京一帯の地）に会し、左右大臣や罪人どもを捜索・逮捕した。乙卯《きのとのう》（二十六日）に、将軍たちは不破宮に向かい、大友皇子の頭《かしら》を捧げ、天皇の軍営の前にたてまつった。

八月の庚申《かのえさる》の朔甲申《きのえさる》（二十五日）に、高市皇子に命じて、近江の群臣の罪状を人々に告げ知らしめられた。重罪八人を極刑（死刑）に処することとし、右大臣中臣連金を浅井《あさい》の田根《たね》（滋賀県長浜市）で斬った。同日、左大臣蘇我臣赤兄、大納言巨勢臣比等、およびその子孫、それに中臣連金の子、蘇我臣果安（自殺した御史大夫）の子をことごとく流罪に処した。それ以外の者の罪は、みな赦《ゆる》した。なおこれよりさき、尾張国司の守少子部《ちいさこべの》連鉏鉤《むらじさいち》が、山にかくれてみずから命を断った。天皇は、

「鉏鉤は軍功ある者だ。罪がないのになぜ自殺したのであろう。それとも、なにか隠された事情があったのであろうか」

と言われた。丙戌《ひのえいぬ》（二十七日）に、武勲を立てた人々に勅して、その功をほめ、恩賞を賜わった。

九月の己丑《つちのとのうし》の朔丙申《ひのえさる》（八日）に、天皇は帰路につかれ、伊勢の桑名にお泊まりになった。丁酉《ひのとのとり》（九日）に、鈴鹿にお泊まりになった。戊戌《つちのえいぬ》（十日）に、阿閉《あへ》（伊賀国阿拝郡。三重県上野市付近）にお泊まりになった。己亥《つちのとのい》（十一日）に、名張にお泊まりになった。庚子《かのえね》（十二日）に、倭京《やまとのみやこ》（飛鳥）にお着きになり、嶋宮《しまのみや》にお入りになった。癸卯《みずのとのう》（十五日）に、嶋宮から岡本宮にお移りになった。

この歳、宮殿を岡本宮の南にお造りになり、冬にそこにお移りになった。これを飛鳥浄御原宮《あすかのきよみはらのみや》という。

冬十一月の戊子《つちのえね》の朔辛亥《かのとのい》（二十四日）に、新羅の客人金押実《こんおうじつ》らを筑紫で饗応した。その日、客人のひとりひとりに禄物を賜わった。

十二月の戊午《つちのえうま》の朔辛酉《かのとのとり》（四日）に、武勲を立てた人々を選んで冠位を加えることとし、それぞれ小山位以上の冠位を賜わった。壬申《みずのえさる》（十五日）に、船一隻を新羅の客人に賜わった。

この月に、大紫韋那公高見《いなのきみたかみ》が薨じた。癸未《みずのとのひつじ》（二十六日）に、金押実らは帰途についた。

（1）ただささえ強い者がいよいよ勢いを増すことのたとえ。漢籍に例が多い。
（2）律令制では舎人は官人組織のなかに編入されてしまうが、このころにはまだ天皇・皇族の私的な近侍者としての性格が濃厚であった。大海人皇子の舎人は、壬申の乱では皇子の命に従って大きな活躍をする。
（3）湯沐は中宮や東宮に支給される食封の一種。湯沐令は湯沐の地を支配し、課税の収納を行なう役人。
（4）『安斗智徳日記』（『釈日本紀』所引私記）には、信濃（東山道）の兵を発すとあり、下文には、甲斐（東海道）の勇者のことが見える。
（5）以下はこの日のことではなく、かなり長期にわたるできごとを一括して記したもの。
（6）調連淡海・安斗宿禰智徳らの日記（『釈日本紀』所引私記）には、天皇は、皇子の報告を受けたあと、唐人（美濃国にいた唐軍の捕虜か）にこのような場合の戦術について意見を聞き、その結果以下のように慨歎したとある。
（7）この戦についての表現は、『後漢書』光武帝紀の文によったもの。なお、『万葉集』巻二、高市皇子の殯宮で柿本人麻呂が作った長歌が参照される。

日本書紀巻第二十九

天渟中原瀛真人天皇《あまのぬなはらおきのまひとのすめらみこと》 下　天武《てんむ》天皇

天武天皇の即位

二年の春正月の丁亥《ひのとのい》の朔 癸巳《みずのとのみ》（七日）に、群臣《まえつきみたち》に酒宴を賜わった。

二月の丁巳《ひのとのみ》の朔 癸未《みずのとのひつじ》（二十七日）に、天皇は官司に命じて式場をととのえさせ、飛鳥浄御原宮《あすかのきよみはらのみや》で即位の儀をおあげになった。また、正妃《むかいめ》（菟野皇女）を皇后にお立てになった。皇后は、草壁皇子尊《くさかべのみこのみこと》（文武・元正両天皇の父）をお生みになった。天皇はこれよりさき、皇后の姉の大田皇女《おおたのひめみこ》を妃《みめ》とされた。この妃は大来皇女《おおくのひめみこ》と大津皇子《おおつのみこ》とをお生みになった。次の妃大江皇女《おおえのひめみこ》（天智天皇の皇女）は、長皇子《ながのみこ》と弓削皇子《ゆげのみこ》とをお生みになった。次の妃新田部皇女《にいたべのひめみこ》（同上）は、舎人皇子《とねりのみこ》（淳仁天皇の父。『日本書紀』編纂事業を総裁）をお生みになった。また夫人《おおとじ》の藤原大臣《ふじわらのおおまえつきみ》（鎌足）の女《むすめ》氷上娘《ひかみのいらつめ》は、但馬皇女《たじまのひめみこ》を生んだ。次の夫人、氷上娘の弟《いろど》（妹）の五百重娘《いおえのいらつめ》は、新田部皇子《にいたべのみこ》を生んだ。次の夫人、蘇我赤兄《そがのあかえ》大臣《おおまえつきみ》の女大蕤娘《おおぬのいらつめ》は、一男二女を生んだ。その第一を穂積皇子《ほづみのみこ》、第二を紀皇女《きのひめみこ》、第三を田形皇女《たかたのひめみこ》と申し上げる。天皇はまた、初めに鏡王《かがみのおおきみ》の女の額田姫王《ぬかたのおおきみ》をお召しになり、姫王は十市皇女《とおちのひめみこ》（大友皇子の室）を生んだ。つぎに胸形君徳善《むなかたのきみとくぜん》の女尼子娘《あまこのいらつめ》をお召しになり、娘は高市皇子命《たけちのみこのみこと》を生んだ。つぎに宍人臣大麻呂《ししひとのおみおおまろ》の女檪媛娘《かじひめのいらつめ》は、二男二女を生んだ。その第一を忍壁皇子《おさかべのみこ》、第二を磯城皇子《しきのみこ》、第三を泊瀬部皇女《はつせべのひめみこ》、第四を託基皇女《たきのひめみこ》と申し上げる。乙酉《きのとのとり》（二十九日）に、武勲を立てた人々に、それぞれ爵位（冠位）を賜わった。

三月の丙戌《ひのえいぬ》の朔壬寅《みずのえとら》（十七日）に、備後国司《きびのみちのしりのくにのみこともち》が、白い雉《きじ》を亀石郡《かめしのこおり》（広島県神石郡）でつかまえてたてまつった。そこでその郡の課役《えつき》をすべて免除し、全国に大赦を行なった。この月に、書生《てかき》（写経生）を集めて、川原寺《かわらでら》で一切経《いっさいきょう》の書写をお始めになった。

夏四月の丙辰《ひのえたつ》の朔己巳《つちのとのみ》（十四日）に、大来皇女を天照太神《あまてらすおおみかみ》の宮（伊勢神宮）に遣わされるため、泊瀬斎宮《はつせのいつきのみや》（桜井市初瀬）にお住まわせになった。ここは、まず身を潔《きよ》め、しだいに神に近づくためのところである。(1)

五月の乙酉《きのとのとり》の朔に、公卿大夫《まえつきみたち》、および臣《おみ》・連《むらじ》ならびに伴造《とものみやつこ》たちに詔《みことのり》して、「はじめて官途につこうとする者は、まず大舎人《おおどねり》として仕え、そのうえで才能ある者を選んで適当な職務にあてることとする。また婦女は、夫の有無や年の長幼にかかわらず、宮仕えしようと思う者はそれを許す。その考選（勤務成績を審査し、それに応じた官位を与える）の規定は、男子の官人の場合に準じることとする」

と言われた。癸丑《みずのとのうし》（二十九日）に、大錦上坂本財臣《さかもとのたからのおみ》が卒《しゅつ》した。壬申の年の功労により、小紫の位をお贈りになった。

閏六月の乙酉《きのととり》の朔庚寅《かのえとら》（六日）に、大錦下、百済の沙宅昭明《さたくしょうみょう》が卒した。昭明は聡明で知識に富み、人々から秀才とたたえられた。天皇は驚かれ、とくに外小紫《とのしょうし》(2)の位をお贈りになり、その上本国（百済）の大佐平の位を賜わった。壬辰《みずのえたつ》（八日）に、耽羅《たんら》（済州島）が、王子久麻芸《くまぎ》・都羅《つら》・宇麻《うま》らを遣わして朝貢した。己亥《つちのとのい》（十五日）に、新羅が韓阿《かんあ》飡《さん》(3)金承元《こんじょうがん》・阿飡《あさん》(4)金祇山《こんぎせん》・大舎《だいさ》(5)霜雪《そうせつ》らを遣わして天皇の即位を祝わせ、一吉飡《いっきつさん》(6)金《こん》薩儒《さつぬ》・韓奈末《かんなま》(7)金池山《こんちせん》らを遣わして先皇《さきのみかど》（天智天皇）の喪を弔いたてまつった〔調《みつき》をたてまつる使だとの伝えもある〕。送使の貴干《きかん》(8)宝《ほう》と真毛《しんもう》とが、承元・薩儒を筑紫まで送ってきた。戊申《つちのえさる》（二十四日）に、貴干宝らは筑紫で饗応をうけ、それぞれ禄物を賜わって、筑紫から帰国した。

秋八月の甲申《きのえさる》の朔壬辰《みずのえたつ》（九日）に、伊賀国にいる紀臣阿閉麻呂《きのおみあへまろ》らに詔して、壬申の年の武勲をねぎらい、その功績を表彰して恩賞を賜わった。癸卯《みずのとのう》（二十日）に、高麗《こま》（高句麗）が上部位頭大兄《しょうほういずだいきょう》(9)邯子《かんし》・前部大兄碩干《ぜんほうだいきょうせきかん》らを遣わして朝貢した。そこで新羅は、韓奈末金利益《こんりやく》を遣わし、高麗の使人を筑紫まで送ってきた。

戊申《つちのえさる》（二十五日）に、賀騰極使《ひつぎよろこぶるつかい》（即位を祝う使）の金承元ら、中客《なかつまろうと》以上二十七人を京《みやこ》に召した。そこで大宰《おおみこともち》（筑紫大宰）に命じ、耽羅の使人に詔して、

「天皇は、新たに天下を平定して皇位におつきになった。それゆえ、即位を祝う使だけを召し、そのほかの使はお召しにならない。それはおまえたちがみずから見てよく知っているであろう。それに時節は寒さに向かい、波も荒くなっている。あまり長くひきとどめることは、かえっておまえたちにとっていいことではあるまい。それゆえ、早く帰国するがよい」

と言われた。そして、国にいる王や使者の久麻芸らに、耽羅の人としてははじめて爵位を賜わった。その爵位は大乙上である。その冠にはさらに錦や繡《ぬいもの》の飾りをつけ、その国の佐平の位（それまで耽羅では百済の官位が行なわれていた）に相当させることとし、筑紫から帰国させた。

九月の癸丑《みずのとのうし》の朔庚辰《かのえたつ》（二十八日）に、金承元らを難波で饗応した。さまざまな歌舞を奏し、それぞれに物を賜わった。

冬十一月の壬子《みずのえね》の朔に、金承元が帰途についた。壬申《みずのえさる》（二十一日）に、高麗の邯子、新羅の薩儒らを筑紫大郡《つくしのおおごおり》（外国使臣接待のための施設）で饗応し、それぞれ禄物を賜わった。

十二月の壬午《みずのえうま》の朔丙戌《ひのえいぬ》（五日）に、大嘗《おおにえ》に奉仕した中臣《なかとみ》・忌部《いんべ》および神官《かんつかさ》（のちの神祇官に相当）の人々、播磨・丹波《たにわ》二国の郡司、およびそれ以下の人夫たちに、ことごとく禄物を賜わり、郡司たちにはそれぞれ爵一級を賜わった。(10) 戊戌《つちのえいぬ》（十七日）に、小紫美《み》濃王《ののおおきみ》と小錦下紀臣訶多麻呂《きのおみかたまろ》とを、造高市大寺司《たけちのおおでらつくるつかさ》に任命した〔いまの大官大寺《だいかんだいじ》(11)がこれである」。このとき、知事（寺の管理にあたる）の福林僧《ふくりんのほうし》が老齢を理由に知事を辞したが、聞き入れられなかった。戊申《つちのえさる》（二十七日）に、義成僧《ぎじょうほうし》を小僧都《しょうそうず》とした。この日、佐官《さかん》（僧綱の下にある僧官）に二人の僧を加えた。佐官が四人となったのはこのときからである。

この年の太歳は、癸酉《みずのとのとり》。

三年の春正月の辛亥《かのとのい》の朔庚申《かのえさる》（十日）に、百済王昌成《くだらのこきししょうじょう》が薨《こう》じた。小紫の位をお贈りになった。

二月の辛巳《かのとのみ》の朔戊申《つちのえさる》（二十八日）に、紀臣阿閉麻呂が卒した。天皇はたいへんお悲しみになり、壬申の年の戦役の功労のゆえをもって、大紫の位をお贈りになった。

三月の庚戌《かのえいぬ》の朔丙辰《ひのえたつ》（七日）に、対馬国司《つしまのくにのみこともち》の守忍海造大国《かみおしぬみのみやつこおおくに》が、

「銀《しろがね》がはじめてこの国から産出いたしましたので、たてまつります」

と報告した。これにより、大国に小錦下の位をお授けになった。そもそも銀が倭国《やまとのくに》（日本）で産出したのは、この時がはじめてである。それゆえ、あらゆる神々にそれを奉り、また、小錦以上の大夫《まえつきみ》たちにも、あまねくそれを賜わった。

秋八月の戊寅《つちのえとら》の朔庚辰《かのえたつ》（三日）に、忍壁皇子を石上神宮《いそのかみのかみのみや》に遣わし、油で神宝の武器をみがかせた。この日、勅《みことのり》して、

「以前から諸家が神宮の宝庫に貯えていた宝物の武器は、みなただちにその子孫に返還する」

と言われた。[12]

冬十月の丁丑《ひのとのうし》の朔、乙酉《きのとのとり》（九日）に、大来皇女は泊瀬斎宮から伊勢神宮《いせのかみのみや》に御出発になった。

四年の春正月の丙午《ひのえうま》の朔に、大学寮《ふみやつかさ》の各種の学生、陰陽寮《おんようのつかさ》（天文・暦・気象観測のことを掌る）・外薬寮《とのくすりのつかさ》（のちの典薬寮に相当。医・針・案摩《あんま》・薬園などのことを掌る）、および舎衛《しゃえ》の女、堕羅《たら》の女、百済王善光《くだらのこきしぜんこう》、新羅の仕丁《つかえのよほろ》らが、薬や珍しい品々を捧げ、天皇にたてまつった。[13] 丁未《ひのとのひつじ》（二日）に、皇子以下百寮《つかさつかさ》（諸官司）の人々が天皇を拝した。戊《つちのえ》申《さる》（三日）に、百寮の人々の初位（小建）以上の者が、薪《みかまき》をたてまつった。[14] 庚戌《かのえいぬ》（五日）に、はじめて占星台《せんせいだい》（天文を観察し、吉凶をうらなうための施設）を建てた。壬子《みずのえね》（七日）に、群臣に朝廷で宴を賜わった（正月七日の節会）。壬戌《みずのえいぬ》（十七日）に、公卿大夫《まえつきみたち》や百寮の人々の初位以上の者が、西門の庭で射（大射）を行なった。また、この日、大倭国《やまとのくに》が珍しい鶏《にわとり》を、東国《あずまのくに》が白い鷹《たか》を、近江国が白い鶏《とび》をたてまつった。戊辰《つちのえたつ》（二十三日）に、諸社に幣帛《みてぐら》をたてまつった。

二月の乙亥《きのとのい》の朔、癸未《みずのとのひつじ》（九日）に、大倭・河内・摂津《つ》・山背《やましろ》・播磨・淡路・丹波《たにわ》・但馬・近江・若狭・伊勢・美濃・尾張などの国に勅して、「管内の百姓《おおみたから》のなかから、歌の上手な男女、および侏儒《ひきひと》（こっけいなわざをするこびと）・伎人《わざひと》（俳優）をえらんでたてまつれ」

と言われた。丁亥《ひのとのい》（十三日）に、十市皇女と阿閇皇女《あへのひめみこ》（天智天皇の皇女）とを伊勢神宮に参詣させた。

己丑《つちのとのうし》（十五日）に、詔して、

「甲子《きのえね》の年（天智称制三年）に諸氏に賜わった部曲《かきのたみ》は、今後一切廃止する。また、親王《みこたち》（天皇の兄弟・皇子）・諸王《おおきみたち》（親王以外の皇族）および諸臣、それに寺々に賜わっている山沢・嶋浦・林野・用水池は、賜わった時代の新古にかかわらず、みな国家に返させることとする」

と言われた。

癸巳《みずのとのみ》（十九日）に、詔して、

「群臣・百寮および全国の人民《おおみたから》よ、悪事をしてはならぬ。もし悪事を犯すことがあれば、犯したことがらに応じて罪に処する」

と言われた。丁酉《ひのとのとり》（二十三日）に、天皇は高安城《たかやすのき》におでましになった。

この月に、新羅は、王子《せし》忠元《ちゅうがん》・大監《だいけん》（武官）級湌金比蘇《こんひそ》・大監奈末金天沖《こんてんちゅう》・第監《だいけん》（武官）大麻《だいま》(15)朴武摩《ぼくむま》・第監大舎金洛水《こんらくすい》らを遣わして調《みつき》をたてまつった。その送使の奈末金風《こんふう》那《な》と奈末金孝福《こんこうふく》とが、王子忠元を筑紫まで送ってきた。

三月の乙巳《きのとのみ》の朔丙午《ひのえうま》（二日）に、土左大神《とさのおおかみ》（都佐坐《とさにいます》神社。高知市一宮）が、神刀一口を天皇にたてまつった。戊午《つちのえうま》（十四日）に、金風那らは筑紫で饗応をうけ、帰途についた。庚申《かのえさる》（十六日）に、諸王四位（天武朝に行なわれた諸王位）栗隈王《くるくまのおおきみ》を兵政官長《つわもののつかさのかみ》（のちの兵部卿に相当）とし、小錦上大伴連《おおとものむらじ》御行《みゆき》を大輔《たいふ》（次官）とした。

この月に、高麗が、大兄富干《ふかん》・大兄多武《たむ》らを遣わして朝貢した。また、新羅が、級飡朴《ぼく》勤修《ごんしゅ》・大奈末金美賀《こんみが》を遣わして調《みつき》をたてまつった。

夏四月の甲戌《きのえいぬ》の朔戊寅《つちのえとら》（五日）に、僧尼二千四百あまりをまねき、盛大な斎会《さいえ》を催した。辛巳《かのとのみ》（八日）に、勅して、

「小錦上当摩公広麻呂《たぎまのきみひろまろ》・小錦下久努臣麻呂《くののおみまろ》の二人は、朝廷への出仕を禁じる」

と言われた。壬午《みずのえうま》（九日）に、詔して、

「国々の貸税《いらしのおおちから》[16]は、今後は百姓をよく調べ、まず貧富によって三等級により分け、中級以下の戸に貸し与えることとせよ」

と言われた。

広瀬・竜田の神を祭る

癸未《みずのとのひつじ》（十日）に、小紫美濃王《みののおおきみ》と小錦下佐伯連広足《さえきのむらじひろたり》とを遣わして、風の神を竜田《たつた》の立野《たつの》（奈良県生駒郡三郷町）に祭らせ、小錦中間人連大蓋《はしひとのむらじおおふた》と大山中曾禰連韓犬《そねのむらじからいぬ》とを遣わして、大忌神《おおいみのかみ》を広瀬《ひろせ》の河曲《かわわ》（同北葛城郡河合町）に祭らせた。[17]丁亥《ひのとのい》（十四日）に、小錦下久努臣摩呂は、詔命をおびた使に逆らい、その命を拒んだため、出身以来の官位をこと

ごとく奪われた。庚寅《かのえとら》（十七日）に、諸国に詔して、

「今後、漁業や狩猟に従事する者は、檻《おり》や穽《ししあな》（おとしあな）、機槍《ふみはなち》（機械仕掛けのやり）の類を設けてはならない。また、四月一日から九月三十日までの間は、比弥沙伎理《ひみさきり》（未詳、魚を捕えるための施設か）や梁《やな》を設けてはならない。また、牛・馬・犬・猨《さる》・鶏の肉を食べてはならない。それ以外は禁止の限りではない。もしこの禁令を犯せば罪に処する」

と言われた。辛卯《かのとのう》（十八日）に、三位麻続王《おみのおおきみ》に罪があり、因播《いなば》に流した（『万葉集』では伊勢の伊良虞《いらご》の島）。子の一人は伊豆嶋《いずのしま》（伊豆の大島か）に、もう一人は血鹿嶋《ちかのしま》（長崎県の五島列島）に流した。丙申《ひのえさる》（二十三日）に、種々の才芸のある者を選び、それぞれ禄物を賜わった。


この月に、新羅の王子忠元が難波に到着した。


六月の癸酉《みずのととり》の朔乙未《きのとのひつじ》（二十三日）に、大分君恵尺《おおきだのきみえさか》が病にかかり、死にそうになった。天皇はたいへんお驚きになり、詔して、

「恵尺よ。おまえはみずからを捨てて公《おおやけ》につくし、命を惜しまず、雄々しい心をいだいて大戦に功を立てた。自分はいつも、おまえの努力に報いようと思っていた。それゆえ、たとえおまえが死んでも、おまえの子孫にてあつく賞を与えることとしよう」

と言われ、外小紫位に昇進させた。恵尺はそれからいく日もたたずに、自宅で薨じた。


秋七月の癸卯《みずのとのう》の朔己酉《つちのととり》（七日）に、小錦上大伴連国麻呂《おおとものむらじくにまろ》を大使とし、小錦下三《み》

宅吉士入石《やけのきしいりし》を副使として、新羅に遣わした。

八月の壬申《みずのえさる》の朔に、耽羅の調使王子久麻伎《くまぎ》が筑紫に着いた。癸巳《みずのとのみ》（二十二日）に、大風が吹き、砂をまきあげ、家をこわした。丙申《ひのえさる》（二十五日）に、忠元は拝礼を終えて帰途につき、船で難波を出発した。己亥《つちのとのい》（二十八日）に、新羅・高麗の二国の調使を筑紫で饗応し、それぞれ禄物を賜わった。

九月の壬寅《みずのえとら》の朔戊辰《つちのえたつ》（二十七日）に、耽羅の王姑如《こにょ》が難波に到着した。

冬十月の辛未《かのとのひつじ》の朔癸酉《みずのとのとり》（三日）に、使を四方に遣わして一切経を求めさせた。庚辰《かのえたつ》（十日）に、群臣に酒宴を賜わった。丙戌《ひのえいぬ》（十六日）に、筑紫から唐人《もろこしびと》三十人がたてまつられたので、遠江国《とおつおうみのくに》に遣わして住まわせた。庚寅《かのえとら》（二十日）に、詔して、

「諸王以下初位以上の者は、めいめいに武器を備えよ」

と言われた。この日、相模国が、

「高倉郡《たかくらのこおり》（神奈川県高座郡）で、三つ児の男の子を生んだ女があります」

と報告した。

十一月の辛丑《かのとのうし》の朔癸卯《みずのとのう》（三日）に、宮の東の丘に登り、妖言《およずれごと》（人をまどわすことば）を言って、自分で首をはねて死んだ者があった。この夜当直していた者のすべてに、爵一級を賜わった。この月に、大きな地震があった。

五年の春正月の庚子《かのえね》の朔に、群臣百寮が天皇を拝した。癸卯《みずのとのう》（四日）に、高市皇子

以下、小錦以上の大夫《まえつきみ》たちに、衣《きぬ》・袴《はかま》・褶《ひらおび》（袴の上に着ける）・腰帯《おび》・脚帯《あゆい》（袴を掲げて膝のあたりで結び固めるもの）、および机《おしまずき》（脇息）と杖とを賜わった。ただし、小錦の三つの階（小錦上・小錦中・小錦下）の者にだけは、机を賜わらなかった。丙午《ひのえうま》（七日）に、小錦以上の大夫たちにそれぞれ禄物を賜わった。甲寅《きのえとら》（十五日）に、百寮の初位以上の者が、薪《みかまき》をたてまつった。同日、みなを朝廷に集めて宴を賜わった。乙卯《きのとのう》（十六日）に、禄物を置いて西門の庭で射（大射）を行ない、的を射あてた者にそれぞれ禄物を賜わった。この日、嶋宮《しまのみや》（奈良県高市郡明日香村）におでましになって宴を催された。甲子《きのえね》（二十五日）に、詔して、

「国司《くにのみこともち》を任じるには、畿内《うちつくに》および陸奥《みちのく》・長門国《ながとのくに》以外はみな大山位以下の人を任ぜよ」

と言われた。

二月の庚午《かのえうま》の朔　癸巳《みずのとのみ》（二十四日）に、耽羅の客人に船一艘を賜わった。この月に、大伴連国摩呂らが新羅から帰国した。

夏四月の戊戌《つちのえいぬ》の朔　辛丑《かのとのうし》（四日）に、竜田の風の神と広瀬の大忌神とを祭った。倭国《やまとのくに》の添下郡《そうのしものこおり》（奈良市西部・大和郡山市）の鰐積吉事《わにつみのよごと》が、珍しい鶏をたてまつった。そのとさかは海石榴《つばき》の花のようであった。またこの日、倭国の飽波郡《あくなみのこおり》（生駒郡安堵町付近）から は、

「めんどりがおすに変わりました」

との報告があった。

辛亥《かのとのい》（十四日）に、勅して、

「諸王・諸臣の封戸《へひと》の税《おおちから》は、京より西の国に賜わるのをやめ、東の国にふりかえて賜うこととする。[18]また、外国《とつくに》（京・畿内以外の国）の人で官人として出仕しようと思う者は、臣・連・伴造の子、および国造《くにのみやつこ》の子ならば許すこととする。これ以下の庶人《おおみたから》であっても、才能のすぐれた者ならば許すこととする」

と言われた。己未《つちのとのひつじ》（二十二日）に、美濃国司に詔して、

「礪杵郡《ときのこおり》（岐阜県土岐市・瑞浪市など）にいる紀臣訶佐麻呂《きのおみかさまろ》の子を東国《あずまのくに》に移し、その国の百姓《おおみたから》とせよ」

と言われた（一般の公民として課役を徴するの意）。

五月の戊辰《つちのえたつ》の朔庚午《かのえうま》（三日）に、期限が過ぎても調《みつき》をたてまつらない国司たちの罪状を明らかにされ、云々《しかじか》と言われた。甲戌《きのえいぬ》（七日）に、下野国司《しもつけのくにのみこともち》が、

「管内の百姓が、凶作のため、飢えて子を売りたいと言っております」

と申し上げたが、朝廷は許さなかった。[19]

この月に、勅して、

「南淵山《みなぶちやま》・細川山《ほそかわやま》（浄御原宮付近の山）で草や薪をとることを禁じる。また畿内の山野で、もとから禁野《しめの》とされていたところでは、かってに草木を焼いたり切ったりしてはならな

い」

と言われた。

六月に、四位栗隈王《くるくまのおおきみ》が病にかかって薨じた。また、物部雄君連《もののべのおきみのむらじ》（朴井雄君）も、とつぜんに発病し、卒した。天皇はこれを聞いてたいへんに驚かれた。かの壬申の年に天皇のおともをして東国に入り、大きな手がらを立てたことにより、恵み深いおことばを賜わって内大紫位《うちのだいしのくらい》をお贈りになり、また物部氏の氏上《このかみ》の地位をお与えになった。

この夏に、たいへんに旱《ひでり》した。そこで使を四方に遣わし、幣帛《みてぐら》を捧げてあらゆる神々にお祈らせになり、また多くの僧尼をまねいて仏にお祈らせになったが、雨は降らなかった。このため五穀がみのらず、百姓は飢えた。

秋七月の丁卯《ひのとのう》の朔戊辰《つちのえたつ》（二日）に、卿大夫《まえつきみたち》および百寮《つかさつかさ》（諸官司）の人々に、爵《こうぶり》（冠位）をそれぞれお進めになった。甲戌《きのえいぬ》（八日）に、耽羅の客人（王姑如）が帰国の途についた。壬午《みずのえうま》（十六日）に、竜田の風の神と広瀬の大忌神とを祭った。

この月に、村国連雄依《むらくにのむらじおより》が卒《しゅつ》した。壬申の年の戦功により、外小紫位をお贈りになった。また、東方に長さ七、八尺の星（彗星）が現われ、九月にいたって天の一方に達した。

八月の丙申《ひのえさる》の朔丁酉《ひのとのとり》（二日）に、親王以下小錦以上の大夫、および皇女《ひめみこ》（内親王）・姫王《おおきみ》（女王）・内命婦《ひめまえつきみ》（五位＝小錦以上の官位を帯する婦人）たちにそれぞれ食封を賜わった。

辛亥《かのとのい》（十六日）に、詔《へひと》して、

「四方に大解除《おおはらえ》(20)を行なうこととする。それに用いる物は、国ごとに国造《くにのみやつこ》（国内の祭祀神事を掌る新しい一国一員の国造）がさし出すこととし、その祓柱《はらえつもの》（供物）は、馬一匹・布一常とする。そのほか、郡司はそれぞれ刀《たち》一口・鹿《しか》の皮一張・钁《くわ》一口・刀子《かたな》一口・鎌《かま》一口・矢一具・稲一束を出し、また戸ごとに麻《お》一条を出すこととする」

と言われた。壬子《みずのえね》（十七日）に、詔して、

「死刑《ころすつみ》・没官《つかさにおさむるつみ》(21)・三流《みつのながすつみ》（遠流・中流・近流）の罪人は、それぞれその刑を一等降《くだ》せ。徒罪《みつかうつみ》以下は、今日までに犯した罪については、すでに発覚した者も、今後発覚する者も、すべて赦《ゆる》して問わない。ただし、すでに配流された者については、赦す者のなかに含めない」

と言われた。この日、諸国に詔して放生《ほうじょう》（動物を逃がして功徳とする仏教の行事）を行なわせた。

この月に、大三輪真上田子人君《おおみわのまかむだのこびとのきみ》（三輪子首）が卒した。天皇はこれを聞いてたいへん悲しまれ、壬申の年の戦功により、内小紫位をお贈りになり、また大三輪真上田迎君《おおみわのまかむだのむかえのきみ》の諡号《しごう》を賜わった。

九月の丙寅《ひのえとら》の朔に、雨が降ったので告朔《ついたちもうし》(22)を行なわなかった。乙亥《きのとのい》（十日）に、王卿《おおきみまえつきみたち》を京および畿内に遣わし、ひとりひとりの武器を調査させた。丁丑《ひのとのうし》（十二日）に、筑紫大宰《つくしのおおみこともち》の三位屋垣王《やかきのおおきみ》に罪があり、土左に流した。戊寅《つちのえとら》（十三日）に、百寮の

人、および諸蕃《となりのくに》の人（外国からの渡来者）たちに、それぞれ禄物を賜わった。丙戌《ひのえいぬ》（二十一日）に、神官《かんつかさ》が、

「新嘗《にいなえ》のため、それに奉仕する国郡をうらなったところ、斎忌《ゆき》(23)〔斎忌、これを踰既《ゆき》という〕は尾張国の山田郡《やまだのこおり》（名古屋市の北東）、次《すき》(24)〔次、これを須伎《すき》という〕は丹波国の訶沙郡《かさのこおり》（京都府舞鶴市など）が、それにあたりました」

と報告した。

この月に、坂田公雷《さかたのきみいかずち》が卒した。壬申の年の戦功により、大紫位をお贈りになった。

冬十月の乙未《きのとのひつじ》の朔に、群臣に酒宴を賜わった。(25) 丁酉《ひのとのとり》（三日）に、相新嘗《あいにえ》の神々に、幣帛《みてぐら》をたてまつった。(26) 甲辰《きのえたつ》（十日）に、大乙上物部連《もののべのむらじ》麿呂《まろ》を大使とし、大乙中山背直《やましろのあたい》百足《ももたり》を小使《そいつかい》（副使）として、新羅に遣わした。

十一月の乙丑《きのとのうし》の朔に、新嘗のため、告朔を行なわなかった。(27) 丁卯《ひのとのう》（三日）に、新羅は沙飡金清平《こんしょうびょう》を遣わして国政のことを奏上し、あわせて汲飡《きゅうさん》(28) 金好儒《こんこうぬ》・弟監《だいけん》（武官）大《だい》舎《さ》金欽吉《こんおんきち》らを遣わして調《みつき》をたてまつった。その送使の奈末被珍那《ひちんな》、副使の奈末好福《こうふく》が、清平らを筑紫まで送ってきた。この月に、粛慎《みしはせ》（沿海州のツングース族か）の人七人が、清平らに従って来朝した。

癸未《みずのとのひつじ》（十九日）に、京近くの国々に詔して、放生を行なわせた。甲申《きのえさる》（二十日）に、使を四方の国々に遣わし、『金光明経《こんこうみょうぎょう》』と『仁王経《にんのうぎょう》（仁王般若波羅蜜経）』とを説かせた

（いずれも護国の経典）。丁亥《ひのとのい》（二十三日）に、高麗が、大使後部《こうほう》(29)主簿《しゅぼ》（官位）阿于《あう》・副使前部大兄徳富《とくふ》を遣わして朝貢した。このため、新羅は大奈末《だいなま》(30)金楊原《こんようげん》を遣わし、高麗の使人を筑紫まで送ってきた。

この年、新城《にいき》(31)に都を造ろうとされたので、区域内の田は公私ともみな耕作せず、荒れ地となった。しかし、けっきょく都を造ることは中止された。

六年の春正月の甲子《きのえね》の朔庚辰《かのえたつ》（十七日）に、南門で射（大射）を行なった。二月の癸巳《みずのとのみ》の朔に、物部連摩呂が新羅から帰国した。この月に、多禰嶋《たねのしま》（種子島）の人々を飛鳥寺の西の槻の木の下で饗応した。三月の癸亥《みずのとのい》の朔辛巳《かのとのみ》（十九日）に、新羅の使人清平、および以下の客十三人を京に召した。

夏四月の壬辰《みずのえたつ》の朔壬寅《みずのえとら》（十一日）に、杙田史名倉《くいたのふびとなくら》を、天皇に対して不敬な言動を行なったかどで、伊豆嶋《いずのしま》に流した。乙巳《きのとのみ》（十四日）に、送使珍那らは筑紫で饗応をうけ、帰途についた。

五月の壬戌《みずのえいぬ》の朔に、告朔を行なわなかった。甲子《きのえね》（三日）に、大博士（のちの大学博士に相当か）の百済の人率母《そつも》（許率母）に勅して、大山下の位をお授けになり、食封三十戸を賜わった。同日、倭画師音檮《やまとのえしおとかし》に小山下の位をお授けになり、食封二十戸を賜わった。戊辰《つちのえたつ》（七日）に、新羅の人阿飡朴刺破《ぼくしは》と、その従者三人・僧三人が血鹿嶋《ちかのしま》（五島列島）に漂着した。己丑《つちのとのうし》（二十八日）に、勅して、

「すべての神社の神税《かんちから》(神社に属する神戸《かんべ》から出される田租)は、三分し、その一を神に供える料にあて、二を神主《かんぬし》に支給せよ」

と言われた。この月に旱があり、京と畿内とで雨乞いを行なった。

六月の壬辰《みずのえたつ》の朔乙巳《きのとのみ》(十四日)に、大きな地震があった。

倭漢氏の罪を許す

この月に、東漢直《やまとのあやのあたい》ら(32)に詔して、

「おまえたちの族党は、いままでに七つの悪逆を犯している。小墾田《おはりだ》の御世(推古天皇の時代)から近江の朝《みかど》(天智天皇の時代)にいたるまで、いつもおまえたちをあやつることによって陰謀が行なわれてきた。いま、自分の世となったにあたって、おまえたちの悪逆を責め、犯したことのままに罪に処そうと思う。しかし、漢直の氏を絶やしてしまいたくもないので、大恩をくだし、その罪を許すことにする。今後もし罪を犯すことがあれば、その者は赦《しゃ》にあっても罪を許されない者のなかに入れることとする」

と言われた。

秋七月の辛酉《かのとのとり》の朔癸亥《みずのとのい》(三日)に、竜田の風の神と広瀬の大忌神とを祭った。

八月の辛卯《かのとのう》の朔乙巳《きのとのみ》(十五日)に、飛鳥寺に盛大な斎会をもうけ、一切経をお読ませになった。天皇は寺の南門におでましになり、仏を礼拝された。このときにあたり、親王・諸王および群卿《まえつきみたち》に詔して、おのおのについて一人ずつの者を出家させ、僧とすることを許された。その出家者は、男女長幼を問わず、願いのままに得度させ、この大斎会に参会させた。

丁巳《ひのとのみ》（二十七日）に、金清平が帰国の途についた。そこで漂着した朴刺破らを清平らに従わせ、本国に送り返した。戊午《つちのえうま》（二十八日）に、耽羅が王子都羅《つら》を遣わして朝貢した。

九月の庚申《かのえさる》の朔己丑《つちのとのうし》（三十日）に、詔して、

「浮浪人《うかれびと》（本籍地を離れた者）で本籍地に送り返された者が、また浮浪地にもどってきたばあいには、本籍地と浮浪地の双方で、課役《えつき》（調と労役）を徴発せよ」

と言われた。

冬十月の庚寅《かのえとら》の朔癸卯《みずのとのう》（十四日）に、内小錦上河辺臣百枝《かわべのおみももえ》を民部卿《かきのつかさのかみ》（民官大夫）とし、内大錦下丹比公麻呂《たじひのきみまろ》を摂津職大夫《つのつかさのかみ》とした。

十一月の己未《つちのとのひつじ》の朔に、雨が降ったので告朔を行なわなかった。筑紫大宰《つくしのおおみこともち》が赤い烏《からす》をたてまつった。そこで、大宰府《おおみこともちのつかさ》の諸官司の人々にそれぞれ禄物を賜わった。赤い烏を捕えた当人には爵《こうぶり》（冠位）五級を賜い、烏が出現した郡の郡司たちにも爵位を増し加えた。このことにより、郡内の百姓に一年分の課役を免除し、またこの日全国に大赦を行なった。己卯《つちのとのう》（二十一日）に、新嘗《にいなえ》のことを行なわれ、辛巳《かのとのみ》（二十三日）には、百寮《つかさつかさ》（諸官司）の有位者たちにも新穀を賜わった。乙酉《きのとのとり》（二十七日）に、新嘗に奉仕した神官《かんつかさ》

と国司たちに禄物を賜わった。

十二月の己丑《つちのとのうし》の朔に、雪が降ったので告朔を行なわなかった。

七年の春正月の戊午《つちのえうま》の朔甲戌《きのえいぬ》（十七日）に、南門で射（大射）を行なった。己卯《つちのとのう》（二十二日）に、耽羅の人（王子都羅）が京に向かった。

この春に、天地の神々を祭るため、全国で祓禊《おおみはらえ》（大祓）を行ない、斎宮《いつきのみや》（天皇みずからが神事を行なう場所）を倉梯川《くらはしがわ》のほとりに造った。

夏四月の丁亥《ひのとのい》の朔に、斎宮におでましになろうとし、日をうらなったところ癸巳《みずのとのみ》（七日）がその日にあたった。そこで、平旦《とら》の時（午前四時ごろ）をえらび、警蹕《みさきおい》（行幸の先払い）が動きだし、百寮が列をつくり、天皇も乗物に乗って御出発になった。ところが、まだ京外にお出にならないうちに、十市皇女《とおちのひめみこ》（天皇の皇女で故大友皇子の室）がとつぜんに発病し、宮中に薨じた。このため行幸の列は停止し、行幸はとりやめとなり、けっきょく神々をお祭りになることはできなかった。己亥《つちのとのい》（十三日）に、新宮《にいみや》（浄御原宮か）の西の庁舎の柱に落雷があった。庚子《かのえね》（十四日）に、十市皇女を赤穂《あかほ》（桜井市赤尾）に葬った。天皇は葬儀に御臨席になり、心のこもったおことばを賜わり、挙哀《こあい》を行なわれた。

秋九月に、忍海造《おしぬみのみやつこ》能摩呂《よしまろ》が珍しい稲五株をたてまつった。これらの稲は、ひとつひとつの株が、それぞれ二本に分かれていた。このため、徒罪以下の罪人をみな赦免した。

また、三位稚狭王《わかさのおおきみ》が薨じた。

冬十月の甲申《きのえさる》の朔に、難波に綿のようなものが降った。長さ五、六尺、広さ七、八寸ばかりで、風のまにまに松林と葦原とにひらひらと舞った。人々は、

「これは甘露《かんろ》(33)だ」

と言った。己酉《つちのとのとり》（二十六日）に、詔して、

「およそ内外の文武官(34)は、毎年史《ふびと》（四等官の第四）以上の所属の官人の、公平で職務に忠実な者について、その優劣を議し、進級させるべき位階を定めよ。定めたならば、正月の上旬（十日）以前に、それを明記して法官《のりのつかさ》（のちの式部省）に送れ。法官ではそれを審理して、大弁官《おおともいのつかさ》（諸官の上にあり、行政事務を総括する）に送れ。ただし、公用で使に出されるにあたって、本当の病気とか父母の喪に服するとかいうのでなく、ささいな理由によって軽々しく辞退するような者は、位階を進める者のなかに含めてはならない(35)」

と言われた。

十二月の癸丑《みずのとのうし》の朔己卯《つちのとのう》（二十七日）に、臘子鳥《あとり》が天をおおって西南から東北に向かって飛んだ。

この月に、筑紫国で大きな地震があった。地が幅二丈、長さ三千余丈にわたって裂け、百姓《おおみたから》の家がいたるところの村々で数多く倒壊した。このとき、岡の上にあったある百姓の家は、地震の夜に岡が崩れ、違った場所に動いてしまった。しかし家は無事で、これの家の人は、岡が崩れ、家が動いたことに気がつかず、夜が明けてからそれなかった。

を知って、たいへんびっくりしたという。

この年、新羅の送使、奈末加良井山《かろうじょうせん》と奈末金紅世《こんぐせ》とが筑紫に着き、

「新羅の王（文武王）は、汲飡金消勿《こんしょうもつ》・大奈末金世世《こんせいせい》らを遣わして、本年の調《みつき》を貢上いたしました。また、臣井山を遣わして、消勿らを送らせました。ところが、ともに海上で暴風にあい、消勿らはみな散り散りになり、どこへ行ったのかわからなくなりました。ただ井山だけは、やっと岸にたどりつくことができました」

と報告した。しかし消勿らは、ついに来なかった。

八年の春正月の壬午《みずのえうま》の朔丙戌《ひのえいぬ》（五日）に、新羅の送使加良井山・金紅世らが京に向かった。戊子《つちのえね》（七日）に、詔して、

「およそ、正月の節会《せちえ》にあたっては、諸王・諸臣および百寮は、兄・姉以上の親族（父母・祖父母・伯叔父姑など）と自分の氏長《うじのこのかみ》（氏上）を除き、それ以外の者を拝してはならない。諸王は、自分の母であっても、王《おおきみ》の姓《かばね》（五世王以上）の者でなければ、それを拝してはならない。諸臣もまた、自分よりも氏族としての家柄の低い母を拝してはならない。正月の節会以外のときも、これにならう。違反する者があれば、その状況に応じて罪に処することとする」

と言われた。己亥《つちのとのい》（十八日）に、西門で射（大射）を行なった。

二月の壬子《みずのえね》の朔に、高麗が、上部大相桓父《かんぶ》・下部《かほう》[36]大相師需婁《しずる》らを遣わして朝貢した。

このため、新羅は奈末甘勿那《かんもつな》を遣わして、桓父らを筑紫まで送ってきた。甲寅《きのえとら》（三日）に、紀臣堅摩呂《きのおみかたまろ》が卒した。壬申の年の戦功により、大錦上の位をお贈りになった。乙卯《きのとのう》（四日）に、詔して、

「辛巳《かのとのみ》の年（天武十年）に、親王・諸臣および百寮の人々の武器と馬とを検閲する。それゆえ前もって準備するように」

と言われた。

この月に、恵み深いおことばを賜わって貧しい者をお救いになり、飢えや寒さに苦しむ者に物を賜わった。

三月の辛巳《かのとのみ》の朔丙戌《ひのえいぬ》（六日）に、兵衛《とねり》(37)の大分君稚見《おおきだのきみわかみ》が死んだ。稚見は壬申の年の大戦に、先頭に立って瀬田の陣営を破った。この戦功により、外小錦上の位をお贈りになった。丁亥《ひのとのい》（七日）に、天皇は越智《おち》（高市郡高取町）におでましになり、後岡本天皇《のちのおかもとのすめらみこと》の陵《みささぎ》（天皇の母斉明天皇の陵）に参拝された。己丑《つちのとのうし》（九日）に、吉備大宰《きびのおおみこともち》(38)（総領）の石川王《いしかわのおおきみ》が、病のため吉備に薨じた。天皇はこれを聞いてたいへんお悲しみになり、恵み深いおことばを賜わって云々《しかじか》と言われ、諸王二位をお贈りになった。壬寅《みずのえとら》（二十二日）に、貧乏な僧尼に絁《ふとぎぬ》・綿《わた》・布《ぬの》をお贈りになった。

夏四月の辛亥《かのとのい》の朔乙卯《きのとのう》（五日）に、詔して、

「食封《へひと》をもつすべての寺々について、そのいわれを考え、食封を加えるべきものは加え、

やめるべきものはやめよ」

と言われた。この日に、寺々の名を定めた。(39)己未《つちのとのひつじ》（九日）に、広瀬・竜田の神を祭った。

吉野の会盟

五月の庚辰《かのえたつ》の朔甲申《きのえさる》（五日）に、吉野宮におでましになった。乙酉《きのとのとり》（六日）に、天皇は、皇后および草壁皇子尊《くさかべのみこのみこと》・大津皇子《おおつのみこ》・高市皇子《たけちのみこ》・河嶋皇子《かわしまのみこ》（天智天皇の皇子）・忍壁皇子《おさかべのみこ》・芝基皇子《しきのみこ》（天智天皇の皇子）に詔して、

「自分はきょう、おまえたちとこの場で誓いを立て、千年の後までもことがおこらないようにしたいと思うが、どうか(40)」

と言われた。皇子たちは、みな、

「ごもっともでございます」

と申し上げた。そこで、草壁皇子尊がまず進み出て、

「天地の神々、および天皇よ。はっきりとお聞きください。私ども兄弟、長幼あわせて十余の王《みこ》は、それぞれその母は違っております。しかし、同母であろうとなかろうと、みな天皇のおことばのままに、たがいに助けあい、争いはいたしますまい。もし今後、この誓いにそむくようなことがあれば、命はなく、子孫も絶えることでありましょう。忘れますまい。あやまちを犯しますまい」

と誓いのことばを申し上げた。五人の皇子も、順序に従って同じように誓った。そうしたのち、天皇は、

「自分の子どもたちは、それぞれ母を異にして生まれたが、いまは同じ母から生まれた兄弟のようにいつくしもう」

と言われ、御衣の襟を開いて六人の皇子たちをお抱きになり、

「もし自分がこの誓いにたがったら、たちまちわが身はなきものとなろう」

とお誓いになった。皇后も、天皇と同じようにお誓いになった。丙戌《ひのえいぬ》（七日）に、天皇は宮（浄御原宮）にお帰りになった。己丑《つちのとのうし》（十日）に、六人の皇子は、ともに天皇を大殿の前で拝した。

六月の庚戌《かのえいぬ》の朔に、氷《ひょう》（雹）が降った。その大きさは桃子《もものみ》ほどもあった。壬申《みずのえさる》（二十三日）に、雨乞いを行なった。乙亥《きのとのい》（二十六日）に、大錦上大伴杜屋連《おおとものもりやのむらじ》が卒した。

秋七月の己卯《つちのとのう》の朔甲申《きのえさる》（六日）に、雨乞いを行なった。壬辰《みずのえたつ》（十四日）に、広瀬・竜田の神を祭った。乙未《きのとのひつじ》（十七日）に、四位葛城王《かずらきのおおきみ》が卒した。

八月の己酉《つちのとのとり》の朔に、詔して、

「もろもろの氏は、女人《おみな》（氏女）をたてまつれ」

と言われた。己未《つちのとのひつじ》（十一日）に、泊瀬《はつせ》（桜井市初瀬）におでましになり、迹驚淵《とどろきのふち》（初瀬川の水流の激しいところか）のほとりで宴《とよのあかり》を催された。これより先、王卿《おおきみまえつきみ》に詔して、

「乗馬のほかに、さらに良馬を用意し、召しがあったときにはすぐにさし出すように」と言われたが、泊瀬から宮（浄御原宮）にお帰りになる日、かねて群卿《まえつきみたち》の用意した良馬を、迹見駅家《とみのうまや》（桜井市外山）の路上で御覧になり、それをみな駈けさせた。庚午《かのえうま》（二十二日）に、縵造忍勝《かずらのみやつこおしかつ》が、嘉禾《よきいね》をたてまつった。その稲は、異なった畝《うね》から生え、穂先が合わさっているものであった（中国で天下和同の象であるという）。癸酉《みずのとのとり》（二十五日）に、大宅王《おおやけのおおきみ》が卒した。

九月の戊寅《つちのえとら》の朔癸巳《みずのとのみ》（十六日）に、新羅に遣わした使人らが帰国して天皇を拝した（十年九月条の重出か）。庚子《かのえね》（二十三日）に、高麗に遣わした使人、耽羅に遣わした使人らが帰国してともに天皇を拝した[41]。

冬十月の戊申《つちのえさる》の朔己酉《つちのとのとり》（二日）に、詔して、

「近ごろ、乱暴で悪事をはたらく者がちまたに多いと聞いている。これは王卿たちの過失である。乱暴で悪事をはたらく者があると聞いても、めんどうに思ってそれを表沙汰にせず、あるいは悪人を見ても、怠ってそれをかくして正そうとしない。もし見たり聞いたりした時にすぐ糺弾したなら、乱暴者や悪人はいなくなるのだ。それゆえ今後は、めんどうに思ったり怠慢したりすることなく、上に立つ者は下の者の過失を責め、下の者は上に立つ者の粗暴なふるまいをいさめるようにせよ。そうすれば国家はおのずからよく治まるであろう」

と言われた。戊午《つちのえうま》（十一日）に、地震があった。庚申《かのえさる》（十三日）に、勅して僧尼たちの服装、法服《のりのころも》の色、それにまちなかを往来するさいの馬や従者のことについての規定を定めた。甲子《きのえね》（十七日）に、新羅が阿飡金項那《こんこうな》と沙飡薩虆生《さつるいしょう》とを遣わして朝貢した。調《みつき》の物は、金・銀・鉄《ねりかね》・鼎《かなえ》・錦・絹《かとり》・布・皮・馬・狗《いぬ》・騾《ら》（ラバ）・駱駝《らくだ》など十余種であり、そのほかにまた献上の物があった。天皇・皇后・太子《ひつぎのみこ》（草壁皇子。追記か）にも、それぞれ数多くの金・銀・刀・旗の類がたてまつられた。

この月に、勅して、

「そもそも僧尼は、常に寺内に住して仏法を護持すべきものである。しかし、年をとったり、病にかかったりして、狭い僧房に寝たまま長いこと苦しむのでは、生活に不自由であり、清浄な寺地を汚すことにもなる。それゆえ今後は、それぞれの親族か信心の篤い者をこれにつけ、一つ二つの屋舎を寺内の空き地に建てて、年とった者は身を養い、病の者は薬を服するようにせよ」

と言われた。

十一月の丁丑《ひのとのうし》の朔庚寅《かのえとら》（十四日）に、地震があった。己亥《つちのとのい》（二十三日）に、大乙下倭馬飼部造《やまとのうまかいべのみやつこ》連《むらじ》を大使とし、小乙下上寸主光父《うえのすぐりこうぶ》を小使《そいつかい》（副使）として、多禰嶋《たねのしま》（種子島）に遣わし、よって爵《こうぶり》（冠位）一級を賜わった。

この月に、はじめて関を竜田山《たつたのやま》と大坂山《おおさかのやま》（いずれも大和から河内へ抜ける交通の要衝）とに置き、難波には羅城《らじょう》（京の四周にめぐらす城壁）を築いた。

十二月の丁未《ひのとのひつじ》の朔戊申《つちのえさる》（二日）に、嘉禾《よきいね》が出現したこと（八月条参照）により、親王・諸王・諸臣および百官の人々にそれぞれ禄物を賜わり、死罪以下の罪人をことごとく赦免した。

この年、紀伊国の伊刀郡《いとのこおり》（和歌山県伊都郡）が芝草《しそう》をたてまつった。そのかたちは菌《たけ》（きのこ）のようで、茎の長さは一尺、蓋《いただき》（かさ）は二囲《いだき》（周囲六尺）ほどもあった。また、因播国《いなばのくに》が珍しい稲をたてまつった。その稲は、ひとつひとつの株が、それぞれ二本に分かれていた。

九年の春正月の丁丑《ひのとのうし》の朔甲申《きのえさる》（八日）に、天皇は向小殿《むかいのこあんどの》におでましになり、王卿に大殿《おおあんどの》の庭で宴を賜わった。同日、忌部首首《いんべのおびとこびと》（子人＝子首）に姓《かばね》を賜わって連といった。(42) 首は弟色弗《しこぶち》とともに天皇を拝し、よろこびの心を表わした。癸巳《みずのとのみ》（十七日）に、親王以下小建以上の者が、南門で射（大射）を行なった。丙申《ひのえさる》（二十日）に、摂津国《つのくに》が、「活田村《いくたのむら》（神戸市中央区）で桃や李《すもも》が実をつけました」と報告した。

二月の丙午《ひのえうま》の朔癸亥《みずのとのい》（十八日）に、鼓《つづみ》のような音が東の方角に聞こえた。辛未《かのとのひつじ》（二十六日）に、「鹿《しか》の角を葛城山《かずらきのやま》（大和・河内国境の葛城連山）で拾いました。その角は、本の方で二つに分かれていながら先の方でまた合わさり、先には肉がついており、肉の上に長さ一寸ほどの毛がございます。不思議ですので献上いたします」と言う者があった。きっと麟《りん》(43)の角であろう。壬申《みずのえさる》（二十七日）に、新羅の仕丁《つかえのよほろ》八人が本国に帰った。そこでおことばを賜わり、それぞれに禄物を賜わった。

三月の丙子《ひのえね》の朔乙酉《きのとのとり》（十日）に、摂津国が白い巫鳥《しとと》（アオジの類で、本来は褐色をおびた暗緑色）〔巫鳥、これを芝苔苔《しとと》という〕をたてまつった。戊戌《つちのえいぬ》（二十三日）に、菟田《うだ》の吾《あ》城《き》（安騎の野。宇陀市大宇陀付近）におでましになった。

夏四月の乙巳《きのとのみ》の朔甲寅《きのえとら》（十日）に、広瀬・竜田の神を祭った。乙卯《きのとのう》（十一日）に、橘寺《たちばなでら》(44)の尼房《あまむろ》から出火し、十の房を焼いた。己巳《つちのとのみ》（二十五日）に、新羅の使人項那らを筑紫で饗応し、それぞれに禄物を賜わった。

この月に、勅して、

「そもそも諸寺は、今後、国の大寺《おおでら》たる二、三のものを除き、官司が管理・援助することはしない。ただし食封《へひと》を有する寺は、賜わってから三十年を限りとし、年を数えて三十に満ちたものは、食封をとどめる。また考えるに、飛鳥寺は、官司の管理・援助にあずかる寺ではないはずであるが、以前から大寺として官司がいつも管理してきたし、またかつて大きな功労を立てたこともある。それゆえ、今後も官司の管理・援助する寺として扱うこととする」

と言われた。

五月の乙亥《きのとのい》の朔に、勅して、絁《ふとぎぬ》・綿・絲・布を京内の二十四寺にそれぞれお贈りになった。この日から、『金光明経《こんこうみょうぎょう》』を宮中と諸寺とで説かせ始めた。丁亥《ひのとのい》（十三日）に、高麗が、南部《なんほう》(45)大使《だいし》(46)卯問《もうもん》・西部(47)大兄《だいきょう》俊徳《しゅんとく》らを遣わして朝貢した。このため、新羅は大奈末孝那《こうな》を遣わし、高麗の使人卯問らを筑紫まで送ってきた。乙未《きのとのひつじ》（二十一日）に、小錦下秦造綱手《はだのみやっこつなで》が卒した。壬申の年の戦功により、大錦上の位をお贈りになった。辛《かのと》丑《うし》（二十七日）に、小錦中星川臣摩呂《ほしかわのおみまろ》が卒した。壬申の年の戦功により、大紫の位をお贈りになった。

六月の甲辰《きのえたつ》の朔戊申《つちのえさる》（五日）に、新羅の客人項那らが帰国の途についた。辛亥《かのとのい》（八日）に、灰が降った。丁巳《ひのとのみ》（十四日）に、激しい雷があった。

秋七月の甲戌《きのえいぬ》の朔に、飛鳥寺の西の槻の木の枝が、ひとりでに折れて落ちた。戊寅《つちのえとら》（五日）に、天皇は犬養連大伴《いぬかいのむらじおおとも》（県犬養大伴）の家におでましになって病を見舞われ、恵み深いおことばを賜わって云々《しかじか》と言われた。同日、雨乞いをした。辛巳《かのとのみ》（八日）に、広瀬・竜田の神を祭った。癸未《みずのとのひつじ》（十日）に、赤い雀《すずめ》が南門にとまった。(48)庚寅《かのえとら》（十七日）に、朴井連子麻呂《えのいのむらじこまろ》に小錦下の位をお授けになった。癸巳《みずのとのみ》（二十日）に、飛鳥寺の弘聡僧《ぐそうほうし》がなくなったので、大津皇子と高市皇子とを弔問にお遣わしになった。丙申《ひのえさる》（二十三日）に、小錦下三宅連石床《みやけのむらじいわとこ》が卒した。壬申の年の戦功により、大錦下の位をお贈りになった。

戊戌《つちのえいぬ》（二十五日）に、納言《ものもうすつかさ》(49)兼宮内卿《みやのうちのつかさ》（宮内官大夫か）五位舎人王《とねりのおおきみ》が病にかかり、死にそうになった。そこで天皇は、高市皇子を見舞いにお遣わしになった。翌日、舎人王は卒した。天皇はたいへん驚かれ、高市皇子と川嶋皇子とをお遣わしになり、また殯《もがり》に臨まれて挙哀《こあい》を行なわれた。百寮《つかさつかさ》（諸官司）の者も、続いて挙哀した。

八月の癸《みずのとのう》卯の朔丁未《ひのとのひつじ》（五日）に、法官《のりのつかさ》（のちの式部省に相当）の人が、嘉禾《よきいね》をたてまつった。この日から三日間雨が降り、大水がおこった。丙辰《ひのえたつ》（十四日）に、大風が吹き、木を折り、家をこわした。

九月の癸酉《みずのとのとり》の朔辛巳《かのとのみ》（九日）に、朝嬬《あさつま》（御所市）におでましになり、大山位以下の者の馬を長柄《ながら》の森で御覧になって、馬的《うまゆみ》をお射させになった（騎射。馬を馳せながら的を射る武技）。乙未《きのとのひつじ》（二十三日）に、地震があった。己亥《つちのとのい》（二十七日）に、桑内王《くわうちのおおきみ》が自宅で卒した。

冬十月の壬寅《みずのえとら》の朔乙巳《きのとのみ》（四日）に、京内の諸寺の貧乏な僧尼と百姓《おおみたから》とをあわれんで、賑給《しんごう》（貧民・飢民に食糧や物を与えて救済すること）を行なった。僧尼には一人につきそれぞれ絁四匹・綿四屯・布六端、沙弥《しゃみ》（まだ具足戒を受けない修行中の者）および白衣《しろきぬ》（俗人）にはそれぞれ絁二匹・綿二屯・布四端を賜わった。

十一月の壬申《みずのえさる》の朔に、日食があった。甲戌《きのえいぬ》（三日）に、戌《いぬのとき》（午後十時）から子《ねのとき》（午前零時）までのあいだ、東の方角が明るかった。乙亥《きのとのい》（四日）に、高麗の人十九人が本国に帰った。これは、後岡本天皇《のちのおかもとのすめらみこと》（斉明天皇）がお崩《かく》れになったおり、弔喪使として来朝したまま、まだ帰国しなかった者である。(50)戊寅《つちのえとら》（七日）に、百官に詔して、「もし国家の利益となり、百姓を豊かにするような政治の方策があれば、わが宮にやって来て自分自身で申せ。それがもっともなことであれば、法律として施行することとしよう」と言われた。

辛巳《かのとのみ》（十日）に、西の方角で雷が鳴った。癸未《みずのとのひつじ》（十二日）に、皇后が病におかかりになったので、皇后のために誓願し、薬師寺《やくしじ》の建立をお始めになった。(51)よって一百の僧を得度させたところ、これによって平癒なさることができた。この日、罪人を赦免された。丁亥《ひのとのい》（十六日）に、月食があった。また、草壁皇子を恵妙僧《えみょうほうし》の病を見舞うためにお遣わしになった。翌日、恵妙僧がなくなったので、三人の皇子（草壁・大津・高市の三皇子か）を弔問にお遣わしになった。乙未《きのとのひつじ》（二十四日）に、新羅が沙飡金若弼《こんにゃくひつ》と大奈末金原升《こんげんしょう》とを遣わして調《みつき》をたてまつった。習言者《ことならいひと》（日本語を学習する者）三人も、若弼に従って来朝した。丁酉《ひのとのとり》（二十六日）に、天皇が病におかかりになったので一百の僧を得度させたが、まもなく平癒された。辛丑《かのとのうし》（三十日）に、臘子鳥《あとり》が天をおおい、東南から西北の方角に向かって飛んでいった。

十年の春正月の辛未《かのとのひつじ》の朔壬申《みずのえさる》（二日）に、幣帛《みてぐら》を神々にわかちたてまつった。癸《みずのとの》酉《とり》（三日）に、百寮の人々が天皇を拝した。丁丑《ひのとのうし》（七日）に、天皇は向小殿《むかいのこあんどの》におでましになり、宴《とよのあかり》を催された。この日、親王《みこたち》・諸王《おおきみたち》は内安殿《うちのあんどの》にお招き入れになり、諸臣《まえつきみ》はみな外安殿《とのあんどの》に侍せしめて、ともに酒を設け、舞楽をお見せになった。そして、大山上草《くさ》香部吉士《かべのきし》大形《おおかた》に小錦下の位をお授けになり、姓を賜わって難波連《なにわのむらじ》といった。辛巳《かのとのみ》（十一日）に、境部連石積《さかいべのむらじいわつみ》に勅して、食封六十戸を賜い、また絁三十匹・綿百五十斤・布百五十端・钁《くわ》一百口を賜わった。丁亥《ひのとのい》（十七日）に、親王以下小建以上の者が、朝廷で射（大射）を行なった。己丑《つちのとのうし》（十九日）に、畿内および諸国に詔して、すべての神社の社殿を修理させた。

律令の編纂と帝紀・旧辞の記定

二月の庚子《かのえね》の朔甲子《きのえね》（二十五日）に、天皇と皇后とは、ともども大極殿におでましになり、親王・諸王および諸臣を召し、詔して、

「自分はいまここに律令を定め、制度を改めたいと思う。それゆえ、ともにこの事業にとりかかれ。ただし、みながこれにかかりきりになっては政務がとどこおるであろう。手分けして行なうようにせよ」

と言われた。[52] この日、草壁皇子尊を皇太子にお立てになり、いっさいの政務にあずからせた。戊辰《つちのえたつ》（二十九日）に、阿倍夫人《あへのおおとじ》（天智天皇の嬪）が薨じた。己巳《つちのとのみ》（三十日）に、小

紫位当摩公豊浜《たぎまのきみとよはま》が薨じた。

三月の庚午《かのえうま》の朔 癸酉《みずのとのとり》（四日）に、阿倍夫人を葬った。丙戌《ひのえいぬ》（十七日）に、天皇は大極殿におでましになり、川嶋皇子《かわしまのみこ》（天智天皇の皇子）・忍壁皇子《おさかべのみこ》・広瀬王《ひろせのおおきみ》・竹田王《たけだのおおきみ》・桑田王《くわたのおおきみ》・三野王《みののおおきみ》・大錦下上毛野君三千《かみつけののきみみちぢ》・小錦中忌部連首《いんべのむらじこびと》・小錦下阿曇連稲敷《あずみのむらじいなしき》・難波連大形《なにわのむらじおおかた》（草香部吉士）・大山上中臣連大嶋《なかとみのむらじおおしま》・大山下平群臣子首《へぐりのおみこびと》に詔して、帝紀および上古の諸事を記録・校定せしめた。(53) 大嶋と子首とがみずから筆をとって記録した。庚寅《かのえとら》（二十一日）に、地震があった。甲午《きのえうま》（二十五日）に、天皇は新宮《にいみや》の井のそばにおでましになり、鼓吹《つづみふえ》（軍事や朝廷の儀礼に用いる）の音をためし、練習を行なわせた。

夏四月の己《つちのとの》亥《い》の朔庚子《かのえね》（二日）に、広瀬・竜田の神を祭った。辛丑《かのとのうし》（三日）に、禁式《いさめののり》九十二条を制定し、詔して、

「親王以下庶民《おおみたから》にいたるまで、身に着ける金・銀・珠玉《たま》・紫・錦・繡《ぬいもの》・綾《あや》、および氈褥《おりかものとこしき》（毛織りの敷物）・冠・帯、そのほかさまざまのものは、みな身分に応じたものを用いよ」

と言われた。詳しいことは詔書にしるされている。庚戌《かのえいぬ》（十二日）に、錦織造小分《にしこりのみやつこおきだ》・田井直吉摩呂《たいのあたいよしまろ》・次田倉人椹足《すきたのくらひとむくたり》〔椹、これを武矩《むく》という〕・同石勝《いしかつ》・川内直県《こうちのあたいあがた》・忍海造《おしぬみのみやつこ》鏡《かがみ》・同荒田《あらた》・同能摩呂《よしまろ》・大狛造百枝《おおこまのみやつこももえ》・同足坏《あしつき》・倭直竜摩呂《やまとのあたいたつまろ》・門部直大嶋《かどべのあたいおおしま》・宍人《ししひとの》造老《みやつこおきな》・山背狛烏賊麻呂《やましろのこまのいかまろ》の合わせて十四人に、姓を賜わって連といった。乙卯《きのとのう》（十七

日）に、高麗の客卯問らを筑紫で饗応し、それぞれ禄物を賜わった。

五月の己巳《つちのとのみ》の朔己卯《つちのとのう》（十一日）に、皇祖《すめみおや》（歴代天皇の意か）の御魂《みたま》を祭った。同日、詔して、

「そもそも百寮《つかさつかさ》の人々の宮人《みやびと》（女官）に対するあがめ方には行き過ぎがある。宮人の家にまで行って自分の訴えごとのあっせんを頼んだり、品物を贈ってその家にこびへつらったりしている。今後もしこのようなことがあれば、事実に即して、行なった者も宮人も、ともに罪に処する」

と言われた。甲午《きのえうま》（二十六日）に、高麗の卯問が帰途についた。

六月の己亥《つちのとのい》の朔癸卯《みずのとのう》（五日）に、新羅の客若弼を筑紫で饗応し、それぞれ禄物を賜わった。乙卯《きのとのう》（十七日）に、雨乞いを行なった。壬戌《みずのえいぬ》（二十四日）に、地震があった。

秋七月の戊辰《つちのえたつ》の朔に、赤い雀が現われた。辛未《かのとのひつじ》（四日）に、小錦下采女臣竹羅《うねめのおみちくら》を大使とし、当摩公楯《たぎまのきみたて》を小使（副使）として新羅国に遣わし、小錦下佐伯連広足《さえきのむらじひろたり》を大使とし、小墾田臣麻呂《おはりだのおみまろ》を小使として高麗国に遣わした。丁丑《ひのとのうし》（十日）に、広瀬・竜田の神を祭った。丁酉《ひのとのとり》（三十日）に、全国に命じてことごとく大解除《おおはらえ》させた。このとき国造たちは、祓柱《はらえつもの》としてそれぞれ奴婢《やっこ》一人をさし出し、解除を行なった（五年八月条参照）。

閏七月の戊戌《つちのえいぬ》の朔壬子《みずのえね》（十五日）に、皇后は仏に誓願して盛大な斎会を催され、経を京内の諸寺でお説かせになった。

八月の丁《ひのとの》卯《う》の朔丁丑《ひのとのうし》（十一日）に、大錦下上毛野君《かみつけののきみ》三千《みち》が卒した。丙子《ひのえね》（十日）に、三韓《みつのからくに》（百済・高句麗・新羅）の人々に詔して、

「以前おまえたちには、帰化後十年間の調税《みつきおおちから》を免除することとした。今後はそれに加えて、帰化にさいして伴われてきた子孫（課丁の年齢に達した者）についても、課役をみな免除することとする」

と言われた。壬午《みずのえうま》（十六日）に、伊勢国が白い茅鴟《いいどよ》（フクロウ）をたてまつった。丙戌《ひのえいぬ》（二十日）に、多禰嶋（種子島）に遣わされた使人たちが、多禰国の図をたてまつった。その国は、京《みやこ》を去ること五千余里、筑紫（九州）の南の海中にある。人々は髪を短く切りつめ、草の裳《も》（スカート）を着けている。稲はいつも豊かで、年に一度植えれば二度の収穫がある。産物は、支子《くちなし》（染料）・莞子《かま》（藺草《いぐさ》）そのほか各種の海産物など、数多い。同日、若弥が帰国の途についた。

九月の丁酉《ひのとのとり》の朔己《つちのとの》亥《い》（三日）に、高麗・新羅に遣わされた使人らが、ともに帰国して天皇を拝した（年時に誤りあるか）。辛丑《かのとのうし》（五日）に、周芳国《すわのくに》（山口県）が赤い亀をたてまつったので、嶋宮《しまのみや》の池に放った。甲辰《きのえたつ》（八日）に、詔して、

「諸氏で氏上《このかみ》をまだ定めていないものがあれば、それぞれ氏上を定め、理官《おさむるつかさ》（のちの治部省に相当）に申告せよ」

と言われた。庚戌《かのえいぬ》（十四日）に、多禰嶋の人々を飛鳥寺の西の川辺で饗応し、さまざまな

舞楽を演奏した。　壬子《みずのえね》（十六日）に、彗星《ははきぼし》が現われた。癸丑《みずのとのうし》（十七日）に、熒惑《けいごく》（火星）が月に入った。(54)

冬十月の丙寅《ひのえとら》の朔に、日食があった。癸未《みずのとのひつじ》（十八日）に、地震があった。乙酉《きのとのとり》（二十日）に、新羅が、沙《さ》喙《とく》一吉湌金忠平《こんちゅうびょう》と大奈末金壱世《こんいっせ》とを遣わして調をたてまつった。調は、金・銀・銅《あかがね》・鉄《ねりかね》・錦・絹、鹿《しか》の皮、細布《ほそぬの》（細い糸で織った高級の布）などの類が、それぞれ数多くあった。それとは別に、天皇・皇后・太子《ひつぎのみこ》（草壁皇子）に献上する金・銀・霞錦《かすみにしき》（新羅の特産物）・幡《はた》・皮などの類も、それぞれ数多くあった。庚寅《かのえとら》（二十五日）に、詔して、

「大山位以下、小建以上の人々は、それぞれ国政についての意見を申し述べよ」

と言われた。

この月に、天皇は広瀬野《ひろせの》（北葛城郡河合町）で観閲を行なおうとされ、行宮《かりみや》も作りおわり、すべての用意が整えられたが、天皇はけっきょくおでましにならなかった。それでも親王以下、および群卿《まえつきみたち》は、みな軽市《かるのいち》（橿原市大軽）で、よそおいをこらした乗馬を検閲した。小錦以上の大夫《まえつきみ》は、みな木の下に座を連ね、大山位以下の者はみな馬に乗って、そろって大路にそって南から北へ行進した。また、新羅の使者が来朝し、

「国王（文武王）がおなくなりになりました」

と報告した。

十一月の丙申《ひのえさる》の朔丁酉《ひのとのとり》（二日）に、地震があった。

十二月の乙丑《きのとのうし》の朔甲戌《きのえいぬ》（十日）に、小錦下河辺臣子首《かわべのおみこびと》を筑紫に遣わして、新羅の客人忠平に饗を賜わることとした。癸巳《みずのとのみ》（二十九日）に、田中臣鍛師《たなかのおみかぬち》・柿本臣猨《かきのもとのおみさる》・田部《たべの》連国忍《むらじくにおし》・高向臣麻呂《たかむくのおみまろ》・粟田臣真人《あわたのおみまひと》・物部連麻呂《もののべのむらじまろ》・中臣連大嶋《なかとみのむらじおおしま》・曾禰連韓犬《そねのむらじからいぬ》・書直《ふみのあたい》智徳《ちとこ》の合わせて十人（舎人造糠虫を含んだ数か）に、小錦下の位をお授けになった。同日、舎人造糠虫《とねりのみやつこぬかむし》・書直智徳に、姓を賜わって連といった。

十一年の春正月の乙未《きのとのひつじ》の朔癸卯《みずのとのう》（九日）に、大山上舎人連糠虫に小錦下の位をお授けになった。乙巳《きのとのみ》（十一日）に、金忠平を筑紫で饗応した。壬子《みずのえね》（十八日）に、氷《ひ》上夫人《かみのおおとじ》（天皇の夫人）が宮中で薨じた。癸丑《みずのとのうし》（十九日）に、地震があった。辛酉《かのとのとり》（二十七日）に、氷上夫人を赤穂《あかほ》（桜井市赤尾）に葬った。

二月の甲子《きのえね》の朔乙亥《きのとのい》（十二日）に、金忠平が帰国の途についた。この月に、小錦下舎人連糠虫が卒した。壬申の年の戦功により、大錦上の位をお贈りになった。

中国風の服装と礼儀

三月の甲午《きのえうま》の朔に、小紫三野王《みののおおきみ》と宮内官《みやのうちのつかさの》大夫《かみ》らに命じ、新城《にいき》（天武五年是年条参照）に遣わしてその地形を視察させ、都を造ろうとされた。乙未《きのとのひつじ》（二日）に、陸奥国《みちのくのくに》の蝦夷《えみし》二十二人に爵位《こうぶりくらい》を賜わった。庚子《かのえね》（七日）に、地震があった。丙午《ひのえうま》（十三日）に、境部連石積《さかいべのむらじいわつみ》らに命じ、はじめて『新字《にいな》』一部四十四巻(55)をお作らせになった。己酉《つちのとのとり》（十六日）に、新城におでましになった。辛酉《かのとのとり》（二十八日）に、詔して、

「親王《みこたち》以下、百寮《つかさつかさ》（諸官司）の人々は、今後、位冠《くらいこうぶり》（位階をあらわす冠）、および襌《まえも》・褶《ひらおび》・脛裳《はばきも》（袴の一種）を着用してはならぬ。また膳夫《かしわで》（天皇の食膳のことにあたる男性）や采女《うねめ》らの手繦《たすき》（膳夫が着用）や肩巾《ひれ》（采女が着用する肩にかける薄く長いきれ）（肩巾、これを比例《ひれ》という）も、着用してはいけない(56)」

と言われた。また同日、詔して、

「親王以下諸臣《まえつきみたち》にいたるまで、いま賜わっている食封《へひと》はみなやめて、公《おおやけ》に返すこととせよ(57)」

と言われた。

この月に、土師連真敷《はじのむらじましき》が卒した。壬申の年の戦功により、大錦上の位をお贈りになった。

夏四月の癸亥《みずのとのい》の朔辛未《かのとのひつじ》（九日）に、広瀬・竜田の神を祭った。癸未《みずのとのひつじ》（二十一日）に、筑紫大宰丹比真人嶋《つくしのおおみこともちたじひのまひとしま》（真人は追記）らが、大きな鐘をたてまつった。甲申《きのえさる》（二十二日）に、越の蝦夷伊高岐那《こしのえみしいこきな》らが、俘人《とりこ》（政府に帰順してその支配下に入った蝦夷。俘囚《ふしゅう》）七十戸をもって一郡を立てることを願ったので、これを許した。乙酉《きのとのとり》（二十三日）に、詔して、

「今後、男も女もみな髪を結いあげることとし、十二月三十日までにあげおわるようにせよ。ただし、髪を結いあげる日はまた勅で示すから、それを待つように」と言われた。婦女《たおやめ》が男夫《おのこ》のように（中国の風習にならって）鞍にまたがって馬に乗るようになったのは、この日からである。

五月の癸巳《みずのとのみ》の朔甲辰《きのえたつ》（十二日）に、倭漢直《やまとのあやのあたい》の人々に、姓を賜わって連といった。戊申《つちのえさる》（十六日）に、高麗に遣わされた大使の佐伯連広足、小使の小墾田臣麻呂らが、任務を果たして帰国したむねを天皇に申し上げた。己未《つちのとのひつじ》（二十七日）に、倭漢直の人々が、男も女もみな参上し、姓を賜わったことを喜んで天皇を拝した。

六月の壬戌《みずのえいぬ》の朔に、高麗の王が、下部助有卦婁毛切《じょうけるもうせつ》と大古昻加《だいこきょうか》とを遣わして方物《くにつもの》（調）をたてまつった。このため、新羅は大那末《だいなま》（大奈末）金釈起《こんしゃくき》を遣わして、高麗の使人を筑紫まで送ってきた。丁卯《ひのとのう》（六日）に、男夫《おのこ》がはじめて髪を結いあげ、漆紗《うるしのうすはた》冠《こうぶり》（漆をかけたうすぎぬで作った冠）を着用した。癸酉《みずのとのとり》（十二日）に、五位殖栗王《えくりのおおきみ》が卒した。

秋七月の壬辰《みずのえたつ》の朔甲午《きのえうま》（三日）に、隼人《はやひと》が数多く来て方物《くにつもの》（土地の産物）をたてまつった。同日、大隅の隼人と阿多《あた》（のちの薩摩国。鹿児島県西部）の隼人とが朝廷で相撲《すまい》をとり、大隅の隼人が勝った。庚子《かのえね》（九日）に、小錦中膳臣摩漏《かしわでのおみまろ》が病にかかったので、草壁皇子尊と高市皇子とを見舞いにお遣わしになった。壬寅《みずのえとら》（十一日）に、広瀬・竜田の神を祭った。戊申《つちのえさる》（十七日）に、地震があった。己酉《つちのとのとり》（十八日）に、膳臣摩漏が卒した。天皇は驚き、たいへんお悲しみになった。壬子《みずのえね》（二十一日）に、摩漏臣に、壬申の年の戦功により、大紫の位と禄物とをお贈りになった。また皇后からも、官からの賜い物の数に準じて物を賜わった。丙辰《ひのえたつ》（二十五日）に、多禰（種子島）の人、掖玖《やく》（屋久島）の人、阿麻弥《あまみ》（奄美大島）の人に、それぞれ禄物を賜わった。戊午《つちのえうま》（二十七日）に、隼人らを明《あ》日香寺《すかでら》（飛鳥寺）の西で饗応し、さまざまな舞楽を演奏し、それぞれに禄物を賜わった。出家者も俗人も、みなそれを見た。同日、信濃国と吉備国《きびのくに》とがともに、

「霜がおり、大風も吹いたので、五穀がみのりません」

と報告した。

八月の壬戌《みずのえいぬ》の朔に、親王以下、および諸臣に命じて、法令として採用すべきことがらを上申させた。甲子《きのえね》（三日）に、高麗の客人を筑紫で饗応した。この日の夜、昏時《いぬのとき》（午後八時ごろ）に、大きな星が東から西へ天をよぎった。丙寅《ひのえとら》（五日）に、造法令殿《のりのふみつくるみあらか》（浄御原令編纂の行なわれている殿舎か）の中に、大きな虹が現われた。壬申《みずのえさる》（十一日）に、灌《かん》頂幡《じょうのはた》（推古三十一年七月条参照）のような形をし、火のような色をしたものが空に浮かび、北の方に流れた。どこの国でもみな見え、

「越《こし》の海《うみ》（日本海）に入った」

と言う者もあった。また同日、白くもやもやしたものが東の山に現われた。その大きさは

四囲《いだき》（周囲一丈二尺）であった。癸酉《みずのととり》（十二日）に、大きな地震がおこった。戊寅《つちのえとら》（十七日）に、また地震があった。また、同日の平旦《とらのとき》（午前四時ごろ）に、虹が天の中央に、日に向かいあって現われた。甲戌《きのえいぬ》（十三日）に、筑紫大宰《つくしのおおみこともち》が、

「三つ足の雀《すずみ》が見つかりました」

と報告した。

癸未《みずのとのひつじ》（二十二日）に、礼儀やことばづかいのことについて詔された。また、詔して、

「考選（二年五月条参照）を行なうにあたっては、その族姓と勤務成績とをよく審査したうえで判定せよ。どんなに成績がよく、能力がすぐれていても、族姓のはっきりしない者は、考選の対象とはしないこととする」

と言われた。己丑《つちのとのうし》（二十八日）に、勅して、日高皇女《ひだかのひめみこ》（草壁皇子の女。のちの元正天皇〔またの御名は新家皇女《にいのみのひめみこ》〕の病によって、死罪以下の男女合わせて一百九十八人をみな赦免した。庚寅《かのえとら》（二十九日）に、百四十余人を大宮大寺で出家させた。

九月の辛卯《かのとのう》の朔壬辰《みずのえたつ》（二日）に、勅して、

「今後、跪礼《ひざまずくいや》（ひざまずき、両手を地につけて行なう礼）と匍匐礼《はういや》（両手を地につけ、足をかがめて門を出入りする礼）とをやめ、難波朝廷《なにわのみかど》（孝徳天皇の時代）の立礼《たついや》（起立して行なう中国式の礼）を用いることとする」

と言われた。庚子《かのえね》（十日）の日中《うまのとき》（正午ごろ）に、数百の鸛《おおとり》（ツル）が大宮（浄御原宮）

の方角に向かって空高く飛び、二時間ばかりしてみな散っていった。

冬十月の辛酉《かのとのとり》の朔戊辰《つちのえたつ》（八日）に、盛大な酒宴を催された。

十一月の庚寅《かのえとら》の朔乙巳《きのとのみ》（十六日）に、詔して、

「親王《みこたち》・諸王《おおきみたち》および諸臣《まえつきみたち》、庶民《おおみたから》にいたるまで、みなよく承るがよい。およそ法を犯す者を取り締まるには、禁省《おおうち》（天皇の居所＝内裏）でも朝廷（政庁）でも、その違反のあった現場で、見聞に従ってかくすことなく取り締まれ。重罪を犯した者があれば、勅裁をうけるべき者（身分の高い者）であれば上奏し、捕えるべき者であれば逮捕せよ。もし抵抗して捕えられないときは、その部署の守備兵を発して捕えよ。杖罪に相当するばあいは、一百以下、等級に従ってうて。また、犯行が明白なのに罪を否認し、抗弁して訴え出たようなばあいは、それに対する罪を本来の罪に加えることとせよ」

と言われた。

十二月の庚申《かのえさる》の朔壬戌《みずのえいぬ》（三日）に、詔して、

「諸氏の人々は、それぞれ氏上《このかみ》に適当な者を定めて申告せよ。一族の者が多いときは、分けてそれぞれに氏上を定め、官司に申告せよ。官司では事情を調査したうえで決定するので、その判断に従うようにせよ。ただし、ささいな理由によって、自分の一族でない氏族の者までも、自分の族に加えるようなことがあってはならない」

と言われた。

十二年の春正月の己丑《つちのとのうし》の朔庚寅《かのえとら》（二日）に、百寮《つかさつかさ》（諸官司）が天皇を拝した。また、筑紫大宰丹比真人嶋らが、三つ足の雀（十一年八月条）をたてまつった。乙未《きのとのひつじ》（七日）に、親王以下群卿《まえつきみたち》にいたるまでを大極殿の前に召して宴《とよのあかり》を行なわれ、三つ足の雀を群臣にお見せになった。丙午《ひのえうま》（十八日）に、詔して、

「明神御大八洲倭根子天皇《あきつみかみとおおやしましらすやまとねこのすめらみこと》(58)の勅命を、すべての国司《くにのみこともち》・国造《くにのみやつこ》（一国一員の新国造）・郡司《こおりのみやつこ》および百姓《おおみたから》たちよ、みなよく承るがよい。自分が皇位について以来、天の与えるめでたいしるしが、一つ二つばかりか、数多く現われている。このような祥瑞は、政治の理が天の道にかなうときに示されるものと聞いている。いま自分は、自分の治世に毎年あいついで祥瑞が現われることを恐れかしこむとともに、また喜ばしくも思っている。親王・諸王および群卿百寮、それに全国の黎民《おおみたから》も、ともにこれを喜びあってもらいたい。それゆえ、小建以上の者にそれぞれ禄物を賜い、死罪以下の罪人をみな赦免し、百姓の課役《えつき》をすべて免除することとする」

と言われた。同日、小墾田儛《おはりだのまい》と高麗・百済・新羅三国の舞楽を朝廷で演奏した。

二月の己未《つちのとのひつじ》の朔に、大津皇子《おおつのみこ》がはじめて朝廷の政務をおとりになった。

三月の戊子《つちのえね》の朔己丑《つちのとのうし》（二日）に、僧正《そうじょう》・僧都《そうず》・律師《りっし》を任命し、勅して、

「僧尼の上に立ち、法の定めるとおりにそれを導くように」

云々《しかじか》と言われた。(59)丙午《ひのえうま》（十九日）に、多禰に遣わされた使人たちが帰ってきた（発遣年時

不明。錯入か)。

夏四月の戊午《つちのえうま》の朔壬申《みずのえさる》（十五日）に、詔して、
「今後はかならず銅銭《あかがねのぜに》を用い、銀銭《しろかねのぜに》を用いてはならぬ(60)」
と言われた。乙亥《きのとのい》（八日）に、詔して、
「銀《しろかね》を用いることは、やめなくてもよい(61)」
と言われた。戊寅《つちのえとら》（二十一日）に、広瀬・竜田の神を祭った。

六月の丁巳《ひのとのみ》の朔己未《つちのとのひつじ》（三日）に、大伴連望多《おおとものむらじまくた》（馬来田）が薨じた。天皇はたいへん驚かれ、泊瀬王《はつせのおおきみ》を弔問にお遣わしになり、壬申の年の武勲とその先祖たちが世々立ててきた功績とをたたえ、てあつく恩賞を賜わった。そして、大紫の位をお贈りになり、鼓吹《つづみふえ》の音を発して葬儀を行なわせられた。壬戌《みずのえいぬ》（六日）に、三位高坂王《たかさかのおおきみ》が薨じた。

秋七月の丙戌《ひのえいぬ》の朔己丑《つちのとのうし》（四日）に、天皇は鏡姫王《かがみのおおきみ》（藤原鎌足の室）の家におでましになり、病をお見舞いになった。庚寅《かのえとら》（五日）に、鏡姫王は薨じた。また、この夏、はじめて僧尼を招いて宮中で安居《あんご》(62)をし、それによって、よく仏道を修行する者三十人を選んで出家させた。庚子《かのえね》（十五日）に、雨乞いを行なった。癸卯《みずのとのう》（十八日）に、天皇は京内をお巡りになった。乙巳《きのとのみ》（二十日）に、広瀬・竜田の神を祭った。

この月から八月まで、旱《ひでり》があった。百済の僧道蔵《ほうしどうぞう》が雨乞いをし、雨を降らせることができた。

八月の丙辰《ひのえたつ》の朔庚申《かのえさる》（五日）に、全国に大赦を行なった。また、大伴連男吹負《おふけい》（吹負）が卒した。壬申の年の戦功により、大錦中の位をお贈りになった。

九月の乙酉《きのととり》の朔丙戌《ひのえいぬ》（二日）に、大風が吹いた。丁未《ひのとのひつじ》（二十三日）に、倭直《やまとのあたい》・栗隈首《くるくまのおびと》・水取造《もいとりのみやつこ》・矢田部造《やたべのみやつこ》・藤原部造《ふじわらべのみやつこ》・刑部造《おさかべのみやつこ》・福草部造《さきくさべのみやつこ》・凡河内直《おおしこうちのあたい》・川内漢直《こうちのあやのあたい》・物部首《もののべのおびと》・山背直《やましろのあたい》・葛城直《かずらきのあたい》・殿服部造《とのはとりのみやつこ》・門部直《かどべのあたい》・錦織造《にしこりのみやつこ》・縵造《かずらのみやつこ》・鳥取造《ととりのみやつこ》・来目舎人造《くめのとねりのみやつこ》・檜隈舎人造《ひのくまのとねりのみやつこ》・大狛造《おおこまのみやつこ》・秦造《はだのみやつこ》・川瀬舎人造《かわせのとねりのみやつこ》・倭馬飼造《やまとのうまかいのみやつこ》・川内馬飼造《こうちのうまかいのみやつこ》・黄文造《きふみのみやつこ》・薦集造《こもつめのみやつこ》・勾筥作造《まがりのはこづくりのみやつこ》・石上部造《いそのかみべのみやつこ》・財日奉造《たからのひまつりのみやつこ》・泥部造《はつかしべのみやつこ》・穴穂部造《あなほべのみやつこ》・白髪部造《しらかべのみやつこ》・忍海造《おしぬみのみやつこ》・羽束造《はつかしのみやつこ》・文首《ふみのおびと》・小泊瀬造《おはつせのみやつこ》・百済造《くだらのみやつこ》・語造《かたりのみやつこ》の合わせて三十八氏に、姓を賜わって連といった。

冬十月の乙卯《きのとのう》の朔己未《つちのとのひつじ》（五日）に、三宅吉士《みやけのきし》・草壁吉士《くさかべのきし》・伯耆造《ははきのみやつこ》・船史《ふねのふびと》・壱伎史《いきのふびと》・娑羅々馬飼造《さららのうまかいのみやつこ》・菟野馬飼造《うののうまかいのみやつこ》・吉野首《よしののおびと》・紀酒人直《きのさかひとのあたい》・采女造《うねめのみやつこ》・阿直史《あときのふびと》・高市県主《たけちのあがたぬし》・磯城県主《しきのあがたぬし》・鏡作造《かがみつくりのみやつこ》の合わせて十四氏に、姓を賜わって連といった。丁卯《ひのとのう》（十三日）に、天皇は倉梯《くらはし》（桜井市倉橋）で狩を行なわれた。

十一月の甲申《きのえさる》の朔丁亥《ひのとのい》（四日）に、諸国に詔して陣法《いくさののり》（中国の兵法か）を教習させた。丙申《ひのえさる》（十三日）に、新羅が沙飡金主山《こんしゅせん》と大那末《だいなま》金長志《こんちょうし》とを遣わして調《みつき》をたてまつった。

十二月の甲寅《きのえとら》の朔丙寅《ひのえとら》（十三日）に、諸王五位伊勢王《いせのおおきみ》・大錦下羽田公八国《はたのきみやくに》・小錦下多臣品治《おおのおみほんじ》・小錦下中臣連大嶋《なかとみのむらじおおしま》、それに判官《まつりごとひと》（第三等官）・録史《ふびと》（第四等官）・工匠者《たくみ》（技

術者）などを遣わし、全国を巡行して諸国の境界を区分させた。しかし、この年には区分し終えなかった。庚午《かのえうま》（七日）に、詔して、

「すべての文武の官人、および畿内《うちつくに》の有位者たちは、四孟月《よつのはじめのつき》（一・四・七・十月の各一日）にはかならず朝廷に参上し、天皇を拝せ。重病で参集できないときは、その所属する官司が、理由を明記して法官《のりのつかさ》（のちの式部省に相当）に申し送れ」

と言われた。また、詔して、

「都城《みやこ》や宮室《おおみや》は、一ヵ所だけということはなく、かならず二、三ヵ所造るべきものである。それゆえ、まず難波に都を造ろうと思う[63]。百寮の者はそれぞれ難波に行き、家の敷地を賜わるようにせよ」

と言われた。

十三年の春正月の甲申《きのえさる》の朔庚子《かのえね》（十七日）に、三野県主《みののあがたぬし》・内蔵衣縫造《くらのきぬぬいのみやつこ》の二氏に姓を賜わって連といった。丙午《ひのえうま》（二十三日）に、天皇は東の庭におでましになり、群卿《まえつきみたち》もこれに侍した。そして、弓の名手と、侏儒《ひきひと》・左右の舎人《とねり》（大舎人）らとを召し、射を行なわせられた。

二月の癸丑《みずのとのうし》の朔丙子《ひのえね》（二十四日）に、金主山を筑紫で饗応した。庚辰《かのえたつ》（二十八日）に、浄広肆《じょうこうし》（十四年正月制定の新位階。追記）広瀬王《ひろせのおおきみ》・小錦中大伴連《おおとものむらじ》安摩呂《やすまろ》、および判官・録事《ふびと》（第四等官）・陰陽師《おんようじ》（地相をみることを掌る）・工匠《たくみ》らを畿内に遣わし、都とするに適

当な地を視察し、うらなわせた。また同日、三野王《みののおおきみ》・小錦下采女臣筑羅《うねめのおみつくら》らを信濃に遣わし、地形を視察させた。この地に都をお造りになろうというのであろうか。

三月の癸未《みずのとのひつじ》の朔庚寅《かのえとら》（八日）に、吉野の人宇閉直弓《うえのあたいゆみ》が白い海石榴《つばき》をたてまつった。辛卯《かのとのう》（九日）に、天皇は京内をお巡りになり、宮室に適当な地をお定めになった。(64) 乙巳《きのとのみ》（二十三日）に、金主山が帰国の途についた。

夏四月の壬子《みずのえね》の朔丙辰《ひのえたつ》（五日）に、徒罪以下の罪人をみな赦免した。甲子《きのえね》（十三日）に、広瀬の大忌神《おおいみのかみ》と竜田の風の神とを祭った。辛未《かのとのひつじ》（二十日）に、小錦下高向臣摩呂《たかむくのおみまろ》を大使とし、小山下都努臣牛甘《つののおみうしかい》を小使《そいつかい》（副使）として、新羅に遣わした。

閏四月の壬午《みずのえうま》の朔丙戌《ひのえいぬ》（五日）に、詔して、

「来年の九月にかならず観閲を行なう。それゆえ、百寮の人々に動作と装備とを教えよ」

と言われた。また詔して、

「そもそも、政治のかなめは軍事である。それゆえ文武官の人々は、だれもが武器を使い、馬に乗れるように努めよ。馬や武器、それに本人が着用する物も、一つ一つ揃えておくように努めよ。馬ある者を騎兵とし、馬のない者を歩兵とし、それぞれ訓練をつんで集会にさしさわりのないようにせよ。もし詔の趣旨に違反し、馬や武器の扱いに習熟せず、装備に欠けるようなことがあれば、親王以下諸臣にいたるまで、みな処罰する。大山位以下の者は、処罰すべき者は処罰し、杖の刑に処する者は実際に杖でうつ。訓練に努め、技術を

習得した者は、たとえ死刑にあたる罪を犯しても、罪を二等減じよう。ただし、自分の才能をたのみ、それによって故意に罪を犯す者は、赦免しない」

と言われた。また詔して、

「男女の着用する衣服は、襴《すそつき》（服の下部に別のきれでつけるすそ。中国風の服制）があってもなくても、また紐《ひも》を短く結んでも長く垂らしても、どちらでもよい。ただし朝廷に会集する日には、襴のある衣服を着け、紐を長く垂らせ。男子は、圭冠《はしはこうぶり》（いわゆる烏帽子《えぼし》）があればそれをかぶり、括緒褌《くくりおのはかま》（すそに緒をつけ、くるぶしの上でくくる式の袴）を着けよ。また、女の年四十以上の者は、髪を結いあげても結いあげなくても、馬の乗り方が縦でも横でも、任意とする。このほか、巫《かんなき》（みこ）や祝《はふり》（神官）なども、髪を結いあげなくてよい[65]」

と言われた。壬辰《みずのえたつ》（十一日）に、三野王らが信濃国の図をたてまつった。丁酉《ひのとのとり》（十六日）に、宮中で斎会を設け、罪を犯した舎人たちを赦免した。乙巳《きのとのみ》（二十四日）に、飛鳥寺の僧福揚《ふくよう》が罪ありとされ、獄に下された。庚戌《かのえいぬ》（二十九日）に、僧福揚はみずから頸《くび》を刺して死んだ。


五月の辛亥《かのとのい》の朔甲子《きのえね》（十四日）に、帰化してきた百済の僧尼および俗人の男女、合わせて二十三人を、みな武蔵国に住まわせた。戊寅《つちのえとら》（二十八日）に、三輪引田君難波麻呂《みわのひけたのきみなにわまろ》を大使とし、桑原連人足《くわはらのむらじひとたり》を小使《そいつかい》として高麗に遣わした。

六月の辛巳《かのとのみ》の朔甲申《きのえさる》（四日）に、雨乞いを行なった。

秋七月の庚戌《かのえいぬ》の朔癸丑《みずのとのうし》（四日）に、広瀬におでましになった。戊午《つちのえうま》（九日）に、広瀬・竜田の神を祭った。壬申《みずのえさる》（二十三日）に、彗星《ははきぼし》が西北に現われた。長さは一丈あまりであった。

八色の姓と新位階制

冬十月の己卯《つちのとのう》の朔に、詔して、

「ここに諸氏の姓を改めて八色《やくさ》の姓《かばね》(66)を作り、天下のすべての姓を一体とする。第一は真人《まひと》、第二は朝臣《あそん》、第三は宿禰《すくね》、第四は忌寸《いみき》、第五は道師《みちのし》、第六は臣《おみ》、第七は連《むらじ》、第八は稲置《いなき》である」

と言われた。同日、守山公《もりやまのきみ》・路公《みちのきみ》・高橋公《たかはしのきみ》・三国公《みくにのきみ》・当麻公《たぎまのきみ》・茨城公《うまらきのきみ》・丹比公《たじひのきみ》・猪名公《いなのきみ》・坂田公《さかたのきみ》・羽田公《はたのきみ》・息長公《おきながのきみ》・酒人公《さかひとのきみ》・山道公《やまじのきみ》の十三氏に、姓を賜わって真人といった。

辛巳《かのとのみ》（三日）に、伊勢王《いせのおおきみ》らを遣わして、諸国の境界を定めさせた。また同日、県犬《あがたのいぬ》養連手繦《かいのむらじたすき》を大使とし、川原連加尼《かわらのむらじかね》を小使《そいつかい》として耽羅（済州島）に遣わした。壬辰《みずのえたつ》（十四日）に、人定《いのとき》（午後十時ごろ）になって大きな地震がおこり、国中の男女が叫びあい、逃げまどった。山は崩れ、川はわきかえり、諸国の国郡の庁舎、百姓《おおみたから》の家屋や倉庫、寺院・神社の破壊されたものは数知れず、人民《おおみたから》や家畜も多く死傷した。このとき、伊予《いよ》

湯泉《ゆ》（道後温泉）が埋もれて出なくなり、土左国《とさのくに》では田五十余万頃《しろ》（約一二〇〇ヘクタール）が海に没した。古老は、

「このような地震は、かつてなかったことだ」

と言った。この日の夕、鼓《つづみ》の鳴るような音が東の方角に聞こえた。

「伊豆嶋《いずのしま》（伊豆大島か）の西と北の二面がひとりでに三百丈あまり広がり、もう一つの島になりました。鼓のような音がしたのは、神がこの島をお造りになる響きだったのです」

と言う人があった。甲午《きのえうま》（十六日）に、王卿《おおきみまえつきみ》たちに禄物を賜わった。

十一月の戊申《つちのえさる》の朔に、大三輪君《おおみわのきみ》・大春日臣《おおかすがのおみ》・阿倍臣《あへのおみ》・巨勢臣《こせのおみ》・膳臣《かしわでのおみ》・紀臣《きのおみ》・波多《はたの》臣《おみ》・物部連《もののべのむらじ》・平群臣《へぐりのおみ》・雀部臣《さざきべのおみ》・中臣連《なかとみのむらじ》・大宅臣《おおやけのおみ》・粟田臣《あわたのおみ》・石川臣《いしかわのおみ》・桜井臣《さくらいのおみ》・采女《うねめの》臣《おみ》・田中臣《たなかのおみ》・小墾田臣《おはりだのおみ》・穂積臣《ほづみのおみ》・山背臣《やましろのおみ》・鴨君《かものきみ》・小野臣《おののおみ》・川辺臣《かわべのおみ》・櫟井臣《いちいのおみ》・柿本《かきのもとの》臣《おみ》・軽部臣《かるべのおみ》・若桜部臣《わかさくらべのおみ》・岸田臣《きしたのおみ》・高向臣《たかむくのおみ》・宍人臣《ししひとのおみ》・来目臣《くめのおみ》・犬上君《いぬかみのきみ》・上毛野君《かみつけののきみ》・角《つのの》臣《おみ》・星川臣《ほしかわのおみ》・多臣《おおのおみ》・胸方君《むなかたのきみ》・車持君《くるまもちのきみ》・綾君《あやのきみ》・下道臣《しもつみちのおみ》・伊賀臣《いがのおみ》・阿閉臣《あへのおみ》・林臣《はやしのおみ》・波《は》弥臣《みのおみ》・下毛野君《しもつけののきみ》・佐味君《さみのきみ》・道守臣《ちもりのおみ》・大野君《おおののきみ》・坂本臣《さかもとのおみ》・池田君《いけだのきみ》・玉手臣《たまてのおみ》・笠臣《かさのおみ》の合わせて五十二氏に、姓を賜わって朝臣といった。庚戌《かのえいぬ》（三日）に、土左国司が、

「高波（地震のときの津波か）で海水が押し寄せたため、調《みつき》を運ぶ船が数多く行方不明になりました」

と報告した。戊辰《つちのえたつ》（二十一日）の昏時《いぬのとき》（午後八時ごろ）に、七つの星がいっしょに東北の

方角に流れて落ちた。庚午《かのえうま》（二十三日）の日没時《とりのとき》（午後六時ごろ）に、星が東の方角に落ちた。大きさは瓫《ほとき》（湯や水をいれる、口が小さく胴の太い瓦器）ほどであった。戌《いぬのとき》（午後八時ごろ）になって、天文はことごとく乱れ、雨のように星が落ちた。

この月に、天の中央にぼんやりと光る星があり、昴星《もうしょう》（すばる）と並んで動いた。月末にいたって見えなくなった。

この年、詔して、

「伊賀・伊勢・美濃・尾張の四国は、今後、調《みつき》をたてまつる年には役《えだち》（労役）を免除し、役を徴する年には調を免除せよ」

と言われた（壬申の乱との関係による優遇か）。倭の葛城下郡《かずらきのしものこおり》（奈良県北葛城郡）が、

「四本足の鶏《にわとり》が見つかりました」

と報告した。また、丹波国《たにわのくに》の氷上郡《ひかみのこおり》（兵庫県丹波市）が、

「十二の角《つの》のある子牛が見つかりました」

と報告した。

十二月の戊寅《つちのえとら》の朔己卯《つちのとのう》（三日）に、大伴連《おおとものむらじ》・佐伯連《さえきのむらじ》・阿曇連《あずみのむらじ》・忌部連《いんべのむらじ》・尾張《おわりの》連《むらじ》・倉連《くらのむらじ》・中臣酒人連《なかとみのさかひとのむらじ》・土師連《はじのむらじ》・掃部連《かにもりのむらじ》・境部連《さかいべのむらじ》・桜井田部連《さくらいのたべのむらじ》・伊福部連《いおきべのむらじ》・巫《かんなき》部連《べのむらじ》・忍壁連《おさかべのむらじ》・草壁連《くさかべのむらじ》・三宅連《みやけのむらじ》・児部連《こべのむらじ》・手繦丹比連《たすきのたじひのむらじ》・靫丹比連《ゆきのたじひのむらじ》・漆部連《ぬりべのむらじ》・大《おお》湯人連《ゆえのむらじ》・若湯人連《わかゆえのむらじ》・弓削連《ゆげのむらじ》・神服部連《かんはとりのむらじ》・額田部連《ぬかたべのむらじ》・津守連《つもりのむらじ》・県犬養連《あがたのいぬかいのむらじ》・稚犬養《わかいぬかいの》

連《むらじ》・玉祖連《たまのやのむらじ》・新田部連《にいたべのむらじ》・倭文連《しつおりのむらじ》〔倭文、これを之頭於利《しつおり》という〕・氷連《ひのむらじ》・凡海連《おおしあまのむらじ》・山《やま》部連《べのむらじ》・矢集連《やつめのむらじ》・狭井連《さいのむらじ》・爪工連《はたくみのむらじ》・阿刀連《あとのむらじ》・茨田連《まんたのむらじ》・田目連《ためのむらじ》・少子部連《ちいさこべのむらじ》・菟道連《うじのむらじ》・小治田連《おはりだのむらじ》・猪使連《いつかいのむらじ》・海犬養連《あまのいぬかいのむらじ》・間人連《はしひとのむらじ》・舂米連《つきよねのむらじ》・美濃矢集連《みののやつめのむらじ》・諸会臣《もろあいのおみ》・布留《ふるの》連《むらじ》の五十氏に、姓を賜わって宿禰といった。癸未《みずのとのひつじ》（六日）に、大唐に遣わされた学生の土師宿禰甥《はじのすくねおい》・白猪史宝然《しらいのふびとほね》（いずれも後日「大宝律令」の撰定に参加）、および、百済の戦役のとき大唐に捕えられた猪使連子首《いつかいのむらじこびと》・筑紫三宅連得許《つくしのみやけのむらじとくこ》が、新羅を経由して帰朝した。そこで新羅は、大奈末金物儒《こんもつぬ》を遣わして、甥らを筑紫まで送ってきた。庚寅《かのえとら》（十三日）に、死刑以外の罪人をことごとく赦免した。

十四年春正月の丁未《ひのとのひつじ》の朔戊申《つちのえさる》（二日）に、百寮《つかさつかさ》が朝廷で天皇を拝した。丁卯《ひのとのう》（二十一日）に、爵位《こうぶりくらい》（冠位）の称号を改め、位階を増加した。[67] 明位《みょうい》は二階、浄位《じょうい》は四階で、階ごとにそれぞれ大と広とがあり、計十二階。これは諸王以上の位である。正位《しょうい》は四階、直位《じきい》は四階、勤位は四階、務位は四階、追位は四階、進位は四階、階ごとにそれぞれ大と広があり、計四十八階。これは諸臣の位である（三一二―三一三ページの表参照）。同日、草壁皇子尊に浄広壱《じょうこういち》、大津皇子に浄大弐《じょうだいに》、高市皇子に浄広弐、川嶋皇子・忍壁皇子《おさかべのみこ》に浄大参《じょうだいさん》の位をお授けになり、以下の諸王・諸臣らにもそれぞれ爵位を増し加えた。

二月の丁丑《ひのとのうし》の朔庚辰《かのえたつ》（四日）に、大唐の人、百済の人、高麗の人合わせて百四十七人に爵位を賜わった。

三月の丙午《ひのえうま》の朔己未《つちのとのひつじ》（十四日）に、金物儒は筑紫で饗応をうけ、筑紫から帰途についた。そこで、漂着した新羅の人七人を、物儒に従わせて帰した。辛酉《かのとのとり》（十六日）に京職大夫《みさとのつかさのかみ》直大参許勢朝臣辛檀努《こせのあそんしたの》（紫檀）が卒した。壬申《みずのえさる》（二十七日）に、詔して、

「国々で、家ごとに仏舎《ほとけのおおとの》を作り、仏像と経とを置いて礼拝供養《らいはいくよう》せよ」(68)

と言われた。

この月に、灰が信濃国に降り、草木がみな枯れた。

夏四月の丙子《ひのえね》の朔己卯《つちのとのう》（四日）に、紀伊国司《きのくにのみこともち》が、

「牟婁湯泉《むろのゆ》（和歌山県西牟婁郡の湯崎温泉）が埋もれて出なくなりました」

と報告した。丁亥《ひのとのい》（十二日）に、広瀬・竜田の神を祭った。壬辰《みずのえたつ》（十七日）に、新羅の人金主山《こんしゅせん》が帰途についた（十三年三月条にすでに帰国のことが見える）。庚寅《かのえとら》（十五日）に、この日から、僧尼を招いて宮中で安居《あんご》を行なった。

五月の丙午《ひのえうま》の朔庚戌《かのえいぬ》（五日）に、南門で射を行なった。天皇は飛鳥寺におでましになり、珍宝を仏に捧げて礼拝された。甲子《きのえね》（十九日）に、直大肆粟田朝臣真人《じきだいしあわたのあそんまひと》が位を父に譲ることを請うたが、天皇は勅してこれをお許しにならなかった。同日、直大参当麻真人広摩呂《たぎまのまひとひろまろ》が卒した。壬申の年の戦功により、直大壱《じきだいいち》の位をお贈りになった。辛未《かのとのひつじ》（二十六日）に、高向朝臣麻呂《たかむくのあそんまろ》・都努朝臣牛飼《つののあそんうしかい》らが新羅から帰国した。学問僧の観常《かんじょう》と霊観《りょうかん》も、これに従って帰ってきた。新羅の王（神文王）が献上した物は、馬二匹・犬三頭・鸚鵡《おうむ》二羽・

鵲《かささぎ》二羽、そのほかさまざまな物であった。

六月の乙亥《きのとのい》の朔甲午《きのえうま》（二十日）に、大倭連《やまとのむらじ》・葛城連《かずらきのむらじ》・凡川内連《おおしこうちのむらじ》・山背連《やましろのむらじ》・難波連《なにわのむらじ》・紀酒人連《きのさかひとのむらじ》・倭漢連《やまとのあやのむらじ》・河内漢連《こうちのあやのむらじ》・秦連《はだのむらじ》・大隅直《おおすみのあたい》・書連《ふみのむらじ》の合わせて十一氏に、姓を賜わって忌寸といった。

秋七月の乙巳《きのとのみ》の朔乙丑《きのとのうし》（二十一日）に、広瀬・竜田の神を祭った。庚午《かのえうま》（二十六日）に、勅して明位以下進位以上の朝服《みかどころも》（朝廷に出仕する際着用する服）の色を定めた。浄位以上はみな朱花《はねず》（朱色）〔朱花、これを波泥孺《はねず》という〕を着用する。正位は深紫《ふかむらさき》、直位は浅《あさ》紫《むらさき》、勤位は深緑、務位は浅緑、追位は深蒲萄《ふかえびそめ》（えびそめは青色）、進位は浅蒲萄である。

辛未《かのとのひつじ》（二十七日）に、詔して、

「東山道《やまのみち》は美濃以東、東海道《うみつみち》は伊勢以東の諸国の有位者には、みな課役を免除せよ」

と言われた（これも壬申の乱参加者への優遇か）。

八月の甲戌《きのえいぬ》の朔乙酉《きのとのとり》（十二日）に、天皇は浄土寺《じょうどじ》（山田寺）におでましになった。丙《ひのえ》戌《いぬ》（十三日）には川原寺《かわらでら》におでましになり、稲を僧《ほうし》たちにお贈りになった。癸巳《みずのとのみ》（二十日）に、耽羅に遣わされた使人たちが帰国した。

九月の甲辰《きのえたつ》の朔壬子《みずのえね》（九日）に、天皇は旧宮《ふるみや》の安殿《あんどの》の庭で宴《とよのあかり》を催された（重陽の宴）。同日、皇太子以下忍壁皇子にいたるまでに、それぞれ布を賜わった。甲寅《きのえとら》（十一日）に、宮処王《みやところのおおきみ》・広瀬王《ひろせのおおきみ》・難波王《なにわのおおきみ》・竹田王《たけだのおおきみ》・弥努王《みののおおきみ》を京および畿内に遣わし、人々の用意した武器を校閲した。戊午《つちのえうま》（十五日）に、直広肆都努朝臣牛飼《つののあそんうしかい》を東海《うみつみち》の使者とし、直広肆石川朝臣虫名《いしかわのあそんむしな》を東山《やまのみち》の使者とし、直広肆佐味朝臣少摩呂《さみのあそんすくなまろ》を山陽《かげとものみち》の使者とし、直広肆巨勢朝臣粟持《こせのあそんあわもち》を山陰《そとものみち》の使者とし、直広参路真人迹見《みちのまひととみ》を南海《みなみのみち》の使者とし、直広肆佐《さ》伯宿禰《えきのすくね》広足《ひろたり》を筑紫の使者とし、それぞれ判官《まつりごとひと》（第三等官）一人・史《ふびと》（第四等官）一人を従え、国司・郡司および百姓《おおみたから》のようすを巡察させた。また同日、詔して、

「およそ歌男《うたお》・歌女《うため》・笛吹《ふえふき》は、みなその技術を自分の子孫に伝え、歌や笛に習熟させよ」

と言われた。

天皇病む

辛酉《かのとのとり》（十八日）に、天皇は大安殿《おおあんどの》（御在所である内裏の正殿）におでましになり、王卿《おおきみまえつきみ》たちを御殿の前に召して、博戯《はくぎ》（双六《すごろく》などのかけごと）をおさせになった。同日、宮処王・難波王・竹田王・三国真人友足《みくにのまひとともたり》・県犬養宿禰大侶《あがたのいぬかいのすくねおおとも》・大伴宿禰御行《おおとものすくねみゆき》・境部宿《さかいべのすく》禰《ね》石積《いわつみ》・多朝臣品治《おおのあそんほんじ》・采女朝臣竹羅《うねめのあそんつくら》・藤原朝臣大嶋《ふじわらのあそんおおしま》（中臣連）の合わせて十人に、御自身の衣と袴とを賜わった。壬戌《みずのえいぬ》（十九日）に、皇太子以下および王卿たち、合わせて四十八人に、それぞれ羆《しくま》（ヒグマ）の皮と山羊《かましし》（カモシカ）の皮とを賜わった。癸《みずのとの》亥《い》（二十日）に、高麗の国に遣わした使人らが帰国した。丁卯《ひのとのう》（二十四日）に、天皇の御健康がすぐれないので、三日間大官大寺・川原寺・飛鳥寺で誦経《ずきょう》させ、そのために稲を三つ

の寺にそれぞれお納めになった。庚午《かのえうま》（二十七日）に、帰化してきた高麗の人々に、それぞれ禄物を賜わった。

冬十月の癸酉《みずのととり》の朔丙子《ひのえね》（四日）に、百済の僧常輝《じょうき》に食封を三十戸賜わった。この僧は年百歳である。庚辰《かのえたつ》（八日）に、百済の僧法蔵《ほうぞう》と優婆塞《うばそく》（俗人の男性で仏法を信奉し、五戒を守る者）益田直金鐘《ますたのあたいこんしょう》を美濃に遣わして白朮《おけら》を煎じさせ（胃の薬になる）、よって絁《ふとぎぬ》・綿・布を賜わった。壬午《みずのえうま》（十日）に、軽部朝臣足瀬《かるべのあそんたるせ》・高田首新家《たかたのおびとにいのみ》・荒田尾連麻《あらたおのむらじま》呂《ろ》を信濃に遣わして、行宮《かりみや》を造らせた。おそらく、束間温湯《つかまのゆ》（長野県松本市の浅間温泉か）に行幸しようとされたのであろう。甲申《きのえさる》（十二日）に、浄大肆泊瀬王《はつせのおおきみ》・直広肆巨勢朝臣《こせのあそん》馬飼《うまかい》、判官以下、合わせて二十人を畿内の役《えだち》（都城の地を選ぶ事業か）に任じた。己丑《つちのとのうし》（十七日）に、伊勢王《いせのおおきみ》らがまた東国に向かうので、衣と袴《はかま》とを賜わった（諸国境界画定事業の継続か）。この月に、『金剛般若経《こんごうはんにゃきょう》』を宮中でお説かせになった。

十一月の癸卯《みずのとのう》の朔甲辰《きのえたつ》（二日）に、官用の鉄一万斤を周芳総令《すわのすぶるおさ》のもとに送った。同日、筑紫大宰《つくしのおおみこともち》が、官用の絁一百匹・絲一百斤・布三百端・庸布《ちからしろのぬの》四百常（常は一丈三尺）・鉄一万斤・箭竹《やのしの》（矢に用いる竹）二千本を申請してきたので、それらを筑紫に発送した。丙午《ひのえうま》（四日）に、四方《よも》の国に詔して、「大角《はら》・小角《くだ》・鼓吹《つづみふえ》・幡旗《はた》、および弩《おおゆみ》（機械仕掛けの大弓）・抛《いしはじき》（投石機）などは、個人の家に置いてはならぬ。みな郡家《こおりのみやけ》に収めよ」

と言われた。戊申《つちのえさる》（六日）に、白錦後苑《しらにしきのみその》（未詳）におでましになった。丙寅《ひのえとら》（二十四日）に、法蔵法師と金鐘とが、白朮の煎じたものをたてまつった。この日、天皇のおんために招魂《みたまふり》(69)を行なった。己巳《つちのとのみ》（二十七日）に、新羅が、波珍飡《はちんさん》(70)金智祥《こんちじょう》と大阿飡金健勲《こんごんくん》とを遣わして国政のことを奏上し、調をたてまつった。

十二月の壬申《みずのえさる》の朔乙亥《きのとのい》（四日）に、筑紫に遣わされた防人らが、海上で難破漂流し、みな衣服を失った。そこで防人の衣服のために、布四百五十八端を筑紫に発送した。辛巳《かのとのみ》（十日）に、西の方から地震がおこった。丁亥《ひのとのい》（十六日）に、絁《ふとぎぬ》・綿・布を大官大寺の僧たちにお贈りになった。庚寅《かのえとら》（十九日）に、皇后のおぼしめしにより、王卿《おおきみまえつきみ》たち五十五人に、朝服《ほうし》各一揃いを賜わった。

朱鳥元年の春正月の壬寅《みずのえとら》の朔癸卯《みずのとのう》（二日）に、天皇は大極殿におでましになり、王卿たちに宴《とよのあかり》を賜わった。この日に、詔して、

「これから王卿に無端事《あとなしこと》（なぞなぞのようなことか）を尋ねよう。もし当たったら、かならず賜いものをしよう」

と言われた。高市皇子は問に正しく答え、蓁揩《はりすり》の御衣（ハンノキの実で摺って染めた衣）三揃い、錦の袴二揃い、それに絁二十匹・絲五十斤・綿百斤・布一百端を賜わった。伊勢《いせの》王《おおきみ》もまた正しく答えたので、皁《くりそめ》（黒色）の御衣三揃い、紫の袴二揃い、絁七匹・絲二十斤・綿四十斤・布四十端を賜わった。また同日、摂津国《つのくに》の人百済新興《くだらのにいき》が白い馬瑙《めのう》をたてま

つった。庚戌《かのえいぬ》（九日）に、三綱《さんごう》（僧綱の僧正・大僧都・少僧都か）・律師、および大官大寺の知事、佐官（二年十二月条参照）、合わせて九人の僧を招き、俗人の食べ物で供養し、ほかにそれぞれ絁・綿・布をお贈りになった。辛亥《かのとのい》（十日）に、王卿たちにそれぞれ袍《きぬ》（衣）と袴一揃いを賜わった。甲寅《きのえとら》（十三日）に、種々の才芸ある人、博士《はかせ》・陰陽師《おんようじ》・医師《くすし》、合わせて二十人あまりを召し、食事と禄物とを賜わった。

乙卯《きのとのう》（十四日）の酉《とり》の時（午後六時ごろ）に、難波の大蔵省《おおくらのつかさ》（省は追記か。のちの大蔵省にあたる官司の倉庫）から出火し、宮室《おおみや》（難波宮。十二年十二月条参照）がことごとく焼失した。

「阿斗連薬《あとのむらじくすり》の家の火事が延焼して宮室に及んだのだ」と言う人もある。ただ、兵庫職《つわもののつかさ》（朝廷の武器庫）だけは焼けなかった。丁巳《ひのとのみ》（十六日）に、天皇は大安殿《おおあんどの》におでましになり、王卿たちを召して宴を賜わり、それぞれに絁・綿・布を賜わった（踏歌《とうか》の節会《せちえ》か）。この日、天皇は無端事《あとなしこと》を群臣《まえつきみたち》にお尋ねになり、即座に正しく答えた者には、そのうえにさらに絁・綿を賜わった。戊午《つちのえうま》（十七日）に、後宮《きさきのみや》（皇后の御座所）で宴を催された。己未《つちのとのひつじ》（十八日）に、朝廷で盛大な酒宴を催された。同日、天皇は御窟殿《みむろのとの》（未詳）の前におでましになり、倡優《わざひと》（俳優）たちにそれぞれ禄物を賜わり、また歌人《うたびと》たちにも袍（衣）と袴とを賜わった。庚申《かのえさる》（十九日）に、地震がおこった。この月に、新羅の金智祥を饗応するために、浄広肆川内王《こうちのおおきみ》・直広参大伴宿禰安摩《おおとものすくねやすま》呂《ろ》・直大肆藤原朝臣大嶋《ふじわらのあそんおおしま》・直広肆境部宿禰鯯魚《さかいべのすくねこのしろ》・直広肆穂積朝臣虫麻呂《ほづみのあそんむしまろ》らを筑紫に遣わした。

二月の辛未《かのとのひつじ》の朔甲戌《きのえいぬ》(四日)に、大安殿におでましになり、侍臣《おもとまえつきみ》六人に勤位をお授けになった。乙亥《きのとのい》(五日)に、勅して、国司たちのうち功績のある者九人を選び、勤位をお授けになった。

三月の辛丑《かのとのうし》の朔丙午《ひのえうま》(六日)に、大弁官《おおともいのつかさ》直大参羽田真人八国《はたのまひとやくに》が病にかかったので、僧三人を得度(出家)させた。庚戌《かのえいぬ》(十日)に、雪が降った。乙丑《きのとのうし》(二十五日)に、羽田真人八国が卒した。壬申の年の戦功により、直大壱の位をお贈りになった。

夏四月の庚午《かのえうま》の朔丁丑《ひのとのうし》(八日)に、侍医桑原村主訶都《おもとくすしくわはらのすぐりかつ》に直広肆をお授けになり、姓を賜わって連といった(『続日本紀』文武三年正月条にも同一記事がある)。壬午《みずのえうま》(十三日)に、新羅の客人らを饗応するため、川原寺の伎楽《くれがく》(舞人・楽人・衣裳など)を筑紫に運んだ。このことにより、皇后の宮の私稲五千束を川原寺に納めた。戊子《つちのえね》(十九日)に、新羅のたてまつる調が筑紫から貢上された。それは、良馬一匹・騾《ら》(ラバ)一頭・犬二頭、彫刻を施した金の器《うつわ》、および金・銀・霞錦《かすみにしき》・綾羅《あやうすはた》、虎《とら》と豹《なかつかみ》(ヒョウ)の皮、それに薬物の類、合わせて百余種であった。また智祥・健勲らがこれとは別に献上した物は、金・銀・霞錦・綾羅、金の器、屛風《びょうぶ》、鞍の皮、絹布・薬物の類でそれぞれ六十余種、そのほか皇后・皇太子・親王たちに献上する物もそれぞれ数多くあった。丙申《ひのえさる》(二十七日)に、多紀《たきの》皇女《ひめみこ》・山背姫王《やましろのおおきみ》・石川夫人《いしかわのおおとじ》（天皇の夫人、太蕤娘）を伊勢神宮にお遣わしになった。

五月の庚子《かのえね》の朔戊申《つちのえさる》（九日）に、多紀皇女たちが伊勢から帰ってきた。同日、侍医の百済の人億仁《おくに》が病にかかり、死にそうになったので、勤大壱の位をお授けになり、食封一百戸を賜わった。癸丑《みずのとのうし》（十四日）に、勅して大官大寺に食封七百戸を賜わり、税《おおちから》（出挙稲。諸国の正税を農民に出挙し、利稲を寺の収益とする）三十万束を寺にお納めになった。丙辰《ひのえたつ》（十七日）に、宮人《みやびと》（宮廷の女官）たちに爵位を増し加えた。癸亥《みずのとのい》（二十四日）から、天皇は病あつくなられ、ために川原寺で『薬師経《やくしきょう》（薬師如来本願経）』を説かせ、また宮中で安居《あんご》させた。戊辰《つちのえたつ》（二十九日）に、金智祥らは筑紫で饗応をうけ、それぞれ禄物を賜わり、筑紫から退去した。

この月に、勅して左右の大舎人《おおとねり》らを遣わし、諸寺の堂塔を清掃させた。また、全国に大赦を行ない、獄舎にはすっかり囚人がいなくなった。

六月の己巳《つちのとのみ》の朔に、槻本村主勝摩呂《つきもとのすぐりかちまろ》に姓を賜わって連といい、勤大壱の位を加え、また食封二十戸を賜わった。庚午《かのえうま》（二日）に、工匠《たくみ》（技術者）・陰陽師・侍医、大唐の学生（留学生）、および一人二人の宮人、合わせて三十四人に爵位をお授けになった。乙亥《きのとのい》（七日）に、諸司の人々のうち功績ある者二十八人を選び、爵位を増し加えた。戊寅《つちのえとら》（十日）に、天皇の病を卜《うらな》ったところ、草薙剣《くさなぎのつるぎ》（このころ宮中に置かれていたか）の祟《たた》りであるとのことであったので、即日、尾張国の熱田社《あつたのやしろ》に送って安置させた。庚辰《かのえたつ》（十二日）に、

雨乞いを行なった。甲申《きのえさる》（十六日）に、伊勢王と官人たちとを飛鳥寺に遣わし、僧《ほうし》たちに勅して、

「近ごろ、わが身は病におかされている。願わくは、仏法の威によって健康な身になりたいと思う。それゆえ、僧正《そうじょう》・僧都《そうず》および僧たちよ、仏に誓願してほしい」

と言われ、珍宝を仏にたてまつられた。また同日、三綱（正月条参照）・律師、四寺の和《わ》上《じょう》・知事、それに現に師位《のりのしのくらい》を有する僧たちに、御衣・御被《おおみふすま》各一揃いを賜わった。丁亥《ひのとのい》（十九日）に、勅して、百官の人々を川原寺に遣わして燃灯供養《ねんとうくよう》（たくさんの灯火を燃やして仏を供養する法会）を行ない、盛大な斎会を設けて悔過《けか》（皇極元年七月条参照）を行なった。丙申《ひのえさる》（二十八日）に、法忍僧《ほうにんほうし》・義照僧《ぎしょうほうし》に、老いの身を養うため、食封各三十戸を賜わった。庚寅《かのえとら》（二十二日）に、名張厨司《なばりのくりやのつかさ》（天皇の食膳に供する鳥・魚・貝などを捕えるための施設）に火災がおこった。

秋七月の己亥《つちのとのい》の朔庚子《かのえね》（二日）に、勅して、

「今後は、もとどおり男は脛裳《はばきも》を着け、女は髪を背に長く垂らしてよい」[71]

と言われた。同日、僧正・僧都らが宮中に参上し、悔過《けか》を行なった。辛丑《かのとのうし》（三日）に、諸国に詔して大解除《おおはらえ》（大祓）を行なった。壬寅《みずのえとら》（四日）に、全国について調《みつき》の半分を免除し、徭役《みゆきえだち》（労役）のすべてを免除した。癸卯《みずのとのう》（五日）に、幣帛《みてぐら》を紀伊国《きのくに》の国懸神《くにかかすかみ》（和歌山市秋月）、飛鳥の四社《よつのやしろ》（飛鳥神社）、住吉大神《すみのえのおおかみ》（大阪市住吉区）にたてまつった。丙《ひのえ》

午《うま》（八日）に、一百の僧を招き、『金光明経《こんこうみょうぎょう》』を宮中で読ませた。戊申《つちのえさる》（十日）に、雷が南の方角に光り、一度大きく雷鳴がとどろいたと思うと、民部省《かきべのつかさ》（民官）の庸《ちからしろ》（仕丁・采女のための庸布・庸米）を納めてある屋舎に火災がおこった。

「忍壁皇子《おさかべのみこ》の宮の火事が延焼して民部省を焼いたのだ」

と言う人もある。癸丑《みずのとのうし》（十五日）に、勅して、

「天下のことは、大小となく、みな皇后と皇太子とに申すように」

と言われた。同日、大赦を行なった。甲寅《きのえとら》（十六日）に、広瀬・竜田の神を祭った。丁《ひのと》巳《み》（十九日）に、詔して、

「国々の百姓《おおみたから》で、貧乏なために稲や財物を人から借りた者は、乙酉《きのとのとり》の年（天武十四年）の十二月三十日以前のことであれば、官から借りたものも民間から借りたものも、みなその返済を免除する」

と言われた。

戊午《つちのえうま》（二十日）に、改元して朱鳥元年《あかみとりのはじめのとし》といい〔朱鳥、これを阿訶美苔利《あかみとり》という〕、宮を名づけて飛鳥浄御原宮《あすかのきよみはらのみや》といった。丙寅《ひのえとら》（二十八日）に、よく仏道を修行する者のなかから七十人を選んで出家させ、宮中の御窟院《みむろのまち》で斎会を設けた。

この月に、王臣《おおきみまえつきみ》たちは天皇のおんために観世音像《かんぜおんのみかた》を造り、『観世音経《かんぜおんぎょう》』（『法華経』の観世音菩薩普門品）を大官大寺で説かせた。

八月の己巳《つちのとのみ》の朔に、天皇のおんために八十人の僧を得度（出家）させた。庚午《かのえうま》（二日）に、僧尼合わせて一百人を得度させ、百の観世音菩薩を宮中に安置して、『観世音経』二百巻を読ませた。丁丑《ひのとのうし》（九日）に、天皇の御病の平癒を神々に祈った。辛巳《かのとのみ》（十三日）に、秦忌寸石勝《はだのいみきいわかつ》を遣わして、幣帛《みてぐら》を土左大神《とさのおおかみ》（四年三月条参照）にたてまつった。同日、皇太子・大津皇子・高市皇子にそれぞれ食封四百戸、川嶋皇子（天智天皇の皇子）・忍壁皇子にそれぞれ百戸をお加えになった。癸未《みずのとのひつじ》（十五日）に、芝基皇子《しきのみこ》（天智天皇の皇子）・磯城皇子《しきのみこ》（天皇の皇子）に、それぞれ食封二百戸をお加えになった。己丑《つちのとのうし》（二十一日）に、檜隈寺《ひのくまでら》・軽寺《かるでら》・大窪寺《おおくぼでら》（いずれも飛鳥付近にあった寺院）に、それぞれ食封百戸を三十年を限って賜わった。辛卯《かのとのう》（二十三日）に、巨勢寺《こせでら》（御所市古瀬にあった寺院）に食封二百戸を賜わった。

天武天皇の崩御

九月の戊戌《つちのえいぬ》の朔辛丑《かのとのうし》（四日）に、親王以下諸臣にいたるまで、ことごとく川原寺《かわらでら》に集《つど》い、天皇の御病平癒のために、云々《しかじか》と誓願した。丙午《ひのえうま》（九日）に、天皇の御病はついに平癒することなく、王宮《おおみや》（御在所）でお崩《かく》れになった。戊申《つちのえさる》（十一日）に、はじめて発哀（挙哀。人の死にあたり、声を発して悲しみを表わす礼）が行なわれ、殯宮《もがりのみや》（埋葬までここに遺体を安置し、その間種々の儀礼が行なわれる）が南の庭に建てられた。辛酉《かのとのとり》（二十四日）

に、南の庭に殯《もがり》し、発哀した。このとき、大津皇子が皇太子に謀反《ぼうはん》（国家＝君主を危うくしようとはかる罪）を企てた。(72)

甲子《きのえね》（二十七日）の平旦《とらのとき》（午前四時ごろ）に、僧尼たちが殯宮の庭で発哀し、退出した。また同日、はじめて奠《みけ》（死者への供え物）をたてまつって誄《しのびごと》（死者を慕い、その霊に向かってことばを述べる）をした。初めに大海宿禰菖蒲《おおしあまのすくねあらかま》が、壬生《みぶ》のこと（天皇の皇子女のこと）を誄した。つぎに浄大肆伊勢王《いせのおおきみ》が、諸王のことを誄した。つぎに直大参県犬養宿禰《あがたのいぬかいのすくね》大伴《おおとも》が、宮内（宮内官）のことをまとめて誄した。つぎに浄広肆河内王《こうちのおおきみ》が、左右の大舎人のことを誄した。つぎに直大参当摩真人国見《たぎまのまひとくにみ》が、左右の兵衛《とねり》のことを誄した。つぎに直大肆采女朝臣竺羅《うねめのあそんつくら》が、内命婦《ひめまえつきみ》（直位以上を帯する婦人）のことを誄した。つぎに直広肆紀《きの》朝臣真人《あそんまひと》が、膳職《かしわでのつかさ》のことを誄した。

乙丑《きのとのうし》（二十八日）に、僧尼たちがまた殯宮の庭で発哀した。同日、直大参布勢朝臣《ふせのあそん》御主人《みぬし》が、大政官《おおまつりごとのつかさ》のことを誄した。つぎに直広参石上朝臣麻呂《いそのかみのあそんまろ》（物部連）が、法官《のりのつかさ》（のちの式部省）のことを誄した。つぎに直大肆大三輪朝臣高市麻呂《おおみわのあそんたけちまろ》が、理官《おさむるつかさ》（のちの治部省）のことを誄した。つぎに直広参大伴宿禰安麻呂《おおとものすくねやすまろ》が、大蔵のことを誄した。つぎに直大肆藤原朝臣大嶋《ふじわらのあそんおおしま》が、兵政官《つわもののつかさ》（のちの兵部省）のことを誄した。丙寅《ひのえとら》（二十九日）に、僧尼がまた発哀した。同日、直広肆阿倍久努朝臣麻呂《あへのくののあそんまろ》が、刑官《うたえのつかさ》（のちの刑部省）のことを誄した。つぎに直広肆紀朝臣弓張《きのあそんゆみはり》が、民官《かきのつかさ》（のちの民部省）のことを誄した。つぎに直広肆穂積朝臣虫麻呂《ほづみのあそんむしまろ》が、諸国の国司《くにのみこともち》のことを誄した。つぎに大隅・阿多《あた》の隼人《はやひと》、および倭《やまと》・河内《こうち》の馬飼部造《うまかいべのみやつこ》（馬飼部を管掌する伴造）が、それぞれ誄した。丁卯《ひのとのう》（三十日）に、僧尼が発哀した。同日、百済王良虞《くだらのこきしりょうぐ》が、百済王善光《ぜんこう》（良虞の父）に代わって誄した。つぎに諸国の国造《くにのみやつこ》らが、参上してくるに従ってそれぞれ誄し、さまざまな歌舞を演奏した。

(1) 大来皇女は斎王として伊勢神宮に奉仕することになったもので、斎王の派遣はこの時代以後恒例化する。延喜斎宮式の規定によると、斎王は卜定後まず初斎院《しょさいいん》で翌年の七月まで潔斎し、さらに城外の浄野に作られた野宮《ののみや》でその翌年の八月まで潔斎し、同九月上旬、伊勢に参入する定めであった。大来皇女は三年十月に泊瀬から伊勢に向かうので、『通釈』はこの泊瀬斎宮を後世の野宮に当たるものとしている。
(2) 外位は、大宝・養老令制では郡司などの外考の官に与えられるものだが、天武朝の外位はすべて死亡時の追贈で、卑姓出自者への行賞の意味が強い。
(3)(4)(5)(6)(7) いずれも新羅の官位。一一四ページの表参照。
(8) 新羅外位の第四。
(9) 高句麗の官位。『三国史記』に見える十級の官位のうちの第三。
(10) 大嘗は、天皇が即位後はじめて新穀をもって神祇を祭る儀式。ここで禄・爵を賜わった播磨・丹波二国の郡司とは、大嘗会に用いる稲を供するいわゆる悠紀《ゆき》・主基《すき》の国郡として卜定された郡の郡司であろう。

(11) もとの百済大寺（二二〇ページ注（6）参照）を移したものという。のち平城遷都にともなって新京に移り、大安寺となった。明日香村小山に遺跡がある。一九七四年から講堂・中門・南門・塔跡などの発掘調査が行なわれ、この寺が飛鳥地方最大規模の寺院であること、本格的な造営は七世紀末で、全体の造営が完成しないまま八世紀初頭には焼失したことなどが判明した。

(12) 石上神宮は奈良県天理市にある。物部氏のまつる武神で、皇室から代々刀剣が神宝として奉納され、朝廷の武器庫としての性格を有していた。この日の勅は、諸氏の武器を排して皇室の武器庫としての性格に徹せしめようとしたものか。

(13) いわゆる御薬《ごやく》の先蹤《せんしょう》。中国から伝わった行事で、元日に天皇が屠蘇《とそ》・白散《びゃくさん》などの薬物を服用し、百官とともに長寿を願うもの。

(14) いわゆる御薪《みかまぎ》。宮廷所用の薪を百官がたてまつる行事。養老令制では正月十五日に行なわれる。

(15) 新羅十七階官位第十二の大舎の誤りか。一一四ページの表参照。

(16) 春農民に官稲を貸し、収穫時に利息つきで返納させる公出挙の制か。三〇九ページ注（49）参照。

(17) いわゆる広瀬・竜田祭で、ここが初見。大忌祭は山谷の水が甘水となって水田をうるおし、五穀を稔らせることを祈る祭、風神祭は風水の害なきを祈る祭で、四月・七月に行なわれる。本来大和平野の農業神であるが、その祭祀が国家の手で行なわれるようになったことを示している。

(18) 大化の改新にさいして支給された食封は、旧来の部曲を、そのまま食封として支給したものが多かったと思われるが、ここでは、その土地を変えることにより、封主と封民との間の部曲制的な関係を払拭しようとしたのであろう。三〇六ページ注（23）参照。

(19) 持統五年三月条および「弘仁刑部式」の規定によると、この当時は文書を作成しさえすれば、親が子を売るのは自由であったらしい。しかし政府は、なるべくそれを制限しようとしていたのであろう。
(20) 恒例の大祓は、六月・十二月の晦日に行なわれるが、疾病・災害にさいして臨時に行なわれることもある。ここはその場合。
(21) 大罪人の父子・家人を没して官戸・官奴婢とし、資財を官物とすること。
(22) 告朔《こうさく》の初見。中国の制を継受したもので、毎月朔日、天皇が朝堂で諸司の進奏する前月の公文をみる儀式。
(23)(24) 一代一度の大嘗祭に用いる稲・粟・酒料を出す郡。ここは毎年の新嘗祭の場合。
(25) いわゆる孟冬旬。孟夏旬とともに、夏・冬の季の改まる初めに天皇が臣下に酒を賜い、政務をきく儀式。
(26) 相嘗祭の初見。新嘗祭に先立って新穀を神祇に供える祭。養老の「神祇令」の規定では、十一月の上の卯の日に行なわれる。ここはそれにあずかる神々。
(27) この年、唐が安東都護府を平壌から遼東に移し、新羅が朝鮮の統一を完成したことと関係ある使か。十月の遣新羅使の派遣もこれと関係があろう。
(28) 新羅の官位。及飡・級飡に同じ。一一四ページの表参照。
(29) 高句麗の貴族組織である五部のひとつ。
(30) 新羅の官位。十一年六月条の大那末も同じ。一一四ページの表参照。
(31) 大和郡山市新木に比定する説があるが、新しく都城を造るべき地の意で、のちの藤原京の地に当たるか。五二三ページ注(28)参照。
(32) 倭漢氏《やまとのあやうじ》。阿知使主《おみ》の子孫と称する渡来系氏族で、多くの枝氏にわかれ、そのすべてが直姓《あたい》であった。大和国高市郡の檜前《ひのくま》（明日香村）を本拠として奈良盆地南部にひろく発展した。軍事力もあり、かつては蘇我氏の武力となったが（崇峻五年十一月条・皇極三年十一月条・同四年六月条）、壬申の乱にあたっては、坂上直・長尾直・倉墻直・民直・谷直など、一族の多くが大海人皇子方にたって戦功を立てた。

(33) 中国で神霊の精といわれ、王者の徳が大で和気盛んなときに出現する祥瑞とされた。

(34) 在京諸官司の官人が内官、以外は外官。衛府・軍団など武器を身におびる者が武官、以外は文官。

(35) この詔は官人の考課・選叙（在任中の成績を審査し、それに応じた官位を与えること）の方法を定めたもので、「養老考課令」の内外官条・善条、「選叙令」の応叙条などの規定と関係をもつ。律令制の官人機構の創出に関する措置として注目される。

(36) 高句麗の貴族組織としての五部のひとつ。

(37) ツワモノノトネリというように、本来大化前代の舎人の系譜をひくもので、令制では朝廷守備軍たる五衛府の中核的存在であった。大宝・養老令制では、内六位以下八位以上の嫡子、および郡司の子弟から選抜されたが、その制度が整備されたのは天武朝のことであるらしい。

(38) 大宰は総領ともいい、地方支配上重要な国に置かれ、近隣数ヵ国の行政を管轄する職。「大宝令」の施行とともに大宰府（筑紫大宰）を除いて廃止された。吉備・周防・伊予などの例がある。

(39) これまで飛鳥寺・斑鳩寺など、地名を称していたのを、大官大寺にならって元興寺・法隆寺などの漢風の称号を定めたものか。

(40) 天武天皇は、諸皇子が成人するにつれて、ふたたび壬申の乱のごとき皇位継承の争いを起こすことのないよう、乱に関係の深い吉野の地で誓約せしめたのであろう。天武天皇の皇子は総計十人であるが、ここは天智天皇の皇子である河嶋皇子・芝基皇子をも含んでいる。天武の皇子でここに見えない者は、まだ成年に達しないため誓盟に加わらなかったのであろう。

(41)いずれも発遣の記事がないので錯入ともみられるが、耽羅については、『三国史記』新羅本紀に、この年二月新羅が耽羅国を略したとあるので、あるいはそれと関係ある使か。

(42)天武朝における連姓賜姓の最初が、この九年正月の忌部首首への賜姓である。最初は個人に対する賜姓であるが、十一年五月の倭漢直への賜姓以後は、一氏全員に賜わることが始まり、以後、十三年六月の八色姓制定までの間にしばしば行なわれた。対象は主として旧伴造の氏である。天武朝では位階と族姓の尊卑との関係がきわめて密接であったから、これらの氏を賜姓によって高級官僚としての家柄に上昇させようとしたのであろう。

(43)驎(麟)は中国の空想上の霊獣。角の先に肉がついているのは、武あるも用いざることを示すという。

(44)奈良県高市郡明日香村橘にある。飛鳥時代創建の寺院で、四天王寺式の伽藍配置をもち、『法王帝説』では聖徳太子の建立した七寺のうちに数えている。

(45)高句麗の貴族組織としての五部のひとつ。前部に同じ。

(46)高句麗の官位。大使者とも称する。

(47)高句麗の貴族組織としての五部のひとつ。

(48)朱雀は、四方星宿中、南に配されるので、南門に朱雀のいることを喜んだもの。

(49)天智朝の御史大夫に相当する。この当時は大臣がなく、納言が最高の議政官であった。

(50)弔喪使来朝のことは見えないが、天智五年十月来朝の貢調使がそれに当たるか。高句麗国が天智七年に滅亡したため、帰国の機会を失ったのであろう。

(51) 薬師寺は、天武天皇が皇后（持統天皇）の病のために発願した寺であるが、天武朝にどれほど工事が進んだかはよくわからない。持統十一年七月、天皇の病のために造られた仏像の開眼供養が行なわれた。本尊・金堂などは持統天皇のときに完成したと思われるが、寺院としての整備は次の文武朝に引きつがれたのであろう。場所はいまの橿原市木殿で、平城遷都後、新京の右京六条二坊、現在の地に移され、旧地の寺院は本寺または本薬師寺《もとやくしじ》とよばれた。平城京の薬師寺に現存する東塔は藤原京の薬師寺と同じ規模で天平に新営されたとみられるが、金堂の薬師三尊像については、平城京での新営とみる説と、本薬師寺から移したとみる説の両説があって決しない。

(52) いわゆる「浄御原律令」の編纂の開始。令二十二巻は持統三年六月に班賜されたが、現在伝わっていない。律の完成を示す記事はなく、その完成を否定する説もある。「大宝律令」はこの「浄御原律令」に準拠したものといわれ、日本の律令政治の大綱はこの「浄御原令」によって作られたものと考えられる。

(53) 帝紀は歴代天皇の系譜。上古の諸事はいわゆる旧辞で諸種の説話。いずれも六世紀前半に朝廷を中心にまとめられたものと思われる。ここではその諸種の異説を検討し、史実を確定し、それを記録することを行なったものであろう。これを『日本書紀』編纂の事実上の出発点と解する説が有力である。

(54) 熒惑が出現すると兵乱があると中国では伝える。

(55) 唐太宗代の近字制定と関連して、漢字の字体について、古字と近字との対照、通用字等について記したものか。

(56) 位冠の停止は十四年正月の新位階制制定のための準備か。五月に、これにかわるものとして漆紗冠を官位にかかわりなく一様に着用させた。服装に関する禁令は、日本古来の服制を中国の制に変えようとしたもので、四月の結髪・乗馬の制もこれと同趣旨のもの。なおこれらの制は、十三年閏四月、朱鳥元年七月の両度の詔勅によってかなり緩和された。
(57) 新位階制と関連する食封制を実施するため、官人の食封を一応収公したのであろう。
(58)「養老公式令」では、「明神御大八洲天皇詔旨」の辞が、立后・立太子・元日朝賀などの朝廷の大事のさいの詔に用いられた。
(59) 律令制の、僧正・僧都・律師で構成される僧綱制は、実質的にはこのときに出発したのであろう。令制では「僧尼令」で、僧尼の修行や、禁止されるべき行為、僧綱の行なうべきことなどが規定されている。
(60)(61) 当時の銀銭は品位が低く、また均一性を欠いていたため、これを貨幣として用いることは禁じたが、銀を地金として、秤量《しょうりょう》によって流通に用いることは許したのであろう。
(62) インドで夏の雨期の間、遊行をさけて籠居したことに由来する仏教の行事で、毎年四月十五日から七月十五日までの間、講説が行なわれる。
(63) 大阪市東区法円坂町の難波宮跡の遺構は、前期・後期に二大別されるが、前期の遺構には火災のあとが見られることから、朱鳥元年正月に焼失した天武朝の難波宮の遺構である可能性がつよい。三〇四ページ注(20)参照。
(64) この時に藤原宮の造営計画が事実上決定されたらしい。五二三ページ注(28)参照。
(65) 注(56)参照。
(66) 八姓のうち、実際に賜わったのは、真人・朝臣・宿禰・忌寸の上位四姓のみ。真人は、継体以後の天皇の近親の後裔で、従来公姓を称した氏族。朝臣は主として旧臣姓の有力氏。宿禰は主に旧連姓の伴造系有力氏。忌寸は主に旧直姓の有力氏で、畿内の国造のほか、渡来系の有力氏族などを含んでいる。第六位の臣、第七位の連は、旧来のもので、新姓を賜わらない氏の処理のために八姓中にとどめられたのであろう。要するに、旧来の臣・連・伴造・国造という身分秩序にたいして、皇親を真人、臣・連の有力者を朝臣・宿禰として上位におき、他を下位にとどめて新しい身分秩序の形成をはかったものである。これにより、皇親を中心とする社会的秩序が確立されるとともに、官僚制の強化の動きと関連し、族姓と位階とが結びつくことによって、上級・下級官人層の家柄、中央豪族と地方豪族の差別がはっきりと標識化されることになった。

(67)天智三年制定の冠位を改定したもので、大宝元年、「大宝令」にもとづく新位階制が実施されるまで、継続された。親王をも位階制のなかに組み入れ、しかも王と臣との位階を判然と分かったこと、階数を増加させたこと、日本的な徳目を冠名に用いていることなどがその特色である。

(68)原文「毎家」を国衙のこととみ、国分寺の起源と考える説もあるが、むしろ公卿などの私宅に仏殿をもうけることを命じたものであろう。

(69)のちの鎮魂祭。魂が遊離しないよう身体のなかに鎮め、その活動によって長寿を願うもの。「養老神祇令」では、仲冬（十一月）の寅の日に行なわれる定めで、ここと一致する。

(70)新羅の官位。一一四ページの表参照。

(71)十一年三月の禁令の解除。注（56）参照。

(72)持統称制前紀によると、この後、十月二日に皇子および共犯者が逮捕され、翌三日、皇子に死を賜わった。この九月二十四日は謀反発覚の日か。なお、『万葉集』『懐風藻』に、この変に関する一連の和歌および皇子の詩がある。

日本書紀巻第三十

高天原広野姫天皇《たかまのはらひろのひめのすめらみこと》　持統《じとう》天皇

皇后称制

高天原広野姫天皇[1]は、幼名を鸕野讃良皇女《うののさららのひめみこ》と申しあげる。天命開別天皇《あめみことひらかすわけのすめらみこと》（天智天皇）の第二女で、母を遠智娘《おちのいらつめ》と申しあげる〔またの名は美濃津子娘《みのつこのいらつめ》〕。天皇は沈着な御性格で、広い度量をおもちであった。天豊財重日足姫天皇《あめとよたからいかしひたらしひめのすめらみこと》（斉明天皇）の三年に、天渟中原瀛真人天皇《あまのぬなはらおきのまひとのすめらみこと》（天武天皇）にとつがれ、妃《みめ》におなりになった。[2]帝王《みかど》の女《みこ》でありながら、礼を好み、節度があり、また母としてのすぐれた徳をおもちであった。

天命開別天皇の元年に、草壁皇子尊《くさかべのみこのみこと》を大津宮《おおつのみや》（筑紫の娜大津《なのおおつ》）でお生みになった。十年の十月に、沙門《しゃもん》（出家者）となられた天渟中原瀛真人天皇に従って吉野に入り、朝廷の嫌疑をお避けになった。そのことは天命開別天皇の紀《みまき》に見える。

天渟中原瀛真人天皇の元年の夏六月に、天渟中原瀛真人天皇に従って難を東国にお避けになった。軍師に告げ、人々を集めてともに計略を定め、死を恐れぬ人々数万を分かって要害の地に配置した。秋七月に、美濃の軍将たちと大倭《やまと》の豪勇の者たちとがともに大友《おおともの》皇子《みこ》を誅《ちゅう》し、首を捧げて不破宮《ふわのみや》に到った。

二年に、皇后にお立ちになった。皇后は、終始天皇を補佐して天下をお保ちになった。(3)天皇のおそばにあって政務に話が及ぶごとに、助け補われることが多かった。

朱鳥元年の九月戊戌《つちのえいぬ》の朔丙午《ひのえうま》(九日)に、天渟中原瀛真人天皇がお崩《かく》れになり、皇后は朝廷にあって称制(即位の儀式を挙げずに天皇としての政務をとること)された。

大津皇子の変

冬十月の戊辰《つちのえたつ》の朔己巳《つちのとのみ》(二日)に、皇子大津《みこおおつ》(4)の謀反(国家=君主を危うくすることをはかる罪)が発覚した。皇子大津を逮捕するとともに、皇子大津にあざむかれた直広肆《じきこうし》八《や》口朝臣音橿《くちのあそんおとかし》・小山下(天智三年の冠位)壱伎連博徳《いきのむらじはかとこ》と、大舎人《おおとねり》の中臣朝臣臣麻呂《なかとみのあそんおみまろ》・巨勢《こせの》朝臣多益須《あそんたやす》、新羅の沙門行心《こうじん》、および帳内《とねり》(皇子に賜わる舎人)の礪杵道作《ときのみちつくり》など、三十余人を捕えた。庚午《かのえうま》(三日)に、皇子大津に、訳語田《おさた》(奈良県桜井市)の家で死を賜わった。時に年二十四。妃の(5)皇女山辺《ひめみこやまのへ》は、髪をふりみだし、はだしでかけつけて殉死し、見る者はみなすすり泣いた。皇子大津は、天渟中原瀛真人天皇(天武天皇)の第三子である。容姿はたくましく、ことばは晴れやかで、天命開別天皇(天智天皇)に愛された。成人後は

分別よく学才にすぐれ、とくに文筆を愛した。詩賦が盛んになるのは、この大津からである。(6)丙申《ひのえさる》(二十九日)に、詔して、

「皇子大津が謀反しました。官吏や帳内《とねり》があざむかれたのは、いたし方のないことです。今、皇子大津はすでに滅びました。従者で皇子大津に連坐すべき者は、みな赦《ゆる》します。ただ礪杵道作は伊豆に流すように」

と言われた。また詔して、

「新羅の沙門行心は、皇子大津の謀反にくみしましたが、自分としては刑を加えるにしのびない。飛驒国の伽藍に移すように」

と言われた。(7)

十一月の丁酉《ひのとのとり》の朔壬子《みずのえね》(十六日)に、伊勢神祠《いせのかみのまつり》(斎宮)に奉仕していた皇女大来《おおく》(大津皇子の姉)が、京師《みやこ》に帰りついた。癸丑《みずのとのうし》(十七日)に、地震があった。

十二月の丁卯《ひのとのう》の朔乙酉《きのとのとり》(十九日)に、天渟中原瀛真人天皇のおんために、無遮大会《かぎりなきおがみ》を(8)五つの寺、すなわち大官《だいかん》(大官大寺)・飛鳥・川原《かわら》・小墾田豊浦《おはりだのとゆら》・坂田で催した。(9)壬辰《みずのえたつ》(二十六日)に、京師《みやこ》の孤独・高年の者(10)に、それぞれ布・帛《きぬ》を賜わった。

閏十二月に、筑紫大宰《つくしのおおみこともち》が、三つの国、すなわち高麗《こま》(高句麗)・百済・新羅の百姓の男女および僧尼六十二人をたてまつった。

この歳、蛇《おろち》と犬とがまじわり、ほどなくともに死んだ。

殯宮の儀

元年の春正月の丙寅《ひのえとら》の朔に、皇太子（草壁皇子）は、公卿《まえつきみ》（上級官人）・百寮《つかさつかさ》（諸官司）の人々を従え、殯宮《もがりのみや》（天武天皇の遺骸を安置した宮殿）にもうでて発哀（挙哀。人の死にあたり、声を発して悲しみを表わす礼）した。納言《ものもうすつかさ》布勢朝臣御主人《ふせのあそんみぬし》が誄《しのびごと》（死者を慕い、その霊に向かってことばを述べる）をした。これは礼にのっとったものである。誄が終わったのち、人々が発哀し、ついで梵衆《ほうしども》（僧）が発哀した。ここで奉膳《うちのかしわでのかみ》（膳職の長官）紀《きの》朝臣真人《あそんまひと》らが奠《みけ》（死者への供え物）をたてまつり、終わって膳部《かしわで》（天皇・官司の食膳に奉仕する人々）・采女《うねめ》らが発哀した。また楽官《うたまいのつかさ》が楽を奏した。庚午《かのえうま》（五日）に、皇太子は、公卿・百寮の人々を従え、殯宮にもうでて発哀した。梵衆もこれに続いて発哀した。庚辰《かのえたつ》（十五日）に、京師《みやこ》の年八十以上の者、および篤癃《あつえひと》（とくに病の重い者）、貧しくて自活できない者に、それぞれ絁《ふときぬ》・綿を賜わった。甲申《きのえさる》（十九日）に、直広肆田中朝臣法摩呂《たなかのあそんのりまろ》と追大弐守君苅田《ついだいにもりのきみかりた》らとを新羅に遣わし、天皇がお崩《かく》れになったことを告げさせた。三月の乙丑《きのとのうし》の朔 己卯《つちのとのう》（十五日）に、帰化してきた高麗の人五十六人を常陸国に住まわせ、田や食料を賜わって生業《なりわい》に不安のないようにした[11]。甲申《きのえさる》（二十日）に、花縵《はなかずら》を殯宮にたてまつった。これを御蔭《みかげ》という。この日、丹比真人麻呂《たじひのまひとまろ》が誄をした。礼にのっとったものである。丙戌《ひのえいぬ》（二十二日）に、帰化してきた新羅の人十四人を下毛野国《しもつけののくに》（栃木県）

に住まわせ、田や食料を賜わって生業に不安のないようにした。

夏四月の甲午《きのえうま》の朔癸卯《みずのとのう》（十日）に、筑紫大宰が、帰化してきた新羅の僧尼および百姓の男女二十二人をたてまつった。武蔵国に住まわせ、田や食料を賜わって生業に不安のないようにした。

五月の甲子《きのえね》の朔乙酉《きのとのとり》（二十二日）に、皇太子は、公卿・百寮の人々を従え、殯宮にもうでて発哀した。このとき、隼人《はやひと》の大隅・阿多《あた》の魁帥《ひとごのかみ》（首領）が、それぞれの配下の人々を従え、互いに進み出て誄をした。

六月の癸巳《みずのとのみ》の朔庚申《かのえさる》（二十八日）に、罪人を赦した。

秋七月の癸亥《みずのとのい》の朔甲子《きのえね》（二日）に、詔して、

「およそ負債のある者については、乙酉《きのとのとり》の年（天武十四年）より以前のものについて利息をとってはいけない。すでに身を没した（借財を労働でつぐなった）のであれば、そのうえ利息の分まで役してはならない[12]」

と言われた。辛未《かのとのひつじ》（九日）に、隼人の大隅・阿多の魁帥ら三百三十七人に、それぞれ褒賞を賜わった。

八月の壬辰《みずのえたつ》の朔丙申《ひのえさる》（五日）に、殯宮に嘗《なおらい》（新穀）をたてまつった。これを御青飯《あおきおもの》という。丁酉《ひのとのとり》（六日）に、京の老人が、男も女も、みな集って橋の西で発哀した。己《つちのと》未《ひつじ》（二十八日）に、天皇は、直大肆《じきだいし》藤原朝臣大嶋《ふじわらのあそんおおしま》・直大肆黄文連大伴《きぶみのむらじおおとも》を遣わし、三百

の高僧を飛鳥寺にまねいて、一人一領ずつの袈裟《けさ》を施され、
「これは、天渟中原瀛真人天皇の御服《おおみそ》を縫って作ったものです」
と言われた。詔のことばは悲痛で、一々述べることができない。

国忌の斎

九月の壬戌《みずのえいぬ》の朔庚午《かのえうま》（九日）に、国忌《はて》の斎《おがみ》（天武天皇の周忌の法会）を京師《みやこ》の諸寺でもよおした。辛未《かのとのひつじ》（十日）に、殯宮で斎会《さいえ》をもよおした。甲申《きのえさる》（二十三日）に、新羅が王子金霜林《せしんこんそうりん》・級飡金薩慕《きゅうさんこんさつも》、および級飡金仁述《こんにんじゅつ》・大舎蘇陽信《だいさそようしん》らを遣わして、国政のことを奏上し、調賦《みつき》をたてまつった。学問僧智隆《ちりゅう》が、新羅の使に従って帰国した。筑紫大宰が天皇のお崩れになったことを霜林らに告げると、すぐその日に、霜林らはみな喪服《あさのきぬ》をつけ、東に向かって三たび礼拝し、三たび発哀した。

冬十月の辛卯《かのとのう》の朔壬子《みずのえね》（二十二日）に、皇太子は、公卿・百寮の人々、諸国の国《くにの》司《みこともち》・国造《くにのみやつこ》、および百姓の男女を従え、大内陵《おおちのみささぎ》（天武天皇の檜隈大内陵。奈良県高市郡明日香村）を築く工事を始めた。

十二月の辛卯《かのとのう》の朔庚子《かのえね》（十日）に、直広参路真人迹見《じきこうさんみちのまひととみ》を、新羅の使人を饗応するための勅使とした。この年の太歳は丁亥《ひのとのい》。

二年の春正月の庚申《かのえさる》の朔に、皇太子は、公卿・百寮の人々を従え、殯宮にもうでて発

哀した。辛酉《かのとのとり》（二日）に、梵衆《ほうしども》（僧）が殯宮で発哀した。丁卯《ひのとのう》（八日）に、無遮大会を薬師寺で催した。壬午《みずのえうま》（二十三日）に、天皇がお崩れになったことを新羅の金霜林らに宣すると、金霜林らは三度発哀した。

二月の庚寅《かのえとら》の朔辛卯《かのとのう》（二日）に、大宰《おおみこともち》（筑紫大宰）が、新羅の調賦《みつき》として金《こがね》・銀《しろかね》・絹《かとり》・布・皮・銅《あかがね》・鉄《ねりかね》など十余種の物、別に献上物として仏像、種々の彩絹《しみのきぬ》（彩色した鳥・馬など十余種の物、また霜林（金霜林）の献上物として金・銀・彩色《しみのもの》（彩色用の塗料）、種々の珍しい物、合わせて八十余種の物をたてまつった。己亥《つちのとのい》（十日）に、霜林らを筑紫館《つくしのむろつみ》（筑紫にある外国使臣接待のための施設）で饗応し、それぞれ物を賜わった。乙巳《きのとのみ》（十六日）に、詔して、

「今後、国忌の日《はて》（ここは天武天皇の忌日。九月九日）には必ず斎会を催すように」

と言われた。戊午《つちのえうま》（二十九日）に、霜林らが帰国の途についた。

三月の己未《つちのとのひつじ》の朔己卯《つちのとのう》（二十一日）に、花縵《はなかずら》を殯宮にたてまつった。藤原朝臣大嶋が誄をした。

五月の戊午《つちのえうま》の朔乙丑《きのとのうし》（八日）に、百済の敬須徳那利《きょうすとくなり》を甲斐国に移した。

六月の戊子《つちのえね》の朔戊戌《つちのえいぬ》（十一日）に、詔して、

「全国に命じて、死罪の囚人は罪一等を減じ、軽繋《かるきとらえびと》（軽微な罪の嫌疑で拘禁されている人）は赦免するように。また今年の調賦《みつき》は、半分を納めればよい」

と言われた。

秋七月の丁巳《ひのとのみ》の朔丁卯《ひのとのう》（十一日）に、大がかりな雩《あまごい》をした。旱《ひでり》のためである。丙《ひのえ》子《ね》（二十日）に、百済の沙門道蔵《どうぞう》に命じて請雨《あまひさ》（仏教の雨乞いの行法）をさせたところ、昼にもならないうちに、あまねく天下に雨が降った。

八月の丁亥《ひのとのい》の朔丙申《ひのえさる》（十日）に、殯宮に嘗《なおらい》をたてまつり、発哀した。この時、大伴《おおともの》宿禰安麻呂《すくねやすまろ》が誄した。丁酉《ひのとのとり》（十一日）に、浄大肆《じょうだいし》伊勢王《いせのおおきみ》に葬儀のことをお命じになった。辛亥《かのとのい》（二十五日）に、耽羅《たんら》（済州島）の王が、佐平《さへい》（百済の官位）加羅《から》を遣わして来朝し、方物《くにつもの》（土地の産物）をたてまつった。

九月の丙辰《ひのえたつ》の朔戊寅《つちのえとら》（二十三日）に、耽羅の佐平加羅らを筑紫館で饗応し、それぞれ物を賜わった。

天武天皇の葬送

冬十一月の乙卯《きのとのう》の朔戊午《つちのえうま》（四日）に、皇太子は、公卿《まえつきみ》・百寮《つかさつかさ》の人々と諸蕃《となりのくにぐに》の客人たちとを従え、殯宮にもうでて発哀した。この時、奠《みけ》をたてまつり、また楯節儛《たたふしのまい》（甲《よろい》をつけ、刀や楯をもって舞う、日本古来の儛）を奏した。諸臣《まえつきみたち》はそれぞれ、みずからの先祖たちが代々朝廷に奉仕してきたさまを述べ、互いに進み出て誄をした。己未《つちのとのひつじ》（五日）に、蝦夷《えみし》百九十余人が、調賦《みつき》をにないつつ誄をした。乙丑《きのとのうし》（十一日）に、布勢朝臣《ふせのあそん》御主人《みぬし》・大伴宿禰御行《おおとものすくねみゆき》が、互いに進み出て誄をした。直広肆当摩真人智徳《たぎまのまひとちとこ》が、皇祖等《すめみおやたち》の騰極《ひつぎ》の次第《ついで》（歴代天皇の皇位継承の次第）を誄申し上げた。これは礼にのっとったもので、古くは日嗣《ひつぎ》といった。これらのことが終わって、大内陵に葬りたてまつった。

十二月の乙酉《きのとのとり》の朔丙申《ひのえさる》（十二日）に、蝦夷の男女二百一十三人に、飛鳥寺の西の槻の木の下で饗応し、冠位を授け、それぞれ物を賜わった。

三年の春正月の甲寅《きのえとら》の朔に、天皇は諸国の人々を前殿にお集めになり、朝拝を行なわせられた。乙卯《きのとのう》（二日）に、大学寮《ふみやつかさ》が杖八十枚《ひら》をたてまつった（卯杖《うづえ》。正月の卯の日に邪鬼を払う杖を献上する中国伝来の風習）。丙辰《ひのえたつ》（三日）に、務大肆《むだいし》の陸奥国《みちのくのくに》優嶋曇郡《うきたまのこおり》（山形県南部。のちの出羽国置賜郡）の城養《きかう》の蝦夷（城柵に服属している蝦夷）脂利古《しりこ》の男の麻呂《まろ》と鉄折《かなおり》とが、ひげや髪をそって沙門《ほうし》となりたいと願い出た。そこで詔して、
「麻呂らは少年ながら心静かで寡欲であり、菜食して戒律を守るようになった。願い出どおり、出家して仏道を修行するように」
と言われた。庚申《かのえさる》（七日）に、公卿《まえつきみ》に宴を催し、衣服を賜わった（正月七日の節会《せちえ》）。辛《かのとの》酉《とり》（八日）に、新羅に遣わされた使人田中朝臣法麻呂らが、新羅から帰国した（元年正月発遣）。壬戌《みずのえいぬ》（九日）に、出雲国司《いずものくにのみこともち》に詔して、風波にあって漂着した蕃人《となりのくにのひと》を京に送らせた。この日、越《こし》（北陸地方の古称）の蝦夷沙門道信《どうしん》に、仏像一軀、灌頂幡《かんじょうのはた》・鍾・鉢各一口、五色の綵《しみのきぬ》各五尺、綿五屯、布一十端、鍬《すき》十枚《ひら》、鞍一具《よそい》を賜わった。また筑

紫大宰粟田真人朝臣《あわたのまひとのあそん》らが、隼人一百七十四人と、布五十常《きだ》、牛の皮六枚《はだ》、鹿の皮五十枚《はだ》とをたてまつった。戊辰《つちのえたつ》（十五日）に、文武の官人が薪《みかまき》をたてまつった（天武四年正月条参照）。己巳《つちのとのみ》（十六日）に、百官の人々に食《おしもの》を賜わった。辛未《かのとのひつじ》（十八日）に、天皇は吉野宮《よしののみや》におでましになった。甲戌《きのえいぬ》（二十一日）に、天皇は吉野宮からおもどりになった。

二月の甲申《きのえさる》の朔丙申《ひのえさる》（十三日）に、詔して、

「筑紫の防人《さきもり》で、年限に満ちた者は交替させるように」

と言われた（養老令の規定では三年）。己酉《つちのととり》（二十六日）に、浄広肆《じょうこうし》竹田王《たけだのおおきみ》・直広肆土師宿禰根麻呂《はじのすくねねまろ》・大宅朝臣麻呂《おおやけのあそんまろ》・藤原朝臣史《ふじわらのあそんふひと》・務大肆当摩真人桜井《たぎまのまひとさくらい》と、穂積朝臣山《ほづみのあそんやま》守《もり》・中臣朝臣臣麻呂《なかとみのあそんおみまろ》・巨勢朝臣多益須《こせのあそんたやす》・大三輪朝臣安麻呂《おおみわのあそんやすまろ》とを判事《ことわるつかさ》(13)とした。

三月の癸丑《みずのとのうし》の朔丙子《ひのえね》（二十四日）に、全国に大赦を行なった。ただし平常の恩赦で赦免の対象とならない者は除外した。

草壁皇子の死

夏四月の癸未《みずのとのひつじ》の朔庚寅《かのえとら》（八日）に、帰化してきた新羅の人を下毛野《つもつけの》に住まわせた。乙未《きのとのひつじ》（十三日）に、皇太子草壁皇子尊《くさかべのみこのみこと》が薨じた。壬寅《みずのえとら》（二十日）に、新羅が級飡金道《こんどう》那《な》らを遣わして、瀛真人天皇《おきのまひとのすめらみこと》（天武天皇）の喪を弔《とむら》い、あわせて学問僧の明聡《みょうそう》・観智《かんち》らを送りとどけてきた。また、金銅の阿弥陀《あみだ》像、金銅の観世音菩薩《かんぜおんぼさつ》像・大勢至菩薩《だいせいしぼさつ》像各一

軀、絁帛《しみのきぬ》・錦・綾《かとり》をたてまつった。甲辰《きのえたつ》（二十二日）に、春日王《かすがのおおきみ》が薨じた。己酉《つちのとのとり》（二十七日）に、詔して、諸司の仕丁《つかえのよほろ》に一月に四日の休暇をお許しになった。

五月の癸丑《みずのとのうし》の朔甲戌《きのえいぬ》（二十二日）に、土師宿禰根麻呂に命じ、新羅の弔使級飡金道那らに詔して、

「太政官《おおきまつりごとのつかさ》の卿《まえつきみ》たちが、勅命をうけたまわって次のように告げる。二年に田中朝臣法麻呂らを遣わして大行天皇《さきのすめらみこと》（先帝の、死後まだ諡号《しごう》をたてまつっていない場合の称呼。ここは天武天皇）の喪を告げさせたとき、新羅は、『新羅では、勅をうけたまわる人には元来蘇判《そうかん》(14)の位の者をあててきた。このたびもそうしたい』と言った。このため法麻呂らは、告げるべき詔を宣することができなかった。前例のことをいうなら、昔、難波宮《なにわのみやに》治天下天皇《あめのしたしらしめししすめらみこと》（孝徳天皇）がお崩《かく》れになったとき、巨勢稲持《こせのいなもち》らを遣わして喪を告げた日には、翳飡《えいさん》(15)金春秋《こんしゅんじゅう》（のちの武烈王）が勅をうけたまわった。それなのに蘇判の位の者に勅をうけたまわらせるというのは、前例に違うではないか。また、近江宮《おうみのみやに》治天下天皇《あめのしたしらしめししすめらみこと》（天智天皇）がお崩《かく》れになったとき、新羅は一吉飡《いつきつさん》(16)金薩儒《こんさつぬ》らを遣わして弔いたてまつった。それなのに今、級飡の者を遣わして弔いたてまつるのも、前例に違っている。また新羅は、以前から、『わが国は、日本の遠い皇祖《すめみおや》の御代から、舳《へ》を並べ、檝《かじ》の乾くまもなくお仕え申し上げてきた国でございます』と言っている。それなのに今回の船が一艘だけなのも、古来のしきたりにそむいている。また、『日本の遠い皇祖の御代

から、清らかな心でお仕え申し上げてまいりました』と言うが、忠実にそのつとめを果たすことを考えようとせず、清らかな心を傷つけ、詐《いつわ》りの心でこびへつらおうとしているではないか。それゆえ、このたびの調賦《みつき》と、別に献上した物とは、ともに封をして返還する。しかし、わが国家が、遠い皇祖の御代から広くおまえたちをいつくしんできた徳は、今後も絶えるものではない。つとめ、かしこんでその任にあたり、古来の定めを守る者については、天皇は広くおいつくしみになることであろう。道那たちよ、この勅のむねを奉じて、おまえの王に伝えるがよい(17)」

と言われた。

浄御原令の施行

六月の壬午《みずのえうま》の朔に、衣服を筑紫大宰《つくしのおおみこともち》らに賜わった。癸未《みずのとのひつじ》(二日)に、皇子施基《しき》(天智天皇の皇子)・直広肆佐味朝臣宿那麻呂《さみのあそんすくなまろ》・羽田朝臣斉《はたのあそんむごへ》〔斉、これを牟吾閉《むごへ》という〕・勤広《ごんこう》肆《し》伊余部連馬飼《いよべのむらじうまかい》・調忌寸老人《つきのいみきおきな》・務大参大伴宿禰手拍《むだいさんおおとものすくねてうち》・巨勢朝臣多益須らを撰善言司《よきことえらぶつかさ》に任じた(18)。庚子《かのえね》(十九日)に、大唐の続守言《しょくしゅげん》・薩弘恪《さつこうかく》(いずれも音博士)らにそれぞれ稲を賜わった。辛丑《かのとのうし》(二十日)に、筑紫大宰粟田真人朝臣《あわたのまひとのあそん》らに詔して、学問僧明聡・観智ら(三年四月新羅から帰国)が新羅の師や友人に送るための綿それぞれ一百四十斤を賜わった。

乙巳《きのとのみ》(二十四日)に、筑紫小郡《つくしのおごおり》(筑紫に置かれた外国使臣接待のための施設)で新羅の弔使金道那らを饗応し、それぞれ物を賜わった。庚戌《かのえいぬ》（二十九日）に、諸司に令一部二十二巻を班《わか》ち賜わった（天武十年二月に編纂開始された、いわゆる飛鳥浄御原令か）。

秋七月の壬子《みずのえね》の朔に、陸奥の蝦夷沙門自得《じとく》が願い出ていた、金銅の薬師仏の像、観世音菩薩の像各一軀、鍾・娑羅《さら》（読経の際に打ち鳴らす仏具の一種）・宝帳・香炉・幡《はた》などの物を賜わった。この日、新羅の弔使金道那らが帰国の途についた。丙寅《ひのえとら》（十五日）に、左右京職《ひんがしにしのみさとのつかさ》および諸国の国司に詔して、射《いくい》（射芸）を習うための所をお築かせになった。辛未《かのとのひつじ》（二十日）に、偽兵衛《かすいのとねり》（兵衛だと偽称している者）河内国渋川郡《しぶかわのこおり》の人柏原《かしわはらの》広山《ひろやま》を土左国に流し、追広参《ついこうさん》を、偽兵衛広山を捕えた兵衛生部連虎《みぶべのむらじとら》に授けた。甲戌《きのえいぬ》（二十三日）に、越の蝦夷八釣魚《やつりな》らにそれぞれ物を賜わった（魚、これを儺《な》という）。

秋八月の辛巳《かのとのみ》の朔壬午《みずのえうま》（二日）に、百官が神祇官《かんづかさ》に会集し、天地の神々のことについて宣をうけたまわった。甲申《きのえさる》（四日）に、天皇は吉野宮におでましになった。丙申《ひのえさる》（十六日）に、摂津国《つのくに》の武庫海《むこのうみ》（兵庫県武庫川河口付近の海）一千歩（一歩は養老令では五尺）以内、および紀伊国阿提郡《きのくにあてのこおり》の那耆野《なきの》（和歌山県有田川下流の原野）二万頃《しろ》（頃は代。地積の単位）、伊賀国伊賀郡の身野《むの》（未詳）二万頃での漁撈と狩猟とを禁断し、河内国大鳥郡《おおとりのこおり》の高《たか》脚海《しのうみ》（大阪府高石市付近の海岸）に準じて守護人を置くこととした。丁酉《ひのとのとり》（十七日）に、公卿《まえつきみ》にそれぞれ褒賞を賜わった。辛丑《かのとのうし》（二十一日）に、伊予総領《いよのすべおさ》(19)の田中朝臣法麻呂らに詔して、

「讃吉国《さぬきのくに》の御城郡《みきのこおり》（讃岐国三木郡。現香川県木田郡）で捕えた白鵜《しろつばくらめ》は、放してやるように」と言われた。癸卯《みずのとのう》（二十三日）に、射《いくい》を御覧になった。

閏八月の辛亥《かのとのい》の朔庚申《かのえさる》（十日）に、諸国の国司に詔して、「今年の冬に戸籍を造ります。そのため、九月までに浮浪《うかれびと》（本籍地を離れている者）を取り締まりなさい。兵士《いくさびと》は国ごとに四分の一と定め、兵術を習わせなさい[20]」と言われた。丁丑《ひのとのうし》（二十七日）に、浄広肆河内王《こうちのおおきみ》を筑紫大宰帥《つくしのおおみこともちのかみ》とし、武器をお授けになり、物を賜わった。また直広弐《じきこうに》丹比真人嶋《たじひのまひとしま》に直広壱《じきこういち》の位を授け、封《へひと》（食封）一百戸を以前からのものに加えた。

九月の庚辰《かのえたつ》の朔己丑《つちのとのうし》（十日）に、直広参石上朝臣麻呂《いそのかみのあそんまろ》・直広肆石川朝臣虫名《いしかわのあそんむしな》らを筑紫に遣わして、位記《くらいのふみ》[21]を送り、かつ新しい城《き》を視察させた。

冬十月の庚戌《かのえいぬ》の朔庚申《かのえさる》（十一日）に、天皇は高安城《たかやすのき》（天智六年十一月条参照）におでましになった。辛未《かのとのひつじ》（二十二日）に、直広肆下毛野朝臣子麻呂《しもつけののあそんこまろ》が、奴婢六百口を放免したいと奏上し、そのとおり許された。

十一月の己卯《つちのとのう》の朔丙戌《ひのえいぬ》（八日）に、中市《いちなか》（京中の市の意か）で、追広弐《ついこうに》高田首石成《たかたのおびといわなり》が三種類の武器（弓・大刀・槍か）に熟達していることをほめ、物を賜わった。

十二月の己酉《つちのとのとり》の朔丙辰《ひのえたつ》（八日）に、双六《すぐろく》[22]を禁断した。

持統天皇の即位

四年の春正月の戊寅《つちのえとら》の朔に、物部麻呂朝臣《もののべのまろのあそん》（石上麻呂）が大盾《おおたて》を立てた。神祇伯中臣大嶋朝臣《かんづかさのかみなかとみのおおしまのあそん》（藤原大嶋）が天神寿詞《あまつかみのよごと》（践祚《せんそ》の日に奏する祝詞《のりと》）を読んだ。それが終わって、忌部宿禰色夫知《いんべのすくねしこぶち》が神璽《かみのしるし》の剣と鏡とを皇后（持統天皇）にたてまつり、皇后は皇位におつきになった。公卿《まえつきみ》・百寮《つかさつかさ》は整列して一斉に拝礼し、手を拍《う》った。己卯《つちのとのう》（二日）に、公卿・百寮は、元日の儀式どおりに天皇を拝し、丹比嶋真人《たじひのしまのまひと》と布《ふ》勢御主人朝臣《せのみぬしのあそん》とが、即位を祝うことばを申し上げた。庚辰《かのえたつ》（三日）に、公卿に内裏《おおうち》で宴を賜わり、また衣服を賜わった。壬辰《みずのえたつ》（十五日）に、百寮が薪《みかまき》をたてまつった。甲午《きのえうま》（十七日）に、全国に大赦した。ただし平常の恩赦で赦免の対象とならない者は除外した。また位のある者には、位一階を賜わった。鰥夫《やもめ》・孤独《ひとりびと》（称制前紀十二月条参照）・篤癃《あつえひと》（とくに病の重い者）、それに貧しくて自活できない者に、稲を賜い、調役《えつき》（調と徭役）を免除した。丁酉《ひのとのとり》（二十日）に、解部《ときべ》（訴訟の取調べにあたる役人）一百人を刑部省《うたえのつかさ》に置いた。庚子《かのえね》（二十三日）に、幣帛を畿内の神々にわかち、神戸《かんべ》（神社に賜わる封戸）と田地《みとしろ》（神田）とをお増しになった。

二月の戊申《つちのえさる》の朔壬子《みずのえね》（五日）に、天皇は腋上陂《わきのかみのいけのつつみ》（奈良県御所市）におでましになり、公卿大夫《まえつきみたち》（上級官人）の馬を御覧になった。戊午《つちのえうま》（十一日）に、新羅の沙門詮吉《せんきち》、級飡北助知《ほくじょち》ら五十人が帰化した。甲子《きのえね》（十七日）に、天皇は吉野宮におでましになった。丙寅《ひのえとら》（十九日）に、内裏で斎会を催された。壬申《みずのえさる》（二十五日）に、帰化してきた新羅の韓奈末許満《かんなまこま》ら十二人を、武蔵国に住まわせた。

三月の丁丑《ひのとのうし》の朔丙申《ひのえさる》（二十日）に、京および畿内の年八十以上の者に、嶋宮《しまのみや》の稲(23)を一人二十束ずつ賜わり、位のある者には、布二端をそのほかに賜わった。

官人の考選と朝服の制

夏四月の丁未《ひのとのひつじ》の朔己酉《つちのとのとり》（三日）に、使を遣わして広瀬大忌神《ひろせのおおいみのかみ》と竜田風神《たつたのかぜのかみ》とを祭らせた（天武四年四月条参照）。癸丑《みずのとのうし》（七日）に、京および畿内の耆老《おきな》・耆女《おみな》（六十六歳以上の男女）五千三十一人に、稲を一人二十束ずつ賜わった。庚申《かのえさる》（十四日）に、詔して、「百官の人および畿内の人は、位の有る者は六年、位の無い者は七年を限り、出勤した日数に応じて九つの等級にわける。そしてその四等以上の者に、考仕令《こうしりょう》(24)の規定に従い、善最《よさいおしさ》（勤務の態度と職務に対する適否）・功能《いたわりしわざ》（特別の功績・才能）および氏姓の高低を勘案して冠位を授けることとします(25)。また朝服《みかどごろも》(26)（朝廷に出仕する際着用する服）は、浄大《じょうだい》壱《いち》以下広弐以上は黒紫《ふかむらさき》、浄大参《じょうだいさん》以下広肆以上は赤紫、正《しょう》の八級（正大壱から正広肆まで）は赤紫、直《じき》の八級は緋《ひ》、勤《ごん》の八級は深緑《こきみどり》、務《む》の八級は浅緑《あさみどり》、追《つい》の八級は深縹《こきはなだ》（紺色）、進《しん》の八級は浅縹《あさはなだ》とし、別に浄広弐《じょうこうに》以上には一畐一部《ひとのひとつぼ》（一幅に一個の大きな文様を配したもの）、浄大参以下直広肆以上には一畐二部の綾《あや》・羅《うすはた》などを、種々の場合に用いるのを許すことにします。また綺《かんはた》（くみひもの帯）や白い袴は、身分の上下にかかわりなく用いてよい。そのほかは今までどおりとするように」と言われた。戊辰《つちのえたつ》（二十二日）に、この日から各所で雨乞いを始めた。旱《ひでり》のためである。

五月の丙子《ひのえね》の朔戊寅《つちのえとら》（三日）に、天皇は吉野宮におでましになった。乙酉《きのとのとり》（十日）に、百済の男女二十一人が帰化した。庚寅《かのえとら》（十五日）に、内裏で安居《あんご》（天武十二年七月条参照）の講説が始められた。

六月の丙午《ひのえうま》の朔辛亥《かのとのい》（六日）に、天皇は泊瀬《はつせ》（奈良県桜井市初瀬）におでましになった。庚午《かのえうま》（二十五日）に、位のある者をことごとく召集し、位の序列と年齢とを唱えさせ、覚えさせた。

太政大臣等の任命

秋七月の丙子《ひのえね》の朔に、公卿・百寮の人々が初めて新しい朝服を着用した。戊寅《つちのえとら》（三日）に、幣帛を神々にわかった。庚辰《かのえたつ》（五日）に、皇子高市《たけち》を太政大臣《おおきまつりごとのおおまえつきみ》とし、正広参《しょうこうさん》を丹比嶋真人に授けて右大臣《みぎのおおまえつきみ》とした。八省・百寮の官人もみな選任させた。辛巳《かのとのみ》（六日）に、大宰《おおみこともち》（筑紫・周防・吉備・伊予などの総領か）と国司とをみな遷任させた。壬《みずのえ》午《うま》（七日）に、詔して、

「公卿・百寮で位のある者は、今後はすべて家で朝服を着用し、門が開かれる前に参上するように」と言われた。これ以前は宮門で朝服を着用したのであろうか。甲申《きのえさる》（九日）に、詔して、「およそ朝堂の座にあって親王を見たときは、従来どおりとせよ（未詳）。大臣《まえつきみ》と王《おおきみ》（諸王）の場合には、座を立って堂の前に立て。二王《ふたしなのおおきみ》（未詳）以上の場合には、座をおりて跪《ひざまず》け」と言われた。己丑《つちのとのうし》（十四日）に、詔して、「朝堂の座にあって大臣を見たときには、座を動いて跪け」と言われた。この日に、絁・絲・綿・布を七寺《ななつのてら》（未詳）の安居《あんご》の沙門三千三百六十三に施された（安居は七月十五日に終わる）。またこれとは別に、皇太子《ひつぎのみこ》（故草壁皇子）のおんために、三寺《みつのてら》（未詳）の安居の沙門三百二十九に施された。癸巳《みずのとのみ》（十八日）に、使者を遣わして広瀬大忌神と竜田風神とを祭らせた。

八月の乙巳《きのとのみ》の朔戊申《つちのえさる》（四日）に、天皇は吉野宮におでましになった。乙卯《きのとのう》（十一日）に、帰化してきた新羅の人々を下毛野国に住まわせた。

大伴部博麻、唐から帰る

九月の乙亥《きのとのい》の朔に、諸国の国司たちに詔して、

「およそ戸籍を造るには、戸令《こりょう》(27)によるように」

と言われた。乙酉《きのとのとり》（十一日）に、詔して、

「自分は紀伊《きのくに》をめぐろうと思う。それゆえ、今年の京の田租《たちから》と口賦《ひとごとのみつき》（人別賦課の税）とを徴収しないように」

と言われた。丁亥《ひのとのい》（十三日）に、天皇は紀伊におでましになった。丁酉《ひのとのとり》（二十三日）に、大唐の学問僧智宗《ちそう》・義徳《ぎとく》・浄願《じょうがん》、および軍丁《いくさよほろ》（兵士）筑紫国上陽咩郡《かみつやめのこおり》（筑後国上妻郡。今の福岡県八女市東部）の大伴部博麻《おおともべのはかま》が、新羅の送使大奈末《だいなま》金高訓《こんこうくん》らに従って筑紫に帰りついた。戊戌《つちのえいぬ》（二十四日）に、天皇は紀伊からおもどりになった。

冬十月の甲辰《きのえたつ》の朔戊申《つちのえさる》（五日）に、天皇は吉野宮におでましになった。癸丑《みずのとのうし》（十日）に、大唐の学問僧智宗らが京に着いた。戊午《つちのえうま》（十五日）に、使者を遣わし、筑紫大宰河内王らに詔して、

「新羅の送使大奈末金高訓らに対する饗応は、学生土師宿禰甥《はじのすくねおい》らを送ってきた送使（天武十三年十二月来着）の例に準じなさい。慰労や賜物のことはすべて詔書に命じたとおりにするように」

と言われた。乙丑《きのとのうし》（二十二日）に、軍丁筑後《つくしのみちのしりのくに》国上陽咩郡の人大伴部博麻に詔して、

「天豊財重日足姫天皇《あめとよたからいかしひたらしひめのすめらみこと》（斉明天皇）七年の百済救援の戦役で、おまえは唐軍に捕虜にされた。その後天命開別天皇《あめみことひらかすわけのすめらみこと》（天智天皇）の三年にいたって、土師連《はじのむらじ》富杼《ほど》・氷《ひの》

連老《むらじおきな》・筑紫君薩夜麻《つくしのきみさつやま》、弓削連元宝《ゆげのむらじがんほう》の子の四人が、唐人の計略を通報しようとしたが、衣食がなく、日本に到達することがあやぶまれた。その時おまえは、土師富杼らに、『私もあなたがたといっしょに本国に帰りたいが、衣食がなくてとても行けない。どうかこの私の身を売って、あなたがたの衣食の費用にしてくれ』といい、富杼たちは博麻のはかりごとどおり、日本に帰ることができた。おまえはそれからたった一人で、三十年もの間他国にとどまった。自分はおまえが朝廷を尊び、国を愛し、おのれの身を売って忠誠を示したことをたいへん嬉しく思います。それゆえ、務大肆の位と、絁五匹・綿一十屯・布三十端・稲一千束・水田《こなた》四町とをおまえに賜うこととします。水田は曽孫の代まで伝えるように。また三族《みつのやから》（三等以上の親の意か）の課役《えつき》を免じ、その功績を人々に示そうと思います」と言われた。壬申《みずのえさる》（二十九日）に、高市皇子《たけちのみこ》が藤原宮《ふじわらのみや》(28)の地を視察された。公卿・百寮がこれに従った。

十一月の甲戌《きのえいぬ》の朔庚辰《かのえたつ》（七日）に、送使（僧智宗らを送ってきた新羅の送使）金高訓らにそれぞれ褒賞を賜わった。甲申《きのえさる》（十一日）に、勅によって初めて元嘉暦《げんかれき》と儀鳳暦《ぎほうれき》とを施行した(29)。

十二月の癸卯《みずのとのう》の朔乙巳《きのとのみ》（三日）に、送使金高訓らが帰国の途についた。甲寅《きのえとら》（十二日）に、天皇は吉野宮におでましになった。丙辰《ひのえたつ》（十四日）に、天皇は吉野宮からおもどりになった。辛酉《かのとのとり》（十九日）に、天皇は藤原におでましになり、宮の地を御覧になった。

公卿・百寮がみなこれに従った。乙丑《きのとのうし》（二十三日）に、公卿以下にそれぞれ褒賞を賜わった。

食封の加増

五年の春正月の癸酉《みずのととり》の朔に、親王《みこ》・（諸王の二字脱か）・諸臣《まえつきみ》・内親王《ひめみこ》・女王《ひめおおきみ》・内命婦《ひめまえつきみ》らに位を賜わった。己卯《つちのとのう》（七日）に、公卿に食事と衣服とを賜わった。正広肆《しょうこうし》百済王《くだらのこきし》余禅広《よぜんこう》（善光）・直大肆遠宝《おんほう》・良虞《りょうぐ》・南典《なんてん》（いずれも百済王氏）には、とくにそれぞれ物を賜わった。乙酉《きのとのとり》（十三日）に、封《へひと》（食封）を増した。皇子《みこ》高市に二千戸、以前からのものと通計して三千戸。浄広弐皇子穂積《みこほづみ》に五百戸。浄大参皇子川嶋《みこかわしま》（天智天皇の皇子）に百戸、以前からのものと通計して五百戸。正広参右大臣丹比嶋真人に三百戸、以前からのものと通計して五百戸。正広肆百済王禅広に百戸、以前からのものと通計して二百戸。直大壱《じきだいいち》布勢御主人《ふせのみぬし》朝臣《のあそん》と大伴御行宿禰《おおとものみゆきのすくね》とに八十戸、以前からのものと通計して三百戸。その他にもそれぞれ封を増した。丙戌《ひのえいぬ》（十四日）に、詔して、

「直広肆筑紫史益《つくしのふびとまさる》は、筑紫大宰《つくしのおおみこともちのつかさ》府の典《ふびと》に任じられて以来、今まで二十九年間、清らかな忠誠心をもって怠らず勤務しました。それゆえ、食封《へひと》五十戸・絁十五匹・綿二十五屯・布五十端・稲五千束を賜うこととします」

と言われた。戊子《つちのえね》（十六日）に、天皇は吉野宮におでましになった。乙未《きのとのひつじ》（二十三日）

に、天皇は吉野宮からおもどりになった。

二月の壬寅《みずのえとら》の朔に、天皇は公卿たちに詔して、

「おまえたちは、天皇《すめらみこと》（天武天皇）の御世に、仏殿や経蔵を作り、毎月六斎《むよりのいみ》(30)を行ない、天皇は時々大舎人《おおとねり》を遣わしてそれをおたずねさせになった（天武十四年三月条参照）。私は、自分の世にもそのようにしたいと思います。それゆえ、つとめて仏法をあがめるように」

と言われた。この日に、宮人《みやびと》（女官）に位記《くらいのふみ》（冠位授与の辞令）をお授けになった。

三月の壬申《みずのえさる》の朔甲戌《きのえいぬ》（三日）に、公卿に西庁《にしのまつりごとどの》で宴を賜わった。丙子《ひのえね》（五日）に、天皇は、公私の馬を御苑《みその》（天武十四年十一月条の白錦後苑か）で御覧になった。癸巳《みずのとのみ》（二十二日）に、詔して、

「(31)百姓《おおみたから》のなかで、弟が兄のために売られることがあったなら、良とせよ。子が父母のために売られた場合には、賤とせよ。貸倍《かりもののこ》（物を借りた場合の質）として没して賤となった者は、良とせよ。その場合、奴婢と結婚して生まれた子ども、またみな良とするように」

と言われた。

夏四月の辛丑《かのとのうし》の朔に、詔して、

「氏の祖先のときに免ぜられた奴婢で、すでに戸籍から除かれてしまっている者を、その氏の眷族があらためて自分の奴婢だと訴えでてはいけない」

と言われた。また大学博士上村主百済《うえのすぐりくだら》に、大税《おおちから》（正税。国家の所有する稲）一千束を賜わった。その学業を勧めるためである。

辛亥（十一日）に、使者を遣わして広瀬大忌神と竜田風神とを祭らせた。丙辰《ひのえたつ》（十六日）に、天皇は吉野宮におでましになった。壬戌《みずのえいぬ》（二十二日）に、天皇は吉野宮からおもどりになった。

五月の辛未《かのとのひつじ》の朔辛卯《かのとのう》（二十一日）に、百済の淳武微子《じゅんむみし》の壬申の年の功績をほめて直大参《だいさん》を賜わり、絁《ふとぎぬ》と布とを賜わった。

六月に、京師《みやこ》と郡国《くにぐに》四十とに大雨が降った。(32) 戊子《つちのえね》（五月十八日か）に、詔して、

「この夏は例年にない長雨で、きっと農作物に被害がでることでしょう。これは政治にあやまりがあるためではないかと、自分は日夜心配しています。公卿・百寮の人々に、酒や肉をとることを禁じ、心をととのえて仏の前で悔過《けか》（懺悔）させるように。また京および畿内の諸寺の僧尼は、五日間経を誦するように。それによって効験があるようにと願っています」

と言われた。四月からの雨が、この月まで続いていたのである。己未《つちのとのひつじ》（三十日）に、全国に大赦した。ただし盗賊は赦の対象とはしなかった。

秋七月の庚午《かのえうま》の朔壬申《みずのえさる》（三日）に、天皇は吉野宮におでましになった。この日、伊予《いよ》国司《くにのみこともち》田中朝臣法麻呂《たなかのあそんのりまろ》らが、宇和郡《うわのこおり》の御馬山《みまのやま》の白銀《しろかね》三斤《はかり》八両《ころ》（約二・一キロ）、鉚《あらかね》（白銀の原鉱）一籠《こ》をたてまつった。丙子《ひのえね》（七日）に、公卿に宴を賜わり、朝服《みかどごろも》を賜わっ

た。辛巳《かのとのみ》（十二日）に、天皇は吉野からおもどりになった。甲申《きのえさる》（十五日）に、使者を遣わして広瀬大忌神と竜田風神とを祭らせた。

八月の己亥《つちのとのい》の朔辛亥《かのとのい》（十三日）に、十八の氏（大三輪《おおみわ》・雀部《さざきべ》・石上《いそのかみ》・藤原《ふじわら》・石川《いしかわ》・巨勢《こせ》・膳部《かしわで》・春日《かすが》・上毛野《かみつけの》・大伴《おおとも》・紀伊《き》・平群《へぐり》・羽田《はた》・阿倍《あへ》・佐伯《さえき》・采女《うねめ》・穂積《ほづみ》・阿曇《あずみ》）に詔して、その祖先たちの墓記《おくつきのふみ》(33)をたてまつらせた。辛酉《かのとのとり》（二十三日）に、使者を遣わして、竜田風神、信濃の須波《すわ》（諏訪大社。健御名方神と八坂刀売神とを祭る）・水内《みぬち》（『延喜式』に見える健御名方富命彦神別神社。長野市所在）等の神を祭らせた。

九月の己巳《つちのとのみ》の朔壬申《みずのえさる》（四日）に、音博士《こえのはかせ》（中国北方の標準的発音を教授する者）大唐の続守言《しょくしゅげん》・薩弘恪《さつこうかく》、書博士《てかきのはかせ》百済の末士善信《ばっしぜんしん》に、銀を二十両ずつ賜わった。丁丑《ひのとのうし》（九日）に、浄大参皇子川嶋《かわしま》（天智天皇の皇子）が薨じた。辛卯《かのとのう》（二十三日）に、直大弐《じきだいに》を佐伯《さえきの》宿禰《すくね》大目《おおめ》（壬申の年の功臣）にお贈りになり、あわせて賻物《はぶりもの》（死者におくる賜物）を賜わった。

進む藤原京の造営

冬十月の戊戌《つちのえいぬ》の朔に、日食があった。乙巳《きのとのみ》（八日）に、詔して、「先皇の陵戸《みささぎのへ》（山陵の守衛にあたる戸。賤の一）は五戸以上、それ以外の皇族の功ある者には三戸を置く。もし陵戸が足りないときには百姓《おおみたから》（良民）をあて、その徭役《みゆきえだち》（国家にたいする労役）を免じ、三年ごとに交替させるように」と言われた。庚戌《かのえいぬ》（十三日）に、畿内および諸国に長生地《いきものはなつところ》（殺生禁断の地）各一千歩（約三三アール）を置いた。この日に、天皇は吉野宮におでましになった。丁巳《ひのとのみ》（二十日）に、天皇は吉野からおもどりになった。甲子《きのえね》（二十七日）に、使者を遣わして新益京《しんやくのみやこ》（藤原京）の鎮祭を行なわせた。

十一月の戊辰《つちのえたつ》（朔日）に、大嘗《おおにえ》（天武二年十二月条参照）を行なった。神祇伯中臣《かんつかさのかみなかとみの》朝臣大嶋《あそんおおしま》が、天神寿詞《あまつかみのよごと》（四年正月条参照）を読んだ。壬辰《みずのえたつ》（二十五日）に、公卿に食事と衣服とを賜わった。乙未《きのとのひつじ》（二十八日）に、公卿以下主典《ふびと》（各官司の四等官の第四）に至るまでの人々に饗宴を賜わり、あわせてそれぞれ絹などを賜わった。丁酉《ひのとのとり》（三十日）に、神祇官《かんつかさ》の長上《ながつかえ》（毎日出仕すべき官）以下神部《かんとものお》（神祇官に所属する神官）に至るまでと、大嘗に供奉した播磨・因幡の国の郡司以下百姓の男女に至るまでとに、饗宴を賜わり、あわせてそれぞれ絹などを賜わった。

十二月の戊戌《つちのえいぬ》の朔　己亥《つちのとのい》（二日）に、医博士《くすしのはかせ》務大参徳自珍《とくじちん》、呪禁博士《じゅこんのはかせ》（呪術のことにあたる博士）の木素丁武《もくそちょうむ》・沙宅万首《さたくまんしゅ》に、銀を二十両ずつ賜わった。乙巳《きのとのみ》（八日）に、詔して、

「右大臣に賜う宅地は四町、直広弐以上には二町、大参（直大参）以下には一町、勤《ごん》以下無位まではその戸の人数により、上戸には一町、中戸には半町、下戸には四分の一を賜う

ことととする。皇族もこれに准じるように」と言われた（藤原京の宅地の配分を定めたもの）。

六年の春正月の丁卯《ひのとのう》の朔庚午《かのえうま》（四日）に、皇子高市《たけち》に封を二千戸増し、以前からのものと通計して五千戸とした。癸酉《みずのとのとり》（七日）に、公卿たちに饗宴を賜わり、また衣裳を賜わった。戊寅《つちのえとら》（十二日）に、天皇は新益京の路を御覧になった。壬午《みずのえうま》（十六日）に、公卿以下初位以上に至るまでの人々に饗宴を賜わった。癸巳《みずのとのみ》（二十七日）に、天皇は高宮《たかみや》（奈良県御所市）におでましになった。甲午《きのえうま》（二十八日）に、天皇は高宮からおもどりになった。

大三輪高市麻呂の諫言

二月の丁酉《ひのとのとり》の朔丁未《ひのとのひつじ》（十一日）に、諸官に詔して、

「三月三日に伊勢に行幸しようと思うので、そのつもりで衣類を準備するように」

と言われた。また陰陽博士《おんようのはかせ》沙門法蔵《ほうぞう》・道基《どうき》に銀二十両を賜わった。乙卯《きのとのう》（十九日）に、刑部省《うたえのつかさ》に詔して、軽繋《かるきとらえびと》（軽微な罪の嫌疑で拘禁されている人）をお赦しになった。この日に、中納言《すけのものもうすつかさ》直大弐三輪朝臣高市麻呂《みわのあそんたけちまろ》が上表して直言し、天皇が伊勢に行幸され、人々の農耕の時節を妨げることについて諫め申し上げた。[34]

三月の丙寅《ひのえとら》の朔戊辰《つちのえたつ》（三日）に、浄広肆広瀬王《ひろせのおおきみ》・直広参当摩真人智徳《たぎまのまひとちとこ》・直広肆紀《きの》

朝臣弓張《あそんゆみはり》らを留守官《とどまりまもるつかさ》（天皇の行幸にさいし皇居に留まって守衛する官）とした。このとき中納言大三輪朝臣高市麻呂は冠位（位冠）を脱いで朝廷にささげ、「農作の時節に行幸なさるべきではありません」と重ねて諫め申し上げた。辛未《かのとのひつじ》（六日）に、天皇はこの諫めに従われず、ついに伊勢におでましになった。壬午《みずのえうま》（十七日）に、行幸の経過した神郡（伊勢国度会・多気両郡の郡司）、および伊賀・伊勢・志摩の国造《くにのみやつこ》らに冠位を賜い、あわせてこの年の調役《えつき》を免じ、また行幸に供奉した騎士、諸司の荷丁《もちよほろ》（運搬のための役夫）、行宮《かりみや》の造営にあたった丁《よほろ》のこの年の調役を免じ、全国に大赦を行なった。ただし盗賊は赦の対象とはしなかった。甲《きのえ》申《さる》（十九日）に、行幸の経過した志摩の百姓の、男女年八十以上の者に、稲五十束ずつを賜わった。乙酉《きのとのとり》（二十日）に、天皇は宮（飛鳥浄御原宮）におもどりになった。行幸にあたり、天皇は、目的地にお着きになるごとに郡県の吏民（国・郡の官吏や一般の人々）を集めてその労をねぎらわれ、物を賜い、楽舞を催された。[35] 甲午《きのえうま》（二十九日）に、詔して、近江・美濃・尾張・参河・遠江《とおつおうみ》などの行幸に供奉した騎士の戸、および諸国の荷丁、行宮の造営にあたった丁のこの年の調役を免じ、また詔して全国の百姓の困窮者に、男には三束、女には二束の稲を賜わった。

夏四月の丙申《ひのえさる》の朔丁酉《ひのとのとり》（二日）に、大伴宿禰友国《おおとものすくねともくに》（壬申の年の功臣）に直大弐をお贈りになり、あわせて賻物《はぶりもの》を賜わった。庚子《かのえね》（五日）に、四畿内《よつのうちつくに》（大倭・山背・摂津・河内の四国）の百姓で荷丁となった者の、この年の調役を免除された。甲寅《きのえとら》（十九日）に、使者を遣わして広瀬大忌神と竜田風神とを祭らせた。丙辰《ひのえたつ》（二十一日）に、親王以下進広肆《しんこうし》に至るまでの有位者に、それぞれ難波の大蔵《おおくら》（大蔵省の倉庫）の鍬《すき》を賜わった。庚申《かのえさる》（二十五日）に、詔して、

「繋囚《とらわれびと》（罪の嫌疑で拘禁されている人）・見徒《いまみつかうつみ》（徒罪の刑に服し現に収獄されている人）は皆釈放するように」

と言われた。

五月の乙丑《きのとのうし》の朔庚午《かのえうま》（六日）に、阿胡行宮《あごのかりみや》（志摩国英虞郡に作られた行宮。三月の伊勢行幸のおりのことをさす）にお泊まりになった時に贄《おおにえ》（海産物の捧げもの）をたてまつった紀伊国牟婁《むろ》郡の人阿古志海部河瀬麻呂《あこしのあまのかわせまろ》ら兄弟三戸に、十年間の調役と雑徭《くさぐさのみゆき》(36)とを免除された。また挟杪《かじとり》（船頭）八人にこの年の調役を免除された。辛未《かのとのひつじ》（七日）に、相模国司が赤い鳥のひな二羽をたてまつり、

「御浦郡《みうらのこおり》（神奈川県の三浦半島）でつかまえました」

と申し上げた。丙子《ひのえね》（十二日）に、吉野宮におでましになった。庚辰《かのえたつ》（十六日）に、天皇は宮におもどりになった。辛巳《かのとのみ》（十七日）に、大夫《まえつきみ》・謁者《ものもうしひと》（朝廷の使者）を遣わし、名《なある》山岳瀆《やまかわ》を祠《まつ》り、請雨《あまごい》を行なった(37)。甲申《きのえさる》（二十日）に、文忌寸智徳《ふみのいみきちとこ》（壬申の年の功臣）に直大壱をお贈りになり、あわせて賻物を賜わった。丁亥《ひのとのい》（二十三日）に、浄広肆難波王《なにわのおおきみ》

らを遣わし、藤原宮《ふじわらのみや》の地を鎮祭させた。庚寅《かのえとら》（二十六日）に、使者を遣わして、幣帛を四所、すなわち伊勢・大倭《やまと》（大和神社）・住吉《すみのえ》・紀伊《き》の大神[38]にたてまつり、新宮（藤原宮）のことを報告させた。

閏五月の乙未《きのとのひつじ》の朔丁酉《ひのとのとり》（三日）に、大水があった。使を遣わして郡国《くにぐに》を巡行させ、災害のため自活できない者に稟貸《かびおい》（官稲を貸与）させ、また山林池沢の漁撈・伐採を許した。[39]また詔して京師《みやこ》および四畿内に『金光明経《こんこうみょうぎょう》』（護国経の一つ）を講説させた。戊戌《つちのえいぬ》（四日）に、沙門観成《かんじょう》に、絁十五匹・綿三十屯・布五十端を賜わった。その造った鉛粉（炭酸鉛のおしろい）をおほめになってのことである。丁未《ひのとのひつじ》（十三日）に、伊勢大神が天皇に、

「伊勢国の今年の調役《えつき》が免除されることになりましたが（三月条参照）、二つの神郡（度会郡・多気郡）から納められる赤引絲《あからひきのいと》（四月の神衣祭《かんみそのまつり》の神衣の材料となる）三十五斤については、来年にその分を調役から免除することにさせていただきたい」

と申し上げた（神官が大神の神託として奏上したもの）。己酉《つちのとのとり》（十五日）に、筑紫大宰率《つくしのおおみこともちのかみ》河内王《こうちのおおきみ》らに詔して、

「沙門（僧）を大隅と阿多《あた》（のちの薩摩国。鹿児島県西部）とに遣わして仏教を伝えるように。また、大唐の大使郭務悰《かくむそう》（天智十年来朝）が御近江大津宮天皇《おうみのおおつのみやにあめのしたしらしめししすめらみこと》（天智天皇）のおんために造った阿弥陀像をたてまつるように」

と言われた。

六月の甲子《きのえね》の朔壬申《みずのえさる》（九日）に、郡国《くにぐに》の長吏《このかみつかさ》（国郡の官人）に勅して、それぞれ名山岳瀆に禱《いの》らせた。甲戌《きのえいぬ》（十一日）に、大夫・謁者を遣わし、四畿内に請雨《あまごい》させた。甲《きのえ》申《さる》（二十一日）に、直丁《つかえのよほろ》（官司に当直、使役される者）八人に官位を賜わった。大内陵《おうちのみささぎ》（天武天皇陵）を造ったとき、勤めて怠ることのなかったのをおほめになってのことである。

癸巳《みずのとのみ》（三十日）に、天皇は藤原宮の地を御覧になった。

秋七月の甲午《きのえうま》の朔乙未《きのとのひつじ》（二日）に、全国に大赦を行なった。ただし十悪[40]と盗賊とは、赦の対象としなかった。また相模国司布勢朝臣色布智《ふせのあそんしこぶち》らと御浦郡の少領《すけのみやつこ》〔姓名は伝わらない〕、それに赤い鳥を捕えた者鹿嶋臣橡樟《かしまのおみくす》に、位と禄とを賜わり、御浦郡の二年分の調役を免除した（五月条参照）。庚子《かのえね》（七日）に、公卿に宴を賜わった。壬寅《みずのえとら》（九日）に、吉野宮におでましになった。甲辰《きのえたつ》（十一日）に、使者を遣わして広瀬（大忌神）と竜田（風神）とを祭らせた。辛酉《かのとのとり》（二十八日）に、天皇は宮におもどりになった。この夜に、熒《けい》惑《ごく》（火星）と歳星《さいしょう》（木星）とが、一歩の間で、光ったりかくれたりしながら、四遍も互いに近づいたり離れたりした。

八月の癸亥《みずのとのい》の朔乙丑《きのとのうし》（三日）に、罪人を赦した。己卯《つちのとのう》（十七日）に、飛鳥皇女《あすかのひめみこ》（天智天皇の皇女）の田荘《なりどころ》（別荘。田地経営のための施設）におでましになり、その日のうちに宮におもどりになった。

班田大夫の派遣

九月の癸巳《みずのとのみ》の朔辛丑《かのとのうし》（九日）に、班田大夫《たたまいのまえつきみ》（班田使）を四畿内に遣わした。丙午《ひのえうま》（十四日）に、神祇官は奏上し、神宝書《かんだからのふみ》四巻、鑰《かぎ》九個、木印《きのおして》一個をたてまつった。癸《みずのとの》丑《うし》（二十一日）に、伊勢国司が嘉禾《よきいね》（祥瑞。畝を異にしながら合わさって穂をつけたものなど）二本、越前国司が白い蛾《ひひる》を献上した。戊午《つちのえうま》（二十六日）に、詔して、「白い娥を角鹿郡《つぬがのこおり》（福井県敦賀市付近）の浦上の浜で捕えたので、笥飯神《けひのかみ》（気比神宮。敦賀市所在）に封二十戸を増し、以前からのものに合わせることにします」と言われた。

冬十月の壬戌《みずのえいぬ》の朔壬申《みずのえさる》（十一日）に、山田史御形《やまだのふびとみかた》に務広肆《むこうし》をお授けになった。さきに沙門となって新羅で学問した者である。癸酉《みずのとのとり》（十二日）に、吉野宮におでましになった。庚辰《かのえたつ》（十九日）に、天皇は宮におもどりになった。

十一月の辛卯《かのとのう》の朔戊戌《つちのえいぬ》（八日）に、新羅が級飡朴億徳《ぼくよくとく》・金深薩《こんしんさつ》らを遣わして調《みつき》をたてまつった。新羅に使として遣わされる直広肆息長真人老《おきながのまひとおゆ》、務大弐川内忌寸連《むだいにこうちのいみきつら》らにそれぞれ禄を賜わった。辛丑《かのとのうし》（十一日）に、新羅の朴億徳を難波館《なにわのむろつみ》（外国使臣の宿泊施設）で饗応し、禄を賜わった。

十二月の辛酉《かのとのとり》の朔甲戌《きのえいぬ》（十四日）に、音博士続守言・薩弘恪に水田を四町ずつ賜わった。甲申《きのえさる》（二十四日）に、大夫たちを遣わして、新羅の調を五社、すなわち伊勢・住吉・紀伊・大倭・菟名足《うなたり》（現奈良市所在）にたてまつった。

七年の春正月の辛卯《かのとのう》の朔壬辰《みずのえたつ》（二日）に、浄広壱《じょうこういち》を皇子高市《たけち》に、浄広弐を皇子長《なが》と皇子弓削《ゆげ》とにお授けになった。この日、詔して全国の百姓《おおみたから》に黄色の衣《きぬ》、奴《やっこ》には皁衣《くろきぬ》（黒衣）を着用させた。丁酉《ひのとのとり》（七日）に、公卿大夫らに饗宴を賜わった。癸卯《みずのとのう》（十三日）に、京師および畿内の有位者の年八十以上の者に、それぞれ衾《ふすま》一領・絁二匹・綿二屯・布四端を賜わった。乙巳《きのとのみ》（十五日）に、正広参を百済王善光《くだらのこきしぜんこう》にお贈りになり、あわせて賻物を賜わった。丙午《ひのえうま》（十六日）に、京師の男女の年八十以上の者、および困窮の者にそれぞれ布を賜わった。また船瀬沙門《ふなせのほうし》（知識・勧進によって各地に船着場を築いた僧の意か）法鏡《ほうきょう》に水田三町を賜わった。この日、漢人《あやひと》（漢氏の配下にある渡来系氏族）らが蹈歌《あられはしり》（足を踏みならし、調子をとって歌う歌）を奏した。

二月の庚申《かのえさる》の朔壬戌《みずのえいぬ》（三日）に、新羅が沙飡《ささん》金江南《きんこうなん》・韓奈麻金陽元《こんようげん》らを遣わして来朝し、王《こきし》（神文王、前年七月薨）の喪を告げた。己巳《つちのとのみ》（十日）に、造京司衣縫王《みやこつくるつかさきぬぬいのおおきみ》らに詔して、掘りだした尸《かばね》（藤原京造営のため破壊された墳墓から現われた遺骸）を収めさせた。己丑《つちのとのうし》（三十日）に、流れ着いた新羅人牟自毛礼《むじもれ》ら三十七人を、憶徳（新羅使）らにお託しになった。

三月の庚寅《かのえとら》の朔に、日食があった。甲午《きのえうま》（五日）に、大学博士勤広弐《こんごうに》上村主百済《うえのすぐり》に食封三十戸を賜い、儒学をすすめさせた。乙未《きのとのひつじ》（六日）に、吉野宮におでましになった。
庚子《かのえね》（十一日）に、直大弐葛原朝臣大嶋《ふじわらのあそんおおしま》に賻物を賜わった。壬寅《みずのえとら》（十三日）に、天皇は吉野宮からおもどりになった。乙巳《きのとのみ》（十六日）に、新羅に使として遣わされる直広肆息長真人老・勤大弐《ごんだいに》大伴宿禰子君《おおとものすくねこきみ》ら、および学問僧弁通《べんつう》・神叡《じんえい》らに、それぞれ絁・綿・布を賜わった。また新羅王に賻物を賜わった。丙午《ひのえうま》（十七日）に、詔して国々に桑・紵《からむし》（麻の一種）・梨・栗・蕪菁《あおな》（かぶらな）などの草木を栽培することを勧め、五穀《いつつのたなつもの》（米などの主要穀物）の助けとした。

夏四月の庚申《かのえさる》の朔丙子《ひのえね》（十七日）に、大夫・謁者を遣わして諸社に参詣させ、祈雨を行なった（六年五月条参照）。また使者を遣わして、広瀬大忌神と竜田風神とを祭らせた。

辛巳《かのとのみ》（二十二日）に、詔して、

「内蔵寮《くらのつかさ》（中務省の被管で内廷の財務を掌る）の允《まつりごとひと》（第三等官）大伴男人《おおとものおひと》が贓《ぬすみもの》（不当利得の罪）に坐したので、位二階を降し、見任の官（現在任命されている内蔵允の官）を解くこととする。典鑰《かぎつかさ》（中務省にあって管鑰《かんやく》の出納にあたる官）置始多久《おきそめのおおく》と菟野大伴《うののおおとも》ともまた贓に坐したので、位一階を降し、見任の官を解く。監物《おろしもののつかさ》（同じく中務省にあって管鑰の出納にあたる官）巨勢邑治《こせのおおじ》は、自身で物を着服することはなかったが、事情を知って彼らの盗みを容認したから、位二階を降し、見任の官を解く。しかし置始多久は、壬申《みずのえさる》の年の戦役に功労があるゆえ、罪を赦す。ただし贓《ぬすみもの》（自分が不当に取得した物）については、律に従って徴収するように」と言われた。

五月の己丑《つちのとのうし》の朔に、吉野宮におでましになった。癸卯《みずのとのう》（十五日）に、無遮大会《かぎりなきおがみ》（即位前紀十二月条参照）を内裏で催された。乙未《きのとのひつじ》（七日）に、天皇は吉野宮からおもどりになった。

六月の己未《つちのとのひつじ》の朔に、高麗《こま》（高句麗）の沙門福嘉《ふくか》に詔して還俗《げんぞく》させた。壬戌《みずのえいぬ》（四日）に、直広肆を引田朝臣広目《ひけたのあそんひろめ》・守君苅田《もりのきみかりた》・巨勢朝臣麻呂《こせのあそんまろ》・葛原朝臣臣麻呂《ふじわらのあそんおみまろ》・巨勢朝臣多益須《こせのあそんたやす》・丹比真人池守《たじひのまひといけもり》・紀朝臣麻呂《きのあそんまろ》の七人に授けた。

秋七月の戊子《つちのえね》の朔甲午《きのえうま》（七日）に、吉野宮におでましになった。辛丑《かのとのうし》（十四日）に、大夫・謁者を遣わして広瀬大忌神と竜田風神とを祭らせた。己亥《つちのとのい》（十二日）に、使者を遣わして諸社に参詣させ、祈雨を行なった。癸卯《みずのとのう》（十六日）に、大夫・謁者を遣わして諸社に参詣させ、祈雨を行なった。この日に、天皇は吉野からおもどりになった。

八月の戊午《つちのえうま》の朔に、藤原宮の地におでましになった。甲戌《きのえいぬ》（十七日）に、吉野宮におでましになった。戊寅《つちのえとら》（二十一日）に、天皇は宮におもどりになった。

九月の丁亥《ひのとのい》の朔に、日食があった。辛卯《かのとのう》（五日）に、多武嶺《たむのみね》（奈良県桜井市の多武峰）におでましになった。壬辰《みずのえたつ》（六日）に、天皇は宮におもどりになった。丙申《ひのえさる》（十日）に、清御原天皇《きよみはらのすめらみこと》（天武天皇）のおんために、無遮大会を内裏に催し、繫囚《とらわれびと》をことごとく釈放した。(41)壬寅《みずのえとら》（十六日）に、直広参を蚊屋忌寸木間《かやのいみきこのま》にお贈りになり、あわせて賻物を賜わって、壬申の年の戦役での功績をおほめになった。

仁王経の講説

冬十月の丁巳《ひのとのみ》の朔戊午《つちのえうま》（二日）に、詔して、

「今年から、親王以下進位に至るまでの人々の用意している武器を観閲することとします。浄冠から直冠までは、人別に甲《よろい》一領・大刀《たち》一口・弓一張・矢一具・鞆《とも》（弓弦が反動で腕に当たるのを防ぐ道具）一枚、それに乗用の馬、勤冠から進冠までは、人別に大刀一口・弓一張・矢一具・鞆一枚、これらをあらかじめ備えておくように」

と言われた。己卯《つちのとのう》（二十三日）に、この日から始めて『仁王経《にんのうぎょう》』を百国《くにぐに》で講説させ、四日間で終わった。(42)

十一月の丙戌《ひのえいぬ》の朔庚寅《かのえとら》（五日）に、吉野宮におでましになった。壬辰《みずのえたつ》（七日）に、耽《たん》羅《ら》（済州島）の王子《せしん》・佐平《さへい》（官人）らにそれぞれ物を賜わった。乙未《きのとのひつじ》（十日）に、天皇は宮におもどりになった。己亥《つちのとのい》（十四日）に、沙門法員《ほういん》・善往《ぜんおう》・真義《しんぎ》らを遣わして、近江国益須郡《やすのこおり》（滋賀県野洲郡）の醴泉《こさけのいずみ》（醴酒のような甘美な味の水を出す泉）をためしにお飲ませになった。戊申《つちのえさる》（二十三日）に、直大肆を直広肆引田朝臣少麻呂《ひけたのあそんすくなまろ》にお授けになり、食封五十戸を賜わった。

十二月の丙辰《ひのえたつ》の朔丙子《ひのえね》（二十一日）に、陣法博士《いくさののりのはかせ》らを遣わして、諸国で教習を行なわせた。

八年の春正月の乙酉《きのとのとり》の朔丙戌《ひのえいぬ》（二日）に、正広肆を直大壱布勢朝臣御主人《ふせのあそんみぬし》と大伴宿《おおとものすく》禰《ね》御行《みゆき》とにお授けになり、それぞれに封二百戸を増して以前からの分と通計して五百戸とし、ともに氏上《このかみ》とした。辛卯《かのとのう》（七日）に、公卿たちに饗宴を賜わった。己亥《つちのとのい》（十五日）に、御薪《みかまき》をたてまつった（天武四年正月条参照）。庚子《かのえね》（十六日）に、百官の人々に饗宴を賜わった。辛丑《かのとのうし》（十七日）に、漢人が踏歌《あられはしり》を奏した（七年正月条参照）。また五位（直位）以上の者が射《いくい》（大射）を行なった。壬寅《みずのえとら》（十八日）に、六位（勤位）以下の者が射を行ない、四日間で終わった。癸卯《みずのとのう》（十九日）に、唐人《もろこしびと》が踏歌を奏した。乙巳《きのとのみ》（二十一日）に、藤原宮におでましになり、その日のうちに宮におもどりになった。丁未《ひのとのひつじ》（二十三日）に、務広肆などの位を大唐の人七人と粛慎《みしはせ》の人二人（天武五年十一月の渡来者か）とにお授けになった。戊申《つちのえさる》（二十四日）に、吉野宮におでましになった。

三月の甲申《きのえさる》の朔に、日食があった。乙酉《きのとのとり》（二日）に、直広肆大宅朝臣麻呂《おおやけのあそんまろ》・勤大弐台忌寸八嶋《うてなのいみきやしま》・黄書連本実《きぶみのむらじほんじつ》らを鋳銭司《ぜにのつかさ》（銭貨の鋳造にあたる官）に任じた。甲午《きのえうま》（十一日）に、詔して、

「無位の人を郡司《こおりのみやつこ》に任じる場合は、進広弐《しんこうに》を大領《こおりのみやつこ》（長官）に、進大参《しんだいさん》を小領《すけのみやつこ》（次官）に授けるように」

と言われた。己亥《つちのとのい》（十六日）に、詔して、

「七年の歳次癸巳《ほしみずのとのみにやどるとし》に、醴泉が近江国益須郡の都賀山《つがやま》にわき出ました。さまざまな病気の人で、益須寺《やすでら》に泊まり、治癒した人がたくさんいます。それゆえ、水田四町・布六十端を寺に施入し、益須郡の今年の調役・雑徭を免除し、国司の頭《かみ》（長官）以下目《さかん》（第四等官）までに、位一階を進めさせることとします。初めて醴泉であることを発見した葛野羽《かどののは》衝《つき》・百済土羅々女《くだらのつららめ》には、それぞれ絁二匹・布十端・鍬《すき》十口を賜うこととします」

と言われた。乙巳《きのとのみ》（二十二日）に、幣帛を諸社にたてまつった。丙午《ひのえうま》（二十三日）に、神祇官《かんつかさ》の頭《かみ》以下祝部《はふり》（神官）らに至るまでの一百六十四人に、それぞれ絁・布を賜わった。

夏四月の甲寅《きのえとら》の朔戊午《つちのえうま》（五日）に、浄大肆を筑紫大宰率河内王《つくしのおおみこともちのかみこうちのおおきみ》にお贈りになり、あわせて賻物を賜わった。庚申《かのえさる》（七日）に、吉野宮におでましになった。丙寅《ひのえとら》（十三日）に、使者を遣わして広瀬大忌神と竜田風神とを祭らせた。丁亥《ひのとのい》（不明）に、天皇は吉野宮からおもどりになった。庚午《かのえうま》（十七日）に、律師道光《どうこう》に賻物をお贈りになった。

金光明経を諸国にわかつ

五月の癸未《みずのとのひつじ》の朔戊子《つちのえね》（六日）に、公卿大夫に内裏《おおうち》で饗宴を賜わった。癸巳《みずのとのみ》（十一日）に、『金光明経《こんこうみょうぎょう》』一百部を諸国に送って安置し、必ず毎年正月の上玄《かみつゆみはりのひ》（八日）に講読させ、そのための布施は、その国の官物をあてることにした。[43]

六月の癸丑《みずのとのうし》の朔庚申《かのえさる》（八日）に、河内国更荒郡《さらのこおり》（大阪府東部）が、白い山鶏《やまどり》をたてまつったので、更荒郡の大領・少領にそれぞれ位一級を賜い、あわせて物を賜わった。進広弐を山鶏を捕えた者刑部造韓国《おさかべのみやつこからくに》に賜わり、あわせて物を賜わった。

秋七月の癸未《みずのとのひつじ》の朔丙戌《ひのえいぬ》（四日）に、巡察使（令制では太政官に属し、臨時に官人を任命する）を諸国に遣わした。丁酉《ひのとのとり》（十五日）に、使者を遣わして広瀬大忌神と竜田風神とを祭らせた。

八月の壬子《みずのえね》の朔戊辰《つちのえたつ》（十七日）に、皇女飛鳥《ひめみこあすか》のために沙門一百四口を得度させた。

九月の壬午《みずのえうま》の朔に、日食があった。乙酉《きのとのとり》（四日）に、吉野宮におでましになった。癸卯《みずのとのう》（二十二日）に、浄広肆三野王《みののおおきみ》を筑紫大宰率に任じた。

冬十月の辛亥《かのとのい》の朔庚午《かのえうま》（二十日）に、進大肆《しんだいし》を白い蝙蝠《かわぼり》（コウモリ。白いコウモリは長寿の象徴）を捕えた飛驒国荒城郡《あらきのこおり》（岐阜県飛驒市）の弟国部弟日《おとくにべのおとひ》に賜わり、あわせて絁四匹・綿四屯・布十端を賜わった。その戸の課役《えつき》は、弟日の存命中に限りことごとく免除した。

十一月の辛巳《かのとのみ》の朔丙午《ひのえうま》（二十六日）に、殊死《しぬるつみ》（斬罪）以下の罪人をお赦しになった。

藤原宮に遷る

十二月の庚戌《かのえいぬ》の朔乙卯《きのとのう》（六日）に、藤原宮にお遷《うつ》りになった。戊午《つちのえうま》（九日）に、百官が拝朝した。己未《つちのとのひつじ》（十日）に、親王以下郡司らに至るまでに、それぞれ絁・綿・布を賜わった。辛酉《かのとのとり》（十二日）に、公卿大夫に宴を賜わった。

九年の春正月の庚辰《かのえたつ》の朔甲申《きのえさる》（五日）に、浄広弐を皇子舎人《とねり》（天武天皇の皇子）にお授けになった。丙戌《ひのえいぬ》（七日）に、公卿大夫に内裏で饗宴を賜わった。甲午《きのえうま》（十五日）に、御薪《みかまき》をたてまつった。乙未《きのとのひつじ》（十六日）に、百官の人々に饗宴を賜わった。丙申《ひのえさる》（十七日）に、射《いくい》（大射）を行ない、四日間で終わった。

閏二月の己卯《つちのとのう》の朔丙戌《ひのえいぬ》（八日）に、吉野宮におでましになった。癸巳《みずのとのみ》（十五日）に、天皇は宮（藤原宮）におもどりになった。

三月の戊申《つちのえさる》の朔己酉《つちのとのとり》（二日）に、新羅は王子《せし》金良琳《こんろうりん》・補命《ふみょう》（未詳、官名か）薩湌《さつさん》(44)朴強国《ぼくごうこく》ら、および韓奈麻《かんなま》(45)金周漢《こんしゅうかん》・金忠仙《こんちゅうせん》らを遣わして、国政について奏請し、かつ調をたてまつり、物を献上した。己未《つちのとのひつじ》（十二日）に、吉野宮におでましになった。壬戌《みずのえいぬ》（十五日）に、天皇は吉野からおもどりになった。庚午《かのえうま》（二十三日）に、務広弐《むこうに》文忌寸《ふみのいみき》博《はか》勢《せ》・進広参《しんこうさん》下訳語《しものおさ》諸田《もろた》らを多禰《たね》（鹿児島県の種子島）に遣わし、蛮《ひな》（朝廷に帰服しない文明化以前の人々）の居所を求めさせた。

夏四月の戊寅《つちのえとら》の朔丙戌《ひのえいぬ》（九日）に、使者を遣わして広瀬大忌神と竜田風神とを祭らせた。甲午《きのえうま》（十七日）に、直広参を賀茂朝臣蝦夷《かものあそんえみし》（壬申の年の功臣）にお贈りになり、あわせて賻物《はぶりもの》を賜わった〔もとの位は勤大壱《ごんだいいち》である〕。また直大肆を文忌寸赤麻呂《ふみのいみきあかまろ》にお贈りになり、あわせて賻物を賜わった〔もとの位は大山中《だいせんちゅう》である〕。

五月の丁未《ひのとのひつじ》の朔己未《つちのとのひつじ》（十三日）に、大隅の隼人《はやひと》を饗応された。丁卯《ひのとのう》（二十一日）に、隼人の相撲《すまい》を西の槻《つき》の木（飛鳥寺の西にある）のもとで御覧になった。

六月の丁丑《ひのとのうし》の朔己卯《つちのとのう》（三日）に、大夫・謁者を遣わして京師および四畿内の諸社に参詣させ、祈雨を行なった（六年五月条参照）。壬辰《みずのえたつ》（十六日）に、諸臣の年八十以上、および長らく病床にある者にそれぞれ物を賜わった。甲午《きのえうま》（十八日）に、吉野宮におでましになった。壬寅《みずのえとら》（二十六日）に、吉野からおもどりになった。

秋七月の丙午《ひのえうま》の朔戊辰《つちのえたつ》（二十三日）に、使者を遣わして広瀬大忌神と竜田風神とを祭らせた。辛未《かのとのひつじ》（二十六日）に、新羅に使として遣わされる直広肆小野朝臣毛野《おののあそんけの》・務大弐伊吉連博徳《いきのむらじはかとこ》らにそれぞれ物を賜わった。

八月の丙子《ひのえね》の朔己亥《つちのとのい》（二十四日）に、吉野におでましになった。乙巳《きのとのみ》（三十日）に、吉野からおもどりになった。

九月の乙巳《きのとのみ》の朔戊申《つちのえさる》（四日）に、獄にある罪人を釈放された。庚戌《かのえいぬ》（六日）に、小野朝臣毛野らが新羅に出発した。

十月の乙亥《きのとのい》の朔乙酉《きのとのとり》（十一日）に、菟田《うだ》の吉隠《よなばり》（奈良県桜井市東部）におでましになった。丙戌《ひのえいぬ》（十二日）に、吉隠からおもどりになった。

十二月の甲戌《きのえいぬ》の朔戊寅《つちのえとら》（五日）に、吉野宮におでましになった。丙戌《ひのえいぬ》（十三日）に、吉野からおもどりになった。また浄大肆泊瀬王《はつせのおおきみ》に賻物を賜わった。

十年の春正月の甲辰《きのえたつ》の朔庚戌《かのえいぬ》（七日）に、公卿大夫に饗宴を賜わった。甲寅《きのえとら》（十一日）に、直大肆を百済王南典《くだらのこきしなんてん》にお授けになった。戊午《つちのえうま》（十五日）に、御薪《みかまき》をたてまつった。己未《つちのとのひつじ》（十六日）に、公卿《まえつきみ》・百寮《つかさつかさ》の人々に饗宴を賜わった。辛酉《かのとのとり》（十八日）に、公卿・百寮の人々が、南門で射《いくい》（大射）を行なった。

二月の癸酉《みずのとのとり》の朔乙亥《きのとのい》（三日）に、吉野宮におでましになった。乙酉《きのとのとり》（十三日）に、吉野からおもどりになった。

三月の癸卯《みずのとのう》の朔乙巳《きのとのみ》（三日）に、二槻宮《ふたつきのみや》（多武峰の上に設けられた離宮。斉明二年条参照）におでましになった。甲寅《きのえとら》（十二日）に、越《こし》の度嶋《わたりのしま》（東北地方の日本海沿岸。斉明四年四月条参照）の蝦夷伊奈理武志《いなりむし》と、粛慎《みしはせ》（斉明四年条参照）の志良守叡草《しらすえそう》とに、錦の袍《きぬ》袴《はかま》、緋・紺《はなだ》の絁《ふとぎぬ》、斧などを賜わった。

夏四月の壬申《みずのえさる》の朔辛巳《かのとのみ》（十日）に、使者を遣わして広瀬大忌神と竜田風神とを祭らせた。戊戌《つちのえいぬ》（二十七日）に、追大弐を、伊予国風早郡《かざはやのこおり》（愛媛県北条市）の物部薬《もののべのくすり》と、肥後国皮石郡《かわしのこおり》（熊本県菊池郡南部）の壬生諸石《みぶのもろし》とにお授けになり、あわせてそれぞれに絁四四・絲十絇《はかり》・布二十端・鍬二十口・稲一千束・水田四町を賜わり、戸の調役を免除した。久しく唐の地にあって苦しんだことをねぎらってのことである（斉明―天智朝の百済救援の役に捕虜となったか）。己亥《つちのとのい》（二十八日）に、吉野宮におでましになった。

五月の壬寅《みずのえとら》の朔甲辰《きのえたつ》（三日）に、大錦上《だいきんじょう》秦造綱手《はだのみやつこつなて》（天武九年五月没）に詔し、姓を賜わって忌寸《いみき》とした。乙巳《きのとのみ》（四日）に、吉野からおもどりになった。己酉《つちのととり》（八日）に、直広肆を尾張宿禰大隅《おわりのすくねおおすみ》（壬申の年の功臣）にお授けになり、あわせて水田四十町を賜わった。甲寅《きのえとら》（十三日）に、直広肆を大狛連百枝《おおこまのむらじももえ》にお贈りになり、あわせて賻物を賜わった。

六月の辛未《かのとのひつじ》の朔戊子《つちのえね》（十八日）に、吉野宮においでましになった。丙申《ひのえさる》（二十六日）に、吉野からおもどりになった。

高市皇子の死

秋七月の辛丑《かのとのうし》の朔に、日食があった。壬寅《みずのえとら》（二日）に、罪人をお赦しになった。戊申《つちのえさる》（八日）に、使者を遣わして広瀬大忌神と竜田風神とを祭らせた。庚戌《かのえいぬ》（十日）に、後皇子尊《のちのみこのみこと》（高市皇子）が薨じた。(46)

八月の庚午《かのえうま》の朔甲午《きのえうま》（二十五日）に、直広壱《じきこういち》を多臣品治《おおのおみほんじ》にお授けになり、あわせて物を賜わった。元従の功（壬申の年に当初から天武天皇に従った功績）と、堅く関（不破関）を守ったこととをおほめになってのことである。

九月の庚子《かのえね》の朔甲寅《きのえとら》（十五日）に、直大壱を若桜部朝臣五百瀬《わかさくらべのあそんいおせ》にお贈りになり、あわせて賻物を賜わった。元従の功を顕彰しようとなさってのことである。

冬十月の己巳《つちのとのみ》の朔乙酉《きのとのとり》（十七日）に、右大臣丹比真人《たじひのまひと》（嶋）に輿《こし》と杖《つえ》とを賜わった。

致事（致仕。老齢のため官途から引退すること）するのをおあわれみになってのことである。庚寅《かのえとら》（二十日）に、正広参位右大臣丹比真人に、資人《つかいびと》（高位高官者の雑使にあたる者）百二十人を仮に賜わった。正広肆大納言《おおきものもうすつかさ》阿倍朝臣御主人《あへのあそんみぬし》・大伴宿禰御行《おおとものすくねみゆき》にはならびに八十人、直広壱石上朝臣麻呂《いそのかみのあそんまろ》・直広弐藤原朝臣不比等《ふじわらのあそんふひと》にはならびに五十人。十一月の己亥《つちのとのい》の朔戊申《つちのえさる》（十日）に、大官大寺の沙門弁通に、食封四十戸を賜わった。十二月の己巳《つちのとのみ》の朔に、勅旨により、『金光明経』を読むため、毎年十二月の晦日《みそかのひ》に、行ないの浄らかな者十人を得度させることとした。

十一年の春正月の甲辰《きのえたつ》（七日）に、公卿大夫らに饗宴を賜わった。戊申《つちのえさる》（十一日）に、全国の鰥寡《やもめ》・孤独《ひとりひと》（称制前紀十二月条参照）・篤癃《あつえひと》（とくに病の重い者）、貧しくて自活できない者に、それぞれ稲を賜わった。癸丑《みずのとのうし》（十六日）に、公卿・百寮に饗宴を賜わった。

二月の丁卯《ひのとのう》の朔甲午《きのえうま》(47)（二十八日）に、直広壱当麻真人国見《たぎまのまひとくにみ》を東宮大傅《みこのみやのおおきかしずき》（皇太子の輔導《すけ》にあたる官職）とした。直広参路真人跡見《みちのまひとみ》を春宮大夫《みこのみやのつかさのかみ》とし、直大肆巨勢朝臣粟持《こせのあそんあわもち》を亮とした。

三月の丁酉《ひのとのとり》の朔甲辰《きのえたつ》（八日）に、無遮大会《かぎりなきおがみ》（称制前紀十二月条参照）を春宮《みこのみや》で催した。

夏四月の丙寅《ひのえとら》の朔己巳《つちのとのみ》（四日）に、満選者《こうぶりたまわるべきひと》(48)にそれぞれ浄位から直位までをお授けになった。壬申《みずのえさる》（七日）に、吉野宮におでましになった。己卯《つちのとのう》（十四日）に、使者を遣わして広瀬（大忌神）と竜田（風神）とを祭らせた。この日に、吉野からおもどりになった。

五月の丙申《ひのえさる》の朔癸卯《みずのとのう》（八日）に、大夫・謁者を遣わし、諸社に参詣させて祈雨を行なった（六年五月条参照）。

六月の丙寅《ひのえとら》の朔丁卯《ひのとのう》（二日）に、罪人をお赦しになった。辛未《かのとのひつじ》（六日）に、詔して京畿（藤原京と四畿内）の諸寺で読経させた。辛巳《かのとのみ》（十六日）に、五位（直位）以上を遣わして京の寺を清掃させた。甲申《きのえさる》（十九日）に、幣帛を神々におわかちになった。辛卯《かのとのう》（二十六日）に、公卿・百寮が天皇の病のために誓願した仏像を造りはじめた。癸卯《みずのとのう》（不明。五月癸卯条の重出か）に、大夫・謁者を遣わし、諸社に参詣させて祈雨を行なった。

文武天皇へ譲位

秋七月の乙未《きのとのひつじ》の朔辛丑《かのとのうし》（七日）の夜半に、常鍐盗賊《ひたぬすびと》（捕縛されている盗賊）一百九人をお赦しになった。また、人ごとに四常の布《きだ》を賜わった。ただし外国（畿外の諸国）では、人ごとに稲二十束を賜わった。丙午《ひのえうま》（十二日）に、使者を遣わして広瀬（大忌神）と竜田（風神）とを祭らせた。癸亥《みずのとのい》（二十九日）に、公卿・百寮は、仏の開眼の法会を薬師寺《やくしじ》で催した。

八月の乙丑《きのとのうし》の朔に、天皇は禁中《おおうち》で策を定められ、皇太子《ひつぎのみこ》（軽皇子。文武天皇）に天皇の位をお譲りになった。

(1)『続日本紀』大宝三年十二月条には、太上天皇に諡《おくりな》して「大倭根子天之広野日女尊《おおやまとねこあめのひろのひめのみこと》」といったとある。『書紀』の諡号はのちにこれを改めたものであろう。

(2)以下、『後漢書』郭皇后紀による文。持統紀には『後漢書』による文飾が著しい。

(3)以下、『後漢書』馬皇后紀による文。

(4)持統紀では、皇子・皇女・朝臣・宿禰などの語を固有名の前におく敬称法をとる。『後漢書』の一部をまねた書きかた。

(5)以下、『後漢書』伏皇后紀、同何皇后紀によった文。

(6)大津皇子の性格、学才については『懐風藻』に伝がある。

(7)丙申条の二つの詔には、『漢書』景帝紀による文飾がある。

(8)国王が施主となってあらゆる人々に供養布施する法会。この日は天武天皇の百か日にあたる。

(9)このように数字を最初にあげ、次にその内わけを記すのは持統紀の一つの特色。

(10)『令義解《りょうのぎげ》』に、孤は十六歳以下で父のない者、独は六十一歳以上で子のない者、高年は八十歳以上とある。

(11)『後漢書』光武帝紀による文。

(12)朱鳥元年七月十九日の詔（四六六ページ参照）で元本を免除したのを、その利息についても免除することを定めたものか。

(13)犯罪人の罪状を審査し、罪名や量刑を定める官。大宝・養老令制では刑部省に大判事二人、中判事・少判事各四人があった。

(14)新羅の官位十七階の第三。一一四ページの表参照。

(15) 同上の第二。
(16) 同上の第七。
(17) この詔には、『後漢書』順帝紀、同光武帝紀による文飾がある。元来は宣命《せんみょう》体の詔か。
(18) 軽皇子（のちの文武天皇）をはじめ、皇族・貴族の子弟の修養に役立てるため、中国の『古今善言』（宋、范泰撰）などの例にならい、古来の道徳的語句を集成しようとして作られた官司か。
(19) 総領は大宰に同じ。吉備・周防などの例がある。四七二ページ注（38）参照。
(20) 六月に班賜された飛鳥浄御原令にもとづき、いわゆる庚寅年籍《こういんねんじゃく》の造籍を命じたもの。この造籍でほぼ全国にわたる編戸が行なわれ、以後の戸の原型が形成されたと考えられる。全国の正丁から兵士を点定する制度も、この時点で形成されたのであろう。
(21) 冠位授与の辞令。唐の告身にならい、浄御原令でそれまでの冠のかわりに授与されることになった。
(22) 筒から二個の骰《さい》を振り出し、その目で局上の黒白各十五個の馬を進めて勝負する。中国から渡来した遊戯。
(23) 嶋宮は飛鳥にあった離宮。ここには稲穀が蓄積され、農民に出挙されて皇室の財源の一つになっていたらしい。奈良時代にもこの宮に所属する奴婢のあったことが、『東南院文書』によって知られる。
(24) 官人の考課（勤務の評価）に関する規定を集めた令の篇目。浄御原令・大宝令では考仕令といい、養老令では考課令といった。
(25) 以上は官人の考選に関して、天武七年十月二十六日の詔（四二四ページ参照）を補正したもの。
(26) 以下は天武十四年七月二十六日条の規定の改正。

(27)令の篇目の一つ。民政に関する法規を集める。
(28)日本最初の本格的な都城としての藤原京の中心をなす宮城。八年十二月天皇がここに遷幸し、以後和銅三年平城京に遷るまで皇都となった。藤原京造営の計画は天武朝からすでに進められ、持統五年十二月には右大臣以下に宅地が班賜された。飛鳥の北、大和三山の間の平野に位置する。近年の発掘調査で、京域・宮域が確定され、都城としての構造、宮城内の殿舎の配置等も明らかにされつつある。また浄御原令時代の諸制度をうかがうことのできる貴重な木簡も数多く出土している。
(29)元嘉暦は中国南朝、宋の元嘉二十年（四四三）、何承天が造った暦。儀鳳暦は中国史料には見えないが、唐の麟徳二年（六六五）、李淳風が造った麟徳暦の別名かとされている。『三代実録』貞観三年六月条には、持統四年十二月に元嘉暦を始用し、ついで儀鳳暦を用いたとある。『日本書紀』の持統十一年八月条と、『続日本紀』の文武元年（＝持統十一年）八月条とで朔日干支が異なっているのは、『書紀』が元嘉暦、『続紀』が儀鳳暦を用いたためとされており、持統紀には他にも、暦法の違いによると思われる干支の一日のずれが見られる。注（41）参照。
(30)毎月八日・十四日・十五日・二十三日・二十九日・三十日には戒律を守り、殺生をやめるという仏教のしきたり。雑令にもこれに関する規定がある。
(31)以下は養老戸令にも関連する規定がある。
(32)『後漢書』安帝紀による文。次の戊子条にも、同紀による表現がある。
(33)諸氏の伝承を記したもので、当時進行中の正史編纂の資料とするために提出を命じたのであろう。『日本書紀』の記事のなかには、これら十八氏中のいくつかの氏族の独自の伝承にもとづくと思われるものがあり、この墓記が編纂の材料の一つになっていたことが推測される。

(34) 大三輪高市麻呂の諫言に関する二月乙卯・三月戊辰条の所伝は、『日本霊異記』上巻第二十五の説話にも見え、また『懐風藻』には、この事件についての感懐をよんだ藤原麻呂の詩一篇がある。高市麻呂はこの事件にあたって職を辞し、以後大宝二年長門守に任じられるまで、官途につかなかったらしい。

(35) この文は、『後漢書』章帝紀による表現。

(36) 徭役労働の一種で、浄御原令で一般的な役（エダチ）のほかに設けられた。大宝・養老令制では年間六十日を限り、国司が国内の土木工事や国衙《こくが》の事務などに人民を使役する制度であった。

(37) 『後漢書』順帝紀による表現。以下同種の祈雨の記事がしばしば見える。

(38) 旧名草郡の伊太祁曽《いたけそ》神社とする説、同じく日前《ひのくま》・国懸《くにかかす》神宮とする説がある。

(39) 『後漢書』和帝紀による文。

(40) 隋・唐の律でいう、国家社会の秩序を乱すとくに重い十種類の罪。日本の大宝・養老の律では八虐《はちぎゃく》の制がある。浄御原令時代にはまだ律が完成せず、隋・唐の律を準用したために十悪の語が使われたとする説がある。

(41) この無遮大会は天武天皇の周忌の斎会だが、天皇の崩日は九月九日なので一日のずれがある。『万葉集』一六二の題詞にも、この時の御斎会を九月九日としている。注（29）参照。

(42) 百国とは諸国の意。仁王会では百の高座を設けることから百国と称したもの。この年の仁王会のことは、天平十九年の法隆寺および大安寺の資財帳にも見える。三四四ページ注（27）参照。

(43) 諸国に『金光明経』を安置し、講読させるのは、護国経の思想にもとづく、国分寺建立の前提になる政策。奈良時代には、中央で御斎会《ごさいえ》（『最勝王経』を講読する）が行なわれる正月八日から十四日までの間、諸国国衙でも『金光明経』四巻・『最勝王経』十巻を転読し、その供養料稲を正税から支出していたことが、『正倉院文書』の諸国の正税帳に見える。

(44) 新羅の官位。沙飡に同じ。一一四ページの表参照。

(45) 新羅の官位。大奈麻に同じ。一一四ページの表参照。

(46) 『懐風藻』葛野王の伝に、高市皇子の死後、朝廷で皇嗣をめぐる群臣の紛議があったことを記している。

(47) この年に草壁皇子の子軽皇子（のちの文武天皇）が立太子したことは、『続日本紀』の文武即位前紀に見える。『釈日本紀』所引の私記は、皇子の立太子を二月十六日のこととする。

(48) 持統五年正月の叙位から六年の期間が満ち、叙位される資格のある者。四年四月十四日の詔で、有位者は毎年九等に成績をつけ、六年間の総合成績が四等以上となった者にのみ叙位することが定められていた。

解題

本書の下巻には、『日本書紀』巻第十七、継体天皇の巻以降を収める。

継体天皇は、武烈天皇の死後越前三国《みくに》から迎えられた天皇で、応神天皇五世の孫とされるが、系譜上の疎遠さからみて、事実上、それまでの仁徳天皇系の皇統にかわる新しい王朝であった。この天皇の系統は、『日本書紀』編纂時まで続くものである。

継体天皇から巻第二十一の崇峻天皇にいたる時代は、年代的にはほぼ六世紀の全期間に相当する。『書紀』以外の諸史料や海外史料との関係からみて、これらの天皇の実在性や系譜関係については、ほぼ『書紀』の記述を信じてよいと思われる。ただし、継体天皇の崩御から欽明天皇の時代にかけての『書紀』の紀年には、『元興寺縁起』などとの間にくいちがいがあり、継体の崩後安閑・宣化・欽明の各天皇があいついで即位したという『書紀』の伝えは正しくなく、実際は継体の崩後欽明が直ちに即位し、二年後にそれに反対する勢力が別に安閑・宣化朝を立て、五年ほどの間、二つの朝廷が並立し、宣化天皇の崩御によって欽明朝に統一されたとみる見解が有力である。

『古事記』の武烈以後に、説話的記事がまったく見られなくなることから、旧辞の原形が成立したのは六世紀前半のことと考えられているが、『書紀』においても、それまで見られた文学性豊かな昔物語・歌物語はこの時期には影をひそめ、政治・外交上の事件の記録としての性格がより強まっている。この部分の記述は、全体として歴史的事実の反映と認められるものであるが、暦日はまだ確かなものでなく、個々の歴史的事件について係《か》けられた年時は、必ずしも信をおけるものではない。

『書紀』のこの部分でもっとも重きを占めるのは、朝鮮半島の状況に関する記述である。継体朝における任那四県の百済への割譲から、欽明朝における任那の新羅による滅亡にいたるまでが詳細に記述され、ことに継体・欽明紀ではこれらの記事が全体の大半を占めている。倭国の朝鮮支配の衰退の過程に、『書紀』編者がいかに関心をよせていたかを物語るものであろう。継体紀の朝鮮関係記事には、『百済本記』によったと思われる記事が多い。

欽明以降の諸巻では、蘇我氏と物部氏との対立、物部守屋の滅亡、蘇我馬子による崇峻天皇の殺害にいたる動きが、仏教信仰をめぐる抗争とからんで扱われている。『書紀』が仏教公伝の年代を欽明十三年壬申（五五二年）のこととするのは孤立した伝承で、『元興寺縁起』などに欽明七年戊午（五三八年。『書紀』では宣化三年にあたる）とするのが妥当である。『書紀』

が公伝の年代を五五二年としたことについては、革命思想によるとも、またこの年を末法の初年とする三論系の仏教の所説によるともいわれている。

蘇我氏の崇仏と、物部氏などの破仏の動きについての『書紀』の記述は、元興寺（もと飛鳥寺＝法興寺）の縁起に主として依拠したものであるらしい。しかし『書紀』では、物部氏のみをとくに反仏教勢力に仕立てあげた観がつよい。敏達紀に見える物部守屋の破仏も、『元興寺縁起』によるとむしろ敏達天皇自身の発意であったと思われる。『書紀』は後代の天皇と仏教との関係から、天皇による仏教弾圧を表面に出すことをはばかったのであろう。

巻第二十二推古紀以降で扱われるのは、六世紀末から七世紀末にいたる、ほぼ百年間のことである。この時代は、中国に隋・唐の統一帝国が出現し、それにともなって東アジア諸民族の間にも大きな政治的変動がおこった時代である。日本においても、中央における官司制の整備、国造を通じての人民の地域的編成が進み、やがて大化改新・壬申の乱をへて、中央集権的な律令国家体制が形成されていく、いわば日本の国家的統一が完成していく重要な時期にあたっている。東アジアとの関係においても、朝鮮半島諸国との関係のほか、新たに中国との政治的交渉が重要な意味をもつようになり、中国からの制度・文物の直接の流入の道が開け、支配層の文化が飛躍的に発展し、仏教が国家仏教としての地歩を確立していく時期に当たっている。

『日本書紀』によると、推古十年に百済の僧観勒《かんろく》が暦の本をもたらしたといい、同二十八年には、聖徳太子と蘇我馬子とが天皇記・国記などの歴史書を編纂したという。おそらく推古朝ごろから、暦日も確実なものとなり、政府の記録も充実してきたものと思われる。この部分の天皇の実在性や、在位の実年代、系譜などについては、『日本書紀』の記すところを事実と認めてほぼ誤りはない。そのほかのことがらについても、事件そのものとしてはほぼ事実と思われるものが大部分である。しかし他面、天皇の性格についての記述や詔勅の文章などに、『芸文類聚』などによって作られたものが多いことは以前の部分と同様であり、さらに、『書紀』編纂当時の律令国家の理念、儒教的・法家的な政治思想による修飾も、以前の部分よりいっそう顕著である。またこの時期には、山背大兄王の死、蘇我入鹿の誅殺と大化の改新、壬申の乱による近江朝廷の滅亡など、激しい政変があいついで起こるが、『書紀』の編者は、陰陽五行思想にもとづき、天変地異の記事や童謡《わざうた》などを挿入してその政変の伏線とし、全体としてきわめてドラマチックに展開するひとつの歴史像というべきものを構成すべく苦心したあとがうかがわれる。そのうえ、この部分では、政府の記録のほか、諸氏の記録、個人の日記や伝記、寺家の縁起、外国人による外交関係の記録など、それぞれ異質な諸種の原史料が入りくんで用いられているから、正しい史料操作によってこれらを分析し、歴史事実を正確に把握するには、『書紀』のこれ以前の部分にもまさる多くの困難があるともいえる。

推古紀では、「憲法十七条」の肇作《ちょうさく》、『勝鬘経』『法華経』の講説など、聖徳太子関係の記事が重きを占める。太子については、八世紀の『書紀』編纂当時からすでにその神格化が始まっており、その後の太子信仰や、明治以来の天皇制イデオロギーのなかで、伝統的な聖徳太子像は作りあげられてきた。その像から離れ、確実な史料批判の上に立って推古朝の実体を把握するしごとは、現在まだ十分になされているとはいえない。

舒明紀から皇極紀にかけては、天変地異に関する記事が頻出する。これらは『漢書』『後漢書』の五行志や、『後漢書』の天文志によったものが多い。『書紀』編者はこれらを、舒明天皇の崩御や、皇極二年の山背大兄王の滅亡、同四年の蘇我蝦夷・入鹿父子の滅亡などにいたる伏線として配置したのであろう。同じく皇極紀から天智紀にかけて数多く見られる童謡も、本来民間の歌謡であるものを、『漢書』『後漢書』の五行志の手法をまねて、時勢の推移を示すものとして『書紀』編者が用いたものと思われる。皇極紀にはこのほかにも、常世神の話や鞍作得志《とくし》が忍術を虎から学んだ話など、民間信仰的な奇怪な話が多いが、『書紀』編者はこれらによって、時代の変転していくあやしい様相をもりあげようとしたのであろう。

孝徳紀の主たる内容は、いわゆる大化の改新の一連の政治改革である。『書紀』編者はこの大化の改新に律令国家の出発点としての重要な意義を認めたらしく、この間出された数々の詔勅に、『芸文類聚』などの中国の文献の文章を用い、あたうかぎり荘重にすべく、修飾を加えている。さらに、大化二年（六四六）正月の改新の詔をはじめとするいくつかの記事には、のちの令（六八九年の「浄御原令」か七〇一年の「大宝令」）の文によって文章を整え、あるいは令文をそのまま転載したと思われるものもある。従って大化の政治改革の意義を正しく理解し、その政治思想について考えるばあいには、これら『書紀』編者の意識からする文飾を十分警戒してかかる必要がある。

斉明紀から天智紀にかけて大きな部分を占めるのは、百済滅亡後の遺臣の反乱の支援を企てた日本が、唐・新羅連合軍のために白村江に敗れ、朝鮮半島から退却する一連の外交関係記事である。この前後の唐との交渉については、当時の外交官伊吉博徳《いきのはかとこ》の書がしばしば分注のかたちで引用され、また、朝鮮半島の状況については、高句麗の沙門道顕《どうけん》の『日本世記』によって記述したと思われる箇所も多い。なお天智紀には、年紀について、称制の年からの数え方と、即位の年からの数え方と、二種の数え方があったためか、六ないし五年をおいて、同じ事実を述べたと思われる記事が重出したとみられるものがある。このような混乱が生じたのは、壬申の乱によって近江朝廷の史料が湮滅《いんめつ》したためともみられよう。

つぎの天武紀は、即位前の創業の状態、いわゆる壬申の乱について記した上巻と、即位後の治世の記録である下巻とにわかれる。これは、『漢書』の高帝紀や『後漢書』の光武帝紀など、中国の王朝の創始者の帝紀にならったものである。上巻の壬申の乱の記述には、安斗智《あとのち》徳《とこ》・調淡海《つきのおうみ》など、天皇に従軍した舎人の日記が使われたことが、『釈日本紀』にひく私記によってわかり、乱の経過をいきいきと叙述するのに役立っている。下巻については、政府の記録にもとづく実録的なもので、外交関係記事に若干の錯入と思われるものがあるのを除けば、係《か》けられた年時も、内容も、ほぼ確実なものといってよい。

持統紀は天武紀と同じく実録的であるが、他方、『後漢書』による文飾が多く、名山岳瀆《めいさんがくとく》・大夫謁者《たいふえっしゃ》など中国的な用語が用いられていること、「皇子大津」など皇子・皇女を先に出す書き方や、五寺・十八氏などとまず総計を掲げ、そのあとに内わけを記す独自の筆法があることが注目される。

天武・持統朝を通じて天皇権力は確立し、中央の官人機構や、戸籍をつうじての人民支配の体制、全国的な賦役制度などが整備され、それらを体系化した律令法典の編纂も進行した。持統朝には、新しい時代を象徴する藤原京への遷都も行なわれた。中央集権国家確立の時期をもって、『日本書紀』はその幕を閉じる。（笹山）

年表（神武天皇～持統天皇）

〔注〕参考事項の欄に『記』とあるのは『古事記』で、『日本書紀』との天皇崩年および崩年干支の異同を示してある。『水鏡』などの年齢も示したが、信憑性は薄い。

西暦	天皇年号	主要記事	参考事項
前六六七	神武即位前　甲寅	十月、神日本磐余彦尊、諸皇子・舟師を率いて東征を開始する。	甲寅を干支のはじめとすることにもとづくものか。
前六六〇	辛酉	一月、神日本磐余彦尊、橿原宮で即位する。	辛酉革命説により神武天皇即位を定めたものであろう。
前六五九	神武　二	二月、天皇、道臣命・珍彦・弟猾らを褒賞する。	
前六五七	四	二月、皇祖天神（高皇産霊尊か）を祭る。	
前五八四	七十六	三月、天皇、橿原宮に崩御する。年一二七歳。	『記』では一三七歳。
前五八一	綏靖　一	一月、神渟名川耳命、即位する。葛城の高丘宮をつくる。	
前五四九	三十三	五月、天皇、崩御。年八十四歳。七月、磯城津彦玉手看尊、即位する。	『記』では四十五歳。
前五四七	安寧　二	この年、都を片塩に遷す。浮穴宮という。	
前五一一	三十八	十二月、天皇、崩御する。年五十七歳。	『記』では四十九歳。
前五一〇	懿徳　一	二月、大日本彦耜友尊、即位する。	
前五〇九	二	一月、都を軽に遷す、曲峡宮という。	
前四七七	三十四	九月、天皇、崩御する。	『記』では四十五歳。

前四七五	孝昭	一	一月、観松彦香殖稲尊、即位する。七月、都を掖上に遷す、池心宮という。	
前三九三		八十三	八月、天皇、崩御する。	『記』では九十三歳。
前三九二	孝安	一	一月、日本足彦国押人尊、即位する。	
前三九一		二	十月、都を室の地に遷す、秋津嶋宮という。	
前二九一		一〇二	一月、天皇、崩御する。	『記』では一二三歳。
前二九〇	孝霊	一	一月、大日本根子彦太瓊尊、即位する。前年、都を黒田に遷す、廬戸宮という。	
前二一五		七十六	二月、天皇、崩御する。	『記』では一〇六歳。
前二一四	孝元	一	一月、大日本根子彦国牽尊、即位する。	
前二一一		四	三月、都を軽の地に遷す、境原宮という。	
前一五八		五十七	九月、天皇、崩御する。十一月、稚日本根子彦大日日尊、即位する。	『記』では六十三歳。
前一五七	開化	一	十月、都を春日に遷す、率川宮という。	
前九八		六十	四月、天皇、崩御する。	『記』では六十三歳。
前九七	崇神	一	一月、御間城入彦五十瓊殖尊、即位する。	崇神天皇の即位を二五五年とする説がある。
前九五		三	九月、都を磯城に遷す、瑞籬宮という。	
前九二		六	この年、大殿に祭る天照大神を豊鍬入姫命につけて倭の笠縫邑に祭り、日本大国魂神を渟名城入姫命につけて祭らしめる。	
前九一		七	十一月、大田田根子を大物主大神の祭主に、長尾市を大国魂神の祭主	

		とする。	
前八八	十	九月、大彦命ら四道将軍を遣わす。武埴安彦がそむき殺される。	
前八六	十二	九月、人民を調査し、男には弭調、女には手末調の調役を課す。天下が太平となり、天皇は御肇国天皇とたたえられる。	
前三八	六十	七月、出雲の神宝を貢上させる。それに反対した出雲振根、誅殺される。	
前三六	六十二	七月、河内国に池溝を掘らせる。十月、依網池を造る。十一月、苅坂池・反折池を造る。	
前三三	六十五	七月、任那国が蘇那曷叱知を遣わして朝貢する。	
前三〇	六十八	十二月、天皇、崩御する。	『記』では一六八歳。なお『記』の崩年干支は戊寅（三一八年）か。
前二九	垂仁 一	一月、活目入彦五十狭茅尊、即位する。	
前二八	二	十月、纏向に都を造る、珠城宮という。	
前二七	三	三月、新羅王子天日槍が来帰し、但馬国に居住する。	
前二六	四	九月、皇后狭穂姫の兄狭穂彦王が謀反を企て、皇后に天皇暗殺をすすめる。	
前二五	五	十月、狭穂彦王、妹とともに稲城の中で死ぬ。	
前二三	七	七月、野見宿禰が当摩（麻）蹶速と相撲をとり、蹶速を殺す。	
前七	二十三	十一月、誉津別命が鵠を弄んで、言葉を言うことができたので、鵠を	

		献じた湯河板挙を賞して鳥取造の氏姓を賜い、鳥取部・鳥養部・誉津部を定める。	
前五	二十五	三月、倭姫命、天照大神の鎮座地を求めて、近江・美濃をめぐり、伊勢国に祠を立てる。	
前三	二十七	八月、兵器を諸神社に納め、神地・神戸を定める。この年、屯倉を来目邑に立てる。	
三	三十二	七月、皇后日葉酢媛命の葬にさいして、野見宿禰の進言により殉死にかえて埴輪を陵墓に立てる。	
六一	九十	二月、田道間守に命じて、常世国に非時の香果（橘）を求めさせる。	
七〇	九十九	七月、天皇、崩御する。年一四〇歳。	『記』では一五三歳。
七一	景行　一	七月、大足彦忍代別尊、即位する。	
八二	十二	七月、熊襲がそむく。八月、天皇、筑紫に行幸し熊襲を征討する。	
九七	二十七	十月、日本武尊を遣わして熊襲を征討させる。	
一一〇	四十	七月、日本武尊を遣わして蝦夷を征討させる。	
一一三	四十三	この年、日本武尊、蝦夷征討をおわって帰還の途中、伊勢国の能褒野で薨じ、白鳥となって倭国をさして飛ぶ。武部を定める。	
一三〇	六十	十一月、天皇、崩御する。年一〇六歳。	『記』では一三七歳。
一三一	成務　一	一月、稚足彦尊、即位する。	
一三三	三	一月、武内宿禰を大臣とする。	
一三五	五	九月、国郡に造長を立て、県邑に稲置を置く。	
一九〇	六十	六月、天皇、崩御する。年一〇七歳。	『記』では九十五歳。

一九二	仲哀	一	一月、足仲彦尊、即位する。	
一九三		二	一月、気長足姫尊（神功皇后）を皇后とする。二月、淡路屯倉を定める。三月、熊襲がそむいたので、天皇・皇后、平定に赴く。	
一九九		八	九月、天皇、新羅征討の神託を信ぜず、強いて熊襲を討ち、勝利しないで還る。	
二〇〇		九	二月、天皇、急病にかかり崩御する。年五十二歳。十月、神功皇后、新羅を征討する。十二月、誉田天皇が筑紫で誕生する。	『記』も五十二歳。
二〇一	神功	一	二月、麛坂王・忍熊王が皇后と皇子を討とうとして兵をあげ、殺される。この年、摂政元年。	
二三九		三十九	この年の条に『魏志』明帝景初三年六月の記事を引く。	二三九年（魏景初三）六月、倭の女王卑弥呼、大夫難升米らを遣わし帯方郡に至り、魏帝に朝献することを求める。
二四〇		四十	この年の条に『魏志』正始元年の記事を引く。	二四〇年（魏正始一）、魏使、詔書・印綬をもって倭国に来る。
二四三		四十三	この年の条に『魏志』正始四年の記事を引く。	二四三年（魏正始四）、倭王、使を遣

			わして生口などを献じる。
二四七	四十七	四月、千熊長彦を新羅に遣わし、百済の貢物を奪ったことを責める。	二四七年（魏正始八）、倭の女王卑弥呼、狗奴国王と不和となる。
二四九	四十九	三月、荒田別・鹿我別を将軍として、新羅を征討する。	
二五一	五十一	三月、百済王、久氏を遣わして朝貢する。この年、千熊長彦を百済に遣わして、久氏らを送る。	
二五五	五十五	この年、百済の肖古王薨ずる。	肖古王が薨じたのは三七四年。
二五六	五十六	この年、百済王子貴須、王となる。	
二六二	六十二	この年、葛城襲津彦を遣わして新羅を征討させる。	
二六四	六十四	この年、百済の貴須王が薨じ、王子枕流が王となる。	貴須王が薨じたのは三八四年。
二六五	六十五	この年、百済の枕流王が薨じ、王子阿花が年少のため、叔父の辰斯が王位を奪う。	枕流王が薨じたのは三八五年。
二六六	六十六	この年の条に『晋起居注』武帝泰初（始か）二年十月の記事を引く。	二六六年（晋泰始二）十一月、倭の女王、使者を遣わし晋に貢献する。

二六九	六十九	四月、皇太后（神功皇后）、稚桜宮で崩御する。年一〇〇歳。	『記』仲哀天皇条分注も一〇〇歳。
二七〇	応神 一	一月、誉田別皇子、即位する。	
二七二	三	十月、東の蝦夷が朝貢する。十一月、各地の海人が騒ぐ。この年、百済が辰新王を殺して阿花王を立てる。	辰斯王が薨じたのは三九二年。
二七四	五	八月、諸国に命じて、海人・山守部を定める。十月、伊豆国に船を造らせ、枯野と名づける。	
二七六	七	九月、高麗（高句麗）人・百済人・任那人・新羅人が来朝する。武内宿禰が諸韓人を率いて池を造る、その池を韓人池という。	
二八〇	十一	十月、剣池・軽池・鹿垣池・廐坂池を造る。	
二八三	十四	二月、百済の王、縫衣工女を貢上。この年、弓月君百済より来帰する。	
二八四	十五	八月、百済の王、阿直岐を遣わして良馬二匹を貢上する。	
二八五	十六	二月、百済より王仁が来朝し、太子菟道稚郎子の師となる。この年、百済の阿花王が薨ずる。	阿花王が薨じたのは四〇五年。
二八九	二十	九月、倭漢直の祖阿知使主が、その子都加使主および党類十七県を率いて来帰する。	
二九四	二十五	この年、百済の直支王が薨じ、久爾辛が王となる。	直支王が薨じたのは四二〇年。
二九七	二十八	九月、高麗の王、使を遣わして朝貢する。太子菟道稚郎子が、高麗の表を読み、怒ってその表を破る。	
三〇六	三十七	二月、阿知使主・都加使主を呉に遣わし、縫工女を求めさせる。	

三一〇	四十一	二月、天皇、明宮で崩御する。年一一〇歳。阿知使主ら、呉より筑紫に帰る。工女の兄媛を胸形大神に奉る。太子菟道稚郎子と大鷦鷯尊とが皇位を譲りあう。	『記』では一三〇歳。なお『記』の崩年干支は甲午（三九四年か）。
三一三	仁徳　一	一月、大鷦鷯尊、即位する。	
三一六	四	二月、天皇、高台より百姓の家から煙のあがらぬのを見て百姓の貧窮を察する。三月、百姓の課役を三年のあいだ免除する。	
三一九	七	八月、大兄去来穂別皇子のために壬生部を、皇后のために葛城部を定める。	
三二三	十一	十月、難波宮の北の野原を掘って堀江を造り、また茨田堤を築く。	
三二四	十二	七月、高麗国、鉄の盾と的を貢上する。	
三二五	十三	九月、茨田屯倉を立て、舂米部を置く。十月、和珥池・横野堤を造る。	
三五三	四十一	三月、紀角宿禰を百済に遣わして、国郡の堺をわかち産物を調べさせる。	
三九九	八十七	一月、天皇、崩御する。住吉仲皇子が皇太子大兄去来穂別尊を殺そうとして誅殺される。	『記』では年八十三歳。
四〇〇	履中　一	二月、去来穂別尊、磐余稚桜宮で即位する。	
四〇三	四	八月、諸国に国史を置き、言事を記させる。	
四〇五	六	一月、蔵職を置き、蔵部を定める。三月、天皇、崩御する。年七十歳。	『記』では六十四歳。なお『記』の崩年干支は壬申（四三二年

四〇六	反正	一	一月、瑞歯別尊が即位する。十月、河内の丹比に都を造り、柴籬宮という。	か）。
四一〇		五	一月、天皇、崩御する。	『記』では六十歳。なお『記』の崩年干支は丁丑（四三七年か）。
四一二	允恭	一	十二月、雄朝津間稚子宿禰尊、即位する。	
四一三		二	二月、皇后忍坂大中姫のために刑部を定める。	
四一五		四	九月、氏姓を定めるため盟神探湯をする。	
四二二		十一	三月、衣通郎姫のために藤原部を定める。	
四五三		四十二	一月、天皇、崩御する。十二月、穴穂皇子、即位する。	『記』では七十八歳。なお『記』の崩年干支は甲午（四五四年か）。
四五四	安康	一	二月、大草香皇子を殺し、その妻中蒂姫を宮中にいれる。	
四五六		三	八月、天皇、眉輪王に殺される。大泊瀬幼武皇子、眉輪王・坂合黒彦皇子を殺す。十月、大泊瀬幼武皇子、市辺押磐皇子を殺す。十一月、大泊瀬幼武皇子、泊瀬の朝倉で即位する。平群臣真鳥を大臣、大伴連室屋・物部連目を大連とする。	『記』では五十六歳。ただし『記』には安康天皇の崩年干支が記されていない。なお『宋書』に見える

四五八	雄略　二	十月、史戸・河上舎人部を置く。天下、天皇を誹謗して「大悪天皇」という。	倭王武が雄略天皇であるとすれば即位は四六二年となる。
四六三	七	八月、吉備下道臣前津屋の無礼を責めて、一族を誅殺する。	
四六四	八	二月、身狭村主青・檜前民使博徳を呉国に遣わす。	
四六五	九	三月、紀小弓宿禰・蘇我韓子宿禰・大伴談連・小鹿火宿禰らを新羅に遣わして戦わせたが苦戦し、大伴談連ら戦死する。	
四六九	十三	八月、播磨国の御井隈の人文石小麻呂が暴虐なので、春日小野臣大樹を遣わして斬らせる。	
四七〇	十四	一月、身狭村主青らが、呉国の使とともに、呉の献じた手末の才伎、漢織・呉織、衣縫の兄媛・弟媛らを率いて住吉津に泊まる。	
四七一	十五	この年、分散していた秦の民を集めて、秦酒公に賜う。	埼玉県稲荷山古墳出土の鉄剣銘に辛亥年（四七一年）とあり、獲加多支鹵（雄略）大王の名がみえる。
四七二	十六	七月、国県に桑を植えさせ、秦の民を遷して庸調を献じさせる。十月、漢部を集めて伴造を定める。	
四七三	十七	三月、土師連の私民部を贄土師部とする。	

四七四		十八	八月、物部菟代宿禰・物部目連を遣わして伊勢の朝日郎を討つ。	
四七五		十九	三月、穴穂部を置く。	
四七九		二十三	四月、百済の文斤王が薨じ、昆支王の第二王子末多王を王とする。八月、天皇、崩御する。この年、筑紫の安致臣・馬飼臣らに高麗を討たせる。	『記』では一二四歳。なお『記』の崩年干支は己巳（四八九年か）。
四八〇	清寧	一	一月、白髪武広国押稚日本根子尊、磐余の甕栗で即位する。大伴室屋大連を大連、平群真鳥大臣を大臣とする。	
四八一		二	二月、白髪部舎人・白髪部膳夫・白髪部靫負を置く。十一月、播磨国より市辺押磐皇子の子億計・弘計の二王を迎える。	
四八四		五	一月、天皇、崩御する。億計・弘計の二王が皇位を譲りあったので、その姉飯豊青皇女が朝政を執る。十一月、飯豊青皇女が崩じる。	『記』には清寧天皇の崩年干支が記されていない。『水鏡』では四十一歳。
四八五	顕宗	一	一月、弘計王、即位する。	
四八七		三	四月、福草部を置く。天皇、八釣宮で崩御する。	『記』では三十八歳。『紀』には在位五年とあり、『記』は治世八年とする。
四八八	仁賢	一	一月、億計王、石上広高宮で即位する。	
四九〇		三	二月、石上部舎人を置く。	

四九二		五	二月、国郡に散亡していた佐伯部を求める。	
四九三		六	九月、日鷹吉士を高麗に遣わして巧手者を召す。	
四九八		十一	八月、天皇、崩御する。十二月、小泊瀬稚鷦鷯皇子、泊瀬列城で即位する。	『水鏡』では五十歳。
五〇〇	武烈	二	九月、天皇、妊婦の腹をさいて胎児をみる。	
五〇一		三	十月、人の指甲をぬいて、暑預を掘らせる。	
五〇二		四	四月、人の頭髪をぬいて樹に登らせ、樹の根元をきり倒して登っている人を落として殺す。	
五〇六		八	三月、女を裸にして平板の上にすわらせ、馬の交尾をみせる。十二月、天皇、崩御する。	『水鏡』では十八歳。
五〇七	継体	一	一月、大伴金村大連、越前の三国より男大迹王を迎える。二月、男大迹王、河内の樟葉宮で即位する。	
五〇九		三	二月、使を百済に遣わす。	
五一一		五	十月、都を山背の筒城に遷す。	
五一二		六	十二月、百済、任那国の四県を請う。表に依って任那の四県を賜う。	
五一三		七	六月、百済、五経博士段楊爾を貢する。	
五一四		八	一月、太子の妃春日皇女に匝布屯倉を賜う。	
五一八		十二	三月、弟国に都を遷す。	
五二三		十七	五月、百済の武寧王が薨ずる。	
五二六		二十	九月、磐余の玉穂に都を遷す。	
五二七		二十一	六月、近江毛野臣、六万の兵を率いて任那に行き、新羅に破られた南	

五二八	二十二	加羅・喙己呑を復興しようとしたが、筑紫国造の磐井の反乱によって阻止される。八月、物部麁鹿火大連を遣わして磐井を討たせる。十一月、物部麁鹿火、筑紫の御井郡で磐井と交戦し、磐井を斬る。十二月、磐井の子筑紫君葛子、糟屋屯倉を献じて死罪を贖うことを求める。	
五三一	二十五	二月、天皇、磐余玉穂宮で崩御する。年八十二歳。勾大兄皇子、即位する。	『記』の崩年干支は丁未（五二七年か）。
五三四	安閑　一	一月、都を大倭国の勾金橋に遷す。閏十二月、武蔵国造笠原直使主と同族小杵とが国造の地位を争い、小杵は上毛野君小熊に支援を求める。使主は上京して訴え、朝廷、使主を国造とし、小杵を殺す。使主、国家のために横渟・橘花・多氷・倉樔の屯倉を置く。	
五三五	二	四月、勾舎人部・勾靫部を置く。五月、筑紫の穂波屯倉など諸国に多くの屯倉を置く。八月、諸国に犬養部を置く。十二月、天皇、崩御する。年七十歳。武小広国押盾皇子、即位する。	
五三六	宣化　一	一月、都を檜前の廬入野に遷す。	
五三七	二	十月、新羅が任那に侵入したので、大伴磐と大伴狭手彦を遣わして任那を助ける。	
五三九	四	二月、天皇、崩御する。年七十三歳。天国排開広庭皇子、即位する。	欽明天皇の即位は五三二年（壬子）か。
五四〇	欽明　一	三月、蝦夷・隼人が帰附する。七月、都を倭国の磯城嶋に遷す。八月、高麗・百済・新羅・任那、使を遣わして朝貢する。秦人・漢人らを集	

五四一	二	めて国郡に配置し、戸籍に編貫する。	
五四五	六	九月、百済、天皇のために丈六の仏像を造る。	
五五一	十二	この年、百済の聖明王、みずから百済・新羅・任那の兵を率いて高麗を伐ち、故地を回復する。	
五五二	十三	十月、百済の聖明王、釈迦仏の金銅像などを献じ仏教信仰をすすめる。崇仏の可否をめぐり対立が生じる。	『法王帝説』『元興寺縁起』では戊午（五三八年）。
五五四	十五	二月、百済、救兵を乞う。この年、百済の聖明王、新羅のために殺される。	
五五五	十六	七月、吉備の五郡に白猪屯倉を置く。	
五五六	十七	一月、阿倍臣・佐伯連・播磨直に筑紫国の舟師を率いさせ、別に筑紫火君に勇士一千を率いさせて、百済を救援する。七月、備前の児嶋郡に屯倉を置く。十月、倭国の高市郡に韓人大身狭屯倉・高麗人小身狭屯倉、紀国に海部屯倉を置く。	
五五七	十八	三月、百済の王子余昌、王となる。	
五六二	二十三	一月、新羅、任那の官家を打ち滅ぼす。七月、大将軍紀男麻呂宿禰を遣わして新羅を討つ。八月、大将軍大伴連狭手彦を遣わして高麗を討つ。	
五六九	三十	一月、白猪の田部の丁の籍を検せしめる。	
五七一	三十二	四月、天皇、崩御する。	『法王帝説』は欽明

五七二	敏達	一	四月、渟中倉太珠敷皇子、即位する。物部弓削守屋大連を大連とし、蘇我馬子宿禰を大臣とする。五月、船史の祖辰爾、烏の羽に書かれた高麗の表疏を読解する。	天皇の治世を四十一年とする。『皇年代略記』では崩年六十三歳。
五七四		三	十月、蘇我馬子大臣を吉備国に遣わして、白猪屯倉と田部とを増益させる。	
五七七		六	二月、日祀部・私部を置く。十一月、百済国王、経論・律師・禅師・比丘尼・呪禁師・造仏工・造寺工を献ずる。	
五八一		十	閏二月、蝦夷魁帥綾糟ら、忠誠を誓う。	
五八四		十三	九月、百済より仏像二軀がもたらされる。蘇我馬子、その仏像二軀を請じて、使を四方に遣わして、修行者を求める。	
五八五		十四	三月、物部弓削守屋大連、寺塔・仏像・仏殿を焼く。八月、天皇、崩御する。九月、橘豊日皇子、即位する。磐余に宮を造り、池辺双槻宮という。蘇我馬子宿禰を大臣とし、物部弓削守屋連を大連とする。	『皇年代略記』では四十八歳。
五八六	用明	一	五月、穴穂部皇子、物部守屋大連と兵を率いて磐余の池辺を囲み、敏達天皇の寵臣三輪君逆を殺す。	
五八七		二	四月、天皇、三宝に帰す詔を発し、これをめぐり群臣の間に紛議が起こる。天皇、崩御する。七月、蘇我馬子宿禰大臣が諸皇子・群臣にす	『皇年代略記』では六十九歳。

			すめて物部守屋大連を滅ぼす。八月、泊瀬部皇子、即位する。
五八八	崇峻	一	この年、百済国、仏の舎利・僧・寺工・鑪盤博士・瓦博士・画工を献じる。蘇我馬子宿禰、戒を受ける法を百済僧に問う。飛鳥衣縫造の祖樹葉の家を壊して法興寺を造る。
五九一		四	八月、天皇、任那復興の詔を発する。十一月、紀男麻呂宿禰らを大将軍とし、二万余の軍を筑紫に派遣し、新羅・任那に使者を遣わす。
五九二		五	十一月、蘇我馬子宿禰、東漢直駒に天皇を暗殺させる。十二月、豊御食炊屋姫皇女、即位する。
五九三	推古	一	四月、廐戸豊聡耳皇子（聖徳太子）を皇太子とする。この年、四天王寺を難波の荒陵に造る。
五九四		二	二月、三宝興隆の詔が出され諸臣が競って仏舎を造る。
六〇〇		八	二月、新羅と任那が交戦する。天皇、任那を救おうとし、境部臣を大将軍とし一万余の軍を率いさせ、任那のために新羅を討つ。新羅は降伏したが、また任那を侵す。
六〇一		九	二月、皇太子、宮室を斑鳩に造る。十一月、新羅を攻めることを議す。
六〇二		十	二月、来目皇子を征新羅将軍とする。六月、来目皇子、病に臥して征討を果たさず。十月、百済の僧観勒来朝し、暦本・天文地理書・遁甲方術書を献じる。
六〇三		十一	二月、来目皇子、筑紫で薨去する。四月、来目皇子の兄当摩皇子を征新羅将軍とする。七月、当摩皇子、難波より発船、妻舎人姫王の薨去にあい征討を中止する。十二月、冠位十二階を制定する。

六〇四	十二	四月、皇太子、憲法十七条を作る。	
六〇六	十四	四月、元興寺の丈六の仏像が完成する。七月、皇太子、『勝鬘経』を講じる。この年、皇太子、岡本宮で『法華経』を講じる。	
六〇七	十五	二月、壬生部を定める。七月、小野臣妹子を大唐（隋）に遣わす。	
六〇八	十六	四月、小野臣妹子、大唐より帰る。九月、再び小野臣妹子を大使として大唐に遣わす。	
六〇九	十七	九月、小野臣妹子ら、大唐より帰る。	
六一三	二十一	十一月、掖上池・畝傍池・和珥池を造る。難波より京まで大道を置く。十二月、皇太子、片岡に遊行し道のほとりに臥していた飢者をあわれむ。	
六一四	二十二	六月、犬上君御田鍬・矢田部造を大唐に遣わす。	
六二〇	二十八	この年、皇太子・嶋大臣（蘇我馬子）、天皇記・国記・臣連伴造国造百八十部公民等本記を撰録させる。	
六二一	二十九	二月、皇太子廐戸豊聡耳皇子、斑鳩宮で薨ずる。	金石文では六二二年（推古天皇三十）の薨去とする。
六二六	三十四	五月、蘇我馬子大臣、薨ずる。	
六二八	三十六	三月、天皇、崩御する。年七十五歳。	『記』では三十七歳。
六二九	舒明 一	一月、田村皇子、即位する。	
六三〇	二	八月、犬上君三田耜・薬師恵日を大唐（唐）に遣わす。十月、天皇、飛鳥岡本宮に遷る。	

六三七	九	この年、蝦夷そむく。上毛野君形名、将軍となって蝦夷を討ったが敗れる。	
六三九	十一	七月、百済宮を造る。百済大寺を造りはじめる。十二月、天皇、伊予温湯宮に行幸する。	
六四一	十三	十月、天皇、百済宮で崩御する。	『皇胤紹運録』などでは四十九歳とする。
六四二	皇極　一	一月、舒明天皇の皇后天豊財重日足姫、即位する。蘇我臣蝦夷、大臣となる。大臣の子入鹿、国政を執り、その威、父に勝る。	
六四三	二	十一月、蘇我臣入鹿、巨勢徳太臣らを遣わして山背大兄王らを斑鳩に襲わせ、殺す。	
六四四	三	一月、中臣鎌子連を神祇伯とする。十一月、蘇我大臣蝦夷・入鹿臣、家を甘檮岡にならべて建てる。	
六四五	大化　一 （孝徳）	六月八日、中大兄皇子、蘇我入鹿を斬る謀計を倉山田麻呂臣に語る。十二日、大極殿で入鹿を殺す。十三日、蘇我臣蝦夷ら、天皇記・国記・珍宝を焼く。船史恵尺、国記を取りだして中大兄皇子に献じる。蝦夷殺される。十四日、軽皇子、即位する。中大兄皇子、皇太子となる。阿倍内摩呂臣が左大臣、蘇我倉山田石川麻呂が右大臣、中臣鎌子連が内臣となる。十九日、皇極天皇四年を改めて大化元年とする。八月、東国の国司を任命する。九月、使者を諸国に遣わして、兵器を治めさせる。古人皇子、蘇我田口臣川堀らと謀反をはかり、殺される。十二月、都を難波長柄豊碕に遷す。	

六四六		二	一月、改新の詔を発布する。三月、東国の国司に詔を出す。皇太子、入部五二四口・屯倉一八一所を献じる。八月、品部を廃止する。
六四七		三	この年、七色十三階の冠を制定する。
六四八		四	二月、高麗・百済・新羅に学問僧を遣わす。
六四九		五	二月、冠位十九階を制定する。三月、蘇我倉山田麻呂、謀反の疑いをうけ自剄す。
六五〇	白雉	一	二月、白雉出現により改元。四月、新羅、使を遣わして朝貢する。
六五一		二	三月、丈六の繡像できあがる。皇極上皇、十師を請じて設斎する。
六五二		三	一月、班田をおわる。田、長さ三十歩を段とし、十段を町とする。四月、戸籍を造り、五十戸を里とし、里ごとに長一人を置く。
六五三		四	五月、吉士長丹ら一二一人を大唐に遣わす。
六五四		五	二月、押使高向史玄理らを大唐に遣わす。十月、天皇、崩御する。
六五五	斉明	一	一月、皇極上皇、飛鳥板蓋宮で即位する。
六五六		二	この年、飛鳥の岡本に宮地を定め、天皇、後飛鳥岡本宮に遷る。
六五七		三	九月、有間皇子、狂人をよそおう。
六五八		四	四月、阿倍臣、船師一八〇艘を率いて蝦夷を討つ。十一月、有間皇子、謀反のかどで謀殺される。
六五九		五	三月、阿倍臣、船師一八〇艘を率いて蝦夷を討つ。七月、坂合部石布らを唐に遣わす。
六六〇		六	三月、阿倍臣、船師二〇〇艘を率いて粛慎国を討つ。十月、百済、鬼室福信らを遣わして唐の俘一〇〇余人を献じる。この年、百済のため

			に新羅を討とうとして、駿河国に船を造らせる。	
六六一		七	一月、天皇、新羅征討のため出帆する。五月、天皇、朝倉橘広庭宮にはいる。七月、天皇、崩御する。皇太子中大兄皇子、称制する。	『水鏡』では崩年六十八歳。
六六二	天智	一	十二月、百済の王豊璋ら、朴市田来津の進言をきかず州柔より避城に都を遷す。	
六六三		二	三月、前将軍上毛野君稚子ら、二万七千人を率い新羅を討つ。八月、白村江で戦い官軍敗れ、朴市田来津戦死。九月、百済の州柔城、唐に降る。百済滅亡し、日本の船師、および佐平余自信ら日本に向かう。	
六六四		三	二月、冠位二十六階を制定し、大氏の氏上には大刀、小氏の氏上には小刀を賜い、伴造らの氏上には干楯・弓矢を賜う。民部・家部を定める。	
六六五		四	二月、百済の百姓男女四〇〇余人を近江国神前郡に置く。三月、神前郡の百済人に田を班給する。	
六六六		五	七月、大水のため、この秋に租調を免除することにする。	
六六七		六	三月、都を近江に遷す。この時、天下の百姓、都を遷すことを希望せず、諷諫する者が多い。	
六六八		七	一月、皇太子中大兄皇子、即位する。十月、大唐の大将軍英公、高麗を打ち滅ぼす。この年、大海人皇子、東宮となる。	
六六九		八	十月、藤原内大臣（鎌足）薨ずる。十二月、大蔵、火災おこる。	
六七〇		九	二月、戸籍（庚午年籍）を造る。四月、法隆寺、火災おこる。	
六七一		十	一月、大友皇子、太政大臣となる。蘇我赤兄臣を左大臣、中臣金連を	舒明天皇十三年十月

		右大臣、蘇我果安臣・巨勢人臣・紀大人臣を御史大夫とする。十月、東宮大海人皇子、吉野にはいる。十二月、天皇、近江宮で崩御する。	紀に年十六とあるによれば、天智天皇の崩年は四十六歳。
六七二	天武 一	六月二十二日、村国連男依らに詔して、美濃国安八磨郡の兵を差発することを命じる。二十四日、大海人皇子、東国に入る。七月二日、紀臣阿閉麻呂らに数万の兵を率いさせ、伊勢の大山より倭に向かわせる。七月七日、村国連男依ら、近江の軍と息長の横河で戦い破る。七月二十三日、男依ら、近江の将犬養連五十君らを粟津市で斬る。大友皇子、逃げ場を失い、山前で自殺する。この年、宮室を岡本宮の南に造る。飛鳥浄御原宮という。	
六七三	二	二月、大海人皇子、即位する。八月、伊賀国の紀臣阿閉麻呂らに、壬申の年の労勲の状を詔して寵賞する。	
六七四	三	二月、紀臣阿閉麻呂卒す。天皇、大いに悲しみ、壬申の年の役の労を賞し大紫位を贈る。	
六七五	四	七月、大伴連国麻呂を大使として新羅に遣わす。	
六七六	五	五月、調進上の期限を過ぎた国司の犯せる状を宣する。	
六七七	六	四月、天皇を指斥した杙田史名倉を伊豆嶋に流す。九月、浮浪人に課役を科することを詔する。	
六七八	七	十月、内外の文武官の年ごとの優劣を議して進階を定めることを詔する。	
六七九	八	四月、諸寺の食封を加除し、また諸寺の名を定める。八月、諸氏の女	

		人を貢上することを詔する。	
六八〇	九	十月、京内諸寺の貧しい僧尼・百姓をめぐむ。十一月、皇后不予のため薬師寺を造る。	
六八一	十	三月、天皇、川嶋皇子ら十二人に詔して、帝紀・上古の諸事を記定させる。九月、諸氏の氏上が定まっていない者に氏上を定めさせる。	
六八二	十一	三月、親王以下諸臣の食封を一時収公する。	
六八三	十二	二月、大津皇子、朝政を執る。	
六八四	十三	十月、諸氏の族姓を改めて、八色の姓を制定する。守山公ら十三氏に真人の姓を賜う。十一月、大三輪君ら五十二氏に朝臣の姓を賜う。十二月、大伴連ら五十氏に宿禰の姓を賜う。	
六八五	十四	一月、諸王十二階、諸臣四十八階の爵位を定める。六月、大倭連ら十一氏に忌寸の姓を賜う。	
六八六	十五 (朱鳥一)	七月、元を改めて朱鳥元年という。八月、天皇不予のため神祇に祈る。九月、天皇、崩御する。皇后、称制する。十月、大津皇子、謀反をはかり死を賜う。	『皇胤紹運録』などに天武天皇の崩年を六十五歳とするが、兄の天智天皇より年長となるので五十六歳とするのがよいか。
六八七	持統 一	三月、投化した高麗人五十六人を常陸国に居住させ田地を班給する。四月、筑紫大宰、投化した新羅の僧尼・百姓二十二人を献じる。投化した新羅人を武蔵国に居住させ田地を班給する。	

六八八	二	十二月、蝦夷の男女二一三人を飛鳥寺の西の槻の下で饗する。
六八九	三	閏八月、諸国司に詔して、今冬に戸籍を造らせ、浮浪を糺し、兵士は国ごとに四分の一を定めて武事を習わしめる。
六九〇	四	一月、皇后鸕野讃良皇女、即位する。四月、百官人および畿内人の有位者の年限を六年、無位者は七年と定め、評価の規準を上日・善最・功能・氏姓などとし、一定年限後の平均が四等以上のときのみ加階することとする。九月、戸籍を造らせる。
六九一	五	四月、氏の祖の時に解放された奴婢で戸籍から除かれた者を、眷族が訴えて自己の奴婢と言うことを禁じる。八月、大三輪氏ら十八氏の墓記を上進させる。
六九二	六	五月、藤原の宮地の地鎮祭をする。
六九三	七	十月、親王以下進位に至る者の有する兵器を観る。
六九四	八	七月、巡察使を諸国に遣わす。十二月、藤原宮に遷る。
六九五	九	九月、小野朝臣毛野ら、新羅に出発する。
六九六	十	十月、仮りに右大臣丹比真人に資人一二〇人、阿倍朝臣御主人・大伴宿禰御行に八十人、石上朝臣麻呂・藤原朝臣不比等に五十人を賜う。
六九七	十一	八月、天皇、皇太子に譲位する。

『日本書紀』と史実とのあいだ

大津透

『日本書紀』一三〇〇年にあたり、井上光貞監訳『日本書紀』上・下（中央公論社、一九八七年。中公クラシックス版、二〇〇三年）が文庫化されることになった。日本古代史の専門家によってなされた高い水準の全訳（および史料学的な注釈も付されている）であり、多くの読者をえられることは、大変喜ばしい。

本書冒頭には、記紀の成立、原史料論から、近年の研究動向にまでいたる、井上光貞・笹山晴生両氏による丁寧な解説が付されている。ここではそれをふまえて、神話にはじまる書紀前半の記述は、どの時代から一定の史実にもとづいていると考えられるのか、一方で様々な記録にもとづいており信頼できるとされる書紀後半の記述は、そのまま史実と考えてよいのか、戦後の日本古代史研究の中心となってきたいくつかの論点をとりあげながら、少し考えてみたいと思う。

井上氏の解説によれば、帝紀・旧辞によって書かれた書紀の記載、神代から始まって顕宗・仁賢あたりまでの記載は、五つのグループに分けられる。その最後のグループ（応神からあと）は、帝紀的記載は大体史実であり、天皇の名前も実名が伝わり、旧辞的な物語も素朴な宮廷のできごとで、それに対して第四以前のグループは神武東征にはじまり、崇神、景行、神功皇后と支配が拡大していく国家成立史のような面影があり、帝紀・旧辞でも比較的あとになって作られたと考えられると述べている。

帝紀とは、一種の皇統譜であり、代々の大王の御名・宮名・后妃や子女などを内容とし、六世紀中頃に成立し、代々の大王の即位儀礼で読み上げられたと考えられている。

一九七八年に発見された、埼玉県稲荷山古墳出土鉄剣の銘文に、ヲワケの臣が上祖オホヒコ以来代々大王に奉仕し、獲加多支鹵大王が天下を治めるのを佐《たす》けたとあった。この「ワカタケル」大王は、書紀巻十四が伝える雄略天皇の実名「大泊瀬幼武」（おおはつせのわかたけ）の後半と一致する。つまり帝紀が伝えた「幼武」という大王の名が史実を伝えたこと（正しくは「わかたける」だった）、雄略天皇が実在が確認できる最も古い天皇（大王）であることがわかった。鉄剣銘の「辛亥年七月中」が西暦四七一年にあたることから、雄略が五世紀後半に実在したというだけでなく、『宋書』が伝える有名な倭の五王のさいご武王の上表文が昇明二年（四七八）であることから、雄略は南朝に対して「武」王と称して、遣使外交していたことも確認されたのである。

雄略の時代は画期であり、一定の史実が伝えられていると考えられるが、帝紀はさらに遡っていつまで信頼できるのだろうか。

この点について井上光貞氏に「帝紀からみた葛城氏」という画期的な論文がある。(1) 帝紀には后妃・皇子女・后妃の父親の氏名が記されていたとした上で、仁徳の皇后にたてられた磐之媛が葛城襲津彦《そつひこ》の女であると伝える(履中紀)ほか、履中の皇妃、雄略の妃も葛城氏であり、五世紀に葛城氏が天皇家外戚として大きな力を持ったことが記紀に伝えられる。そうした記述の一つ、神功六十二年に新羅に襲津彦を派遣した記事には、分注で『百済記』が引用され、壬午の年に「沙至比跪《さちひこ》を遣わして討たしめた」と記し、この沙至比跪が襲津彦にあたるとしている。『百済記』は、七世紀後半に亡命した百済貴族が提出した書物らしいが、百済に伝わる古い記録をもとにしたと考えられ、書紀の編纂にあたって大きな信頼が寄せられていた。井上氏は、帝紀と別系統の百済に伝えられた記録に「沙至比跪」の活躍が記されることから、葛城ソツヒコは伝説化されているが実在する可能性が高いとしたのである。その年代神功六十二年「壬午」は書紀紀年では二六二年であるが、神功紀は干支を二運くり上げているので三八二年の壬午である。四世紀末のソツヒコ、したがってソツヒコと同世代の応神以降の帝紀、皇統譜は一定の史実にもとづいていることを明らかにしたのである。

一方で応神の一代前の神功皇后の伝説は、仲哀天皇とともに大和を発ち筑紫の橿日宮に到り、そこで皇后は神がかりして新羅を従属させよとの託宣を告げる、天皇はこれを信じずに死んだので、皇后は神の加護をえて、新羅を討つことに成功したというわゆる「三韓征伐」の物語である。これについて直木孝次郎氏が分析を加え、香椎宮はその後奈良時代まで史料にみえず、新羅との関係も六世紀以降成立した伝説であり、神功が実質的に女帝として描かれるのは、七世紀以降、推古・斉明・持統の三女帝をモデルとして構想されたと結論づけている。(2)

こうした研究成果をふまえて、井上氏は本書でも、帝紀の応神以後の記載は大体史実で、一方でそれ以前の記述はかなり後に作られたと、確信をもって述べているのである。こうした帝紀成立以前の記紀の史料批判、皇室系譜の復原研究は、戦前の「万世一系」「神聖不可侵」への反動もあり、敗戦後から一九六〇年代の日本古代史研究の中心テーマとなった。その基礎となったのが井上氏や直木氏の研究であり、今日でも参照することが求められる。今日では少し違和感があるが、四世紀に崇神を中心とする「三輪王朝」、五世紀には応神・仁徳などを中心とする「河内王朝」など、王朝の交替や非連続を強調する、王朝交替説がさかんに提唱されたのである。

『日本書紀』は、中国の正史をふまえているので、すべての記事に年月日を記すのを例とする。しかし元の史料に暦日があったのかは、書紀の記述の信憑性をはかる手がかりとなる。この点を最近の細井浩志氏のまとめを参照して、ふれておく。『古事記』には暦日が記されないことから(「崩年干支」のみ例外)、書紀がもとにした帝紀・旧辞には暦日はなかったのだろう。書紀本文の閏月条文がみえるのは安閑紀以降で、ある程度連続するのは六世紀中ごろの欽明紀からである。これ以前には暦日入りの記録は、残っていなかったと考えられる。推古十年十月には、百済僧観勒が来朝して暦本を献《たてまつ》り、陽胡史の祖玉陳が暦法（元嘉暦）を習ったことが記され、推古紀以後は日付のある記事数が増加していることからも、推古紀以後の書紀暦日は、実際の記録にもとづくものが増えたと考えられる。飛鳥中心に仏教文化が繁栄するが、暦は仏教行事の日取りを決めるのに必要であり、仏教文化とともに漢字で記された暦も、畿内を中心に寺院や豪族層に受容されたと考えられる。[3]

　このように、推古紀以降は暦日が付された記録がもとになっていて、史料的信憑性が高いと考えられ、書紀紀年を信用して教科書などでも西暦を付して記述するようになる。こうした書紀後半について、書紀の記載がはたして史実、当時の文章そのままを伝えているかが議論されたのが、孝徳紀の大化改新詔の信憑性をめぐる、郡評論争、大化改新論と呼ばれる日本古代史を代表する論争である。[4]

　一九五一年に史学会大会日本史部会において、井上光貞氏が「大化改新詔の信憑性」と題して報告し、いわゆる改新詔の整然とした条文（副文）にのちの令条による修飾がなされていること、大領・少領からなる郡司を置くとあるが、金石文や書紀以外の古い資料にもとづく文献によれば、評督・評助督とあり、郡をおくとするのは八世紀の大宝令によって修飾されたもので、原詔には評とあったとしたのである。以後改新詔の記述と原詔との関係をめぐる論争が深まり、これを郡評論争という。

さらに一九六六年以降、京都の日本史研究会を舞台に、原秀三郎氏や門脇禎二氏などによって提示されたのが、いわゆる大化改新否定論である。まず、改新とよばれる事件は、近代天皇制イデオロギーに支えられたブルジョア史学が、『日本書紀』をもとに観念的に再構築したものだとする。改新を公地公民制の、とくに公民制の成立過程だと捉え直した上で、実際に公地公民制が創出されたのは七世紀後半の天智〜天武朝であるとし、孝徳朝の大化改新の改革は存在せず、大化二年の正月甲子朔に改新詔が出されたというのは、文章の潤色のレベルでなく書紀編者の捏造だとする。さらに中臣鎌足の役割を大きく描き、蘇我蝦夷・入鹿を悪役に描くのは、書紀編者の史観であり、そこからの解放の必要性を唱えたのである。

郡評論争については、笹山氏の解説でもふれられているように、藤原宮跡から出土した木簡に「評」の字を用いたものが多く、己亥年（六九九年）、すなわち七〇一年の大宝令施行の直前まで評であったことが明らかになった。改新詔は本来評を置く規定だったのが、大宝令によって郡・郡司と書き改めていたことがわかり、論争は決着した。

しかし逆に、木簡の出土により全国で評制が施行されていたことが明らかになり、鎌田元一氏によって『常陸国風土記』の分析から孝徳朝に全国に評が置かれたと考えられるようになった(5)（「天下立評」とよばれる）。孝徳紀には大化元年から二年にかけて、東国国司の詔とよばれる実録性の高い三つの詔がある。その第一詔に「もし地位を求める人がいて」（原文は「名を求むる人」）とある地位（「名」）とは任官、新しい評官人への任用を意味し、東国に派遣された国司（ミコトモチ）の主要な任務は、戸口調査や校田のほか、現地の国造や伴造などの豪族から新たな評官人の候補者を選び、国造とともに都へ連れて帰り審査をうけることだったと早川庄八氏が指摘した。(6)さらに発掘調査により孝徳朝に大規模な難波宮が造営されたことも明らかになった。

改新詔は、書紀編纂時の現行法である大宝令によって修飾され、本来の詔よりもずっと進歩した法令であるように見せているが、一方で大化改新と呼ぶべき中央集権化をめざした改革が、評制など全国で行なわれたことも明らかになったのである。したがって今日では、大化改新の存在自体を否定する説は、力を失ったのである。

もっとも、改新詔で宣言された公地公民制、具体的には戸籍・計帳、班田収授制、評の下の五十戸（里）などは、現実にはすぐ実現せず、天智・天武朝において成立してくるという考え方が今日では一般的になっている。そこには改新否定論などの研究の積み重ねが影響を与えていることは忘れてはいけないだろう。改新詔には、畿内の規定や第四条の田の調以下の税制など、のちの大宝令と異なる部分もある。そこから、改新の時に何がめざされていたか、まだ検討する余地は大きいと思う。

改新否定論のなかで、書紀は、律令制の起点を大化、大化改新詔におき、それを主導したのは中大兄皇子と中臣鎌足であるという史観に立っているので、したがってそこにはフィクションや潤色が入っていることが論じられた。これは、『日本書紀』が一定の歴史観にもとづく著作物であることを指摘した、内的な史料批判として重要な意味があるだろう。大化改新は、高校の教科書などでも中大兄が主体であるように記されている。クーデターのあと、皇極天皇は皇位を中大兄に譲ろうとしたが、中大兄は鎌足に相談して、叔父の軽皇子に皇位を譲り、孝徳天皇として即位したと書紀は記している。しかし門脇禎二氏が主張したように、(7)鎌足の政治的事蹟は空疎であって、この相談はフィクションで、改新政府の主体は中大兄ではなく孝徳天皇であり、王自らが権力集中する型だったと考える余地があるだろう。孝徳主体の改新政権は、留学経験のある僧旻と高向玄理を国博士に任じたことからも、親唐・親新羅外交をとっていたと考えられ、だから唐を模範として中央集権国家をめざしたのだろう。舒明二年（六三〇）以来二十数年ぶりに、白雉四年（六五三）、同五年と改新政府はつづけて遣唐使を派遣し、特に後者には押使（大使の上）に高向玄理自身があてられた。

ところが白雉四年に中大兄は皇祖母尊（皇極）らを引き連れて、難波から飛鳥へ戻ってしまう。遣唐使の外交努力も空しく、残された孝徳は翌年失意のうちに没するのである。その後皇祖母尊は皇位につくと（斉明天皇）、中大兄皇子とともに唐・新羅に滅ぼされた百済の復興に肩入れし、白村江の戦いで大敗することになる。改新の主体が中大兄だとすると斉明朝の親百済路線は、改新政府の親唐・親新羅路線とあまりにも矛盾しているように感じられる。

書紀が伝える大化改新のあり方は、実際とは少し違っているように思える。

外交関係については、海外史料と比較することで、『日本書紀』の記述を相対化することが可能になるだろう。

まず書紀が引用するものとして『百済記』『百済本記』『百済新撰』の百済三書がある。書紀は四～六世紀の朝鮮半島情勢の記述に力を注ぐが、これらは編者が執筆にあたって大きな信頼をおいたもので、これにより葛城ソツヒコの実在性を論ずることも可能になった。通説では七世紀後半、白村江の後に亡命した百済貴族がまとめたとされるが、『百済本記』などの百済史書は推古朝に大和王権に仕えるフミヒトと呼ばれた百済系書記官（帰化人）によりまとめられたとする説も出されている(8)。

さらに中国正史として、『魏志』倭人伝、『晋書』起居注が引用される。これは倭の女王卑弥呼の記事であり、編者はこれらを神功皇后に比定したのである。つまり卑弥呼の生存年代をもって神功皇后の在世期間を設定したので、干支二運（一二〇年）をくり上げたことが知られている。

一方で、書紀編者は見ているのに、ふれていないものに、唐太宗が命じて六三六年に完成した『隋書』がある(9)。『隋書』には、六〇〇年に遣隋使を派遣したことを記すが、書紀には対応する記載はない。倭王は使者に「天をもって兄となし、日をもって弟となす。夜が明ける前に出て政治を聴き、日が昇るとやめて弟に委ねたと言う」と言上させたが、隋の文帝に「これ太《はなは》だ義理無し」と改めるように言われた。この第一次遣隋使が抹消されたのは、倭王の政治のあり方が文明以前の段階で恥ずかしかったのだろう。

第二回遣隋使は、六〇七年のことで、『隋書』には、「日出づる処の天子、書を日没する処の天子に致す、恙《つつが》なきや」という国書をのせ、それを覧《み》た煬帝は「蕃夷の書、礼無き者あり」と怒ったことを記している。この国書は有名なものだが、実は書紀には記されない。推古十五年七月庚戌条に小野妹子を大唐（隋）に遣わし、鞍作福利を通事としたと記すだけである。

翌年隋の使者裴世清が来日し、その帰国にあわせて妹子は再び隋に使いする。第三次遣隋使である。この時の国書は書紀にのせられる。「東の天皇、敬《つつし》みて西の皇帝に白す。（中略）謹みて白す。具さならず」（十六年九月乙亥条）という当時の外交文書として整った丁重な書式をもつ。この「天皇」は、本来大王などとあったのを書紀が書き改めたとする説もあるが、この時に隋皇帝に不興をかった「天子」に代わる称号として考え出されたのではないか。「日出づる処の天子」の国書をのせないのは、倭王が天子を名のる立場を撤回したことを示し、逆に天皇号を用いた国書を書紀はのせて天皇号を示したように理解できる。

つぎの遣唐使については、書紀編者はみていないが、『旧唐書』や『唐会要』などの中国史書の記述と対照比較することで、書紀が語らない背景を知ることができる。

永徽五年（白雉五年、六五四）の遣唐使に対して、高宗は書を下し、「新羅が高麗・百済に侵されている、危急の場合には出兵して救うべし」と、新羅援助の出兵を命じたのである。高向玄理が押使となった遣唐使がこのような重大な外交的使命を与えられたことは、改新政府が親唐・親新羅路線だったことを示しているのだろう。

しかしこの高宗の命令は、孝徳に届くことなく、黙殺された。押使の玄理が唐で客死したことの影響も大きく、翌斉明元年八月に大使河辺臣麻呂の帰国を書紀は記すが、孝徳は前年に亡くなり、斉明天皇と中大兄の政権は、異なる外交方針をとった。最後には百済復興をめざし、白村江の戦いにいたるのである。斉明五年（六五九）の第四次遣唐使は、参加した「伊吉連博徳書」により詳細が日記として知られる。それによれば、すでに倭国は親百済路線と理解されていたからだろう、高宗から「来年朝鮮半島の征討（「海東の政」）があるので倭国の使は帰国してはならない」と命ぜられ、長安に幽閉されたのである。

天智二年（六六三）に白村江で倭国軍が潰滅する。いつ唐・新羅が攻めてくるかも知れないとの緊張が高まり、国土防衛に力を注ぐことになる。翌年、唐の百済鎮将（占領軍責任者）劉仁願は、郭務悰を派遣する。これに対して政府は、遣唐使経験のある津守吉祥・伊吉博徳を筑紫に派遣し、百済鎮将の私の使いだとして文書をうけとらず（『善隣国宝記』による）、入京も認めず帰国させる。天智の朝廷はこの年に対馬や筑紫に防人《さきもり》と烽《とぶひ》を置いた。翌天智四年に、今度は唐が沂州司馬劉徳高を派遣し、郭務悰ら二五四人の大使節団がやってくる。書紀の叙述は簡略だが、今度は入京させ文書もうけとったらしい。その帰国を記したあと是歳条に、「守君大石らを大唐に遣わした」と記し、「けだし唐の使人を送るか」と注記する。正式な遣唐使でないような書きぶりである。

このころ唐では高宗が、白村江の戦いの翌年六六四年に、六六六年（麟徳三年、天智五年）正月に山東省泰山において封禅《ほうぜん》の儀を行なうことを予告した。封禅とは、天子自らが土を盛った壇上に天を祭るという、史上稀な国威を示す儀式である。『旧唐書』に唐の将軍劉仁軌が、新羅・百済・耽羅・倭の酋長を率いて、泰山に赴き儀式に参加したと記すように、百済征討の成功により実現した泰山封禅には、戦勝国の新羅と敗戦国の百済と倭国の参列は不可欠だっただろう。劉徳高やその前年の郭務悰の来日は、封禅への参加を求める高宗の命を伝えることにあったのだろう。その使者にあてられた守君大石は、百済救援軍の後軍将軍だった（斉明七年八月条）。まさに服属儀礼だったといえるだろう。書紀が唐の使者の送使かとするのはカモフラージュで、実は厳しい東アジアの環境の下で、封禅への参列という重い使命を負った遣唐使だった。しかし『日本書紀』は、七世紀後半の倭国のおかれた厳しく緊張した外交関係を隠そうとしているのである。

最後になるが、『日本書紀』のテキストと注釈としては、坂本太郎氏を中心に作成された日本古典文学大系本、上・下二冊（岩波書店、一九六五・一九六七年）が詳細なもので、岩波文庫（全五冊、一九九四〜一九九五年）として入手しやすくなり、研究者などはまずこれを座右に置く。ほかに小島憲之氏・直木孝次郎氏ほかによる新編日本古典文学全集本、全三冊（小学館、一九九四〜一九九八年）は、原文と頭注の他に訳文がつく。

本書は全訳であるので、より一般の読者層に広がると思うが、テキストとしてもすぐれた部分もある。例えば改新詔第四条の戸別の調について「一戸についてみな布一丈二尺」とする。国史大系も古典大系本、新全集本も「一戸貲布」とするが、原本通り「一戸皆布」が正しい。貲布（さよみのぬの）は上総国の特産であるが、一般的な布（現物貨幣）でなければならない。また改新詔の各所に付された注釈には、これは大化当時の規定、これは浄御原令の転載などと、かなりふみこんだ評価が示され、注目される。

あらためて本書を用いて『日本書紀』を様々な視点から読みこんでもらえればと思う。

（おおつ　とおる／東京大学大学院人文社会系研究科教授・日本古代史）

註

（1）井上光貞「帝紀からみた葛城氏」（『日本古代国家の研究』岩波書店、一九六五年、初出一九五六年）。

（2）直木孝次郎「神功皇后伝説の成立」（『日本古代の氏族と天皇』塙書房、一九六四年、初出一九五九年）。

（3）細井浩志「国史の編纂」（『岩波講座日本歴史』二一、岩波書店、二〇一五年）、「日本書紀の暦

日について」（遠藤慶太ほか編『日本書紀の誕生』八木書店、二〇一八年）。
（4）野村忠夫『研究史大化改新　増補版』（吉川弘文館、一九七八年）が研究史の理解に有益である。
（5）鎌田元一「評の成立と国造」（『律令公民制の研究』塙書房、二〇〇一年、初出一九七七年）。
（6）早川庄八「選任令・選叙令と郡領の「試練」」（『日本古代官僚制の研究』岩波書店、一九八六年、初出一九八四年）。
（7）門脇禎二『「大化改新」史論』上（思文閣出版、一九九一年、原著一九六九年）。
（8）遠藤慶太『東アジアの日本書紀』（吉川弘文館、二〇一二年）、「古代国家と史書の成立」（『日本書紀の形成と諸資料』塙書房、二〇一五年、初出二〇一〇年）
（9）以下、隋・唐との外交と東アジア世界については、拙著『律令国家と隋唐文明』（岩波新書、二〇二〇年）を参照されたい。

本書は『日本書紀（ⅠⅡⅢ）』（二〇〇三年八月〜十月、中公クラシックス）を二分冊したものです。

中公文庫

日本書紀《にほんしょき》（下《げ》）

2020年6月25日　初版発行
2024年8月30日　再版発行

監　訳　井上《いのうえ》 光貞《みつさだ》
訳　者　笹山《ささやま》 晴生《はるお》
発行者　安部 順一
発行所　中央公論新社
〒100-8152　東京都千代田区大手町1-7-1
電話　販売 03-5299-1730　編集 03-5299-1890
URL https://www.chuko.co.jp/

DTP　平面惑星
印　刷　三晃印刷
製　本　小泉製本

Published by CHUOKORON-SHINSHA, INC.
Printed in Japan　ISBN978-4-12-206894-0 C1121

各書目の下段の数字はISBNコードです。978－4－12が省略してあります。

中公文庫既刊より

S-2-1
日本の歴史1 神話から歴史へ　井上光貞
謎にみちた日本民族の生成を神話学・歴史学・考古学など諸学の成果によって解明し、日本の歴史の夜明けを描く。巻末に森浩一「四十年のちのあとがき」を付す。
204547-7

S-2-2
日本の歴史2 古代国家の成立　直木孝次郎
聖徳太子から天智・天武天皇をへて持統女帝にいたる波瀾と激動の百年。ここに強力な古代国家が形成される。素朴雄渾な万葉の時代を活写する。〈解説〉直木孝次郎
204387-9

S-2-3
日本の歴史3 奈良の都　青木和夫
古代国家の到達した一つの展望台。律令制度はほぼ整い、国富は集中されて華麗な奈良の都が出現する。大仏開眼、古事記が誕生した絢爛たる時代。〈解説〉丸山裕美子
204401-2

S-2-4
日本の歴史4 平安京　北山茂夫
坂上田村麻呂の蝦夷平定後、平安京の建設が始まる。律令国家没落の傾斜は深まり、将門の乱をへて摂関藤原氏の全盛時代へと移る経過をさぐる。〈解説〉佐藤宗諄
204411-1

S-2-5
日本の歴史5 王朝の貴族　土田直鎮
「望月の欠けたることなき」栄華の絶頂をきわめた藤原道長の生涯を辿りながら、平安貴族の姿を浮彫りにし、摂関時代独特の社会を明らかにする。〈解説〉倉本一宏
204425-8

S-2-6
日本の歴史6 武士の登場　竹内理三
平安末期、東西の辺地から登場した武士たちは、都の貴族にかわって平氏政権をうちたてる。驕れる清盛死してやがて壇ノ浦合戦に至る波瀾の時代。〈解説〉入間田宣夫
204438-8

S-2-7
日本の歴史7 鎌倉幕府　石井進
源頼朝、鎌倉幕府を開く。まったく新しい武家政権の誕生である。守護地頭の新制度、堅い結束と目まぐるしい離反抗争等、鎌倉武士の息吹を伝える。〈解説〉五味文彦
204455-5

S-2-8
日本の歴史8　蒙古襲来
黒田俊雄
蒙古襲来をからくも避けた中世日本は、その余波にゆさぶられ、新体制をめざす公家・武家・農民の三つ巴の活動に覆われ、来るべき動乱を予告する。〈解説〉海津一朗
204466-1

S-2-9
日本の歴史9　南北朝の動乱
佐藤進一
建武の新政ののち、日本全国を捲きこんだ動乱の六十年を詳細にたどる。足利尊氏・直義、南朝三党の争いきわまり、義満の国内統一が山となる。〈解説〉森　茂暁
204481-4

S-2-10
日本の歴史10　下剋上の時代
永原慶二
足利幕府の力弱く、暗殺、一揆、叛乱、飢饉がうち続き、ついに応仁の乱に突入する。下剋上の風潮地をおおい、乱世のきわみといえる時代の姿。〈解説〉永原慶二
204495-1

S-2-11
日本の歴史11　戦国大名
杉山　博
全国に割拠し、非情なまでの権謀術数を用いて互いに攻め合い殺し合う戦国の武将。われこそは天下に号令せんと角逐する人々を生き生きと描く。〈解説〉稲葉継陽
204508-8

S-2-12
日本の歴史12　天下一統《いっとう》
林屋辰三郎
最初に天下統一をなしとげた織田信長、さらに大きな規模でそれを継いだ豊臣秀吉。二人の覇者が生きた安土桃山時代の絢爛たる様相を描く。〈解説〉川嶋将生
204522-4

S-2-13
日本の歴史13　江戸開府
辻　達也
関ヶ原の戦いに勝って江戸に幕府を開いた家康は、巧妙な大名統制策をとって長期政権の基を築き、三百年の支配体制を固めてゆく。〈解説〉根岸茂夫
204574-3

S-2-14
日本の歴史14　鎖国
岩生成一
ポルトガル船の渡来によって世界史に登場したジパング。南蛮貿易や海外の日本人町は発展してゆくが、切支丹の禁圧とともに鎖国への道をたどる。〈解説〉池内　敏
204589-7

S-2-15
日本の歴史15　大名と百姓
佐々木潤之介
「百姓は生かさず殺さず」といわれた農民の生活と、幕藩体制ができあがってゆく過程を、各地のさまざまな事件や、大名との関係を通して明らかにする。〈解説〉青木美智男
204604-7

各書目の下段の数字はＩＳＢＮコードです。978－4－12が省略してあります。

S-2-16
日本の歴史16 元禄時代　児玉幸多
江戸幕府の体制が固まり、もっとも平穏な日々がつづく。町々は活気をおび、江戸八百八町を中心とする華やかな元禄文化が花開く。〈解説〉大石　学
204619-1

S-2-17
日本の歴史17 町人の実力　奈良本辰也
江戸開府後百年、幕府は改革を迫られる時期を迎えた。士農工商とはいえその裏には次第に勢力を伸ばしてきた町人の力が無視できぬ存在となっていた。〈解説〉杉森哲也
204628-3

S-2-18
日本の歴史18 幕藩制の苦悶　北島正元
酸鼻を極めた天明の大飢饉を皮切りに、農村・都市を通じての動揺は一段と激しくなる。幕府も諸藩も必死だが、崩れゆく封建制は如何ともできない。〈解説〉藤田　覚
204638-2

S-2-19
日本の歴史19 開国と攘夷　小西四郎
ペリー来航の圧力の前に風雲急を告げる幕末。開国とともに、激しくゆれる幕藩体制。尊王か佐幕か、抗争渦まく変革期の人間群像をいきいきと描く。〈解説〉保谷　徹
204645-0

S-2-20
日本の歴史20 明治維新　井上　清
息づまるような緊迫の連続のうちに維新の大事業が生彩あふれる人間群像によって着々と進行する。明治政府ここに成り、近代日本の夜明けを迎える。〈解説〉松尾正人
204674-0

S-2-21
日本の歴史21 近代国家の出発　色川大吉
明治とともに一大躍進がはじまる。この偉大な建設の時代を全力で生きた先人たちの苦悩と行動を、中央・地方を問わず民衆の最基底部から見つめる。〈解説〉江井秀雄
204692-4

S-2-22
日本の歴史22 大日本帝国の試煉　隅谷三喜男
日清・日露、二つの戦争に勝って世界を驚かせ、列強の仲間入りをした大日本帝国は、その胎内に様々な矛盾をはらみつつ明治の幕を閉じる。〈解説〉尾高煌之助
204703-7

S-2-23
日本の歴史23 大正デモクラシー　今井清一
第一次世界大戦の戦争景気で未曾有の繁栄を迎え、太平ムードが世の中をおおう。大正時代の独特な姿を硬軟さまざまの面から掘りさげる。〈解説〉大門正克
204717-4